信息素养与科研训练

袁曦临　宋　歌　主编

东南大学出版社
SOUTHEAST UNIVERSITY PRESS
·南京·

内 容 提 要

本教材结合研究生培养目标与研学周期,以研究生培养阶段不同研学情景为主线,包括科研选题、撰写开题报告、撰写科研项目申请书、论文写作、参加学术会议、申报专利、查找阅读文献、设计实验或者调查等,系统培养研究生的判断力、分析力、学习力和创新能力。全书分为3个模块:入门篇、进阶篇、拓展篇。内容由浅入深,覆盖全面,既包括媒介素养、数据素养、安全素养、网络素养等数字化生存与学习技能,也包括科研中的问题意识培养,解决问题的思路与方法训练,以及学术规范、成果出版、创新创业方面的要求。本书是面向学术新人的工具类通识教材,适合不同学科专业的研究生教学和学习使用。

图书在版编目(CIP)数据

信息素养与科研训练/袁曦临,宋歌主编.—南京:东南大学出版社,2023.2
 ISBN 978-7-5766-0498-6

Ⅰ.①信… Ⅱ.①袁… ②宋… Ⅲ.①信息素养-高等学校-教材 Ⅳ.①G254.97

中国版本图书馆 CIP 数据核字(2022)第 231676 号

信息素养与科研训练

主　　编	袁曦临　宋　歌
出版发行	东南大学出版社
社　　址	南京四牌楼2号　邮编:210096　电话(传真):025-83793330
网　　址	http://www.seupress.com
电子邮件	press@seupress.com
经　　销	全国各地新华书店
印　　刷	兴化印刷有限责任公司
开　　本	787mm×1092mm　1/16
印　　张	25
字　　数	640千字
版　　次	2023年2月第1版
印　　次	2023年2月第1次印刷
书　　号	ISBN 978-7-5766-0498-6
定　　价	85.00元

本社图书若有印装质量问题,请直接与营销部联系。电话:025-83791830
责任编辑:刘庆楚　封面设计:王　玥　责任印刷:周荣虎

前　言

　　信息素养教育是对学生进行信息知识、信息观念、信息能力、信息道德等方面的教育。其内涵既包括对信息的检索、获取、使用、传播、共享、评价等能力的培养,也包含对信息及知识内容的创新和批判性思维的训练。早在2011年,笔者即组织编写了由东南大学出版社出版的教材《信息检索:从学习到研究》,由于切合了本科生、研究生的学习需求和信息行为和心理,从他们的学习和研究出发,帮助优化学习策略,解决学习和科研中的困难,因此该教材在全国相当多高校中被使用,反响良好。十余年过去了,无论是网络技术、学术资源,还是学术生态与科研环境都发生了巨大变化。信息素养从概念内涵上讲,已经扩展到数字素养、媒介素养、跨媒介素养等的融合;从科研生态方面看,目前科学研究的范式逐渐转向第四阶段,即所谓的数据密集型科研(Data-Intensive Scientific Discovery),对研究生和科研人员提出了更高的要求。因此,培养和调动学生的主动学习性,培养批判性与创新思维,以及科学数据意识和数据管理能力成为本书重点考虑的问题。与此同时,国家提出的"双创"和"双一流"发展对高校研究生培养也提出了新要求,创新创业教育的显著特点即创新精神,在教学实践中就体现为培养学生的分析判断能力和独立思考能力。

　　综观目前既有信息素养教材,主要还是以信息资源导向、信息技能导向等内容为主,以讲授信息资源的检索与获取、检索技能的提升等为核心,而并不十分重视研究生教学科研中的应用情境。在现实中研究生阶段典型的工作任务可以归纳为:科研选题,撰写开题报告,撰写科研项目申请书,学位论文、期刊论文、会议论文的写作,申报专利,查找阅读文献,设计实验或者调查,处理实验或者调查数据,参与课堂讨论,完成课程作业等。针对现状和现实需求,本教材在吸收国内外最新信息素养理论成果与实践经验的基础上,结合研究生培养目标与研学周期,全新构建教材内容框架。以研究生不同研学情境为主线,贯通融合媒介素养、数据素养、图书馆素养、网络素养、数字素养等内容,将全部章节分为三大模块:入门篇、进阶篇、拓展篇,以期达到系统培养研究生判断力、分析力、学习和创新能力的目标。

　　本教材的编写小组成员主要来自东南大学情报科技研究所、东南大学图书馆、东南大学教育部科技查新工作站以及东南大学高校国家知识产权信息服务中心。参编人员均具有图书馆学、情报学或其他相关专业的博硕士学位,多为在信息素养和科研训练方面拥有教学实践经验的资深教师和专业馆员。在长期的信息素养教育和面向教学和科研的信息服务中,积累了相当多成熟的教学案例和丰富经验。这些前期准备为本教材的完成打下了坚实的基础。

本书各章节的编写人员如下：

1. 绪论（袁曦临）
2. 科研素养（2.1、2.2 袁曦临；2.3、2.4 刘宇庆；2.5 宋歌）
3. 图书馆素养（3.1、3.3、3.4 武秀枝；3.2 蒋辰）
4. 学术资源概述（杨明芳）
5. 信息检索（5.1、5.2 唐权；5.3 唐权、潘海燕、杨青、唐仁红；5.4 潘海燕、杨青、唐权、唐仁红）
6. 科研选题（6.1、6.2、6.5 唐仁红；6.3 杨青；6.4 唐仁红、王贤）
7. 科研设计（7.1、7.5 黄思慧；7.2 卢欣宇；7.3 陈亚杨；7.4 宋歌）
8. 信息分析方法（8.1、8.2、8.3 王旭峰；8.4 徐文强；8.5 唐仁红）
9. 学术成果写作与规范（9.1、9.2、9.3、9.4 宋歌；9.5 杨明芳）
10. 学术交流与合作（杨映雪）
11. 科学数据管理（洪程）
12. 学术出版管理（12.1、12.2、12.3 刘珊珊；12.4 袁曦临）
13. 学术成果评价（13.1 王贤；13.2 王贤、何菊香；13.3 唐权；13.4 王贤、唐权）
14. 科技成果转化（14.1、14.2、14.3 申艺苑；14.4、14.5 胡曦玮）

本教材得到东南大学 2021 年"研究生创新人才培养项目（研究生优秀教材建设）"的资助，目标是建设"反映学科行业新知识、新技术、新成果，内容创新、富有特色的公共课"教材。因此本教材在结构设计和内容安排上，力争以学生为本，符合教学规律和认知规律，注重激发学生学习兴趣，培养学生的科研能力和创新能力。教材内容既包括媒介素养、数据素养、安全素养、网络素养等数字化生存与学习技能，也包括科研中的问题意识、解决问题的思路与方法，以及成果出版、创新创业方面的内容。内容安排由浅入深，覆盖全面，导引学生夯实基础，不断进阶；且 80% 的章节设置了"情境导入"，便于在每个相对独立的学习单元及时引导学生进行实践。实践内容均为研究生在攻读硕士学位过程中会遇到的学习或科研情境，以增强学习的代入感。全书最后由袁曦临、宋歌完成统稿。

在"双创"和"双一流"建设的双重背景下，信息素养课程体系迫切需要以创新能力为导向，改变纯粹的学术资源导向和信息技能导向，本教材的编写在此方向作了一些新的探索和尝试，期待能够为培养与提升研究生的科研素养和信息素养提供支持和帮助。

目　　录

第1章　绪论 ... 1
1.1　信息素养 ... 1
1.1.1　信息素养概念内涵 ... 1
1.1.2　ACRL《高等教育信息素养框架》 ... 2
1.1.3　泛信息素养及其概念拓展 ... 3
1.2　网络媒介素养 ... 3
1.2.1　网络素养概念演进 ... 4
1.2.2　社交媒体与公众表达 ... 5
1.2.3　数字媒介素养 ... 5
1.3　核心素养 ... 6
1.3.1　OECD核心素养框架 ... 7
1.3.2　美国与欧盟核心素养框架 ... 7
1.3.3　数字素养概念框架 ... 9
1.4　网络伦理与安全 ... 12
1.4.1　信息产权 ... 12
1.4.2　信息资源存取权 ... 13
1.4.3　信息隐私权 ... 14
1.4.4　信息精确性问题 ... 15

第2章　科研素养 ... 18
2.1　问题意识 ... 18
2.1.1　问题的来源 ... 19
2.1.2　问题的真与假 ... 20
2.1.3　问题的定位与聚焦 ... 20
2.1.4　"问题链"思维 ... 21
2.2　学习方式 ... 22
2.2.1　以学生为中心的建构学习 ... 22
2.2.2　基于问题的自主学习 ... 23
2.2.3　基于资源的探究式学习 ... 23
2.2.4　翻转课堂与SPOC在线学习 ... 24

2.3 研究范式 ... 25
2.3.1 范式的概念 ... 25
2.3.2 研究范式的演变 ... 25
2.3.3 新范式的研究案例 ... 27
2.4 研究流程 ... 28
2.4.1 研究方向的确定 ... 28
2.4.2 研究工作的基本流程 ... 29
2.5 学术规范 ... 30
2.5.1 学术规范的目的 ... 30
2.5.2 学术规范的内容 ... 31
2.5.3 学术不端及处理办法 ... 31

第3章 图书馆素养 ... 35
3.1 认识图书馆 ... 35
3.1.1 图书馆的来历 ... 35
3.1.2 图书馆的职能 ... 36
3.1.3 图书馆的类型 ... 37
3.2 馆藏图书的查找 ... 39
3.2.1 查找图书的两种途径 ... 39
3.2.2 馆藏目录及查找方法 ... 43
3.2.3 馆藏纸本资源的排架顺序 ... 47
3.3 面向读者的文献服务 ... 49
3.3.1 文献阅览 ... 49
3.3.2 文献外借 ... 51
3.3.3 参考咨询 ... 51
3.3.4 馆际互借与文献传递 ... 53
3.4 面向读者的延伸服务 ... 55
3.4.1 读者教育与培训 ... 55
3.4.2 空间服务 ... 56
3.4.3 阅读推广 ... 57
3.4.4 新技术服务 ... 57

第4章 学术资源概述 ... 60
4.1 学术图书 ... 60
4.1.1 教材及教辅资料 ... 60
4.1.2 学术专著 ... 61
4.2 学术论文 ... 62

		4.2.1 期刊论文	63
		4.2.2 会议论文	63
		4.2.3 学位论文	63
	4.3	其他出版类资源	64
		4.3.1 专利文献	65
		4.3.2 政府出版物	65
		4.3.3 科技报告	66
		4.3.4 标准文献	66
		4.3.5 档案	67
		4.3.6 产品样本	67
	4.4	网络信息资源	68
		4.4.1 搜索引擎	69
		4.4.2 开放获取（OA）资源	70
	4.5	情境导入	71
		4.5.1 案例分析	71
		4.5.2 开放学术资源推荐	72

第5章 信息检索 … 76

	5.1	检索原理与工具	76
		5.1.1 信息检索的原理	76
		5.1.2 信息检索的工具	77
	5.2	检索策略和方法	78
		5.2.1 信息检索的流程	78
		5.2.2 信息检索的方法	80
		5.2.3 信息检索的途径	81
		5.2.4 一般信息检索技术	83
	5.3	数据库检索	86
		5.3.1 文摘数据库检索	86
		5.3.2 全文数据库检索	95
		5.3.3 引文数据库检索	102
		5.3.4 网络信息资源检索	108
	5.4	情境导入	110
		5.4.1 CNKI 检索实例	110
		5.4.2 EI 检索实例	112
		5.4.3 PubMed 检索实例	113
		5.4.4 Web of Science 检索实例	117

第 6 章 科研选题 · 121

6.1 选题规划 · 121
6.1.1 选题原则 · 121
6.1.2 选题来源 · 122
6.1.3 选题步骤 · 122
6.1.4 课题计划 · 123

6.2 扫描专业领域 · 124
6.2.1 学科态势分析 · 124
6.2.2 追踪高水平学术专家 · 132
6.2.3 扫描权威机构 · 136

6.3 文献研读 · 141
6.3.1 文献研读的意义 · 141
6.3.2 文献的选取 · 141
6.3.3 文献研读的具体方法 · 144

6.4 文献综述 · 147
6.4.1 文献综述的概述 · 147
6.4.2 文献综述的组织范式 · 150
6.4.3 文献综述的写作 · 151
6.4.4 参考文献管理工具 · 152

6.5 情境导入 · 154
6.5.1 学科态势分析案例 · 154
6.5.2 文献综述内容组织与撰写案例 · 157

第 7 章 科研设计 · 161

7.1 理论研究 · 161
7.1.1 理论研究概述 · 161
7.1.2 理论构建的基本范式 · 162
7.1.3 理论检验的基本步骤 · 165

7.2 实验研究 · 166
7.2.1 实验研究概述 · 166
7.2.2 实验研究的类型 · 167
7.2.3 实验研究的基本步骤 · 169
7.2.4 实验设计模式 · 170

7.3 质性研究 · 171
7.3.1 质性研究概述 · 171
7.3.2 质性研究方法 · 173
7.3.3 质性研究设计 · 175

7.3.4　质性研究伦理 ·· 178
　7.4　数据驱动研究 ·· 179
　　　7.4.1　数据驱动的界定 ·· 180
　　　7.4.2　数据驱动研究的关键技术 ······································· 181
　　　7.4.3　数据驱动研究的优势与局限 ····································· 182
　7.5　情境导入 ·· 183

第 8 章　信息分析方法 ·· 187
　8.1　基本分析方法 ·· 187
　　　8.1.1　逻辑思维法 ··· 187
　　　8.1.2　专家调查法 ··· 188
　　　8.1.3　时间序列法 ··· 189
　　　8.1.4　回归分析法 ··· 191
　8.2　系统分析方法 ·· 192
　　　8.2.1　层次分析法 ··· 193
　　　8.2.2　系统动力学方法 ·· 194
　　　8.2.3　因子分析法 ··· 195
　　　8.2.4　决策树法 ··· 196
　　　8.2.5　竞争情报分析法 ·· 197
　8.3　大数据分析方法 ·· 198
　　　8.3.1　聚类分析法 ··· 199
　　　8.3.2　贝叶斯网络法 ·· 201
　　　8.3.3　支持向量机 ·· 202
　　　8.3.4　人工神经网络 ·· 204
　8.4　分析工具 ·· 205
　　　8.4.1　信息收集工具 ·· 205
　　　8.4.2　统计分析工具 ·· 207
　　　8.4.3　信息处理工具 ·· 212
　　　8.4.4　网络分析工具 ·· 215
　8.5　情境导入 ·· 226
　　　8.5.1　运用 SPSS 的分析案例 ·· 226
　　　8.5.2　运用 VOSview 的分析案例 ······································· 228

第 9 章　学术成果写作与规范 ·· 231
　9.1　学术论文 ·· 231
　　　9.1.1　学术论文的界定 ·· 231
　　　9.1.2　学术论文的结构 ·· 232

9.1.3 学术论文撰写规范 ···················· 240
 9.2 学术著作 ·································· 250
  9.2.1 学术著作的界定 ···················· 250
  9.2.2 著作方式的确定 ···················· 251
  9.2.3 学术著作的结构 ···················· 255
  9.2.4 学术著作的写作要点 ················ 256
 9.3 科技报告 ·································· 256
  9.3.1 科技报告的界定 ···················· 257
  9.3.2 科技报告与科技论文的差异 ·········· 257
  9.3.3 科技报告的类型 ···················· 258
  9.3.4 科技报告的结构 ···················· 258
 9.4 参考文献规范 ······························ 260
  9.4.1 文献引用规范 ······················ 260
  9.4.2 文献著录规则 ······················ 261
 9.5 情境导入 ·································· 265

第10章 学术交流与合作 ························ 271
 10.1 论文投稿 ································· 271
  10.1.1 学术署名规范 ····················· 271
  10.1.2 确定投稿期刊 ····················· 273
  10.1.3 选择投稿途径 ····················· 275
  10.1.4 Cover Letter 的撰写 ··············· 276
  10.1.5 投稿规范 ························· 277
 10.2 学术会议 ································· 278
  10.2.1 学术会议基本类型 ················· 278
  10.2.2 学术会议常见模块 ················· 279
  10.2.3 学术会议投稿 ····················· 280
 10.3 学术社交网络 ····························· 281
  10.3.1 学术社交 ························· 281
  10.3.2 个人学术档案 ····················· 282
  10.3.3 学术社交平台 ····················· 283
 10.4 情境导入 ································· 284

第11章 科学数据管理 ·························· 287
 11.1 关于科学数据的管理 ······················· 288
  11.1.1 科学数据管理系统 ················· 288
  11.1.2 科学数据管理生命周期 ············· 289

  11.1.3 科学数据管理计划 ·········· 291
 11.2 科学数据知识库 ·········· 295
  11.2.1 国外科学数据知识库 ·········· 295
  11.2.2 我国科学数据知识库 ·········· 298
 11.3 科学数据出版 ·········· 300
  11.3.1 数据出版的模式 ·········· 300
  11.3.2 数据引用原则与标准 ·········· 302
 11.4 数据管理政策 ·········· 305
  11.4.1 政府部门制定的数据政策 ·········· 305
  11.4.2 科研资助机构制定的数据政策 ·········· 306
  11.4.3 高校制定的数据政策 ·········· 307
  11.4.4 国际组织制定的数据政策 ·········· 308
 11.5 情境导入 ·········· 310
  11.5.1 数据浏览实例 ·········· 310
  11.5.2 数据检索实例 ·········· 310
  11.5.3 数据上传实例 ·········· 310

第 12 章 学术出版管理 ·········· 316
 12.1 学术出版 ·········· 316
  12.1.1 著作权登记与著作权保护 ·········· 316
  12.1.2 论文首发权与网络首发 ·········· 317
  12.1.3 数据所有权与数据论文出版 ·········· 319
  12.1.4 图书馆出版服务 ·········· 320
 12.2 开放出版 ·········· 321
  12.2.1 开放期刊出版 ·········· 321
  12.2.2 开放图书出版 ·········· 323
  12.2.3 预印本出版平台 ·········· 325
  12.2.4 机构知识库 ·········· 326
 12.3 虚假出版陷阱 ·········· 328
  12.3.1 虚假评审 ·········· 328
  12.3.2 掠夺性期刊 ·········· 329
  12.3.3 虚假期刊识别 ·········· 330
 12.4 情境导入 ·········· 331

第 13 章 学术成果评价 ·········· 337
 13.1 学术成果评价概述 ·········· 337
  13.1.1 学术成果评价主体 ·········· 337

  13.1.2　学术成果评价客体 ·················· 338
  13.1.3　学术成果评价方法 ·················· 338
 13.2　学术成果评价指标 ························ 339
  13.2.1　学术论文评价指标 ·················· 339
  13.2.2　学术著作评价指标 ·················· 343
  13.2.3　科技项目评价指标 ·················· 344
 13.3　科技项目查新 ····························· 345
  13.3.1　科技查新概述 ······················· 345
  13.3.2　科技查新委托 ······················· 346
  13.3.3　科技查新流程 ······················· 347
 13.4　情境导入 ··································· 348
  13.4.1　学术论文评价案例 ·················· 348
  13.4.2　博士论文开题查新报告 ············ 351

第 14 章　科技成果转化 ·························· 356
 14.1　知识产权的概念与成果保护 ········· 356
  14.1.1　知识产权的概念 ····················· 356
  14.1.2　知识产权的成果保护 ·············· 358
 14.2　知识产权服务类型 ······················· 359
  14.2.1　知识产权咨询服务 ·················· 360
  14.2.2　知识产权信息服务 ·················· 360
  14.2.3　知识产权培训服务 ·················· 361
 14.3　专利申请 ··································· 361
  14.3.1　专利申请的重要概念 ·············· 361
  14.3.2　专利申请文件的撰写 ·············· 363
  14.3.3　专利申请的提交和受理 ············ 367
  14.3.4　国际申请（PCT 申请）流程 ······ 368
 14.4　科技成果管理与转化 ··················· 370
  14.4.1　科技成果管理 ························ 370
  14.4.2　科技成果评估 ························ 372
  14.4.3　科技成果孵化转化 ·················· 374
 14.5　情境导入 ··································· 377
  14.5.1　职务发明的边界界定 ·············· 377
  14.5.2　高校知识产权中心服务流程 ····· 378

本书参考书目 ····································· 382

第 1 章 绪 论

从信息学的角度,科学思维可以理解为是一种信息思维,即以科技信息为基本思维素材,发生在人脑中的带有目的性的信息获取、加工、利用与产出的过程。因此,信息思维能力的有效训练,能够使人经常处于认知拓展状态,不断地在头脑中发生新的认知活动,由此促进科学思维能力形成与发展。对于一个高素质的学术研究人员来说,以下三个方面的科学思维能力是必不可少的:

(1) 对纷繁复杂的学术文化与学术现象的辨析和洞察能力;
(2) 对各种学术内容及其体现的价值观的把握和判断能力;
(3) 对各种学术潮流及其学术发展趋向的预测和驾驭能力。

只有具备了以上三种能力,才能在变幻莫测的学术现象和学术思潮面前,保持头脑清醒,同时又能对新兴的学术思想和学术观点保持敏感性,发现有意义的选题,开展深入的研究。而要具备上述能力,没有足够的信息素养是不可能的。信息社会中知识在不断发展和创新,促使人们需要不断学习以适应社会的变化,这对人的独立学习和终身学习能力提出了要求,信息素养教育的目标正是为了培养学生的终身学习能力,提升其研究与创新能力。

1.1 信息素养

2003 年 9 月,联合国信息素养专家会议发表了《布拉格宣言:走向具有信息素养的社会》,会议宣布:信息素养是终身学习的一种基本人权。信息素养教育成为一项促进人类发展的全球性政策。

1.1.1 信息素养概念内涵

信息素养(information literacy)的概念最早由美国信息产业协会主席保罗·车可斯基(Paul Zurkowski)于 1974 年提出[1],他把信息素养定义为"利用大量的信息工具及主要信息源使问题得到解答的技术和技能"。1989 年美国图书馆协会下设的"信息素养总统委员会"在其年度报告中对信息素养的含义进行了概括[2]:"要成为一个有信息素养的人,就必须能够确定何时需要信息,并且能够有效地查询、评价和使用所需要的信息。"20 世纪 90 年代后,随着计算机网络等技术的飞速发展和广泛应用,信息素养的内涵变得更为深刻。1992 年美国《信息素养全美论坛的终结报告》中将信息素养定义为[3]:能够认识到精确的和完整的信息是做出合理决策的基础,确定对信息的需求,形成基于信息需求的问题,确定潜在的信息源,制定成功的检索方案,包括基于计算机和其他信息源获取信息、评价信息、组织信息于实际的应用,将新信息与原有的知识体系进行融合以及在批判性思考和问题解决的过程中使用信息。

广义的信息素养是指具有检索和利用各种信息源以解决信息需求及制定明智决策的能力。信息素养不仅仅是信息技能,还包括以独立学习的态度和方法,将已获得的信息用于创造性思维,解决实际问题。信息素养的基本构成涵括:① 信息意识;② 信息知识;③ 信息能力;④ 信息伦理。其中:信息需求、判断信息价值属于"信息意识"的范畴;掌握信息工具及其运用属于"信息知识"的范畴;获取信息、利用信息解决问题、传播信息、创造信息等属于"信息能力"范畴;而在信息采集、加工、存储、传播和利用等信息活动各个环节中,所形成的判断自己的信息行为是否合乎规范的思想观念与行为准则,属于"信息伦理(道德)"的范畴。这4个部分组成了信息素养结构的有机体,其中,信息意识居于先导地位,信息知识是前置基础,信息能力是关键要求,信息伦理则是"导向标"或"调节器"。

伴随社会的发展,信息素养的内涵和层次在不断扩展,已经成为一个含义广泛且不断发展的综合性概念,不仅包括运用当代信息技术获取、识别、加工、传递和创造信息的基本技能,还包括在信息技术所创造的新环境中独立学习的能力及创新意识、批判精神及社会责任感和参与意识。可以这么认为,信息素养是构成人们终身学习的基础,是人们投身社会的一个先决条件,着眼于人的学习和转化技能的提升和创新能力的培养。

1.1.2　ACRL《高等教育信息素养框架》

2000年,美国大学与研究图书馆协会(Association of College and Research Libraries,ACRL)即发布了《高等教育信息素养能力标准》[4],以"知道何时需要并查找、评价、有效地利用所需信息的能力"界定信息素养教育目标,并成为早期的普遍共识。受该认知的影响,信息素养教育长期以来一直局限于单一的"信息"框架之内,核心是信息搜集、检索与查找。近年来学界业界越来越认识到:信息素养教育不能局限于狭隘的"信息"范畴,而应该拓展信息素养教育的范畴,融入科研过程与学术环境之中。

2015年2月ACRL发布《高等教育信息素养框架》[5](简称《框架》),指出信息素养是包括对信息的反思性发现,对信息如何产生和评价的理解,以及利用信息创造新知识并合理参与学习团体的一组综合能力。《框架》对信息素养做了新的界定,对信息素养的范畴进行了延伸和拓展,并赋予了新的内涵。强调关注和培养信息主体对信息的理解、利用、批判性思维和评估能力,主要包括6个维度:① 权威的建构与情境性;② 信息创建的过程性;③ 信息的价值属性;④ 探究式研究;⑤ 对话式学术研究;⑥ 战略探索式检索。该框架强调了信息素养与科研学术过程的结合,将有关信息、科研与学术的很多其他概念与思想融为一体;并引入了元素养(meta literacy)的概念,元素养是催生其他素养的素养,元素养成为信息素养转型的新导向。

为了使《框架》能够更加顺畅地被理解使用,ACRL在2017年7月发布《美国高等教育信息素养框架工具包》(*ACRL Framework for Information Literacy Toolkit*),旨在对《框架》进行全面解析，并由肯特大学组织信息教育与学科教育专家团队研发了"信息素养技能标准化评估"（SAILS），主要包含 8 项测试主题，即制定研究策略、选择检索工具、实施检索、利用检索工具的功能和特点、获取信息资源、评价信息资源、记录信息来源及了解相关经济、法律和社会问题。

1.1.3 泛信息素养及其概念拓展

进入 21 世纪以来，信息素养的存在环境与内涵观念都产生了变化，表现为信息来源、渠道、形态分散多元，信息载体多样化，信息获取方式日益数字化、网络化，以及信息应用的任务、情境、需求的具体和多样化等。一言以蔽之，进入了泛信息时代。而泛信息素养的概念，整合了媒介素养（media literacy）、视觉素养（visual literacy）、信息通信技术素养（ICT literacy）、数字素养（digital literacy）等等概念，其概念界定被赋予了更多内涵，如信息能力目标不仅包括信息技术能力的要求，还包括信息职业能力、信息社会适应性等；信息意识目标不仅有认知、行为方面的要求，还涉及信息安全防范、信息批判意识等。泛信息素养教育，更强调信息素养需要与特定的学科领域、科学研究项目、教学内容等情境密切关联，认为一旦脱离这种关联，信息素养教育便无"本体"可言，而只是空洞的理论与概念，随之也就失去了教育意义。为更好明晰"泛信息素养"的概念内涵，现将与其相关的素养概念进行梳理，详见表 1-1。

表 1-1 多个信息素养相关概念辨析

概念名称	提出时间	定义
信息素养 (information literacy)	1974 年	信息素养就是利用大量的信息工具及主要信息资源使问题得到解答的技术和技能
计算机素养 (computer literacy/ICT literacy)	20 世纪 80 年代	指对于已获得知识和经验的学生及教师在其学科领域内必须具有熟练地和有效地利用计算机的能力
媒介素养 (media literacy)	20 世纪 30 年代	媒介素养就是指人们对于媒介信息的选择、理解、质疑、评估的能力以及制作和生产媒介信息的能力
网络素养 (internet literacy/network literacy)	21 世纪初	网络素养是个体在网络社会利用互联网进行学习、工作、交流和发展的一种综合能力，是由信息技术、思想意识、文化积淀和心智能力有机结合的能力系统
数据素养 (data literacy)	2001 年	也称统计素养（statistical literacy）或量化素养（quantitative literacy），指对数据处理应用的能力

1.2 网络媒介素养

传播学家麦克卢汉曾指出，"媒介即信息"，在麦克卢汉看来，每一种新媒介的产生都开创了社会生活和社会行为的新方式。大众媒体（Mass Media）是大众传播媒介的简称，最早出现的大众媒体是报纸、杂志,随后是广播、电影和电视等,如今大众媒体主要是数字网络。从这个意义上讲,目前的互联网就是最为庞大的媒体。1933年英国学者李维斯及其学生桑普森在论著《文化和环境:批判意识的培养》中最先定义了媒介素养的概念[6]:即"正确使用和有效利用媒介的一种意识、方法和能力"。1992年美国媒介素养研究中心重新定义了媒介素养,认为媒介素养是人们在面对多种媒介信息时的选择、理解、质疑、评价、创造和生产以及思辨等的反应能力。而网络媒介素养则是在互联网环境下产生的,用以协调人与网络环境的关系。

1.2.1 网络素养概念演进

"网络素养"对应的英文概念有 network literacy、cyber literacy、internet literacy、online literacy 等,最早由美国学者 Charles R. McClure 于1994年提出。[7]他将网络素养(internet literacy/network literacy)视为信息素养的一部分,并几次修改了网络素养的概念内涵,最终概括为知识和技能两个层面,具体来说就是网络知识的正确判断和应用以及网络技能的有效使用。[8]之后,图书情报学领域的相关机构和学者开始关注信息素养与网络素养的关系,认为信息素养是网络素养的前身,而网络素养是信息素养的发展,网络素养是数字素养的一部分,并把数字素养分成了网络素养、技术素养、计算机素养、信息素养、在线素养5个方面。[9]1995年美国加利福尼亚州立大学相关研究者提出[10],网络素养是图书馆素养、计算机素养、媒介素养、技术素养、伦理学、批判性思维和交流技能的融合;2000年美国大学与图书馆协会认为信息素养包含网络素养,对网络素养做了狭义的限定[11],主要指信息技术素养,即使用电脑、软件应用、数据库以及其他技术等来实现与工作和学术相关的目标能力;国内学者进一步细化了网络素养的内涵[12],认为包括对网络媒介的认知、网络道德素养、网络安全素养、对网络信息的批判反思意识、网络接触行为需求与自我管理能力、利用网络发展自己的意识与能力6个维度。概括来说,网络素养是指人们了解、分析、评估网络和利用网络获取、创造信息的能力。目前网络素养的内涵还在进一步发展和细化当中,具体体现为:

(1)从最基本的对网络知识和网络资源获取及利用的"工具操作技能",发展到网络信息判别、反思能力以及网络信息创造能力等解决问题的能力和创新能力,强调在数字化、网络化环境中学会学习和生活,能针对具体问题选用合适的技术工具与方法去解决问题。

(2)从网络学习发展能力,扩展到利用网络提升自身能力、网上参与合作,以及健康用网的自控能力等,强调网络赋能促进发展的同时,也需要加强网络参与和合作,以及自我管理与控制。

(3)从强调网络意识与应用能力,发展到强调网络社会的法律、道德与责任,体现了网络社会发展的价值取向,以及在未来网络社会中的担当与责任。

网络素养教育指的是网络使用者应具备网络信息辨别能力,网络规范、道德修养的整体规划和知识,并理性地运用网络信息为自身和社会的发展服务。由此,网络素养教育框架的内容包含了5个层级。

(1)工具层级。即对基础互联网工具的使用,包括搜索引擎(了解搜索引擎功能、搜索技巧等)、信息管理工具(管理信息来源、选择合适信息源等)和个人管理工具(信息导图、个人知识管理等)3个方面。

(2) 识别层级。即在能够使用基础工具的基础上,对信息有分辨和识别的能力,且具备互联网责任。

(3) 参与层级。即能够在互联网世界中找到自己位置的同时,学会分享和连接更多人。

(4) 协作层级。即在与更多人发生联系与交互之后,产生更进一步的行动和创造。

(5) 智慧层级。能够熟练使用互联网且能在虚拟和现实的交互中利用互联网来解决复杂的现实问题。这也是未来信息时代每一个人的竞争力所在。

1.2.2 社交媒体与公众表达

基于web 2.0技术发展起来的社交媒体以其平民性、参与性、对话性和社区化等特点渐渐取代传统媒体,微博、微信等社交媒体有着传统媒体所不具备的开放性、交互性、多媒体性、及时性和去中心化等特点,逐步改变了人们获取信息的方式,渗透到社会生活的方方面面,成为人们生活中获取和传播信息的主要媒介。社交媒体一词最早在2007年出版的《什么是社交媒体》(What is Social Media)一书中出现,安东尼·梅菲尔德(Antony Mayfield)给出的定义是[13]:给予用户极大参与空间的新型在线媒体,其特征为参与、公开、交流、对话、社区化、连通性。迈克尔·亨莱因(Michael Haenlein)和安德烈·开普勒(Andreas Kaplan)认为[14],社交媒体是"在Web 2.0的理念和技术的基础上,用户可以进行内容生产和内容交互的一类互联网媒体"。社交媒体最主要的特性是参与性和对话性,它为公众提供了一个生产和交换信息的平台,一改过去公众只能被动接受媒体信息的局面,让用户真正成为信息传播中重要的一环,实现多对多的交流模式。它赋予了每个人参与信息传播的能力,满足了人们日益增长的社会参与和信息表达的需求。

媒体技术的不断发展,使具有媒介制作能力的公众得以进行媒体内容的生产,也因此获得了媒介使用与传播的主动权。网络数字媒体的普及和发展为人们提供了一个观点表达、情感交互、信息传播、思想交汇的平台,使网络中的个体得以摆脱传统社会的管制、控制和监控。[15]与此同时,网络中的个体也会受到网络群体的影响、干扰和导引。从符号学的角度来看,网民参与网络舆论是一种符号消费,通过意见表达彰显自我,获得在群体中的情感认同与价值认同。[16]因此社会网络是具有传染性的,这种传染性体现在情绪的感染和观点的传播上。[17]一方面,网络舆论成为个人承担社会责任的一种新型表现方式;但在另一方面,信息在短时间内的集聚也会给社会带来不小的冲击,并迅速形成声势,网络的开放性极其有利于公共事件的发酵与膨胀,当人们沉溺于感性的享受与狂欢,正确的价值判断就可能被弱化甚至消解,从而引发群体极化,而极化是网络暴力的根源。

1.2.3 数字媒介素养

如上所述,网络社交媒体已成为媒介素养(media literacy)研究的核心。媒介素养作为一种融合的素养,可以理解为在各种媒介语境下获取、解读和使用媒介信息的能力。即"由视觉、听觉以及数字素养相互重叠共同构成的一整套能力与技巧,包括对视觉、听觉媒介的理解能力，识别与使用能力，对数字媒介的控制与转换能力，对数字内容的普遍性传播能力，以及对数字内容进行再加工的能力"。美国媒介素养研究中心给出如下定义[18]：媒介素养就是指人们对于媒介信息的选择、理解、质疑、评估的能力以及制作和生产媒介信息的能力。由于媒介与技术和社会的发展联系紧密，媒介素养的内涵会随着传播技术和通信技术的发展不停发生变化，经历了从阅读、理解和书写能力（与印刷媒体相关）到视听素养（广播、电视等电子媒体相关）、数字化素养、信息素养（与电脑以及电子存储设备相关）、新媒介素养（与互联网和多媒体时代的到来相关）即数字媒介素养的演化和转变。

媒介素养教育的内涵体现在 6 个方面：① 媒介使用素养；② 信息消费素养；③ 信息生产素养；④ 社会交往素养；⑤ 社会协作素养；⑥ 社会参与素养。在新媒体传播时代，媒介素养包含了更多类型的技能，是一种"多重素养"(multi-literacies)，包括图像处理能力、导航能力、信息的组织和联通能力、专注能力、多任务处理的能力、怀疑精神以及道德素养。在《网络化：新的社会操作系统》(*Networked*：*The New Social Operating System*)一书中，李·雷恩尼(Lee Rainie)和巴瑞·威曼(Barry Wellman)提出了在网络化的社会中，成功的网络达人应该具备的新媒介素养[19]：

(1) 图像处理能力。互联网时代也是读图时代，屏幕上的交流和媒体形式几乎无时不在、无处不在。图像化处理成为网络工作的主要行为方式。

(2) 导航能力。即能够在网络上发现和辨识纷繁复杂的信息渠道，达成网络沟通。

(3) 信息组织和联通能力。能够理解和组织来自网络的各类型信息，并提供合理的解释。

(4) 专注力。能够对线上和线下的生活进行有效的区分，专注地完成有助于个人能力提升和职业要求的工作。

(5) 多任务处理的能力。能够有效率地同时处理来自多来源多途径的任务。

(6) 怀疑精神。有能力评估获得的网络信息，并进行精确性、权威性、关联性、客观性和实用性检验。

(7) 公共道德素养。通过互联网相互关联，通过创造或传递精确的、经过深思熟虑的信息来获得信任、提升价值。

随着互联网技术的不断深入应用，对公众媒介素养提出了更高的要求，一方面要让公众看到媒介的积极作用，另一方面也要认识到算法、信息茧房等对人的认知所造成的负面影响。

1.3 核心素养

"核心素养"概念舶来于西方，英文词是"key competencies"。"核心素养"是适应信息时代对人的自我实现、工作世界和社会生活的新挑战而诞生的概念，本质上是在一个不确定的复杂情境中解决复杂问题的能力，涉及逻辑思维、分析、综合、推理、演绎、归纳和假设等高阶素养(higher-order skills)，也涉及自主自觉的行动、错综复杂的沟通交流。在未来的高等教育中，对于分析、批判、创新等高阶认知素养的关注会被提升到一个更为重要的位置上,将更重视高阶认知素养和各种非认知素养如数字素养的培育,因为这些素养正是高校科研创新能力培养的基础。

"核心素养"最早出现在经济合作与发展组织(OECD)和欧盟理事会的研究报告中。经合组织1997年启动了"素养的界定与遴选:理论和概念基础"(Definition and Selection of Competencies: Theoretical and Conceptual Foundations, DeSeCo)研究项目,2002年欧盟发布研究报告《知识经济时代的核心素养》,认为"核心素养代表了一系列知识、技能和态度的集合,它们是可迁移的、多功能的,这些素养是每个人发展自我、融入社会及胜任工作所必需的"。2005年OECD发布了《核心素养的界定与遴选:行动纲要》(*The Definition and Selection of Key Competencies: Executive Summary*)。2006年12月欧洲议会和欧盟理事会通过了关于核心素养的建议案《以核心素养促进终身学习》(*Key Competences for Lifelong Learning*)。2010年欧盟理事会与欧盟委员会联合发布了报告《面向变化中的世界的核心素养》(*Key Competences for a Changing World*)。[20]

概括地说,核心素养就是适应个人终生发展和社会发展所需要的"关键素养",包括创新能力、信息素养、合作能力、社会责任、交流技能等,只有具备这些素养,才能成功地适应社会,在自我实现的同时促进社会的发展。从全球范围来看,国际组织、一些国家和地区在核心素养指标的选取上都反映了经济社会发展的最新要求,强调创新与创造力、信息素养、国际视野、沟通与交流、团队合作、社会参与及社会贡献、自我规划与管理等素养。核心素养之所以是"关键素养",其主要原因就在于:核心素养是跨学科的,是高于学科知识的;核心素养是综合性的,是对于知识、能力、态度的综合与超越。

1.3.1 OECD核心素养框架

OECD于1997年开始启动21世纪核心素养框架的研制工作,其报告《核心素养的界定与遴选:行为纲要》于2003年形成最终版,并于2005年公布。OECD核心素养框架将核心素养划分为"互动地使用工具、在社会异质群体中互动和自主行动"3个类别,这3个类别关注不同方面,但彼此间相互联系,共同构成核心素养的基础。

OECD分别于2009年、2013年与2015年开展了针对核心素养发展状况的持续研究。OECD认为素养是一个动态和整合的概念。首先,素养能够应对复杂要求的能力,是能满足要求成功开展工作的能力。其次,素养是比知识和技能更宽泛的概念。它是相关知识、认知技能、态度价值观和情绪的结合体,涵盖了稳定的特质、学习结果、信念价值系统、习惯和其他心理特征。最后,素养是基于行动和情境,最终解决问题和完成任务。OECD核心素养框架详见图1-1。

1.3.2 美国与欧盟核心素养框架

2002年美国创建21世纪技能联盟(Partnership for 21st Century Skills),探寻那些让学生在21世纪获得成功的技能。美国核心素养框架主要包括3类11项:

(1) 第一类是"学习与创新素养",包括批判性思维和问题解决能力、创造性和创新能力、交流与合作能力;

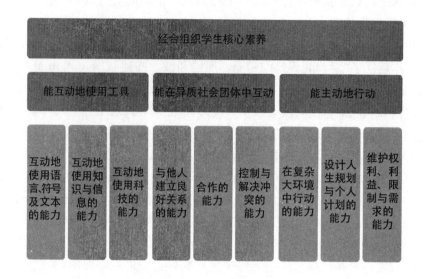

图 1-1 OECD 核心素养框架

（2）第二类是"信息、媒体与技术素养"，包括信息素养、媒体素养、信息通信技术素养；

（3）第三类是"生活与职业素养"，包括灵活性和适应性、主动性和自我指导、社会和跨文化技能、工作效率和胜任工作的能力、领导力和责任感。

这3个方面主要描述学生在未来工作和生活中必须掌握的技能、知识和专业智能，是内容知识、具体技能、专业智能与素养的融合；根据重要性的不同，这11项核心素养又被聚焦为4项：批判性思维和问题解决能力、创造性和创新能力、交流能力、合作能力。这4项被认为是21世纪"超级素养"。

与之相对应，欧盟在2002—2006年间发布了4个版本的核心素养的报告；2006年欧盟正式发布《终身学习核心素养：欧洲参考框架》（*Key Competences for Lifelong Learning：A European Reference Framework*，简称"2006框架"），向各成员国推荐8项核心素养作为推进终身学习和教育与培训改革的参照框架。欧盟以终身教育为理念逐步建立了核心素养框架，具体包括使用母语交流的能力、使用外语交流的能力、数学素养与科技素养、数字化素养、学会学习、社会和公民素养、主动与创新意识、文化意识与表达，并且每一素养又从知识、技能与态度（knowledge, skills and attitudes）3个维度进行具体描述。

其中，科研创新能力及其培育是核心素养中最为关键的组成部分。一般而言，"科研能力主要包括发现问题和提出问题的能力、获取信息和搜集资料的能力、对研究对象及其他相关资料和信息进行分析和思考的能力、运用创造性思维来提出新思想、新方法和新结果的能力，以及对科研活动的过程与结果进行表达的能力"[21]。在2011年欧洲议会和欧盟理事会的核心素养框架中，虽然没有明确说明核心素养中包含科研和创新能力，但在学会学习以及数字素养与基本的科学技术要素两大方面详细描述了科研和创新能力的内容、技能和态度。如表1-2所示：

表 1-2　核心素养中的"学会学习"及"数学素养与基本的科学技术素养"（2006 框架）

核心素养	定义	构成		
		知识	技能	态度
学会学习（learning to learn）	求知能力和持之以恒学习的能力,组织个人或团队学习的能力;对学习过程、目标和机会的认识,解决学习困难的能力;在已有知识技能基础上获取新知识技能的能力、动机和自信	对于特定工作或职业目标,个体要知道相关能力、知识、技能和程度的要求;对于各种情况下的学习,个体要了解自己所偏好的学习策略及其优缺点和程度,知道如何获得教育及培训的机会和帮助	以读、写、算和信息技术使用等基本技能为基础,获取和吸纳新知识技能;有效管理、批判反思和评价自己的学习和工作,认识学习需要和机会,持之以恒;自律与写作;寻求建议和支持	终身学习的动机和信息;问题解决的积极态度;运用已有知识和生活经验在各种情境中探求新知的好奇心和愿望
数学素养与基本的科学技术素养（mathemadical competence and basic competences in science and technology）	发展和运用数学思维处理日常生活问题,使用数学模型和数学表征的能力和意愿;使用科学知识和方法体系解释自然界、发现问题和得出基于证据的结论的能力和意愿;应用相关知识和方法达到目的或满足需要;理解人类活动所带来的变化及个体公民的责任	关于数、度量和结构的扎实知识;基本运算和数学表征;对数字概念和原理的理解和数字问题意识;自然科学基本原理、基本科学概念和方法、技术和技术产品及过程等基础知识;对科学技术对自然界的影响,以及科技的优势、局限和风险等的理解	应用基本的数学原理解决日常情境中的问题,遵循和评估证据链;进行数学推理、理解数学证明及运用数学语言和适当工具,运用技术手段和数据达到目标或得出基于证据的决定或结论,认识科学研究的基本特征并对其结论和推理进行交流	尊重事实真相;愿意探寻原因和评价有效性;有好奇心和批判精神;对伦理问题、安全和可持续发展的关注;对与自身、家庭、社区和全球问题相关的科学和技术议题的关注

2018 年 5 月欧盟出台了《欧洲终身学习核心素养建议框架 2018》(*Council Recommendation of 22 May 2018 on Key Competences for Lifelong Learning*,简称"2018 框架"),该参考框架是对"2006 框架"的再次审视和修订,保留了老框架的主体架构,核心概念一致,表述稍作修改。"数学素养和科学技术基本素养"在表述上改为"数学素养和科学、技术、工程素养",使之更接近国际"科学、技术、工程、数学"(Science, Technology, Engineering and Mathematics, STEM)的惯常叫法。新版采用"个人、社会和学会学习素养"来代替之前的"学会学习"素养,覆盖了个人发展、学习策略以及社会三个层面。

1.3.3　数字素养概念框架

2011 年初,欧盟教育文化总局开始实施"数字素养项目",欧盟将数字素养定义为[22]:在工作、就业、学习、休闲以及社会参与中,有把握地、批判性和创新性地使用信息技术的能力。并于 2012 年末建立了数字素养框架,欧盟教育文化局认定的数字素养框架具体包括信息域、交流域、内容创建域、安全意识域和问题解决域 5 个素养域,在此基础上共包含 21 个具体素养,最终形成了一个指标详尽、分类清晰、评估操作性强的权威概念框架[22]。框架详情如表 1-3 所示:

表 1-3　欧盟数字素养概念框架中的 21 条具体素养

素养域	具体素养
1. 信息域	1.1　浏览、检索以及过滤信息 1.2　评价信息 1.3　存储和检索信息，有效组织信息与数据
2. 交流域	2.1　通过技术进行互动 2.2　信息与内容共享 2.3　网民身份 2.4　通过数字化渠道进行协作 2.5　网上行为规范 2.6　数字身份的管理
3. 内容创建域	3.1　创建内容 3.2　整合与重新阐述 3.3　版权和许可 3.4　编程
4. 信息安全域	4.1　保护设备 4.2　保护个人数据 4.3　保护健康 4.4　保护环境
5. 问题解决域	5.1　解决技术问题 5.2　确定需求和技术对策 5.3　创新和创造性地使用技术 5.4　数字素养缺陷的识别

从整个数字素养框架中的纵向关系上看，这 5 个具体素养域是递进的：掌握基本信息技能——进行数字交流与共享——管理数字资源——树立数字安全意识——运用数字素养。

数字素养作为核心素养的最重要组成部分，欧盟在其通过的面向全民的 8 项"核心素养"提案中，对"数字素养"进行了描述和界定，如表 1-4 所示[22]：

表 1-4　核心素养中的数字素养

核心素养	定义	构成		
		知识	技能	态度
数字素养 （digital competence）	在工作、生活和交往中自信和批判地使用信息技术的能力，以基本的信息技术能力如使用计算机和互联网的能力为基础	较好的有关信息技术本质、作用及操作等方面的知识和理解，包括数字处理、数据库、信息管理等软件的使用方法；认识网络及电子媒介所带来的可能性和潜在风险；理解信息技术如何支持创新；对信息的可靠性和合法性的判断以及对相关法律和伦理问题的认知	批判和系统地检索、收集、处理和运用信息；鉴别和评价信息，使用软件和网络服务生成、表达和理解复杂信息；运用信息技术支持批判性思维、创造和创新	对信息的反思和批判的态度；负责任地使用交互性媒体；出于文化的、社会的以及职业的目的而置身网络和虚拟社区的兴趣

总体而言，数字素养是一个经过媒介素养、计算机素养、信息素养、网络素养的流变所形成的概念，主要是指利用信息与通信技术检索、理解、评价、创造并交流数字信息的能力，阅读和理解以超文本或多媒体形式所呈现的信息条目的能力。[23]除基本的计算机操作技能以外，还包括网络环境下的读写能力，如网上搜索、超文本阅读、评判分析数字信息与知识重组等技能，并能够在此基础上使用一系列工具和资源创造新的知识。在数字素养研究方面，美国国际教育技术协会(ISTE)建议学校教育教学体系中应融入对数字能力的培养。[24] 2012年皮尤研究中心"互联网与美国生活"项目组发布的研究结果表明，数字素养是影响大学生在线学习能力的重要因素。

随着信息技术的发展，科学研究面临着数字时代科研环境带来的新挑战，越来越多的科学研究建立在对已有信息和科研数据的重新认识、组织、解析和利用的基础上。相应地，在数字环境中，获取信息、获得知识进行分析并加以利用，正是运用数字技术进行科研活动的过程，掌握并合理运用数字技术被视为一种重要的能力素养，数据驱动的科研范式要求科研人员必须具备此类数字能力和素养。[25]伴随科学研究由传统的假设驱动向基于科学数据进行探索的科学方法转变，科技创新更加依赖于对科学数据的获取、管理和利用的能力。数据素养(data literacy)在科研活动中的重要性日益凸显，成为大数据时代对人才培养提出的新的要求。数据素养主要指研究者在科学数据的采集、组织和管理，处理和分析，共享与协同创新利用等方面的能力，以及研究者在数据的生产、管理和发布过程中的道德与行为规范。

作为近些年产生的新兴概念，数据素养被认为是信息素养的重要组成部分。[26]国外学者Stephenson和Caravello认为，数据素养是指有效而恰当地发现、评估与使用信息和数据的一种意识和能力。[27]Schneider认为科学数据素养是"科学数据"与"信息素养"的组合，是科学数据管理的子学科。[28]国内学者认为数据素养是研究者在科学数据的采集、组织和管理、处理和分析，共享与协同创新利用等方面的能力，以及研究者在数据的生产、管理和发布过程中的道德与行为规范。[29]通常数据素养概念包含数据意识、数据获取能力、分析和理解数据进行决策的能力以及对数据作用的批评和反思；此外，数据素养还包括自我数据的风险意识，如个人数据的保护意识、隐私意识。海内外大学已经广泛开展数据素养教育，康奈尔大学、斯坦福大学等世界一流高校将数据素养教育视为大学生综合素质中必不可少的一部分。总的来说，数据素养的内涵包括数据意识、数据能力和数据伦理3个方面。

(1) 数据意识是前提，就是主观上对数据的自觉重视和高度敏感。具体而言，包括数据关联意识、数据价值意识、数据利用意识和数据安全意识。

(2) 数据能力是数据素养的核心。即贯穿于数据生命全周期的数据采集、表示、描述、发现与检索、选择与评价、分析、利用、引用、整合、复用、保存、管理等一系列活动所需的技能。[30]

(3) 数据伦理是保障，即人们在科研活动中应该遵守的道德规范，包括数据隐私、数据的合理与合法利用、数据交流的规则等。

1.4 网络伦理与安全

以互联网、大数据、人工智能为代表的新一代信息技术蓬勃发展，深刻改变着人类的生存方式和社会交往方式，也催生了可能带来伦理风险的新问题。所谓信息伦理，是指涉及信息开发、信息传播、信息的管理和利用等方面的伦理要求、伦理准则、伦理规约，以及在此基础上形成的新型的伦理关系。信息伦理又称信息道德，它是调整人们之间以及个人和社会之间信息关系的行为规范的总和。网络信息时代，由于信息的存在形式是以声、光、电、磁、代码等形态存在，这使它具有"易转移性"，即容易被修改、窃取或非法传播和使用；加之信息技术应用日益广泛，信息技术产品所带来的各种社会效应对传统人际关系产生巨大的冲击。有关网络伦理的早期研究更多关注信息技术的伦理方面，如计算机伦理。有学者提出了计算机伦理道德是非判断应遵守的3条一般规范性原则：

(1) 自主原则：尊重自我与他人的平等价值和自主权利；

(2) 无害原则：人们不应该利用信息技术给他人造成直接或间接的损害；

(3) 知情同意原则：在信息交流中人们有权知道谁会得到这些信息以及如何使用它们，未经信息权利人同意，他人无权擅自使用这些信息。[31]

20世纪90年代中后期，信息伦理学的研究方向更多转向信息技术、网络信息资源以及网络信息环境对传统伦理的挑战。1986年美国管理信息科学专家R.O.梅森(R.O. Mason)提出[32]，信息时代有4个主要的伦理议题，被称为PAPA议题：① 信息隐私权(privacy)；② 信息准确性(accuracy)；③ 信息产权(property)；④ 信息存取权(accessibility)。这一观点至今仍是认识网络伦理问题的主要理论基础之一。信息立法的一个重要趋势是适应网络信息活动的需要，修改、制定相应的法律法规，如美国的《因特网保护法案》(Internet Protection Act)、《电子传播隐私法案》(Electronic Communications Privacy Act)等。

1.4.1 信息产权

信息产权指信息生产者享有对自己所生产和开发的信息产品的产权，也就是信息生产者对于自己作品的所有权。信息产权的双重属性(产权，信息)使其在理论和实践上一直面临着限制使用和信息共享的矛盾。信息网络技术所具有的大批量复制潜力等新的技术特征更是使上述矛盾进一步复杂化。

就学术科研领域的版权而言，传统学术期刊要求把部分权利转让给出版商，这个过程称为授权(licensing)或版权转让(transferring the copyright)。转让是通过一份名为版权表(copyright form)(或类似的文件，如期刊出版协议(journal publishing agreement)或版权转让协议(copyright assignment))的法律文件进行的，该文件需由作者和出版商共同签署。而对于开放出版的OA期刊来说，论文的版权则由作者自己保留，即作者成为版权所有者(copyright owner)。此外，还存在一些学术论文的版权豁免情况，诸如：

(1) 个人用途(personal use)：作者保留学术著作权(Author Rights for Scholarly Purposes)。作者可以通过电子邮件与同事分享已发表的文章，在课堂教学中分享和使用文章(印刷品或电子版),在会议上展示文章,在学位论文中使用文章,在书中进行摘录,等等。

(2) 预印本(preprint):通常作者可以随时将预印本贴在任何网站上或各存储库中。预印本是手稿经过同行评审之前的最终稿。Science 公布的 2017 年度十大科学突破中,以 bioRxiv 为标志的"生物学预印本交流模式"赫然位列其中,被认为是"学术交流中的重大文化变革"。预印本在内容上与期刊具有同质性,但其还具有首发、快速、开放评议、发布内容等更为丰富的特点,使得科研出版物的发布流程相较传统出版更为简洁、明快。[33]

(3) 已接收的稿件(accepted manuscript):在禁运期(embargo period)结束后,作者可以在个人和机构网站上分享已接收的稿件(同行评审后的最终版本)。禁运是指出版商禁止作者公开发布该文章的一段时期。

(4) 机构用途(institutional use):作者所在的机构可以将文章用于教学和培训。

(5) 商业用途(commercial use):作者需要获得出版商的许可才能用于商业用途,例如向客户进行营销或利用文章做广告。

在所有上述这些情况下,作者都应适当标明文章已经发表,并注明如何找到已发表文章的链接。

进入数字经济时代之后,数据开始成为数字经济的关键生产要素,数据权属无疑成了一个信息产权的新问题。英国首相戴维·卡梅伦最早提出"数据权"一词,称其是信息时代每一个公民都拥有的一项基本权利,"如果数据的所有权明确,未经允许拿取、使用个人的数据,法律上属于盗窃行为"。目前有关数据的所有权、使用权、管理权、交易权、享有权等尚没有被相关的法律充分地认同和明确地界定。一般而言,数据权的内涵主要包括个人数据权和数据财产权。其中:

(1) 个人数据权:即自然人依法对其个人数据进行控制和支配并排除他人干涉的权利。就其性质而言,个人数据权虽然与财产利益有关,但它不是财产权,是随着社会发展而逐步明确化和独立出来的新的人格权类型。个人数据权包括:数据决定权、数据保密权、数据查询权、数据更正权、数据封锁权、数据删除权和数据报酬请求权等。数据主体享有决定其个人数据是否被收集、处理与利用以及以何种方式、目的、范围进行收集、处理与利用的权利。

(2) 数据财产权:数据财产权是权利人直接支配特定的数据财产并排除他人干涉的权利,它是大数据时代诞生的一种新类型的财产权形态。作为一类新的财产客体,其权能包括数据财产权人对自己的数据财产享有的占有、使用、收益、处分的权利。

1.4.2 信息资源存取权

信息资源存取权是指人们享有获取所应该获取的信息的权利。在学术科研领域,信息存取权是对信息资源进行收集、存档、管理、处理,在满足一定条件的前提下确保学术信息资源能够提供长期利用的权利。

2002 年《布达佩斯开放获取计划》(Budapest Open Access Initiative)、2003 年《贝斯达开放获取出版宣言》(Bethesda Statement on Open Access Publishing)和同年的《柏林宣言》(Berlin Declaration on Open Access)共同揭开了开放获取运动和实践的序幕。开放获取是

指一种信息资源的获取方式、访问方式,以及使用许可等的一系列内容。2002 年末,美国非营利性组织 Creative Commons 首次发布了知识共享许可协议(Creative Commons license,简称 CC 协议)。CC 协议的贡献在于突破了传统著作权中的所有权利保留方式,而发展成为相对灵活的部分权利保留模式,使得知识创造成果能够得到公正地分享与演绎。从开放获取运动进行以来,OA 期刊主要有 2 种不同的开放获取模式:金色 OA 与绿色 OA。

(1) 金色 OA 模式:是通过 OA 方式将论文或图书发表在出版机构平台上,通过金色 OA 出版的内容一经出版即可面向公众开放共享;《选择金色:探索混合型期刊中金色开放获取文章的影响范围和影响力》一文指出[34],金色 OA 文章的下载量是非 OA 文章的 6 倍以上;虽有学科上的差异,但金色 OA 的影响范围和影响力一般都超过非 OA 文章。

(2) 绿色 OA 模式:是将论文草稿的某一版本存储在某一 OA 知识库中,通过绿色 OA 方式存储的论文草稿在很多情况下只能在自存档设置的时滞期结束后才能阅读。

2017 年以来全球开放科学进入快速发展时期,全球 OA 期刊的发展在数量、质量、用户认可度、学术影响力等方面都呈现跨越式增长。选择 OA 期刊出版方式对科研人员增加研究成果的引用、下载数量以及整体影响力都有所助益,成果可更快速地被自由、即时地发现、访问、使用、复用,从而支持科学研究发现。[35] 2018 年施普林格发布的白皮书《评估混合型期刊的开放获取效应》显示,混合型期刊中的 OA 文章和与之相当的非 OA 文章相比,产生了更大的影响力、使用量和影响范围。

总之,传统学术期刊提供给用户的只是期刊的使用权;而开放获取期刊事实上已经将绝大部分的版权赋予了用户,因此在信息资源的获取和利用方面,读者或用户可以无限制地阅读、下载、复制、分享、保存、打印、检索、链接。

1.4.3 信息隐私权

信息隐私权,指个人拥有隐私的权利以及防止侵犯别人的隐私,是个人对与社会无关的个人生活与个人信息依法享有的自主决定的权利以及不被干扰的权利。隐私权属于人权的范畴,对于隐私权的保护是人权发展到信息时代的一个突出特点;隐私权不仅是一项法律权利,也是一项道德权利。人工智能技术和应用的发展加剧了隐私泄露的伦理风险。人工智能越是"智能",就越需要获取、存储、分析更多的个人信息数据。获取和处理海量信息数据,不可避免会涉及个人隐私保护这一重要伦理问题。人工智能应用需要以海量的个人信息数据作支撑,如个人身份信息数据、网络行为轨迹数据以及对数据处理分析形成的偏好信息、预测信息等。

在网络环境下,隐私权的问题主要涉及的是个人数据的利用及匿名发言的公开问题。在传统社会中实施侵害隐私的加害人与隐私权人,两者之间的关系比较容易认定,而在网络上,由于匿名的缘故,加害人和受害人可能没有任何联系,即便有联系,也很难明确发现。我国宪法规定公民的人格尊严不受侵犯,禁止用任何方法对公民进行侮辱、诽谤和诬告陷害。2019 年 6 月 17 日,我国新一代人工智能治理专业委员会发布《新一代人工智能治理原则——发展负责任的人工智能》,要求人工智能发展应尊重和保护个人隐私,充分保障个人的知情权和选择权。2021 年 8 月 20 日,第十三届全国人大常委会通过《中华人民共和国个

人信息保护法》,并自 2021 年 11 月 1 日起施行。其中明确:

(1) 通过自动化决策方式向个人进行信息推送、商业营销,应提供不针对其个人特征的选项或提供便捷的拒绝方式;

(2) 处理生物识别、医疗健康、金融账户、行踪轨迹等敏感个人信息,应取得个人的单独同意;

(3) 对违法处理个人信息的应用程序,责令暂停或者终止提供服务。从伦理层面看,自觉或不自觉地针对个人进行网络"道德审判"和"言语暴力",亦侵犯了他人权利。

1.4.4 信息精确性问题

信息精确性,指人们享有拥有正确信息的权利及确保信息提供者有义务提供正确的信息。网络信息由于不存在评审和控制,其内容和质量普遍存在参差不齐,良莠不分的情况,真实的和虚假的信息并存,有价值和无价值的信息同在。无价值的网络信息或虚伪数字信息的存在,不仅会对网络用户产生极大的误导,而且会造成网络信息生态环境恶化,信息拥塞和信息污染。从技术层面看,信息技术具有数字化、虚拟化、开放性等特点,借助信息技术,人与人之间的交流更多呈现符号化、超地域性、隐匿性等特征,这让人际交往进入了一个互不熟识、缺少监督的"陌生人社会",从而使一些人放松或忽视了诚信自律,做出失信行为。从利益驱动层面看,少数门户网站、自媒体为最大程度攫取经济利益不惜传递虚假信息,恶意透支社会信用。因此,对于信息精确性的认识是信息伦理中的一个值得关注的方面。

其中,网络谣言是最为恶劣的问题。网络谣言是通过网络媒介而生成并进行传播的谣言,从某种程度上说网络谣言已经成为一种社会现象,成为引发社会震荡、危害公共安全的因素之一。马克·吐温说:"谎言跨越半个地球的时候,真相还在穿鞋。"网络信息传播的自由性,为网络谣言的产生和传播提供了方便。其途径往往依靠个人网站、论坛、聊天室、新闻组等,由于网络的长尾效应,其传播范围和传播效果是惊人的,甚至可能造成社会的不安和恐慌。

此外,互联网时代还出现了一些现象和趋势应当引起高度重视。例如,有些人沉迷于网络虚拟世界,厌弃现实世界中的人际交往。这种去伦理化的生存方式,从根本上否定传统社会伦理生活的意义和价值,放弃自身的伦理主体地位以及相应的伦理责任担当。面对信息技术的迅猛发展,有效应对信息技术带来的伦理挑战,需要深入研究思考并树立正确的道德观、价值观和法治观,以应对信息化深入发展导致的伦理风险。

参考文献

[1] Zurkowski P G. The information service environment relationships and priorities. Related Paper No.5. [R]. Washington,DC:National Commission on Libraries and Information Science,1974:2.

[2] American Library Association Presidential Committee on Information Literacy. 1989 Final Report[R]. Chicago:The Association,1989.

[3] 钟志贤.面向终身学习:信息素养的内涵、演进与标准[J].中国远程教育,2013(8):21-29.

[4] Association of College and Research Libraries. Information literacy competency standards for higher

education[R/OL].[2019-06-10].http://www.ala.org/acrl/standards/informationliteracycompetency.

[5] Association of College and Research Library. Framework for information literacy for higher education[R/OL].[2017-11-06].http://www.ala.org/acrl/standards/ilframework.

[6] 郭同峰.网络时代思想政治教育研究[M].北京:九州出版社,2018:228.

[7] McClure C R. Network literacy: a role for libraries?[J].Information Technology and libraries,1994,13(2):115-125.

[8] Savolainen R. Network competence and information seeking on the Internet[J]. Journal of Documentation,2002,58(2):211-226.

[9] Park S B. A study on affordance dimensions of digital services for the elderly through the analysis of senior adults' daily activities[J].Architectural Research,2008,10(2):11-20.

[10] 喻国明,赵睿.网络素养:概念演进、基本内涵及养成的操作性逻辑[J].新闻战线,2017(3):43-46.

[11] Information literacy Competency Standards for Higher Education[R]. Association of College and Research Libraries,2000.

[12] 贝静红.大学生网络素养实证研究[J].中国青年研究,2006(2):17-21.

[13] 曹博林.社交媒体:概念、发展历程、特征与未来:兼谈当下对社交媒体认识的模糊之处[J].湖南广播电视大学学报,2011(3):65-69.

[14] 赵云泽,张竞文,谢文静,等."社会化媒体"还是"社交媒体"?:一组至关重要的概念的翻译和辨析[J].新闻记者,2015(6):63-66.

[15] 吴志琴.网络伦理发展思考[J].现代商贸工业,2012,24(20):159-160.

[16] 杨雅,张佰明.基于热点事件的网络伦理舆情特征分析[J].青年记者,2017(12):22-24.

[17] 尼古拉斯·克里斯塔基斯,詹姆斯·富勒.大连接:社会网络是如何形成的以及对人类现实行为的影响[M].北京:中国人民大学出版社,2013:47-153.

[18] 陈娜萍.数据素养研究评述[J].高中数学教与学,2013(16):13-15.

[19] Rainie H, Rainie L, Wellman B. Networked: the new social operating system[M]. London: The MIT Press,2012:272-274.

[20] 林崇德.学生发展核心素养:面向未来应该培养怎样的人?[J].中国教育学刊,2016(6):1-2.

[21] 金雪晶.从智能角度谈研究生创新能力的培养[J].学位与研究生教育,1987(4):19-21.

[22] Punie Y, Brecko B N, Ferrari A. Digcomp: a framework for developing and understanding digital competence in Europe[EB/OL].[2021-10-30]. http://publications.Jrc.Ec.Europa.Eu/repository/bitstream/111111111/29481/1/lb-na-26035-enn.pdf.

[23] 王佑镁,杨晓兰,胡玮,等.从数字素养到数字能力:概念流变、构成要素与整合模型[J].远程教育杂志,2013(3):24-29.

[24] ISTE. NETS for Students[EB/OL].[2021-10-28].http://www.iste.org/standards/nets-for-students.

[25] 李逢庆.信息时代大学教学支持服务体系发展研究[D].南京:南京大学,2013

[26] 肖俊洪.数字素养[J].中国远程教育,2006(5):32-33

[27] Stephenson E, Caravello P S. Incorporating data literacy into undergraduate information literacy programs in the social sciences: a pilot project[J]. Reference Services Review,2007,35(4):525-540.

[28] Schneider R. Research Data Literacy[C]//Worldwide Commonalities and Challenges in Information

Literacy Research and Practice. Switzerland：Springer，2013：134-140.

[29] 张静波.大数据时代的数据素养教育[J].科学,2013,65(4)：29-32.

[30] 黄如花,李白杨.数据素养教育：大数据时代信息素养教育的拓展[J].图书情报知识,2016(1)：21-29.

[31] 沙勇忠.国外信息伦理学研究述评[J].大学图书馆学报,2003(5)：8-13.

[32] 梁俊兰.信息伦理学：新兴的交叉科学[J].国外社会科学,2002(1)：46-50.

[33] 张智雄,黄金霞,陈雪飞,等.科技预印本库的政策动向与政策挑战[J].中国科学基金,2019,3：219-228.

[34] Springer Nature. Going for gold：exploring the reach and impact of gold open access articles in hybrid journals[EB/OL].[2022-10-13].https://www.springernature.com/gp/open-research/journals-books/journals/going-for-gold-reach-and-impact?utm_source=weibo&utm_medium=social&utm_campaign=PCOM_OASCC_ENGM_CN_OAWP.

[35] Springer Nature achieves new milestone in 2019 in publishing over 100,000 OA articles in one year, and is the largest OA publisher of primary research[EB/OL].[2020-06-03].http://www.stm-publishing.com/springer-nature-achieves-new-milestone-in-2019-in-publishing-over-100000-oa-articles-in-one-year-and-is-the-largest-oa-publisher-of-primary-research/.

第2章 科研素养

进入网络数字时代以来,大学的教学科研场景不断发生改变,科学研究的范式也发生着变化,由传统的假设驱动向基于科学数据进行探索的科学方法转变。[1]全球高等教育发展的趋势越来越强调对学生科研能力和创新能力的培养,高等教育的模式正在从知识传授向价值创造和能力提升方向转移。2015年联合国教科文组织[1]发布了《反思教育:向"全球共同利益"的理念转变》报告,提出所有青年都应该具备3类素养:

(1) 基础素养:指日常生活所需的素养,如基本的读写算、遵守规则、社会礼仪等。

(2) 可迁移素养:指可以迁移和适应不同工作需求及环境的素养,包括"分析问题,找出恰当的解决方法;有效交流思想和信息;具备创造力、领导力和责任感;展现创业能力"等。

(3) 职业素养:指特定职业所需的专门性素养。

所谓素养,是知识(knowledge)、技能(skills)、态度(attitudes)的统整。可迁移素养与大学教育关系尤其紧密。对于学生而言,数字化工具、互联网存储、检索、获取和交流传播技术的快速发展,使得记忆大量知识或信息不再是必不可缺的,而具备批判性思维和分析能力,具备学习如何访问、探究、评价信息,以及深度思考并致力于问题解决和知识创造的能力成为更为重要的选项。科研素养本质上是一种可迁移素养,是指在学术情境中解决复杂学术问题的能力,涉及逻辑思维、分析、综合、推理、演绎、归纳和假设等高阶素养(higher-order skills)。目前,低阶认知素养正日益被人工智能所替代,而分析、批判、创新等高阶认知素养尚无法完全取代。因此,科研素养日益成为高等教育改革和人才培养所关注的重点。

2.1 问题意识

马克思认为,对一个时代来说,"主要的困难不是答案,而是问题"。[2]科学史表明一个重大问题的提出和解决,往往会给科学发展带来革命性的变革,开创新的学科,甚至导致整个科学体系的重新组合。爱因斯坦曾经说,提出一个问题往往比解决一个问题更重要,因为解决问题也许仅是一个数学上或实验的技能而已,而提出问题却需要创造性的想象力,且标志着科学的真正进步。问题是学术研究的原初起点。科学研究过程就是提出问题和解决问题的过程,提出问题是科研关键性的一步,提出正确问题,往往等于解决了问题的一大半。知识的进化和人类所面对的问题构成了一种密切的关系,问题与知识是一个事物的两个方面：

(1) 我们接触到的世界是我们所面对的问题的总和；

(2) 知识是已经解决了的、以理论或经验形态表现出来的问题。

问题意识是指人们在认识活动中，经常意识到一些难以解决的、疑惑的实际问题或理论问题，并产生一种怀疑、困惑、焦虑、探究的心理状态。简单的说，问题意识是质疑、提问的思维。问题的提出和问题意识的建立以科学怀疑为前提，且取决于研究者的知识结构；从心理学的角度来看，所谓问题就是预期与现实之间的反差引起的心理困惑，由困惑上升到焦虑不安，这是研究的起点，也就是"知困而学"；从认知的角度来看，问题是介乎认识的此岸和彼岸之间的认知对象，如果它完全处于此岸，已被我们解决了，就不是问题了；如果它完全处于彼岸，我们完全没有接触到、意识到，亦不是问题。因此，问题应该是介乎认识的此岸和彼岸之间，能够被我们接触到、意识到并试图回答、解释或者采取相应行动的这样一类认知对象。

问题意识并不是一个固定不变的，而是一个随着认识的变化而不断调整的过程：即发现问题、界定问题、综合问题、解决问题、验证问题，这些环节构成了学术研究中的问题意识。人类的认识史就是一个不断面对和解决问题的历史，学科发展史就是不断提出问题和解决问题的历史，而学科现实无非是问题的存在和发展。

2.1.1 问题的来源

问题意识落实在科研的实践过程中，就体现为怀疑精神。质疑决定了研究的深度，没有怀疑精神，即使抓对了问题也可能浅尝辄止。1637 年法国哲学家笛卡尔出版了著名的哲学论著《谈谈方法》(Discours de la méthode)，全名是《谈谈正确引导理性在各门科学上寻找真理的方法》，在书中笛卡尔把怀疑精神放在了开启一切研究的首要位置，即"怀疑一切"：把一切可疑的知识都剔出去，剩下决不能怀疑的东西；永远不接受任何自己不清楚的真理。[3]"我思故我在"。问题的发现大致有 3 个主要来源：

(1) 观察：即通过对社会事实、自然现象等的观察，发现值得关注和重要的事实，进而去寻找和探究其背后的缘由。

(2) 阅读：通过文献阅读和理性思考，面对不同的理论流派和既有研究，从推进学科理论发展的角度去发现问题，寻找理论和事实现象之间不吻合的地方。对已有研究的文献分析是提出问题和建立问题意识的基础。

(3) 讨论：与学术同行进行理论和学术性的交流与对话。当交流双方在进行讨论的过程中存在认识上的出入和分歧，需要寻找新的解释时候，问题就产生了。这也是一种发现问题的途径。

一般来说，研究问题有 2 种取向，其一是现实取向，强调从现实生活中寻找问题，从社会实践的逻辑出发去分析与解决问题；但是现实问题必须经过学科的筛选、甄别，才能提升到一个相对确定的学术语境中，进行相应的理论清理、探讨、分析与解答。这是学科对现实问题的一种学术转换与提升；在研究方法上侧重归纳；其二是学科取向，即从学科发展过程中寻找问题，从学科体系所提供的一套概念范畴、公式原理、理论观点出发去逻辑地推演问题,寻找新的突破口;在研究方法上更侧重演绎。

2.1.2 问题的真与假

有价值的学术研究和有成效的学术创新,不仅取决于是否具有问题意识,而且取决于从何处发现问题、怎么找准问题和怎样应答问题。[4]问题有学术性问题、非学术性问题,真问题、假问题,大问题、小问题等区别;但最为关键的是要弄清所讨论问题的真假。只有真实的问题,才有研究的必要。

鉴别问题的真伪至关重要。举例来说,近年来学术界都在谈"中国问题",很多研究者往往从概念出发,从海外进口思想,而不是从观察中国的实践来发现问题。盲目应用这些舶来思想,从本质上说,就如同用西方苹果的理论来解释甚至改造中国的橘子,并无现实可行性。学术研究借鉴国外的理论和概念作为工具值得提倡,但不能简单地移植。理论与实际内容缺乏有机结合,生搬硬套,就得不出令人信服的结论。[5]任何一个真实问题的存在,都应该具有2个条件:① 要有理论依据;② 要有事实根据。因此,对于研究问题的真假判断可以从以下两点入手:

(1) 逻辑上能自洽:这是一个理论标准。指立论公允,论据翔实,逻辑严谨,言之成理、持之有故;假问题往往表现为概念含糊,无法界定清楚,经不起逻辑的推敲和检验。

(2) 实践中能举证:这是一个实践标准。指在现实生活中可以找到例证,能够列举实例来证明它是一个有意义的问题。就是说研究的问题不是天方夜谭,而是依据实践得以发现和提出的问题。

2.1.3 问题的定位与聚焦

提出问题只是研究的第一步,明确研究问题之后,就需要考虑如何理解和描述问题,对于问题的描述和界定取决于2个必不可少的环节:

(1) 问题的追问:包括对问题真实性、可行性、必要性以及研究价值的质疑、批判、辨析、澄清,这4个方面构成了问题追问的内容。

(2) 问题的界定:对自己所要研究的问题有了比较充分和深入的认识后,必须要能够对所要研究的问题给出一个定义和界分。问题的界定包含了对研究问题的研究内容、范围、深度、切入点的思考。问题的界定或是说研究切入点的选取是最为关键的。

问题的定位是为了界定清晰研究工作的边界和内涵,将问题中的模糊术语、概念进行定义,以保证后续研究在现有资源基础上切实可行并得以完成。只有经过这2个环节,才能把一个真问题最终确定下来,做到把研究建立在相对坚实的认识基础上,转入对问题的下一步研究。

心理学家、教育家维果茨基曾提出"最近发展区"理论[6],"最近发展区"就譬如一棵长满了果实的苹果树:其中有些苹果是信手就可以采摘下来的;有些则力所不及;还有些苹果则介于这二者之间,需要经过某种努力或借助某种手段,比如助跑起跳或者借助梯子才有可能将其摘下来。研究者要正确评估一下自己的主观意愿、科研能力和客观的研究资源保障,以保证把研究问题聚焦在切合自身能力的"最近发展区"。处于"最近发展区"的研究问题意味着该研究问题处于研究者能力可控范围之内,但也有一定难度和挑战,需要经过某种努力或借助某种手段才有可能解决问题,因而是比较恰当的选题。问题的定位及其存在空间见图 2-1。

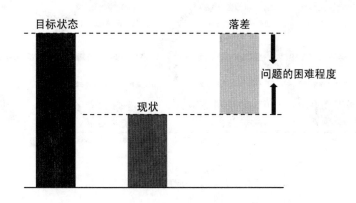

图 2-1 问题的定位及其存在空间

例如,一位历史学的博士生要写一篇博士论文,其研究领域是古罗马的社会制度。如果以"论古罗马的社会制度"作为博士论文题目,题目无疑太大了;于是把题目缩小到"论古罗马的军事制度",军事制度是社会制度的一部分,范围稍微收窄了一点,但仍然太大;再缩小到"论古罗马的军衔制度",军衔制度是军事制度的很小一部分,通过军衔制度的研究,实际上是对古罗马的军事制度的一种具体研究;但仍然可以再聚焦,最后把题目再进一步缩小到"论古罗马军队的徽章"。徽章是军衔的标记,通过徽章不仅可以研究古罗马的军事制度,还可以研究古罗马的锻造工艺、设计艺术以及等级制度,等等;透过徽章,可以对古罗马社会制度的各方面进行研究,这就是所谓的以小见大。徽章只是一个切入点,就像打开古罗马社会制度的一扇窗户。这个题目虽然小了,但就研究的切入点而言则非常理想。[7]

2.1.4 "问题链"思维

研究者所面对的问题或者现象可能是复杂的,无序的,多头绪的,会涉及不同的领域和方面,这就需要对研究问题进行进一步的思考,加深对研究问题的理解。而问题链思维就是一种帮助找到核心问题,然后围绕核心问题进行拓展延伸的思维方式。通过不断的"提问—回答",持续的"问—答"模式的不断延伸与扩展,就形成一个系统而持续的"问题链";核心问题即指中心问题,围绕核心问题设置问题链,提出的子问题应尽可能把握最有价值的环节,考虑问题之间的关系衔接以及研究资源的取舍。

任何一个研究问题其实都包含了 3 个"元问题":是什么、为什么、怎么办。而每一个元问题,又可以细分出若干子问题。举例来说,如果研究问题是如何提升某电商平台的运营效果,那么通过鱼骨图法就可以提出包括定价、目标人群、品牌、客服等一系列相关的问题,形成问题链(图 2-2)。

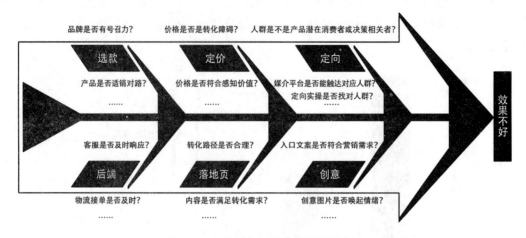

图 2-2 电商平台运营效果问题链分析

2.2 学习方式

认知心理学认为学习是学习者根据自己的态度、需要、兴趣、爱好,利用自己的原有认知结构,对当前外部刺激所提供的信息主动做出的、有选择的信息加工过程,同时也是信息的编码、贮存和提取的过程。有意义的学习就是把新知识和原有知识联系起来,将新知识纳入学习者原有的认知结构之中。认知心理学的研究成果为高等教育及其学生的信息素养培养提供了一个新的认识角度,即学生是教育过程中的主体。因此,在教育过程中须转变原来的由教师灌输的模式,转而以学生为中心,增强其学习的主动性,提高其发现问题、分析问题及解决问题的能力,同时培养其与他人协作的精神。

2.2.1 以学生为中心的建构学习

20 世纪 90 年代兴起的建构主义学习理论认为,知识不是通过教师传授得到,而是学习者在一定的情境下借助其他人(包括教师和学习伙伴)的帮助,利用必要的学习资料,通过建构意义的方式而获得。换言之,学习是一个知识构建的过程。该理论尊重学生的个体差异,注重互动的学习方式,本质上就是要发挥学生的主体作用和探究能力。建构主义学习理论突出学生的主体地位,强调学生自主地开展科学探究活动,教师则扮演了组织者、实施者与合作者的角色。强调以学生为中心,不仅要求学生由外部刺激的被动接受者和知识的灌输对象转变为信息加工的主体、知识意义的主动建构者,而且也要求教师要由知识的传授者、灌输者转变为学生主动建构意义的帮助者、促进者,培养学生自主获取知识并将所获得的知识加以整合融通,有效转化为应用的能力。以学生为中心的建构学习模式不仅是带来知识的习得,而且是以独立学习的态度和方法,将已获得的知识用于创造性思维,解决实际问题。以学生为中心的教学模式对学习者的信息素养提出了更高的要求,具备信息素养成为学生进行主动学习、协作式探索的基本要求和前提条件。

2.2.2 基于问题的自主学习

最早的自主学习和探究学习思想见于古希腊学者苏格拉底的"产婆术"教学方法中。他认为教师的任务并不是创造和传播知识,而是要做一名"知识的助产婆",对学生进行启发和诱导,激发学生的思维,使之积极主动地寻求问题的答案。英国哲学家、社会学家和教育家赫伯特·斯宾塞(Herbert Spencer,1820—1903),强调在教学过程中,要实现学生自我教育,积极提倡用探究的方式来学习,反对死记硬背的方法。他指出,把教育作为一个自我演化的过程有三个好处:第一,它可以保证学生获得知识的鲜明性和巩固性,由于知识是他亲身获得的,就比通过其他途径获得的知识更容易内化;第二,这种做法容易使知识转变成能力;第三,它有利于学生勇于克服困难、不怕挫折等优良性格特征的形成。如果简明扼要地来定义自主学习,就是学生主动地、有主见地学习。即有良好的学习态度,采用合理的学习策略,并能进行学习评价和反思的学习活动。因此,如果一个学习者能清晰地制定学习目标,有明确的学习目的,自信地计划活动和时间管理,采取合适的学习策略,并能评价自己的学习效果,那么他就能拥有一个良好的自主学习状态。[8] 培养学习者的自主性和对问题的探究性是建构主义的重要原则。即在一定的情境与学习者共同体的互动之中,学生主动建构知识的意义,在反复灵活应用之中不断深化知识的意义,创造个人化的知识。自主学习过程模式见图2-3。

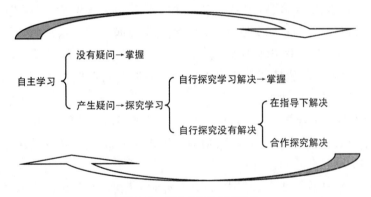

图2-3 自主学习过程模式

2.2.3 基于资源的探究式学习

探究学习能力是人的最重要的发展能力之一。芝加哥大学教授施瓦布(J.J.Schwab)[9]最早提出"探究学习"(inquiry learning)这一概念,他认为:"探究学习是指这样一种学习活动:通过自主地参与知识的获得过程,掌握研究自然所必需的探究能力;同时,形成认识自然的基础——科学概念,进而培养探索世界的积极态度。"探究学习的内涵可概括为以下2个方面:

其一,探究学习的目的是为了获得科学素养。科学素养既包括学生独立自主地发现问题、实验、操作、信息搜集与处理、表达与交流等探究活动能力,也包括科学知识、科学技能的获得,科学情感与态度的发展,特别是探索精神和创新能力的发展。

其二，探究学习是以类似或模拟科学探究的方式实现的。"它是一种复杂的学习活动，需要做观察，需要提问题，需要查阅书刊及其他信息源以便了解已有的知识，需要设计调查和研究方案，需要根据实验证据来核查已有的结论，需要运用各种手段来搜集、分析和解释数据，需要提出答案、解释和预测，需要把结果告之于人。探究需要明确假设，需要运用判断思维和逻辑思维，需要考虑其他可能的解释。"[10] 由此可见，探究学习应模拟科学探究的程序，掌握科学探究的方法、技能。

探究学习能力首先是基于自主学习能力。没有自主学习能力，就没有探究学习能力。探究能力是建立在对于学术资源的掌握和运用基础上的。科研环境的变化，促使科研人员在学术研究和学术交流过程中越来越重视对于学术资源的获取、检索和利用。由此带来的影响是，科研已不再完全依赖实验和模型推演，而逐渐开始以既有学术文献和科学数据作为研究的起点，通过学术资源的分析挖掘来探索发现"新知"。以医学领域为例，除了医学文献信息之外，还包括图表数据、电子健康档案、电子病历、基因、核酸序列数据、药物信息、公共卫生信息等，以及保险公司索赔记录、药房记录、政府医疗救助等多种来源的医疗信息。这些研究数据不仅是研究的直接产物，也是印证研究过程的必要依据。从来源途径角度分类，医疗数据可以分为观测型数据、实验型数据和事实型数据3种主要类型：

（1）观测型数据：包括来自各类观测设备和测量仪器，如CT、MRI、X线等图像数据，以及传统检测手段（生化、免疫、PCR等）、新兴的检测手段（二代测序、基因芯片等）数据，这类数据一般也是临床研究与临床诊断决策的基础支撑数据。

（2）实验型数据：来自医学临床实验、实验室以及大型实验设备等的实验结果数据。主要是医学最新科研进展，包括药企从临床前、Ⅰ-Ⅲ期临床、Ⅳ期临床、上市后大量人群中进行疗效副作用跟踪获得的数据。

（3）事实型数据：来自临床医疗产生的数据，通常是临床医疗过程中产生的事实数据。包括电子病历信息、健康档案信息、医生的用药选择、诊疗路径记录以及医保数据，包括参保人的病史、报销记录、药物经济学评价等。

在面对某一疾病的临床研究过程中，只有实现对临床医疗记录、临床医学论文、核苷酸和基因序列数据、三维结构信息、影像图谱信息等实现集成访问，整合运用，才有可能对某一疾病的机制和本质获得相对充分的认识和理解，做出正确和最优的医疗决策。

2.2.4　翻转课堂与SPOC在线学习

2013年被称为"在线教育元年"，美国斯坦福大学（Stanford University）、哈佛大学（Harvard University）、麻省理工学院（MIT）等名校率先创办了Coursera等大规模开放在线课程平台。自此，基于因特网的各类新型教学模式，诸如MOOC（Massive Open Online Course，即大型开放式网络课程）教学、SPOC（Small Private Online Course，即小规模限制性课程）教学、FCM（Flipped Class Model，即翻转课堂）等如雨后春笋般快速萌芽并成长起来。以不设"先修条件"和不设"规模限制"为特征的开放性，既是MOOC的优势，又是其局限性所在。基于MOOC存在的问题，促使教育工作者进一步反思在线学习的组织模式和管理形式,SPOC 由此而生。SPOC 是以满足面向学生的个性化特征,并有针对性地对学生进行管理和控制的一种在线课程形式。相对于 MOOC 中的"Massive","Small"限制了学生的规模,要求每个学习社区的参与者不可过多,这有利于教师管理;而"Private"则相对于"Open"而言,是指课程内容与学生的匹配性、针对性,即对学生设置必要的准入条件,只有知识基础达到基本要求的申请者才可被纳入 SPOC 课程中。"必备的知识基础"、"规模限制"和"个性化支持"成为 SPOC 课程的必要条件。对校园内的学生而言,SPOC 课程主要以课堂教学与在线学习相结合的方式开展,通常借助讲座视频或微视频实施翻转课堂教学,并辅以实名的网上交互和在线评价;SPOC 教学更强调学习支持的个性化、小众性,关注了对学习者的管理和激励。

新冠肺炎疫情的出现,在某种程度上改变了大学教育的模式,在线课程日益成为高等教育中不可或缺的形式,无论是 MOOC 还是 SPOC,都对教师、学生提出了新的要求,即必须要具备互联网的教学和学习思维。以学习者为中心,为学习者"量体裁衣",设计出符合其学习方式并能满足其学习需要的课程内容和课程结构,这不仅是在线课堂的价值所在,也是网络时代未来教育发展的趋向之一。与此同时,在线课堂囿于师生不见面,教与学不同步,在线课程的组织者通常较难直接了解到学生的学习情况、检测其学习效果,只能通过网页数据对教学效果做基本评估。因此,在课堂内容结束之后的课后反馈变得尤其重要,需要引导和有效推动学生进行课后练习,以巩固学习效果。这就对学习者的数字素养提出更高的要求,要求学生必须习惯于利用网络媒体,主动运用和调控自身的元认知、动机和行为进行学习,在学习计划的制定、学习目标的选择、学习内容的安排等方面,应具有强烈的自主性,并能根据自身情况不断对学习过程进行调整。

2.3 研究范式

2.3.1 范式的概念

范式(paradigm)的概念和理论是美国著名科学哲学家托马斯·库恩(Thomas Kuhn)[11]1962 年提出并在《科学革命的结构》(The Structure of Scientific Revolutions)中系统阐述的。范式从本质上讲是一种理论体系、理论框架。研究范式有助于开展科学研究,建立科学体系,运用科学思想的坐标、参照系与基本方式,形成科学体系的基本模式、基本结构与基本功能。

库恩指出:"按既定的用法,范式就是一种公认的模型或模式。在科学实际活动中某些被公认的范例——包括定律、理论、应用以及仪器设备统统在内的范例——为某种科学研究传统的出现提供了模型。"[12]在库恩看来,范式是一种对本体论、认识论和方法论的基本承诺,是科学家集团所共同接受的一组假说、理论、准则和方法的总和,这些东西在心理上形成科学家的共同信念。[13]

2.3.2 研究范式的演变

2007 年图灵奖得主 Jim Gray 认为,科学研究的范式包括 4 个(图 2-4),目前已经进入科研的第四范式,即 The Fourth Paradigm: Data-Intensive Scientific Discovery[1]:
(1) 经验科学或实验科学:主要用来描述自然现象,存在于数千年前;
(2) 理论科学:使用模型或归纳的方法进行科学研究,诞生于几百年前;
(3) 计算科学:主要模拟复杂的现象,诞生于几十年前;
(4) 数据驱动:由传统的假设驱动向基于科学数据进行探索的科学方法转变。

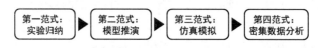

图 2-4　科学研究的四个范式

人类最早的科学研究,主要以记录和描述自然现象为特征,称为经验科学。[14]经验科学是"理论科学"的对称,指偏重于经验事实的描述和明确具体的实用性的科学,一般较少有抽象的理论概括性。在研究方法上,以归纳为主,带有较多盲目性的观测和实验。一般科学的早期阶段属经验科学,化学尤甚。在《史学理论大辞典》中,经验科学指西方学者用于概括自然科学和社会科学共同性的一个术语,它是指自然科学和社会历史科学都是从感觉经验出发的,都是以经验材料为其研究对象的,因此都具有经验科学的性质。"经验科学"亦称"实验科学"[15],是以实验方法为基础的科学。这种方法自从由 17 世纪的科学家 Francisc Bacon 阐明之后,科学界一直沿用。他指出科学必须是实验的、归纳的,一切真理都必须以大量确凿的事实材料为依据,并提出一套实验科学的"三表法",即寻找因果联系的科学归纳法。其方法是先观察,进而假设,再根据假设进行实验。如果实验的结果与假设不符合,则修正假设再实验。

常见的范例有:伽利略的物理学、动力学。伽利略是第一个把实验引进力学的科学家,他利用实验和数学相结合的方法确定了一些重要的力学定律。在1589—1591年间,伽利略通过对落体运动做细致的观察之后,在比萨斜塔上做了"两个铁球同时落地"的著名实验,从此推翻了亚里士多德"物体下落速度和重量成比例"的学说,纠正了这个持续了1900年之久的错误结论。牛顿的经典力学、哈维的血液循环学说以及后来的热力学、电学、化学、生物学、地质学等都是实验科学的典范。

"理论科学"则开启了现代科学之门。理论指人类对自然、社会现象按照已有的实证知识、经验、事实、法则、认知以及经过验证的假说,经由一般化与演绎推理等方法,进行合乎逻辑的推论性总结。人类借由观察实际存在的现象或逻辑推论,而得到某种学说,如果未经社会实践或科学实验证明,只能属于假说。如果假说能借由大量可重现的观察与实验而验证,并被众多科学家认定,这项假说可被称为理论。[16]"理论科学"[17]是"经验科学"的对称,指偏重理论总结和理性概括,强调较高普遍的理论认识而非直接实用意义的科学。在研究方法上,以演绎法为主,不局限于描述经验事实。科学家们尝试尽量简化实验模型,去掉一些复杂的干扰,只留下关键因素,然后通过演算进行归纳总结,这就是第二范式。

这种研究范式一直持续到 19 世纪末都堪称完美,牛顿三大定律成功解释了经典力学,麦克斯韦理论成功解释了电磁学,经典物理学大厦美轮美奂。在恩格斯《自然辩证法》中,"理论科学"是指 19 世纪以后成熟起来的,处于整理材料阶段的科学。常见的范例有:数学中的集合论、图论、数论和概率论;物理学中的相对论、弦理论、卡鲁扎-克莱因理论(K-K 理论)、圈量子引力论;地理学中的大陆漂移学说、板块构造学说;气象学中的全球暖化理论;经济学中的微观经济学、宏观经济学以及博弈论;计算机科学中的算法信息论、计算机理论等。

随着验证理论的难度和经济投入越来越高,科学研究开始显得力不从心。20 世纪中叶,冯·诺依曼提出了现代电子计算机架构,利用电子计算机对科学实验进行模拟仿真的模式得到迅速普及,人们可以对复杂现象通过模拟仿真,推演出越来越多复杂的现象,典型案例如模拟核试验、天气预报等。随着计算机仿真越来越多地取代实验,逐渐成为科研的常规方法,即第三范式——计算科学[18],又称科学计算,是一个与数据模型构建、定量分析方法以及利用计算机来分析和解决科学问题相关的研究领域。在实际应用中,计算科学主要用于对各个科学学科中的问题进行计算机模拟和其他形式的计算。其问题域包括:① 数值模拟。数值模拟有各种不同的目的,取决于被模拟的任务的特性。重建和理解已知事件,如地震、海啸和其他自然灾害。预测未来或未被观测到的情况,如天气、亚原子粒子的行为。② 模型拟合与数据分析。适当调整模型或利用观察来解方程,不过也需要服从模型的约束条件,如石油勘探地球物理学、计算语言学。利用图论建立网络的模型,特别是那些相互联系的个人、组织和网站的模型。③ 计算优化、数学优化。最优化已知方案,如工艺和制造过程、前端工程学。从模拟仿真计算方向来看,现有可商业化技术已经覆盖了除了人以外的几乎所有自然、物理、工程等领域:太阳黑子爆发模拟、大气运动模拟、城市三维地图……唯独一个领域在商业实践层面模拟仿真难以覆盖到——就是有"人"的社会性领域。

而未来科学的发展趋势是随着数据的爆炸性增长,计算机将不仅仅能做模拟仿真,还能进行分析总结,得到理论。数据密集范式理应从第三范式中分离出来,成为一个独特的科学研究范式,即数据密集型科学发现,被称为第四范式。该范式是针对数据密集型科学,由传统的假设驱动向基于科学数据进行探索的科学方法的转变。数据依靠工具获取或者模拟产生,利用计算机软件处理,依靠计算机存储,利用数据管理和统计工具分析数据。数据密集型科学的研究对象是科学数据。其研究对象可概括为四类:即时收集到的观察数据、源自实验室仪器设备的实验数据、源自测试模型的模拟仿真数据、互联网数据。其中互联网数据受信息技术革新的影响,源自在互联网环境下而产生的大行为数据和大交易数据。大行为数据主要产生于社会网络中,例如 Twitter、新浪微博、虚拟社区等;大交易数据的产生主要基于电子商务的社会化。常见的范例有:信息资源云服务、大数据挖掘服务等。信息资源云服务是在信息资源云平台(云存储平台和云服务平台)上进行的数据和知识的存储以及数据和知识的服务体系。大数据挖掘服务主要是基于大行为数据的用户行为特点的挖掘和基于大交易数据的市场预测。

2.3.3 新范式的研究案例

美国微软罗伯逊研究所由 2002 年起,开始研发 NxOponion 知识管理器,简称 NxKM。该医疗平台包括以美国和发展中国家大型专家团队的经验为基础的医学知识库,以贝叶斯网络为基础的诊断引擎,以用户的手机为终端的互动设备。NxKM 致力于解决许多医疗知识库系统所存在的问题,例如,很多医疗知识库系统只能处理某种特定的疾病,很难实现语言、法规和程序的本地化,知识库中的医疗建议分类只针对普通病人,无法搜集个性化治疗中很有效的个体化特性等。NxKM 能够以专家评判的区域特定流行病情况为基础,采用模块化系统,方便制定各地区的术语、治疗方式和语言,并可以随时更新。在诊断的准确性方面,NxKM 根据概率相似性网络,采用贝叶斯推理引擎,尽量更多地询问用户问题,以缩小可能的诊断范围,发现更多细节,以提高诊断的置信度。手机可以访问医疗知识库内容,更加方便了偏远地区的个体诊疗监测。该系统及同类技术能够推动发展中国家的医疗服务,改进诊断,更准确和及时地收集更多患者的数据,有助于加快医学知识和信息的准确及时传播。[19]

可见,NxKM 基于第四范式通过对知识库和数据建模相结合的方式,在解决对科学研究的内容搜索精确化、程序运行本地化、互动系统实时更新等问题都有巨大突破。研究者们利用第四范式可以更精确地研究具体情况差异,解决科学研究地域性差异和无法同步互动的问题。

2.4 研究流程

2.4.1 研究方向的确定

进入一个领域最简单也是最有效的办法,是找一本这个领域最早的论述专著或教材仔细研读,当把这个领域基本概念的内涵以及相互之间的关系搞清楚之后,再去读这个领域的论文,就会因为心中有数而能够很好地把握了。文献调研工作必须重视,且相关学术文献的选择也很重要。为了能够找准研究方向,在学习基础课程的同时不妨多做一些泛读:

(1) 通过关注本学科主要公众号、浏览官方网站等方式获得各有关协会、学会发布的信息。根据最近召开的学术会议的议题,近年来各类基金项目的选题指南或立项题目,寻找近期受到关注的热点和国家、区域、社会、行业亟待解决的问题。

(2) 浏览本学科的权威期刊和优秀博硕士论文。考虑别人选题的思路,结合自己的知识结构,你会很自然地有所倾向,再多看看你感兴趣的话题,比较之后,也许就形成了你的论文选题了。

(3) 兼顾研究方向的全面性和先进性。阅读和浏览以学位论文和期刊论文为主,兼顾最新的会议论文,同时留意相关学科领域的研究进展,兼顾国内外,尤其是在本学科处于领先地位的国家、机构的研究成果。

研究方向选择和研究课题选题的基本原则是:

(1) 注意从"问题"着手,以求解决实践中的具体问题。

(2) 注意学科的交叉点,多利用相关学科的知识来解决问题。

(3) 注意新生事物,但要注意研究角度。

(4) 切入问题的角度有时比问题本身更重要。

(5) 选择自己擅长或感兴趣的内容。

(6) 多利用好的方法,方法的创新在某种程度上就是理论的创新。

(7) 避免选题大而泛,这样的研究结果只能是建立虚的框架,难以触及实质性研究。

需要说明的是,所谓研究方向是一个研究领域范畴的概念,可以集中在一个学科,也可以跨学科,而研究课题只是某个研究方向就某个研究问题而设计的一个专门研究,两者之间存在一个"点"与"面"的关系。因此,明确研究方向是在先的,只有明确了研究方向,才可能在此方向上发现和选择研究课题。

2.4.2 研究工作的基本流程

任何一项科学研究工作,都有其内在的研究路径,遵循一定的规律。从事学术研究的人经过长期探索,摸索出的研究规律,经过了人们长期的验证,从表现形式上说,就形成了研究工作的基本流程和规范。

1. 科研工作的基本环节

(1) 确定研究课题并将其系统化。

(2) 设计研究方案和准备研究工具。

(3) 资料的收集。

(4) 实证研究。

(5) 资料的处理与分析。

(6) 结果的解释与报告。

2. 影响研究课题确定的相关因素

主观因素包括研究者理论素养、生活阅历、观察角度、研究兴趣。客观因素包括社会环境、科研条件、实验条件、经费等。研究问题选择的好坏在一定程度上决定了这个研究工作的成败。选题阶段主要有两个任务:一是选取主题,即寻找研究领域;二是发现问题,形成研究问题。

3. 研究设计阶段

研究设计阶段由研究路径的选择及研究方法与工具的准备两部分组成。研究路径选择是为了达到研究的目标而进行的研究设计工作,包括设计研究的思路、策略、方式、方法以及具体技术工具等各个方面。研究方法与工具准备是对研究所依赖的测量工具或信息收集工具如问卷、量表、实验手段等的准备。

4. 研究的实施阶段

首先是文献调研和资料收集。任何一种学术研究活动,如果缺乏对其以前的研究史的必要回应,本质上都是不合法的。换言之,任何一种学术研究成果,如果不包含对前人和同时代人的代表性研究成果的必要的回应,那么它基本上是不符合学术规范的。其次是资料的分析处理,即对收集的原始资料进行系统的审核、整理、归类、统计和分析。

5. 实证研究

通过实验、调查等方法获得研究的事实结果,包括数据等。

6. 得出结果阶段

撰写研究报告,评价研究质量,交流研究成果。研究成果主要表现为撰写学术论文、学术专著、科技报告、专利、标准、软件等。关于这些内容,本书第九章"学术成果写作与规范"会有详细阐述。

2.5 学术规范

所谓学术规范是指学术共同体根据学术发展规律参与制定的有关各方共同遵守的有利于学术积累和创新的各种准则和要求,是整个学术共同体在长期学术活动中的经验总结和概括。近些年国内外学术失范、学术不端的新闻仍屡见报导,诸如国际著名期刊撤稿事件,因学位论文抄袭,某"不知知网"的青年演员被取消博士学位等等。值得关注的是,在这些事件中,除有些是明知故犯外,相当一部分学者,尤其是青年学生对什么是学术规范、怎样遵守学术规范所知不多或根本不知。学术规范是每个从事学术研究的人员首先必须要掌握的"应知应会",是基本的学术训练。对于刚刚开启学术研究大门的"后浪"或学术新人来说,这样的训练尤为重要。

2.5.1 学术规范的目的

研究人员遵循学术规范的益处可以体现在方方面面,如有利于维护宏观学术生态,有利于提升成果的国际化水平,有利于提高学术研究效率,等等。而从更为本质的视角出发,学术规范的目的可以归结为3点。[20]

1. 促进学术交流

学术研究是一种探索未知、推进认识的艰苦活动。由于研究问题的复杂性和研究者自身条件、所处环境的局限性,每个研究者要有所作为,都必须借助于他人的研究成果。因此,学术的进步依赖于学者之间的广泛交流,交流越充分,学术发展越快,尤其在当前各门学科既不断整合又不断细化的情景下更是如此。然而,学术交流的前提条件是要有学术规范,即学术共同体认可的规范、可靠的基本概念、基本范畴等,否则就会"自说自话",交流便无法进行。如果论文不遵守学术规范,题目大而空,没有他人研究情况的交代,不提供必要的文献注释,数据不考证,没有详细的论证,没有一定的研究方法,结论陈旧或无意义,这样的论文实际上不能称为论文。因此,提倡学术规范,可以促进学术交流。

2. 增进学术积累

学术研究需要长期的积累。对于学术群体而言,学术积累就是一步步接近客观真理的过程。对于学术个体来说,学术积累是指真正的学术研究必须进行文献及材料积累、经验积累、知识积累,不能研究虚假或无意义的问题,做到"没有新意不要写文章"。其研究成果,不论大小巨细,不论从哪个方面,都要能为整个学术大厦增添新的东西。有了学术积累的基础和条件,才有可能出现学术创新。然而,如果没有学术规范,那就不可能有学术积累。比如,研究中不遵守关于选题应选有意义的问题的规范,就不可能产生有价值的研究成果,也就没有了学术积累。同样,低水平重复的研究也不能增进学术积累。因此,提倡学术规范的一个主要目的是能进行有效的学术积累。

3. 激发学术创新

所谓创新就是"有中生新",即必须在原有的基础上有所发现,强调对良好传统的守护、传承。学术创新可以分为基础性或原创性创新和应用性创新,两种创新按照重要程度又可分成不同层次的大大小小的创新。但是,无论何种创新,都必须在前人或今人研究成果的基础上进行,必须有传承、有规矩、有拓展。如果说学术积累是量变的话,那么学术创新就是量变基础上的质变。比如,近几年,中国科技界不少机构和个人有意或无意地忽视了学术研究的最高境界是追求原创性创新的规范,过多关注应用性或改良性创新,从而导致近年来没有影响国际学术界的重大成果产生,中国自然科学一等奖几年空缺即是一个证明。人文社会科学界也有类似情况。因此,建立和执行学术规范最根本的目的是学术创新。"学术规范的灵魂是学术创新。换言之,只有把学术创新理解为学术规范的本质内涵,这样的学术规范才值得我们加以肯定。"[21]

2.5.2 学术规范的内容

学术规范的内容相当广泛,包括对学术研究本质内容的要求和研究成果形式上的要求。对于学术新人来说,要注意的是,学术规范不仅仅是科学实验或论文写作中的数据真实、不抄袭、不剽窃等具体行为准则,而且包括听课、作业、讨论、考试等规范要求。完整意义的学术规范既包含学术活动的具体要求,也包含对学术活动的人文关怀;既涉及学术制度和体制,亦关注学术运行机制;既注重学术传承和研究本身的规范,又强调学术评价系统的科学合理;既要求严谨求实,也倡导创新创造。概括而言,学术规范的内容包括以下 8 个方面:

(1) 学术研究基本规范。包括学术自由、学术积累与学术创新、学术平等与学术合作、学术求真与学术致用、学术道德与学术法律等。这些基本规范强调了批判意识、创新意识、合作意识、求实意识与红线意识。

(2) 学术研究程序规范。即如何开展真正意义的研究,有哪些必要的过程或步骤。如双创项目、毕业论文/设计选题的规范、查找文献的规范、提出假设或观点、如何论证等的规范。

(3) 学术研究方法规范。即如何选择合适的研究方法,运用这些方法应注意哪些问题等。

(4) 学术论著撰写规范。包括论著的格式、结构、用词等形式规范和内容表述规范。

(5) 学术引文规范。即如何引用别人的成果,如何在别人研究的基础上有所推进,包括论文、著作、专利等各种文献类型的引用格式和引文内容选取的规范。

(6) 学术论著署名与著作方式规范。什么人可以在论著上写上姓名,哪一个放在第一作者,什么是通信作者,如何区分"著""编"或"译"等规范。

(7) 学术评价规范。包括评价主体、客体、目的、方法、标准及指标、制度等的要求和规范。

(8) 学术批评规范。包括对批评者、被批评者、学术媒体等的规范。

2.5.3 学术不端及处理办法

学术不端问题的泛滥会严重影响学术正直的风气,阻碍学术各领域的发展。各国通过规范性文件的方式确立了学术不端行为的认定标准并规定了其基本类型。在美国,1989 年公共卫生局给出了学术不端行为的第一个正式定义:"在申报、开展或报告研究项目过程中,出现伪造、篡改、剽窃或其他严重背离科学共同体公认规则的行为,但不包括在解释或判断数据过程中的诚实错误或诚实偏差。"1999 年,《柳叶刀》刊载的一项研究调查了挪威、瑞典、芬兰、丹麦四国对于学术不端的定义,分别为:严重脱离好的科学实践;蓄意歪曲研究过程;违背正确的科学实践准则;伪造、篡改、虚假的科学。目前,国际上一般认为学术不端行为是指违反学术规范、违反学术道德的行为:① 造假:包括伪造、篡改研究数据和结果、对研究图表进行虚构及在项目申请过程中做出与研究有关的不实陈述。② 剽窃:包括不正当地使用他人研究成果、抄袭他人学术观点、自我剽窃、利用评审身份将评审过程中获得的信息或数据透露给他人或供自己使用。③ 学术侵权:包括以各种形式侵犯他人的署名权、数据权,以及蓄意干扰、破坏他人的研究活动。④ 隐瞒利益冲突:在项目评审活动中,专家未按相关要求说明潜在利益冲突,未尽到自己在合理监督、预防或阻止学术不端行为中的职责,或故意参与他人蓄意不当行为。

对于学术不端,我国《科学技术进步法》《著作权法》《高等教育法》《教师法》《学位条例》《国家自然科学基金条例》等法律法规都有相关条文进行界定。近年来,我国通过密集出台专门系列文件全面展开治理学术不端行为。比如:2010 年 2 月,国务院学位委员会公布了《关于在学位授予工作中加强学术道德和学术规范建设的意见》;2012 年 11 月,教育部令第 34 号公布《学位论文作假行为处理办法》;2015 年 11 月,中国科协、教育部、科技部等七部门印发《发表学术论文"五不准"》;2016 年 6 月,教育部出台《高等学校预防与处理学术不端行为办法》;2018 年 7 月,教育部办公厅发布《关于严厉查处高等学校学位论文买卖、代写行为的通知》;2019 年 2 月,教育部办公厅发布《关于进一步规范和加强研究生培养管理的通知》。2019 年国务院政府工作报告中提出"加强科研伦理和学风建设,惩戒学术不端,力戒浮躁之风"。这是"惩戒学术不端"第一次被写入政府工作报告。其中,《高等学校预防与处理学术不端行为办法》认为学术不端行为是指高等学校及其教学科研人员、管理人员和学生,在科学研究及相关活动中发生的违反公认的学术准则、违背学术诚信的行为。该办法以概括加列举的方式,界定了包括剽窃、抄袭、侵占、篡改他人学术成果、伪造注释、买卖论文等在内的 7 类学术不端行为。

在我国,学术不端行为可能面临的后果主要有三个方面。首先是行政责任。根据《高等学校预防与处理学术不端行为办法》第 29 条规定,高校根据学术委员会的认定结论和处理建议,可以对学术不端行为责任人做出通报批评、终止或者撤销相关的科研项目等处理决定。如学生有学术不端行为的,还应当按照学生管理的相关规定,给予相应的学籍处分,如学术不端行为与获得学位有直接关联的,由学位授予单位给予相应学位上的处罚。科技部《国家科技计划实施中科研不端行为处理办法(试行)》明确规定,项目承担单位应当根据其权限和科研不端行为的情节轻重,对科研不端行为人做出包括解聘、开除在内的各项处罚。

其次是民事侵权责任。对于学术不端行为,现行《著作权法》第 52 条规定有下列侵权行为的,应当根据情况承担停止侵害、消除影响、赔礼道歉、赔偿损失等民事责任:未经合作作者许可,将与他人合作创作的作品当作自己单独创作作品发表的;没有参加创作,为谋取个人名利,在他人作品上署名的;歪曲、篡改他人作品的;剽窃他人作品的。对于出版者出版的出版物侵犯他人著作权的,《最高人民法院关于审理著作权民事纠纷案件适用法律若干问题的解释》第 20 条规定:出版物侵犯他人著作权的,出版者应当根据其过错,侵权程度及损害后果等承担民事赔偿责任。出版者对其出版行为的授权、稿件来源和署名、所编辑出版物的内容等未尽到合理注意义务的,依据著作权法规定,承担赔偿责任。2018 年,学术不端行为被纳入社会诚信建设系统,学术不端的科研者将会在就业、银行贷款、经营公司或申请公共服务上受到诸多限制,影响远远超出学术范围。

最后是刑事责任。刑法规定,以营利为目的,有以下情形的还可能构成侵犯著作权罪,处有期徒刑、并处或单处罚金:未经著作权人许可,复制发行其文字作品、音乐、电影、电视、录像作品、计算机软件及其他作品的;出版他人享有专有出版权的图书的;未经录音录像制作者许可,复制发行其制作的录音录像的;制作、出售假冒他人署名的美术作品的。根据 2018 年 9 月中国社科院科研局公布的"学术诚信与廉洁学术殿堂建设"研究结果显示,自 20 世纪 90 年代以来,国内新闻媒体公开报道学术不端典型案例中,当事人受到了不同程度的调查处理,包括撤稿、通报批评、终止项目、追回经费、撤销学位、免去行政职务、解聘教职,甚至开除党籍、公职;对触犯刑律的,依法判处有期徒刑。梳理这些学术不端案例可以发现,当事人面临的惩罚主要包括学术和行政处理。事实上,让当事人承担行政责任来治理学术不端行为是最重要的方式。[22]

参考文献

[1] 蔡连玉,张雯,应佳丽.教育的人文主义路径:《重思教育:面向全球共同利益》解读与本土反思[J].世界教育信息,2018,31(9):16-22.
[2] 马克思恩格斯全集:第 1 卷[J].北京:人民出版社,1995:203.
[3] 徐静.探究"方法"的意义:笛卡尔《谈谈方法》研究[D].成都:四川师范大学,2014.
[4] 仇立平.社会研究和问题意识[J].江苏行政学院学报,2010(1):70-75.
[5] 张耀铭.真正的"问题意识"首先是鉴别问题的真与假[EB/OL].[2021-10-30].https://share.gmw.cn/theory/2014-05/19/content_11351463.htm.
[6] 王颖.维果茨基最近发展区理论及其应用研究[J].山东社会科学,2013(12):180-183.
[7] 陈兴良.关于论文写作的经验和心得[EB/OL].[2021-10-30].http://www.1xuezhe.com/academic/newdetailv3?nid=388551.
[8] 郑日昌,崔丽霞.二十年来我国教育研究方法的回顾与反思[J].教育研究,2001(6):17-21.
[9] 王坤庆.教育研究方法论纵横谈[J].中国教育科学,2013(4):93-115.
[10] 李高峰,刘恩山.美国《国家科学教育标准》倡导的科学探究[J].教育科学,2009,25(5):87-91.
[11] 张莉.库恩范式理论的方法论意义[D].西安:西北大学,2008.
[12] 托马斯·库恩.科学革命的结构[M].2 版.北京:北京大学出版社,2012:8.
[13] 孙晶.库恩范式理论探析[D].长春:吉林大学,2011.
[14] 经验科学[EB/OL].[2021-10-30].http://baike.baidu.com/view/443426.htm.
[15] 实验科学[EB/OL].[2012-11-18].http://gongjushu.cnki.net/refbook/BasicSearch.aspx?kw=%E5%AE%9E%E9%AA%8C%E7%A7%91%E5%AD%A6.

[16] 理论[EB/OL].[2021-10-30]. http://zh.wikipedia.org/wiki/%E7%90%86%E8%AE%BA.
[17] 理论科学[EB/OL].[2021-10-30]. http://baike.baidu.com/view/443344.htm.
[18] 计算科学[EB/OL].[2021-10-30]. http://zh.wikipedia.org/wiki/.
[19] 郝春宇.第四范式对社会科学研究的方法论意义[D].哈尔滨：哈尔滨工业大学,2015.
[20] 叶继元.学术规范通论[M].2版.上海：华东师范大学出版社,2017:8-9.
[21] 俞吾金.学术规范的灵魂是学术创新[N].中华读书报,2004-11-24.
[22] 郝灿.从法律视角看学术不端[J].检察风云,2020(14):13-14.

第 3 章 图书馆素养

3.1 认识图书馆

3.1.1 图书馆的来历

美国著名图书馆学家谢拉(Jesse H. Shera)曾这样解释图书馆的来历:"图书馆正是社会的这样一种新生事物:当人类积累的知识大量增加以至于超过了人类大脑记忆的限度时,当口头流传无法将这些知识保留下来时,图书馆便应运而生了。"[1]"人类社会信息交流的需求是图书馆产生的前提,文献的出现是图书馆产生的直接原因,科学技术是图书馆发展的根本动力。"[2]

早在公元前 3000 年,巴比伦的神庙中就有刻在胶泥板上的各种记载;最早的图书馆是希腊神庙的藏书之所和附属于希腊哲学书院(公元前 4 世纪)的藏书之所。[3]尽管古代的皇室、贵族、修道院等各类图书馆数量繁多,但因手抄书籍十分贵重,欧洲中世纪修道院图书馆的藏书数量一般只有数十册到一二百册。当时僧侣的抄书、护书行为,使得柏拉图、亚里士多德、埃斯库罗斯、索福克勒斯、欧里庇德斯等古希腊著名学者、作家的著作得以有效保存,成为人类文明的宝贵财富。由于拥有这些重要的知识宝库,修道院一直是研究学问的中心,也在某种意义上成为后世大学的前身。

中国的图书馆历史悠久。《史记·老子韩非列传》称:"(老子)周守藏室之史也。"司马贞《史记索隐》注:"藏室之史,周藏书室之史也。"这就是"藏书"一词的最早出处。老子所执掌的周王室藏书室,也是文献记载中最古老的正式的藏书机构,老子就相当于周王朝国家图书馆的馆长。[4]大约从两汉时期开始,我国古代的藏书制度开始成熟,形成了官府藏书、私家藏书、书院藏书和寺庙藏书四大类型。这些藏书地点在命名上并不称作"图书馆",而是称为"府""阁""观""台""殿""院""堂""斋""楼",如西周的盟府,两汉的石渠阁、东观和兰台,隋朝的观文殿,宋朝的崇文院,明代的澹生堂及清朝的四库全书七阁等。明清时期,私人藏书进入鼎盛时代,"藏书楼"之称开始盛行,许多皇家和官府的藏书机构也纷纷效仿,"藏书楼"就成了古代各类文献收藏的统称。古代的藏书楼是中国图书馆的雏形,其发展对中华文明的传承和保护具有举足轻重的作用。但对于社会大众而言是封闭的,主要服务于少数皇室成员、贵族、僧侣等。直到 19 世纪下半叶,图书馆的发展进入了一个新的阶段。

工业革命的发展改变了人们的生活方式,工业生产迫切需要雇佣知识素养与专业技能兼备的优秀人才,随之而来的大规模教育普及对图书馆提出了新的、更高的要求。图书馆真正成为社会大众获取知识、交流思想的场所,资源共享的理念深入人心。而伴随着20世纪中期以计算机为标志的信息技术的起始与发展,信息革命创造了图书馆服务的新空间和新形态,拓展了图书馆服务的新领域和新载体,极大地提高了图书馆服务的效率和效能。[5]

3.1.2 图书馆的职能

纵观图书馆发展历史,图书馆的职能随着社会需求及自身发展规律的变化而不断丰富。图书馆的职能主要包括以下几个方面[6]:

1. 社会文献信息流整序

社会文献信息的产生有两个明显特征:① 连续性;② 无序状态。所谓连续性,是指社会文献信息一旦产生,就不会停止运动,总会源源不断地涌现。社会文献信息的这种连续运动状态,用形象化语言来描述,就叫作"文献信息流"。所谓无序状态,是指社会文献信息的产生,从个体和单一机构来说是自觉的,有目的的,而从整体上看则是不自觉的、无目的的,文献信息的流向是分散的,多头的,有时甚至是失控的。文献的这种无秩序的、自然排列的流动状态就叫作无序状态。社会文献流的无序状态,给使用者带来了极大的不方便。为了使人们能够合理地、有效地、方便地利用文献信息,控制文献信息的动向,就需要对文献信息流加以整序。图书馆就是这样一种能够对文献信息流进行整序的社会机制。因此,对社会文献信息流的整序,就成为图书馆的基本职能之一。图书馆的整序职能,通常是由对馆藏文献信息的分类、编目、保管贮藏等手段来实现的。整序的实质就是组织和控制。社会文献信息经过图书馆的整序成为有序的文献信息集合体,因而才能为用户所利用。[2]

2. 传递文献信息

图书馆中蕴藏着丰富的文献资源,汇聚着最新的科技成果,拥有大量的情报源。对海量的文献信息及时地进行加工、整理及传递,实现文献信息的情报价值,也是图书馆的基本职能之一。图书馆传递文献信息的职能主要表现为:① 传递文献的内容信息;② 传递关于馆藏文献的信息;③ 传递网络信息。传递文献信息的形式有主动传递和被动传递之分。主动传递是指图书馆能够根据用户需求的学科范围等,主动地进行文献信息服务,为用户提供其未知的文献信息,如新书报到服务、定制服务等。被动传递是指用户向图书馆提出文献需求,由图书馆员通过借阅流通等来满足,如借阅、咨询等。

图书馆传递文献的职能,主要是通过图书馆的流通阅览、参考咨询等服务部门来实现的。因此,这些部门工作的质量,直接影响着图书馆传递文献信息职能的发挥。

3. 参与社会教育

图书馆既是一种文化机构,也是一种教育机构,它本身也有教育功能。其主要作用在于能够实现一种自动的教育、自修的教育、公平的教育、全面的教育和终身的教育。

(1) 自主的教育。图书馆主要通过文献知识来实施教育职能,文献知识是"死老师",受教育者必须主动查找、阅读、学习、研究才能受益。受教育者是知识获取的主体,他可以随心所欲地挑选合自己口味的知识,以使好奇心、灵感、创造力等得到滋养和生长。

(2) 自修的教育。图书馆是自学与深造的场所,百科全书等是自学与深造的"大学"。正是在这个意义上,图书馆才有"第二课堂"的美誉。

(3) 公平的教育。人类教育的一个重要原则是公平原则,即任何人都有接受教育的权利。但现实社会中,其他教育形式(如学校教育)很难完全体现这种公平原则。图书馆不设门槛,不论男女、长幼、贫富、贵贱,不分等级、信仰、文化、民族、肤色、国别,他们在使用公共图书馆时都是免费的。图书馆容纳穷人并赋予他们改变命运的权利,因此图书馆被喻为穷人精神的避难所。

(4) 全面的教育。图书馆与其他各类知识集合囊括了人类现有知识,人们不仅可以从中学到与自己工作相关的专业知识,还能旁及其他;不仅能够得到科学的知识,还能得到生活的常识;不仅可以从事学习、自修,也可以随意浏览、消遣;不仅能够坚定人生信念,还能得到品德的内涵。

(5) 终身的教育。1992 年诺贝尔经济学奖得主贝克尔(Gary Stanley Becker)说,现代经济要求人们在他们一生中的大部分时间内投资于获取知识、技能和信息。图书馆与学校不同,它没有入学、毕业年限之限制,读者可以一生利用它,所以图书馆教育是最为充分的终身教育形式。

4. 搜集和保存人类文化遗产

几千年来,人类在同自然界、同社会斗争的过程中,积累了丰富的经验和知识,创造了灿烂的文明和优秀的文化。这些文化遗产的传承,光靠记忆和口口相传的形式是很难保存下来的,只有将它们用文字、图像记录在一定的物质载体上,才能真正保存下来。正是人类文化遗产保存的需要,才产生了图书馆。

保护人类文化遗产的职能,是图书馆最古老的职能,也是图书馆其他职能的物质基础和前提。世界上一些历史悠久的大型图书馆,都是保存人类文化遗产的宝库。有很多国家专门制定了保护文化遗产的政策法令和出版物的呈缴本制度。搜集和保护人类的文化遗产是图书馆对国家负责的社会职能。

5. 满足社会成员文化欣赏、娱乐的职能

随着社会的不断进步,人民生活水平、生活方式的不断变化,图书馆的文化娱乐职能显得越来越重要。适当的、健康的文化娱乐可以发挥图书馆作为社区文化娱乐中心的作用,体现图书馆的人文关怀。图书馆所提供的文献信息中,包括文学作品、音乐、美术作品、影视作品、游戏软件等,可以满足社会成员文化欣赏、娱乐消遣的需求。

3.1.3 图书馆的类型

在我国,图书馆界通常按照图书馆的管理体制,结合图书馆的目标、功能、用户群体等要素,将图书馆划分为:国家图书馆、公共图书馆、高等学校图书馆、科学与专业图书馆、学校图书馆、工会图书馆、盲人图书馆、少数民族图书馆等。[2] 其中,公共图书馆、科学图书馆和高等学校图书馆是我国整个图书馆事业的三大支柱。

1. 国家图书馆

国家图书馆是由国家建立的负责收集和保存本国出版物，担负国家总书库职责的图书馆。国家图书馆一般除收集本国出版物外，还收藏大量的外文出版物（包括有关本国的外文书刊），并负责编辑国家书目和联合目录。国家图书馆是一个国家图书馆事业的推动者，是面向全国的中心图书馆，既是全国的藏书中心、馆际互借中心、国际书刊交换中心，也是全国的书目和图书馆研究中心。

从世界上大多数国家的实际情况看，国家图书馆的主要职能大体上可归纳如下：

① 完整、系统地搜集和保管本国的文献，从而成为国家总书库。

② 为研究和教学有重点地采选外国出版物使其拥有一个丰富的外文馆藏。

③ 开展科学信息工作，为科学研究服务。

④ 编印国家书目，发行统一编目卡片，编制回溯性书目和联合目录，利用网络进行远程合作编目，发挥国家书目中心的作用。

⑤ 负责组织图书馆现代技术设备的研究、试验、应用和推广工作，开展图书馆信息网络的设计、组织和协调工作，在推动图书馆现代化中起枢纽作用。

⑥ 为图书馆学研究搜集、编译和提供国内外信息资料，组织学术讨论，推动全国图书馆学研究的发展。

⑦ 代表本国图书馆界和广大图书馆用户的利益，参加国际图书馆组织；执行国家对外文化协定中有关开展国际书刊交换和国际互借工作的规定；开展与国际图书馆界的合作与交流。

2. 公共图书馆

公共图书馆，是由国家中央或地方政府管理、资助和支持的，免费为社会公众服务的图书馆。公共图书馆可以为一般社会民众服务，也可以为某一特定读者人群如儿童、工人、农民等服务。在中国，公共图书馆是按行政区划设置并受政府各级文化部门领导的图书馆，包括国家图书馆，省（自治区、直辖市）图书馆，地区、市、州、盟等行政区图书馆，县（区）图书馆，乡镇图书馆，街道图书馆，少年儿童图书馆等。

公共图书馆担负着为科学研究服务和为大众服务的双重任务，在促进国家经济、科学、文化、教育事业的发展，提高全民族科学文化水平方面起着重要的作用。国际图联1975年将公共图书馆的社会职能概括为4条：① 保存人类文化遗产；② 开展社会教育；③ 传递科学信息；④ 开发智力资源。

3. 高等学校图书馆

高等学校图书馆是学校的文献信息资源中心，是为人才培养和科学研究服务的学术性机构，是学校信息化建设的重要组成部分，是大学文化建设的重要基地。[2]国外把现代化图书馆视为现代化大学的三大标志之一，由此可见高等学校图书馆在高等学校中的重要地位。

高等学校图书馆担负着为教学、科研服务的双重任务，是高等学校的重要工作。2015年教育部颁布的修订后的《普通高等学校图书馆规程》规定高等学校图书馆的主要任务是：

① 建设全校的文献信息资源体系，为教学、科研和学科建设提供文献信息保障；

② 建立健全全校的文献信息服务体系,方便全校师生获取各类信息;
③ 不断拓展和深化服务,积极参与学校人才培养、信息化建设和校园文化建设;
④ 积极参与各种资源共建共享,发挥信息资源优势和专业服务优势,为社会服务。

4. 科学、专业图书馆

科学、专业图书馆属于专门性图书馆,它是按照专业和系统组织起来的,在一个专业或系统内,形成了一个上下沟通、联系紧密的图书馆体系。科学、专业图书馆主要是指科学院、社会科学院系统以及专业研究机构中的图书馆,他们的主要服务对象是本系统的科学研究人员。

科学、专业图书馆是交流科学信息的机构,是我国图书馆体系的一个重要组成部分。它在为科学研究服务方面,起着"耳目""尖兵"和"参谋"的作用,主要任务是:

① 本系统、本单位的科研方向与任务,搜集、整理、保管和提供国内外科技文献,为科学研究和生产技术服务;
② 积极开展信息的调研和分析,摸清各研究课题的国内外发展水平和趋势以及有关的指标、参数,不断向科研人员和领导部门提供分析报告和科学价值的信息资料;
③ 组织本系统科技信息交流,协调本系统文献信息刊物的编译出版,宣传报道国内外的最新科学理论和技术;
④ 加强文献信息工作协作的组织工作和业务辅导,做好本系统的文献信息资料调剂、工作经验交流和干部培训等工作。

3.2 馆藏图书的查找

3.2.1 查找图书的两种途径

为了提供查找图书的途径,首先必须将图书中具有检索意义的特征揭示出来,这一过程称为标引。[11]当图书到馆后,图书馆员要对它们进行整理和区分,其中最重要的两项工作就是对每一种图书进行分类标引和主题标引。

1. 图书的分类标引

分类是人们认识和区别事物的一种思维方法,是对带有相同或不同特性或特征的事物进行区分和归类的一种方法。分类标引是一种按照学科,将图书分门别类地、系统地进行组织的一种手段。通过图书分类,可以把性质不同的图书区分开来,把性质相同的图书集中在一起,性质相近的放在接近的位置,按照远近亲疏的关系把图书组织成一个有条理的体系。[7]

1) 图书分类法

在进行图书分类时,需要有一定的依据,这个依据就是"图书分类法"。图书分类法是按照一定的思想观点,以学科分类为基础,结合图书资料的内容和特点,分门别类组成的分类表。现在我国各类图书馆普遍使用的是《中国图书馆分类法》(第五版)(简称《中图法》),但中国科学院系统所属的图书馆采用《中国科学院图书馆图书分类法》(简称《科图法》),中国人民大学图书馆和中国政法大学图书馆采用《中国人民大学图书馆图书分类法》(简称《人大法》)。国外图书馆使用的分类方法主要有《杜威十进分类法》《美国国会图书馆图书分类法》《国际十进分类法》。

《中图法》是我国目前应用最广的图书分类法,其结构包含 5 个基本部类,下分 22 个基本大类,如表 3-1 所示。

表 3-1 《中图法》分类表基本大类

基本部类	基本大类	
	类号	类名
马克思主义、列宁主义、毛泽东思想	A	马克思主义、列宁主义、毛泽东思想、邓小平理论
哲学	B	哲学、宗教
社会科学	C	社会科学总论
	D	政治、法律
	E	军事
	F	经济
	G	文化、科学、教育、体育
	H	语言、文字
	I	文学
	J	艺术
	K	历史、地理
自然科学	N	自然科学总论
	O	数理科学和化学
	P	天文学、地球科学
	Q	生物科学
	R	医药、卫生
	S	农业科学
	T	工业技术
	U	交通运输
	V	航空、航天
	X	环境科学、安全科学
综合性图书	Z	综合性图书

T(工业技术)大类因门类多的缘故,所属的二级类采用双字母依次划分了 16 个次大类,如表 3-2 所示。

表 3-2　工业技术二级类目

TB 一般工业技术	TL 原子能技术
TD 矿业工程	TM 电工技术
TE 石油、天然气工业	TN 无线电电子学、电信技术
TF 冶金工业	TP 自动化技术、计算机技术
TG 金属学与金属工艺	TQ 化学工业
TH 机械、仪表工业	TS 轻工业、手工业
TJ 武器工业	TU 建筑科学
TK 能源与动力工程	TV 水利工程

一部分类法包含类目成千上万个，很难准确记忆。通常都采用具有一定次序的符号来代表类目，称为标记符号。《中图法》的标记符号（也就是分类号）采用的是混合制号码，即拉丁字母与阿拉伯数字相结合，如 F279、TQ032 等。

《中图法》采用等级列举的方法，表达从属关系。类目逐级展开，一级一级地细分。一级类用一个符号，二级类用两个符号，三级类用三个符号，以此类推，如：

　　O 数理科学和化学 ………………………… 一级类目
　　　O1 数学 …………………………………… 二级类目
　　　O3 力学 …………………………………… 二级类目
　　　　O31 理论力学 …………………………… 三级类目
　　　　　O311 运动学 ………………………… 四级类目
　　　　　　O311.1 质点运动 …………………… 五级类目
　　　O4 物理学 ………………………………… 二级类目
　　　O6 化学 …………………………………… 二级类目

下位类一定要带有上位类的属性，上位类一定能包含它的各级下位类，它们之间是总体和部分的关系，凡是没有这种关系的类目都不能列入这一类系中。分类号越长，表示的学科范围越窄，越专指。为使号码清楚醒目，易于辨认，通常在分类号码的三位数字后，隔以小圆点"."，如 F279.12，TQ032.4。

分类号不但要能反映图书的内容，也要能反映图书的其他特征。所以《中图法》还设有 6 个复分表，用以进一步细分。如"总论复分表"中包括：

-44 习题、试题及解答　　　　　-64 表解、图解、谱录、数据、公式、地图
-54 年鉴、年刊　　　　　　　　-65 条例、规程、标准
-61 名词术语、词典、百科全书（类书）　-66 统计资料
-62 手册、名录、指南、一览表、年表　-67 参考资料
-63 产品目录、产品样本、产品说明书

2）索书号

图书分类的结果是使每种图书都获得一个分类号（class number）。但仅有一个分类号是不够的，因为同一类图书可能有很多种，所以还有必要进行进一步区分。

在分类的基础上，再赋予每种图书一个书次号，共同组成图书的索书号（call number）。

H316→分类号
184→书次号

索书号，顾名思义就是可凭此号寻找图书，索取图书。它反映的是每种、每册图书的具体排列次序和存放位置。

分类号的主要作用就是把图书按学科区分开来，把论述相同学科内容的图书归纳到统一的类号下，例如把无机化学方面的书全部归纳到 O61 这个类号中，把有关计算机的书归到 TP3 类号中。

书次号是用来区分每类图书中的各种图书和每册图书，例如，通过不同的书次号，把 O61 类中的《基础无机化学》《高等无机化学》《无机化学命名原则》一一区分开来。书次号的取法比较多，目前主要采用种次号和著者号两种。种次号就是按图书进馆后被分入各类号中的先后次序而给予的码，如 1，2，3，……，59 等号码。种次号的优点是简明易学，排列方便，且能标识出该类书的到馆顺序；不足之处是会使同一作者的同一类著作排放在不同位置。著者号是以代表文献著者名称的号码来区分同一分类号的不同文献，一般利用著者号码表。著者号码表是将著者姓氏（包括团体著者名称）按一定的检字法编一个固定的顺序，并配以适当号码，以便按姓氏取号。此外也可根据著者姓氏的字形、字音直接转换成号码。中文图书一般按著者姓氏的汉语拼音、笔画、笔顺、笔形、四角号码等取号，目前主要参考《通用汉语著者号码表》；西文图书大多采用《克特著者号码表》取号；俄文用《哈芙金娜著者号码表》；日文则可采用植村长郎的著者号码表或中文著者号码表。著者号的优点是可集中同一作者的同类著作，便于学术研究和读者使用；缺点是取号复杂，读者不易掌握。

一般图书馆都采用同一部分类法对馆藏文献进行分类，即同一个图书馆里，无论何种语言、载体形态的图书，同一学科的图书分类都是相同的。不仅图书如此，如果对同一学科的期刊或其他文献进行分类，分类号也相同。

2. 图书的主题标引

主题是指文献所表达的中心思想、所讨论的基本问题、研究的对象等。例如人物、事件、事实、理论、假设、原理、方法、思想，以及一切可以作为思维对象和研究对象的东西。主题词表（thesaurus）是自然语言中优选出的规范化、动态性、语义相关的术语组成的词典。图书的主题标引就是通过对图书内容进行分析，形成主题概念（看看一本图书涉及了哪些问题），然后借助主题词表和标引规则，将主题概念转换为主题词，从而形成主题检索系统的过程。

一本图书所要表达的中心思想或要涉及的问题通常不止一个，所以与分类号不同，一本书所要给予的主题词通常不止一个。例如《工程材料的断裂与疲劳》一书，就涉及"工程材料""断裂""疲劳"三个概念，所以在标引的时候就要给予三个主题词，让读者从这三个主题词中的任何一个入手，都可以检索到这本书。通常用赋予文献主题词的数量来衡量对文献主题内容揭示的详尽程度，即标引深度。

同图书分类要使用"分类法"一样，对图书进行主题标引要依据"主题词表"。在我国，目前普遍使用的是《汉语主题词表》。国外通常使用《美国国会图书馆主题词表》(Library of Congress Subject Headings)，我国许多图书馆也用此表对西文图书进行主题标引。

对图书进行主题标引的优点是：能把属于不同学科、不同知识体系中关于同一主题的各种信息集中，表达主题概念，直接性强，对书中内容的揭示比较深入，避免了关键词检索、题名检索必须实现词与词的匹配的约束。而读者对于自己所要查找文献的主题范围一般比较熟悉，确定主题词相对容易。它的局限性是：主题词的选取要以标准的主题词为依据，要求读者具有一定的检索语言知识才能有效查检。

主题法和分类法是按照一定的主题词表或分类表编排图书的方法。这两种编排的优点是相关主题或学科的内容集中在一起，便于读者了解一个学科、知识门类乃至一个专题的概况。对图书进行分类标引是图书馆组织图书的首选方法，主题标引是它的补充，目的是为读者增加一条检索途径。

3.2.2 馆藏目录及查找方法

图书馆的馆藏目录是读者开启图书馆大门的钥匙，利用馆藏目录，读者不仅可以检索到图书，还可以发现图书馆拥有的丰富而多样的其他文献，并掌握各种文献的具体收藏位置和状态，获取访问入口。

1. 书目记录

机读目录(Machine Readable Catalog，MARC)是指以代码和特定结构记录在计算机载体上的，用计算机识别与处理的目录。图书馆建立规范化的机读目录的书目数据库不仅要依据《文献著录规则》，而且要使用机读目录格式(MARC Format)。MARC 格式提供了一套完整、详尽、负责的流式数据表示规范，是目前世界各国图书馆馆藏资源的主要表示格式。

图书馆目录基本以条目为单位，一件在编文献(如一本或一套书)对应一个条目或书目著录(Bibliographic Description)，在 MARC 格式中就是一条"记录"。[8] 书目记录是有关某一文献的记录，它含有特定的文献目录格式所规定的所有数据。一条书目记录通常记载文献的著者、题名、版本、出版者及出版日期、载体形态、主题、获得方式、索书号、馆藏地点等项目(如图 3-1 所示)。

2. 图书目录及检索途径

图书目录是查找图书的主要工具，早期的图书馆由于藏书有限，图书目录主要是书本式的，如《中国人民大学线装书目录》《清华大学图书馆馆藏类书目录》等。现在书本式目录基本上不再作为查找馆藏的工具，而主要作为工具书被图书馆收藏，用来报道一个国家、一个地区或某一个专题世界各国图书出版情况，如《全国总书目》《中国国家书目》等。

目前查找图书馆馆藏文献的主要工具是联机公共检索目录(Online Public Access Catalog，OPAC)。OPAC 是指图书馆将自己馆藏的书目记录装载到计算机网络上的快速存取设备中，使用户能通过计算机网络联机检索到整个图书馆系统的书目数据。

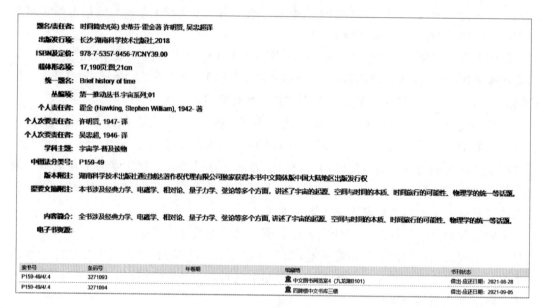

图 3-1　书目记录格式样例

联机目录包括联机馆藏目录和联机联合目录两种。

1) 联机馆藏目录

馆藏目录通常只收录某一图书馆的书目信息,可以全面揭示该图书馆的馆藏,包括各种类型、各种载体的文献,并且能提供灵活多样的检索入口,包括著者、题名、关键字、索书号、主题词、ISBN 等检索途径,参见图 3-2。

图 3-2　东南大学图书馆馆藏目录系统检索界面样例

著者途径是按著者姓名检索文献,"著者"可以是个人著者,也可以是团体著者或会议名称。必须注意,无论是中国著者还是外国著者,检索时均要先输入姓后输入名。外国著者的中文译名,也依姓在前名在后检索,如托尔斯泰,列夫。在 OPAC 系统中,著者姓名通常会有超链接,点击链接可检索到该著者的其他著作。

若已知书名,使用题名途径进行检索是最恰当和快捷的。有些 OPAC 系统的题名途径仅能检索题名起始部分与检索词相匹配的文献,有些可进行题名关键词检索。单纯使用题名途径检索的不足之处在于不易区分不同著者的同名文献,例如一个图书馆可能收藏有数十种《经济学概论》,读者只能在检索结果列表中再用其他条件筛选出符合自己需要的书名。

关键词途径通常是馆藏目录中最宽泛的检索途径,它会在所有可检索字段中寻找与检索词相匹配的内容,因此返回的检索结果最多。有些 OPAC 系统允许进行著者和关键词的组合检索,有助于读者获得更为精确的检索结果。

索书号检索途径是从学科角度来查找图书。如果想查找某一学科的图书,通过索书号途径利用分类号进行检索最方便。从学科的角度检索图书要先掌握所要查找图书的分类号,不能确定详细类号的,粗略的类号也可以,最好先参考一下所在图书馆使用的分类法。需要说明的是,对于涉及较多学科内容的图书,归类是很不容易的,所以当在预想的分类号中找不到所需的图书时,可以采取两种方法:一种方法是看看是否会放在其他可能的类目中;另一种方法是往上位类查。

主题途径是按主题词检索相关文献。对于涉及多种主题的图书,主题词标识一般不止一个,这样读者可以从不同的主题词查找到所需图书。OPAC 系统的主题词标识通常都是超链接的,点击这些超链接即可检索到使用相同主题词标识的各种文献资料。

ISBN、ISSN 检索,即国际统一书号、国际统一刊号检索。这种方法有助于读者迅速找到某一确定的图书或期刊,但其局限性在于不容易找到其他相关文献,例如一本图书的不同版本,精装本或平装本。

2)联机联合目录

联合目录是把几个或更多图书馆的馆藏书目信息集中在一起,利用统一的检索界面,下面国内外各举一例。

CALIS 联合目录公共检索系统(网址:http://opac.calis.edu.cn/opac/simpleSearch.do)是 CALIS(中国高等教育文献保障系统,China Academic Library and Information System)成员馆馆藏联合目录数据库,收录千余家成员单位上千万条馆藏信息,涵盖印刷型图书和连续出版物、古籍、部分电子资源及其他非书资料等多种文献类型,覆盖中、英、日、俄、法、德、意、西、拉丁、韩、阿拉伯文等百余语种,书目内容囊括教育部普通高校全部二级学科,数据标准和检索标准与国际标准兼容。

该系统提供简单检索和高级检索两个检索方式,检索结果列表中提供题名、责任者、出版信息、形式(文献类型)等项目,系统支持多库分类检索,还可以对古籍数据提供四库分类的树型列表浏览,如图 3-3 所示。

OCLC(网址:https://www.oclc.org),即联机计算机图书馆中心(Online Computer Library Center),是世界上最大的提供文献信息服务的机构之一,它管理着目前世界上最大的书目和馆藏信息数据库 WorldCat,有上亿条书目及馆藏记录。[9]OCLC 与世界上许多图书馆签署了书目记录上传 WorldCat 的项目协议,在 WorldCat 数据库中,一个书目信息下,可显示世界各地的图书馆馆藏信息,极大地提高了馆藏信息在全球的显示度。

图 3-3　CALIS 联合目录公共检索系统界面

WorldCat 数据库绝大多数由一些美国的国家机构、联合会、研究院、图书馆和大公司等单位提供，并高频率地进行更新。数据库的记录中有文献信息、馆藏信息、索引、名录、全文资料等内容。资料的类型有书籍、连续出版物、报纸、杂志、胶片、计算机软件、音频资料、视频资料、乐谱等。

3. 联机馆藏目录中的其他信息与服务

联机馆藏目录除可进行馆藏文献检索，了解所需文献在图书馆的收藏状况外，还整合了多种其他信息与服务，且这些信息与服务对读者而言是不可或缺的。

1) 多种馆藏状态信息

文献的状态信息包括一种文献的馆藏地点及馆藏数量，例如：一本图书在图书馆收藏了几个复本，各个复本的收藏位置（总馆、分馆、库区等）；哪些复本是可以出借的，哪些只能馆内阅览；可出借的文献借阅时间的长短；等等。通常参考工具书、特藏书籍都不外借，因此在 OPAC 中就显示为"阅览"。可出借的文献如果已被借出，系统会显示到期归还时间。

2) 预约、催还、委托

多数 OPAC 允许读者预约已借出的文献，并能够显示已有的预约人数。同时当一种已外借的文献被他人预约后，系统也会及时向持有该文献的读者发出催还通知，告知其新的还书时间。被预约文献归还时，系统会自动发出信息给预约的读者，通知其取书。读者可以在系统中申请委托借阅跨校区的书籍，当委托书到馆时，系统会自动发送信息通知读者取书。

3) 查询个人借阅记录

读者可通过所属图书馆的 OPAC 查看个人借阅记录,包括已借文献列表、到期时间、是否有人预约;还可自行办理续借,查看自己的借阅历史、已保存的检索式,修改个人用户名和密码。

预约、委托、个人借阅记录均属个性化服务,系统通常要求输入用户名和密码。

3.2.3 馆藏纸本资源的排架顺序

馆藏排架是将馆藏文献有序地陈放在书架上,并形成一定的检索系统,使每一种文献在书库及书架中都有固定位置,馆员及读者能够准确地按这个位置取书与归架。图书馆的馆藏文献资源类型众多,包含图书、期刊、报纸等。

1. 馆藏图书的排架

图书馆各藏书点的图书是按索书号的顺序排列的。索书号由分类号、排架号和卷次号组成。分类号在前文已介绍。排架号为区别同类图书而设,一般图书馆采用同一类图书的种次号作为排架号。卷次号为区分同一著者的同一种图书的不同卷册而设,如第一册用"V.1"、第二册用"V.2"表示。图书排架就是依照以上 3 组号码进行。

馆藏图书按照索书号顺序排架,每册图书在书脊正下方所贴书标上都附有索书号。例如对索书号 H31/216/V.1 的正确解读是:

$$H31 \rightarrow 分类号$$
$$216 \rightarrow 排架号$$
$$V.1 \rightarrow 卷次号$$

图书排架,在一个书架上,遵从从上到下,从左到右,按索书号的大小顺序进行"S"形排列,也就是从一个书架的最上一层开始,从左到右,将一层排满后,再转入下一层,直至将一个书架排满再转入下一个书架。每排书架旁边都标有该书架图书分类号的起止号。其具体名称的排列规则如下:

1) 首先按分类号排,分类号是按字母的顺序和数字的大小来排。

例如:

H	语言、文字
H1	汉语
H3	常用外国语
H31	英语
H319	语言教学
H319.4	读物

2) 分类号完全相同的按种次号或著者号排,分类号和著者号或种次号相同的按卷次号排。

例如:

H31/1001/V.1

H31/1001/V.2	分类号、种次号相同，但卷次号为下册，排在后面
H31/1002	分类号相同，但种次号大，排在后面
H310.1/1	分类号比前面的多一位数，排在后面
H310.1/1000	分类号相同，但种次号大，排在后面

3) 特殊符号的排法。种次号中出现的特殊符号："＝"为同种图书不同版次的区分代码；"()"为同一著者不同著作的区分代码；"-"为不同著者的区分代码。

著者号中特殊符号的排列顺序为：

"＝"→"()"→"-"

例如：

H319.4/5 → H319.4/5＝2 → H319.4/5(2)→ H319.4/5(3)→H319.4/5-1

4) 类目复分的排法。分类号中用"-"复分号组合数字的形式，来表示特定的图书类型。

例如：

-44　习题集

-61　字典

-62　手册

类目复分的图书排列方法：排在原分类号的最后，按照数字大小排列。

例如：

H31→H31-44→H31-61→H31-62→H310

5) 组配复分的排法。分类号中用"："组配复分号组合分类号的形式，来表示科普、英汉对照类图书。

组配复分的图书排列方法：有组配复分的图书排在原分类号的最后，组配复分号后面的分类号按照索书号排列规则排列。

例如：

H31→H31-62→H31：F→H31：F27→H31：F45→H31：K12

2. 馆藏期刊的排架

期刊指定期或不定期连续出版，有固定名称、开本和篇幅，以及标有连续卷期号或年月顺序号的出版物。期刊的主要特点是数量大、品种多、内容新颖、出版周期短，是记载、传播和交流社会文化及科学研究成果的主要工具之一。

图书馆常用的期刊排架方法有两种，一种是按刊名字顺排列，另一种是按期刊的学科内容分类排列。

按刊名字顺排列期刊，读者可以不必知道期刊的索书号或排架号，而是按自己所要查找的期刊名称直接索取。但这种排架方法的缺点是相同学科的期刊不能集中。

中文期刊一般按简化汉字的笔画笔形排列，即先按刊名第一个字的笔画排检；第一个字的笔画相同时，则按起笔形，依"点""横""竖""撇""折"的顺序排列；起笔笔形相同时，按第二笔的笔形顺序排列，余类推。

外文期刊多按外文字母顺序排列，需要注意的是，英、法、德文刊名第一个单词若是冠词,略去不排,以第二个词作为排列依据。电子期刊数据库中的刊名列表也基本遵从这个原则排序,但对于在刊名中出现的介词、冠词,如英文的 of,for,the,是否参加排序,不同的数据库规则不同,浏览时需特别注意。阿拉伯数字按各国习惯念法排。日文期刊通常将汉字与假名分开排列。

和图书分类一样,许多图书馆也对期刊按其涉及的学科内容进行分类,给予索书号。国外很多图书馆甚至不设专门的期刊库,按索书号将图书和期刊合订本混合排架。分类排架的主要优点是可以把同类期刊集中,形成一个相互有内在联系的科学体系,便于读者"按类索取";缺点是对于跨学科和内容广泛的综合性期刊进行较准确的分类比较困难,而且对于已知刊名的读者,还要先确定其索书号才能查检。

3. 馆藏报纸的排架

馆藏报纸的排架方法没有统一的规定,一般与期刊排架法相似,并且每个高校根据实际情况有自己的排架方法。目前,高校图书馆中文报纸排架法主要包括分类法、字顺法、地区号法和固定号法等。

3.3 面向读者的文献服务

3.3.1 文献阅览

阅览服务是指图书馆利用一定的空间设施,组织读者开展文献阅读活动的服务方式。图书馆一般按读者对象、藏书类型、学科门类等来设置不同的阅览室,其中:按文献类型划分,设置报刊阅览室、古籍阅览室、外文阅览室、多媒体阅览室等;按学科门类划分,设置艺术阅览室、工业技术阅览室、综合阅览室等。

文献阅览服务是图书馆读者服务的重要文献流通服务,它不仅受到所有图书馆的重视和广泛采用,而且阅览服务方式也在不断地创新和发展。目前的阅览服务主要有以下 3 种:

1. 开架阅览

开架阅览方式指的是允许读者进入阅览室或书库,并在书架上自由挑选取阅文献的一种服务方式。在这种阅览服务方式中,读者具有高度的自由权。因此,这种阅览服务方式深受读者的欢迎,也是现代图书馆服务发展的一种趋势。现代化图书馆的开架阅览室可集阅、藏、管、借服务于一体,空间布局讲究,能让读者获得更好的阅读体验(图 3-4)。

图 3-4　东南大学图书馆新书展示室

2. 半开架阅览

半开架阅览方式指的是图书馆利用陈列展览的形式，将部分流通量大的文献或最新入藏的文献安放在特制的可视书架上，读者可以通过书脊或封面上的有关内容进行浏览、挑选，并通过图书馆员提取的一种阅览方式。这种服务方式介于"开架阅览"和"闭架阅览"之间，对读者的取阅有限制。

由于半开架阅览方式具有展示、宣传馆藏的特点，早期一般选择借率高，流通快的书籍，如文学类的中外名著，新进馆的图书等，用以提高图书的流通量和利用率。[10]近年来，伴随着经济和科技的发展，人们对书籍的获取越来越便捷，半开架模式主要将特定书籍借阅给特定读者，特别是满足研究型读者的需求。当前，一些古籍或古籍影印本会采用半开架的模式管理，如南京图书馆国学馆展出的"中华再造善本工程"的成品书即采用此种管理方式。这些书按照传统方式装帧，虽被锁在玻璃柜中，但每册名称、种类仍能一目了然，读者有需要时，可以请工作人员帮忙获取，相关书籍仅支持阅览，不能带出阅览室。[11]

3. 闭架阅览

闭架阅览方式指的是不允许读者进入文献库在书架上自由挑选所需文献，而必须通过图书馆员提取才能借阅馆藏文献的一种借阅方式。借书时，读者需要先查阅目录，填写借书申请单，由馆员凭单进库取书，办理借阅手续后方可阅读。

保存本是常见的采用闭架阅览管理方式的书籍。保存本又称样本书、保留本，指从图书馆入藏的全部书刊或有长期使用价值的书刊中，每种抽取一册或一套，作为长期保存的纸本文献，收藏这一类书刊的书库即为保存本书库。设置保存本书库是为了保持入藏图书品种的完整性、系统性，以保存文献和满足读者需要，也体现了图书馆保存人类文化遗产的职能。[12]以南京图书馆（图3-5、图3-6）为例，其保存本主要收藏于六楼、七楼的典藏文献库。目前，南京图书馆典藏文献库藏书已达450万册，藏书主要有新中国成立以后的中文书刊、西文书刊、俄文书刊等文献。[13]典藏书籍主要原则是中文基本求全，外文求精，多品种，无复本。南京图书馆典藏文献库采用的就是闭架阅览的管理方式，读者不得随意入库，读者对该库藏书有需求时，需填写索书单，由工作人员入库提书。书籍也只能在馆内阅览，不可带出图书馆。

图 3-5 南京图书馆古籍展示区

图 3-6 南京图书馆收藏保存本的密集书架

图书馆采用何种阅览方式为读者服务,一般可根据各馆的具体情况因地制宜,灵活掌握。总的原则是只要是有条件的图书馆都应尽可能采用开架阅览的形式。但对品种、复本较少,价值较高的文献可以采用半开架或闭架阅览的方式。近年来,随着图书馆工作观念的转变,开架阅览已经成为一种普遍形式,其他两种方式只在个别学科、极少类型的文献上存在。

3.3.2 文献外借

外借服务是图书馆为了满足读者的阅读需求,允许读者将馆藏文献借出馆外自由阅读、独自使用的服务方法。在图书馆的各种服务方法中,这是最基本、最普遍的读者服务方式,常见的外借服务,包含以下几种:

1. 普通外借

普通外借是图书馆向个人持证者提供的外借服务,是外借服务的主要形式。普通外借的基本过程是:① 查检图书馆馆藏目录,找到所需文献的馆藏地点和索书号;② 到相应的馆藏地点,根据索书号找到文献,带至服务台;③ 凭借本人借书证在自助借还设备或人工服务台完成借阅。在整个外借服务中,普通外借的数量占绝大部分。

2. 预约借书

预约借书是图书馆因暂时不能满足读者的外借要求,而采取的一种在约定时间内给予满足的服务方法。一般来说,读者一时借不到所需文献,主要原因是:① 读者所需文献已经被别的读者借走,暂时尚未归还;② 读者所需文献虽已采购到馆,但尚未加工完毕,尚未入库流通;③ 读者所需文献因排架出现差错,一时无法满足借阅。读者可在图书馆借阅系统提交对所需图书的预约申请,一旦被预约的文献到馆,读者就会收到通知,可前去办理借阅手续,完成借阅。

3. 委托借阅

委托借阅服务工作是高等院校多校区的产物,指的是读者委托图书馆借还自己所需要的而馆藏地为其他校区的图书,然后就近委托图书馆归还异地所借的图书。[14]委托借阅实现了多个校区图书馆间的资源整合,为师生提供了更加方便、更加人性化的服务,最大限度地实现了读者的权利。委托借阅既打破了时间、空间的局限,也打破了文献只在本馆借阅和读者所在地的限制,使文献资源在更广阔的范围内实现共享。

上述各种外借服务方式,都是为了满足读者对馆藏文献的需求以及方便读者而开展的服务工作。为了保证外借服务正常而有序地进行,图书馆还制定了相应的外借规则。外借规则对于馆藏文献的借出范围、读者外借图书的数量、借期、续借手续、催还、过期罚款、遗失与损坏的赔偿办法等方面都做出了十分详细的规定。

大多数外借文献在没有其他读者预约的情况下,可以续借;如果有其他读者预约,图书馆则会提醒持有被预约文献的读者,在规定时间内归还,即催还。未能按期归还文献的读者,图书馆会有相应的处罚措施。造成文献丢失或损坏的读者,需要进行赔偿。

3.3.3 参考咨询

图书馆的参考咨询服务(reference service)是利用特定的工作环境,通过参考咨询馆员与用户的交流，了解用户咨询的目的和需求，制定出合理的检索策略，依靠图书馆丰富的馆藏资源和社会共享资源，运用现代信息技术和先进设备来搜寻用户咨询的文献资料，为用户提供快捷便利的优质咨询服务。有些国家图书馆的参考咨询服务甚至还包括解答公众的生活问题的咨询。

参考咨询服务是图书馆读者服务工作的重要组成部分，不仅可以帮助用户解决疑难问题，充分满足较高层次的用户需求，同时也是发挥图书馆情报职能、开发文献信息资源、提高文献利用率的重要手段。目前，图书馆提供的参考咨询服务内容包含以下3种类型：

1. 向导性咨询

向导性咨询是参考咨询工作中最基础的服务层次，这类咨询主要针对图书馆资源和服务的利用，如馆室结构、藏书布局、开放时间、规章制度、信息查询渠道、信息获取方式、图书馆服务介绍（包括基础服务和扩展服务）、推荐阅读书目等。

2. 辅导性咨询

辅导性咨询是针对读者在查找资料过程中出现的各种问题而进行的咨询活动。辅导性咨询一般由各个服务岗位上的专职或兼职咨询馆员来完成，如图书流通部门的导读工作，学科部门的文献检索方法培训等。辅导性咨询是参考咨询工作的基本内容之一，已经渗透到图书馆读者服务的各个环节，如文献的流通、阅览、检索等活动中，通过面对面的交流，馆员不断地针对各个具体问题给出解决的方案。通过馆员对读者的阅读目的、内容、方法等方面给予的直接指导和帮助，提高读者选择文献、利用文献、理解读物和消化知识的能力。

3. 文献检索性咨询

文献检索性服务是根据读者提出的问题，通过查找有关文献、文献线索及动态进展性情报开展服务。为满足用户个性化需求，文献检索服务需要以馆藏文献资源和网络信息资源为基础进行系统、全面的检索，一般由专职的参考咨询员来完成，常见的服务形式是代查代检。用户咨询时需要填写提问申请单，检索申请及检索后的结果可以通过电子邮件来传递。从文献检索的内容看，常见的类型有：专题咨询、科技查新、查收查引等。

1）专题咨询

专题参考咨询是指对较专门的课题给予有针对性的解答，是比较高层次的咨询服务工作。参考咨询馆员需要根据读者所提出的专题需求，提供某个课题的研究现状、发展动态乃至课题的整体解决方案等信息。

2）科技查新

科技查新指查新机构根据查新委托人提供的有关科研资料查证其研究结果是否具有新颖性，并做出结论。通过查新能为科研立项、科技成果鉴定、评估、验收、奖励、专利申请提供客观依据。

3）查收查引

通过作者姓名、作者单位、期刊名称及卷期、会议名称、会议时间、会议地点、文献篇名、发表时间等途径，查找文献被世界著名检索工具（SCI/EI/ISTP等）收录及引用情况，并依据检索结果出具检索证明。

除提供以上三种服务外，还有商业经济信息检索服务，如提供国内外公司的名单、产品、经营范围、雇员人数、财务状况、销售额等信息检索服务。图书馆将检索结果包括书目资料、图表或全文等,利用电子邮件寄至使用者的电子邮箱。

随着时代的发展,参考咨询的内容越来越丰富,参考咨询的形式也在不断更新。在网络技术大规模应用以后,信息推送、虚拟参考咨询、网络社区"共笔"等网络咨询形式成为新的趋势。

3.3.4 馆际互借与文献传递

馆际互借与文献传递是文献机构基于资源共享的理念,传播与共享馆藏的一种服务。它代表着当代图书馆从单纯收藏资源向着资源共建共享互通模式的转变,也是当今信息发展的具体现状下,图书馆继续作为信息中心向读者提供更好服务的必然要求。[15]

1. 馆际互借

馆际互借的出现要早于文献传递,指的是当某一文献收藏机构缺藏读者所需资源时,通过与其他机构的事先协议,代读者从拥有此资源的机构借入所需资源。开展馆际互借的图书馆或其他文献收藏机构之间,要首先签订互惠协议和互借规则,并保证严格遵守。具体服务方式一般有两种:

1) 在同一地区,互发通用借书证,由读者自己到有互借关系的任何一个图书馆或其他文献收藏机构利用文献。

2) 图书馆员帮助读者获取文献。首先由读者向图书馆馆际互借处提出申请。在网络条件较好的大学里,读者可利用电子表单传送申请,馆员确定所拥有文献的图书馆和可接受的价格后,前往该图书馆将文件借出、复印带回,或向该馆发送馆际互借申请,由对方将所需文献传递过来。馆际互借处收到读者所需文献后,通知读者借阅。

馆际互借允许图书外借或部分复印(由于涉及版权问题),但期刊论文或会议论文、专题说明书、标准文献仅提供复印件。国外学位论文需要购买版权方可获得。声像型文献、计算机软件通常不外借。

2. 文献传递

文献传递又称原文传递,即把特定文献从文献源传递给特定的文献用户的一种服务方式。文献传递服务可被视为馆际互借的发展与延伸,它的服务必须建立在计算机网络、信息资源数据库、现代传输设备等基础上才能开展起来。这种服务方式不仅能为用户提供便捷的信息服务,而且可以弥补馆藏文献资源的不足,进一步拓展文献资源共享的范围。传递过程是读者通过将自己的请求传送给图书馆或信息服务机构,而后由这些机构通过电子邮件、传真、邮寄、联机下载等方式将原文传递给读者。这种服务的特点是快捷、灵活,有时24小时内即可获得所需文献。

伴随着资源数字化、服务网络化,文献传递服务已经变得更为便捷,工作效率也高于馆际互借,已成为图书馆间,特别是大学图书馆,信息资源共享的重要方式,也是深受读者喜爱的服务项目。

3. 文献传递常用平台

1) 中国高等教育文献保障系统

中国高等教育文献保障系统(China Academic Library and Information System,

CALIS)成立于1998年,是经国务院批准的我国高等教育"211工程"的公共服务体系之一,最初成员馆仅限于"211"院校。现在注册成员馆逾1 800家,覆盖除中国台湾省外中国的31个省(自治区、直辖市)和港澳地区,成为全球最大的高校图书馆联盟。[16]

CALIS通过云服务体系与共享域把上千个图书馆的服务整合到一起,为建立全国一体化的信息服务协作网络奠定了基础,从而提升了高校图书馆整体水平,促进了国内高校图书馆的发展,已真正成为高等教育公共服务体系基础设施之一。

"学苑汲古",全称为"高校古文献资源库",是CALIS的特色库项目之一,由北京大学联合国内外高校图书馆合力建设,汇集了内地23家与港澳2家高校图书馆、海外3家著名高校东亚图书馆的古文献资源。其内容不仅包括各参建馆所藏文献资源的书目记录,而且配有部分相关书影或全文图像,总体规模庞大,资源品种多样。截至2018年9月,高校古文献资源库已包含元数据68万余条、书影28万余幅、电子书8.35万册。[17]本系统具有对古文献的检索、索引、浏览等功能,参建各馆还可以向读者提供一定范围的文献传递服务。

2) 大学数字图书馆国际合作计划

大学数字图书馆国际合作计划(China Academic Digital Associative Library, CADAL),其前身为高等学校中英文图书数字化国际合作计划。在2002年颁布的《关于"十五"期间加强"211工程"项目建设的若干意见》文件中,中英文图书数字化国际合作计划被列为"十五"期间"211工程"公共服务体系建设的重要组成部分。CADAL建设的总体目标是构建拥有多学科、多类型、多语种海量数字资源的,由国内外图书馆、学术组织、学科专业人员广泛参与建设与服务的,具有高技术水平的学术数字图书馆,成为国家创新体系信息基础设施之一。

CADAL目前已成为全世界最大的资源数字化网络,建成的全文数据库总量达274万册(件),主要来源于国内外研究型大学的馆藏文献。这是一个以数字化图书期刊为主、覆盖所有重点学科的学术文献资源体系,对高校教学科研起到了巨大的支撑作用。

3) 中国高校人文社会科学文献中心

中国高校人文社会科学文献中心(China Academic Humanities and Social Sciences Library, CASHL)是为我国哲学社会科学教学科研提供外文文献及相关信息服务的最终保障平台。CASHL以"国家人文社会科学信息资源平台"为建设目标,通过组织国内具有学科、资源和服务优势的高等学校图书馆,有计划、有系统地整体引进国外人文社会科学图书、期刊和电子资源,借助现代化的服务手段,整合国内高校人文社科领域研究成果,服务国家发展战略,为人文社会科学教学科研、人才培养提供全面和最终的文献信息资源保障。

迄今为止,可供服务的人文社科核心期刊和重要期刊达到6.2万余种、印本图书达336万余种、电子资源数据库达16种,累计提供文献服务近2 200万件,其中手工文献服务已突破130万,文献平均满足率达96.29%左右,服务时间缩短为1.87天,大大提高了外文图书的利用率,充分发挥其效益。[18]

4) 国家科技图书文献中心

国家科技图书文献中心(National Science and Technology Library, NSTL)是科技部联合财政部等六部门,经国务院领导批准,于2000年6月12日成立的一个基于网络环境的科技文献信息资源服务机构。由中国科学院文献情报中心、中国科学技术信息研究所、机械工业信息研究院、冶金工业信息标准研究院、中国化工信息中心、中国农业科学院农业信息研究所、中国医学科学院医学信息研究所、中国标准化研究院标准馆和中国计量科学研究院文献馆九个文献信息机构组成。NSTL 采集、收藏和开发理、工、农、医各学科领域的科技文献资源,面向全国提供公益的、普惠的科技文献信息服务,其发展目标是建设成数字时代的国家科技文献信息资源的保障基地、国家科技文献信息服务的集成枢纽和国家科技文献信息服务发展的支持中心。[19]

5) 联机计算机图书馆中心

联机计算机图书馆中心(Online Computer Library Center,OCLC),成立于 20 世纪 70 年代,总部设在美国的俄亥俄州,是目前全球最大的图书馆合作组织、非营利机构。OCLC 的目标是促进图书馆的合作与交流,实现全球资源共享。[20]

近年来,OCLC 的一个新产品——FirstSearch 检索系统发展迅速,深受欢迎。目前通过该检索系统可查阅 70 多个数据库,涉及广泛的主题范畴,覆盖社会生活的各个领域和学科。

3.4 面向读者的延伸服务

3.4.1 读者教育与培训

读者教育是指图书馆开展的培养读者利用文献的意识和能力的教育,其目的是帮助读者了解文献信息知识、图书馆馆藏和图书馆服务的内容,掌握文献检索和利用的方法,增强读者利用文献信息解决实际问题的信息意识。读者教育可采取的方法有很多,常见的有以下 3 种:

1. 培训服务

这里所指的图书馆用户培训服务是狭义的,是指图书馆以面授、网络等形式对用户进行培训教育,以提高其信息素养、图书馆使用技能以及互联网利用等现代信息技术,帮助用户有效利用图书馆的资源和服务。培训服务的主要内容一般包括:图书馆基础知识培训,馆藏资源与服务推介,文献信息检索技能培训,用户信息素养培训等。

近年来,随着图书馆培训能力的提升以及社会认可度的提高,图书馆的培训内容也越来越丰富,涉及外语培训、艺术类培训、特殊用户群体培训等。

2. 讲座服务

讲座服务是图书馆用户服务的主要方式之一,它是指图书馆通过组织、策划、邀请某一学科领域的专家学者到馆为读者进行面对面的讲演和互动,为读者提供扩展视野、获取知识、丰富文化生活的学习和交流机会,从而更好地履行图书馆的社会教育职能。

目前公共图书馆多为用户提供免费的公益讲座服务,讲座涉及的领域相当广泛,包括实事政策的解读、文学艺术的欣赏、理财投资、法律知识、健康保健等,凡是公众感兴趣的内容都可以成为图书馆讲座的内容。高校图书馆讲座一般结合高校开展的教学活动而进行,学术性相对更强,参与对象主要是高校师生,讲座内容涉及新生入馆教育、图书知识、电子信息资源检索与利用、毕业论文写作等。高校图书馆讲座服务参与观众的文化水平高,人员较为集中,对高校教学科研工作的顺利开展是极其必要的补充。

3. 展览服务

近年来,国内外许多图书馆结合馆藏特点与场地优势以及社区和社会发展的现实需求,有针对性地挖掘馆藏文献和信息内容,策划举办主题多样、形式生动、线上线下结合的多种展览活动,这已经成为图书馆履行用户服务、知识传播与社会教育职能的重要途径之一。[21]

图书馆展览服务的主题涉及历史类、艺术类、科技类、建筑类、区域文化类等各个方面。展览形式丰富多样,有对图片、文字、实物、数字资料进行展示的线下展示,也有采用互联网和现代科技的线上展示。为拓展展览宣传教育功能的边界,一些图书馆还会在展览期间组织讲座、沙龙、会议、课程等衍生活动帮助公众更好地理解展览内容。

3.4.2 空间服务

近年来,图书馆服务经历了从"文献服务"到"信息服务"再到"知识服务"的发展阶段,无论是哪个阶段,图书馆都始终离不开具体的服务空间和场所。特别是随着现代信息技术的快速发展、互联网的普及应用、数字资源的快速增长和教学模式的巨大变革,"空间服务"成了图书馆服务的新内容和新趋势。除了传统的藏书空间、阅览空间、学习空间,本节再介绍几种图书馆新型空间服务。

1. 研讨间

图书馆提供中小型的、相对独立的个人学习区域,它由几十个带隔断的独立小空间构成,空间按规模可容纳两人至二三十人(图3-7)。规模小的空间只配备桌椅供读者共同学习讨论使用。中等规模的空间一般配置大屏输出设备,读者可以上网检索查询网络资源,也可以自带手提电脑使用。较大规模的研讨空间可支持研究团队进行小型研讨、项目演示和发表。空间配置有投影机、白板、会议桌、网络接口等。

研讨空间一般实行网上预约使用,预约时需要说明使用目的。每间研讨室使用者有最低人数限制,每次使用时间有最长时间限制。

2. 视听室

视听室(图3-8)主要为读者的音视频欣赏需求设计,是读者观看中外文教学影片,教师进行多媒体专题教学,以及定期或预约专场影视放映和讲座的场所。一般配有音视频播放设备和观影沙发。视听空间的墙面装饰一般采用吸音材料,可以有效降低噪音的干扰。

图3-7 东南大学李文正图书馆研讨间

图3-8 东南大学李文正图书馆视听室

3. 休闲区

休闲空间一般分布在图书馆角落，提供舒适的座椅、懒人沙发、靠垫等，打造温馨的环境，供读者在学习之余放松之用（图 3-9）。有的图书馆还会提供报纸杂志、益智玩具、健身器材等。

图 3-9　东南大学李文正图书馆休闲区　　图 3-10　东南大学李文正图书馆多功能录播间

4. 多功能录播间

多功能录播间是为了满足读者进行多媒体制作的需求而设置的。该空间一般配备多媒体编辑工作台、专业级小型放映室等专业设备，提供专业的音视频编辑软硬件，支持读者多媒体制作的学习和实践需求，读者可以利用高性能的编辑设备和专业的编辑工具制作融文本、图像、动画、音频、视频等媒体格式于一体的作品，既可满足新闻、艺术等专业的多媒体作品的制作需求，还可满足其他专业学生、爱好者制作多媒体作品的一般需求。在该空间还可以进行影视欣赏课程和影视群体赏析活动。

3.4.3　阅读推广

阅读推广（reading promotion）亦称"阅读促进"，是图书馆等机构和个人开展的旨在培养民众阅读兴趣、阅读习惯，提高民众阅读质量、阅读能力、阅读效果的活动。[22]

在互联网+图书馆环境下，阅读推广的方式包括：

（1）信息交互与推送系统。通过手机、电子邮件、APP 提醒等方式向读者推送信息，实现图书馆与读者的交互。

（2）图书馆任务系统。读者完成"图书馆成长任务"获得阅读积分以激励阅读。

（3）书评系统。以优化借阅流程、读者参加书友会、撰写发布书评等方式促进阅读。

（4）共享型读书社区。鼓励读者共享读书心得体会，通过社群互助推动阅读。

（5）智能化推送。根据读者的门户搜索记忆，通过智能化搜索引擎的数据挖掘与分析，自动推送读者感兴趣的文献。

3.4.4　新技术服务

读者需求的驱动和新技术的广泛应用使得图书馆获得了空前的服务拓展契机，图书馆服务的领域得以无限延伸。最近几年具有代表性的基于移动技术、即时通信技术、物联网、数字出版、开放获取、云计算、大数据、社会网络和富媒体技术等新技术的图书馆服务包括移动图书馆、智慧图书馆与个性化服务、自助服务和数字应用体验服务等。

1. 移动图书馆

移动图书馆服务是指面向移动终端用户提供的以智能手机、平板电脑等移动终端设备为载体，通过无线网络、手机网络等接入的方式访问图书馆资源、阅读电子书、查询书目和接收图书馆服务信息的一种新服务方式。根据移动终端设备的不同，移动图书馆也被具体区分为手机图书馆、掌上图书馆等，但都是利用移动互联网终端拓展图书馆的服务方式。目前，移动图书馆的服务形式主要包含 SMS 服务（短信服务）、WAP 服务和 APP 服务。服务内容涉及 OPAC、移动信息门户、移动阅读和移动咨询等方面。

2. 智慧图书馆与个性化服务

智慧图书馆是当下图书馆发展的新趋势，上海交通大学图书馆馆长陈进对智慧图书馆的定义是一个智慧协同体和有机体，有效地将资源、技术、服务、馆员和用户集成在一起，在基于物联网和云计算为核心的智能技术支撑下，通过智慧型馆员团队的组织，向(高素质的)用户群体提供发现式和感知化的按需服务。[23] 智慧型图书馆的根本目的是变信息服务为知识服务，变通用化服务为个性化服务。例如，针对读者查询的问题，图书馆应不但能提供原始信息，还应能快速把检索结果组织成综述或报告呈现给用户，并按用户需要的格式导出。

3. 自助服务

自助服务是指在一定条件下，根据用户的阅读兴趣、需求偏好、研究重点，由用户自主地、灵活地、能动地完成以前由图书馆员按照馆员的意志和行为习惯完成的书目查询、藏书借阅、资料检索、文献复印等活动，从而实现自主服务的一种读者服务方式。[24]

图书馆自助服务的发展与新技术的发展密不可分，比如 RFID 技术是自助借还服务的基础，它为图书馆的流通服务带来了全新的契机，不仅节省了大量的人力和管理成本，更为读者提供了 24 小时不间断的服务，是一种革命性的改善；自助打印、扫描等服务则有赖于先进的设备和无缝的认证机制。

4. 数字应用体验服务

数字应用体验服务是图书馆为了适应读者学习环境的变化，以及响应读者对于新服务、新设备的需求而开放的服务，旨在方便读者了解和体验技术的最新发展，并能切实感受这些新技术发展在图书馆的实际应用。应用体验服务的内容包括：静音钢琴、库克留声机、超星电子阅读本、朗读亭、多媒体录播间等。随着技术的不断发展以及设备的不断更新，数字应用体验服务将越来越代表图书馆敏锐的触角，也将越来越多地涵盖图书馆的最新服务领域。

参考文献

[1] 蒋永福.图书馆学基础简明教程[M].北京：知识产权出版社，2012：1.

[2] 吴慰慈,董焱.图书馆学概论[M].北京：国家图书馆出版社，2008：1-25,102-133.

［3］（美）M.H.哈里斯.西方图书馆史［M］.北京：书目文献出版社，2013：1-53.
［4］吴晞.图书馆史话［M］.北京：社会科学文献出版社，2015：1-50.
［5］王世伟.信息文明与图书馆发展趋势研究［J］.中国图书馆学报，2017，43（5）：4-20.
［6］王子舟.图书馆学是什么［M］.北京：北京大学出版社，2008：267-308.
［7］花芳.文献检索与利用［M］.北京：清华大学出版社，2009：71-86.
［8］胡小菁.文献编目：从数字化到数据化［J］.中国图书馆学报，2019，45（3）：49-61.
［9］程颖，张耀蕾，刘孝平，等.中文图书书目记录上传 WorldCat 实践［J］.大学图书馆学报，2021，39（2）：62-67.
［10］蔡志敏.谈高等学校图书馆闭架、半开架、开架三种借书形式的利用［J］.图书馆学研究，1983（2）：72-74.
［11］珍贵典籍《中华再造善本》开放阅览［EB/OL］.（2009-12-02）［2022-05-04］.http://www.jslib.org.cn/zt/njlib_tsgzc/njlib_tsgzcml/200912/t20091202_63514.html.
［12］吴纯.广东地区公共图书馆保存本管理和服务［J］.河南图书馆学刊，2019，39（4）：34-36.
［13］探访揭秘南京图书馆典藏"家底"［EB/OL］.（2021-04-26）［2022-05-03］.http://www.sxjszx.com.cn/portal.php?aid=2218922&mod=view.
［14］芦晓玲.浅谈高校图书馆的"委托借阅"：以中国政法大学图书馆为例［J］.法律文献信息与研究，2012（3）：64-66.
［15］王庆浩.基于云计算的馆际互助与文献传递系统［D］.上海：复旦大学，2012.
［16］CALIS 简介［EB/OL］.［2021-10-22］.http://home.calis.edu.cn/pages/list.html?id=6e1b4169-ddf5-4c3a-841f-e74cea0579a0.
［17］学苑汲古［EB/OL］.［2021-10-29］.http://home.calis.edu.cn/pages/list.html?id=9cb1f8ee-546f-45f6-97a5-13e44abfccff.
［18］关于 CASHL［EB/OL］.［2021-10-22］.http://www.cashl.edu.cn/node/45.
［19］关于 NSTL［EB/OL］.［2021-10-22］.https://www.nstl.gov.cn/Portal/zzjg_jgjj.html.
［20］关于 OCLC［EB/OL］.［2021-10-22］.https://www.oclc.org/zh-Hans/about.html.
［21］王峥.国外图书馆展览服务研究与实践及借鉴［J］.图书情报工作，2020，64（2）：139-148.
［22］范并思，朱春艳.阅读推广：从创新驱动到制度保障［J］.图书馆建设，2020（5）：49-52.
［23］陈进，郭晶，徐璟，等.智慧图书馆的架构规划［J］.数字图书馆论坛，2018（6）：2-7.
［24］金泽龙，梁淑玲.论图书馆自助服务利与弊［J］.图书馆工作与研究，2005（1）：38-41.

第 4 章　学术资源概述

学术资源是推动和保障现代学术健康发展的基础和柱石,学术资源具有公共属性,对于从事科学研究的研究者来说,其研究成果最终必然会成为社会公共知识资源的一部分,并保证社会能够利用这些研究成果促进科学的进步和社会发展。因此,在尊重知识产权和不违背版权法的前提下,增强学术资源的公共性,保障学术资源的无障碍传播,不仅是推进科学研究的基本要求,也是尊重和保障公众信息权利的体现。

4.1　学术图书

学术图书是指内容涉及某学科或某专业领域,具有一定创新性,对专业学习、研究具有价值的图书,通常在书中有文献注释或参考文献,书后有索引。它包括学术著作、学术专著、学术论文汇编/论文集、会议录、大学及以上程度的教材/教科书和参考书(专业参考书:比较完备地汇集某一学科、主题的知识、资料、事实,按照特定的方法加以编排,供学科专业人员检索查考而不是供系统阅读的书)、某学科百科全书等工具书、学术随笔等。其"著作方式",多数是"著""撰",少数是"编著"(编著是一种著作方式,汇集其他多个作者、多种作品的思想、观点和内容资料,但有作者自己独特见解的陈述和成果,凡无独特见解陈述的书稿,不应判定为编著),极少是"编"。但是中专科及以下层次的教材、通俗读物、时事读物、一般的字典、词典等不包括在内。[1]

4.1.1　教材及教辅资料

教材是学习过程中最常见,也是最必要和重要的学习资料类型。《中国大百科教育卷》对教材的解释是:① 根据一定学科任务,编选和组织具有一定范围和深度的知识技能体系,一般以教科书的形式来具体反映;② 教师指导学生学习的一切教学材料。教材就是根据教学大纲和实际需要,为师生教学应用而编选的材料。主要由教科书、讲义、讲授提纲等。

教材的定义有广义和狭义之分。

广义的教材,包括教材及其教学参考资料,是指课堂上和课堂外教师和学生使用的所有教学材料,比如课本、习题集、手册、学习指南、补充练习、辅导资料、自学手册、录音带、计算机光盘、复印材料、报纸杂志、广播电视节目、幻灯片、照片、卡片、教学实物等等。教师自已编写或设计的材料也可称为教学材料。另外，计算机网络上使用的学习材料也是教学材料。总之，广义的教材不一定是装订成册或正式出版的书本。凡是有利于学习者增长知识或发展技能的材料都可称之为教材。

狭义的教材就是教科书。教科书是一个课程的核心教学材料。从目前来看，教科书除了学生用书以外，几乎无一例外地配有教师用书，很多还配有练习册、活动册以及配套读物、挂图、卡片、音像带等。

4.1.2 学术专著

学术专著是对某一学科或领域或某一专题进行较为集中、系统、全面、深入论述的著作。国家科学技术学术著作出版基金委员会在《国家科学技术学术著作出版基金资助项目申请指南（2008年度）》中明确指出：学术专著是指"作者在某一学科领域内从事多年系统深入的研究，撰写的在理论上有重要意义或实验上有重大发现的学术著作"。

学术专著一般是对特定问题有独到见解，且大多"自成体系"的单著或二三人合著的学术著作。它包括单本专著、多卷集专著、专著丛书等。诸如《资本论》《国富论》等。

专著是对一个专题的系统阐述，与学术论文相比，学术专著的篇幅较大，内容所涉及的问题一般也较专深，更具专业性、系统性、全面性、深入性。其论述或论证具有广度和深度，因而也更具学术价值。通过对专著的阅读，有助于比较深入和全面地了解某一个方面的研究成果。系统性、完整性和理论性是专著的主要特点。而论文反映的是最前沿、尖端的研究方向和成果，新颖性和前沿性是期刊论文的主要特色。

学术专著的"著作方式"，都是"著""撰"，没有"编"或"编著"。"专著"区别于"编著"。所谓编著，是指把现成的文字材料经过选择加工而写的著作，通过将他人的作品按照编著者的思路进行排列、修改和编辑，从而使书籍形成一定的主题思想。编著与专著相比，不强调创造性。

常用的中文图书数据库是"超星电子图书数据库"（http://www.sslibrary.com/page/239443/show），超星集团是全球最大的中文电子图书资源提供商。截至2022年，超星电子图书数据库包括130多万种图书，涵盖中图法22个大类。中文图书也可通过"读秀学术搜索"（https://www.duxiu.com/）进行检索，读秀学术搜索是由海量图书、期刊、报纸、会议论文、学位论文等文献资源组成的庞大的知识系统，为读者提供深入内容的章节和全文检索，并且提供原文传送服务的平台。此外，中文图书数据库还有"Apabi电子图书数据库"（http://58.192.117.13/Usp/apabi_usp/?pid=dlib.index）、"华艺电子书数据库"（http://ebooks.airitilibrary.cn/，目前为台湾地区收录数量最大的电子书数据库）等等数据库。

常用的外文图书数据库有"Elsevier电子图书数据库"（https://www.sciencedirect.com/browse/journals-and-books）、"Wiley Online Library电子图书数据库"（https://olabout.wiley.com/WileyCDA/Section/id-825692.html）、"Springer电子图书数据库"（https://link.springer.com/）、"Pearson培生电子教材数据库"（https://ebookcentral.proquest.com/lib/seucn/home.action）等等数据库。

4.2 学术论文

学术论文指在学术领域内表达学术研究成果的文章。学术论文是某一学术课题在实验性、理论性或观测性上具有新的科学研究成果或创新见解和知识的科学记录；或是某种已知原理应用于实际中取得新的进展的科学总结，以供学术会议上宣读、交流或讨论；或在学术刊物上发表；或作其他用途的书面文件。

从这一意义上理解，学术论文一般包含以下 3 层含义：

（1）学术论文的范围限制在学术研究领域，非此领域的文章不能算学术论文，如新闻报道、报告文学、小说、散文和杂文等不能算学术论文。

（2）这里所说的学术论文限制在学术领域，但不是说，学术领域的所有的文章都是学术论文，只有表达学术研究新成果的文章才是学术论文。例如，科普作品就应该被排除于学术论文之外。

（3）具有科学性，即论点成立，论据充足，论证富有逻辑。具有创见性，是独立思考与分析的新发现，或在原有成果基础上开拓、加深。具有专业性，是对某一问题的专门研究。

从上述 3 点来看，学术论文的灵魂必须是学术研究的成果。学术论文是对自然、社会、人文科学诸领域中的问题进行探讨、研究，表述科学研究成果的文章。学术论文是学术研究的结晶，不是一般的学习心得、体会或收获报告，而是对某一学科领域科学规律的揭示；不是某些现象的直录材料的罗列、事件经过的描述，不是对他人研究成果的重复，而是对研究对象做进一步探求与思考的结果。论文一般运用各种事实与材料来引述、分析、论证研究者的新发现与新见解。

如果依据撰写者的不同情况、不同要求或社会需要，学术论文可以分为：期刊论文、会议论文、学位论文。

学术论文一般可以通过文摘型数据库（由论文的摘要、题名及作者等题录信息所构成的数据库）和全文型数据库（即收录有原始文献全文的数据库）进行检索。目前多数文摘型数据库可有链接链到文献全文入口，而全文型数据库可直接下载论文全文。

常用的文摘型数据库有："Web of Science 数据库"（https://www.webofscience.com/wos/alldb/basic-search），其包含 SCI、SSCI、AHCI、CPCI 等子数据库；"EI（工程索引）数据库"（https://www.engineeringvillage.com/search/quick.url），它是世界上最广泛、最完整的工程文献数据库；生物医学专业的"PubMed 医学数据库"（https://pubmed.ncbi.nlm.nih.gov/），它是目前国际上公认的检索生物医学文献最具权威、利用率最高、影响最广的数据库，也是我国卫生部认定的科技查新必须检索的国外医学数据库，主要收录生物医学和健康科学以及生命科学相关领域的文献。

常用的中文全文数据库是"中国知网系列数据库（CNKI）"（https://www.cnki.net/）、"万方数据知识服务平台"（https://g.wanfangdata.com.cn/）等。常用的外文全文数据库是"Elsevier ScienceDirect 电子期刊数据库"（https://www.sciencedirect.com/）、"EBSCO 学术信息、商业信息数据库"（https://search.ebscohost.com/）、"Springer 电子期刊数据库"

(https://link.springer.com/)、"Wiley Online Library 电子期刊数据库"（https://onlinelibrary.wiley.com/）等。

4.2.1 期刊论文

期刊是指有固定名称、版式和连续的编号，每一期可刊载由不同著者撰写的多篇文章或论文，定期或不定期长期出版的连续性出版物。与图书相比，具有出版周期短、报道速度快、内容新颖、学科面广、数量大、种类多等特点，是科学研究、交流学术思想经常利用的文献信息资源。学术期刊以学术交流为目的，主要报道科研方面的学术研究成果，是科学家之间最为重要的学术交流媒介。

所谓专业核心期刊是指刊载该专业论文数量较大，学术水平较高，能反映本学科最新研究成果及本学科前沿研究状况与发展趋势的，备受该学科专业读者重视，影响因子系数高的学术期刊。国内对核心期刊的测定，主要运用文献计量学的方法，以及通过专家咨询等途径进行。

期刊论文是指正式出版的期刊上所刊载的学术论文，是研究人员写给学术期刊、杂志或学术出版社，并经过同行评审，刊出发表的学术论文。期刊论文主要通过纸质期刊、电子期刊和期刊论文数据库三种途径来获取。

4.2.2 会议论文

会议文献指各国或国际学术会议所发表的论文或报告。会议文献的特点是传递情报比较及时，内容新颖，专业性和针对性强，种类繁多，出版形式多样。会议文献可分为会前、会中和会后 3 种。① 会前文献包括征文启事、会议通知书、会议日程表、预印本和会前论文摘要等。其中预印本是在会前几个月内发至与会者或公开出售的会议资料，比会后正式出版的会议录要早 1~2 年，但内容完备性和准确性不及会议录。有些会议因不再出版会议录，故预印本就显得更加重要。② 会议期间的会议文献有开幕词、讲话或报告、讨论记录、会议决议和闭幕词等。③ 会后文献有会议录、汇编、论文集、报告、学术讨论会报告、会议专刊等。其中会议录是会后将论文、报告及讨论记录整理汇编而公开出版或发表的文献。学术会议是进行学术交流的一种重要方式和渠道。会议论文是研究人员参加学术会议，所撰写的用于同行之间学术交流的文章。

期刊论文和会议论文反映的是最前沿、尖端的研究方向和成果，其新颖性和前沿性突出，是了解某个研究领域最新研究成果的必读文献资源。

检索国内会议论文的主要平台是万方数据库的中国学术会议论文库和中国知网的中国重要会议论文全文数据库。检索国外会议论文的主要检索平台是整合在 Web of Science 检索平台上的 CPCI 国外会议文献引文索引数据库。会议论文出版为会议集等图书的，可以按图书方法查找。

4.2.3 学位论文

学位论文是为获得学位，在导师指导下完成的研究与成果的学术论文。它包括学士论文、硕士论文和博士论文。学士论文应能表明作者确已较好掌握了坚实的基础理论、专门知识和基本技能,并具有从事科学研究工作或负担专门学术工作的初步能力。硕士论文应能表明作者确已在本门学科上掌握了坚实的基本理论和系统的专门知识,并对所研究课题有新的见解,有从事科学研究工作或独立担负专门学术工作的能力。博士论文应能表明作者确已在本门学科上掌握了坚实宽广的基本理论和系统深入的专门知识,并具有独立从事科学研究工作的能力,在科学研究或专门学术领域上具有创造性的成果。一般来说,通过专家答辩委员会通过的硕博士论文,都具有较高的专业水平和一定的独特性、系统性,其内容一般对所研究的题目都有新的独立见解,具有一定的深度和较好的科学价值,对本专业学术水平的提高有积极作用,因而也是在校本科生、研究生学习和关注的一种重要的学习资源。

国内的硕博士学位论文的主要检索平台是万方数据库的中国学位论文全文数据库和中国知网中国博士学位论文全文数据库、中国优秀硕士学位论文全文数据库,这些数据库中的大多数的学位论文可以获取全文。CALIS 高校学位论文库(http://etd.calis.edu.cn)提供学位论文的检索与全文获取服务。台湾学术文献数据库提供中国台湾 55 所高校近 10 万篇的学位论文。此外,大多数高校对本校硕博士学位论文都有存档,提供本校全文获取服务,有的高校还可以提供外校全文获取服务。检索国外的硕博士学位论文的主要检索平台是 PQDT 全球博硕士论文全文数据库。

检索国内会议论文的主要平台是万方数据库的《中国学术会议论文库》(https://g.wanfangdata.com.cn/)和中国知网的《中国重要会议论文全文数据库》(https://kns.cnki.net/kns8/AdvSearch?dbprefix=CPFD)。检索国外会议论文的主要检索平台是整合在 Web of Science 检索平台上的 CPCI 国外会议文献引文索引数据库(https://www.webofscience.com/wos/alldb/basic-search)。

国内的硕博士学位论文的主要检索平台是万方数据库的《中国学位论文全文数据库》(https://g.wanfangdata.com.cn/)和中国知网《中国博士学位论文全文数据库》(https://kns.cnki.net/kns8/AdvSearch?dbprefix=CDFD)、《中国优秀硕士学位论文全文数据库》(https://kns.cnki.net/kns8/AdvSearch?dbprefix=CMFD),这些数据库中的大多数的学位论文可以获取全文。CALIS 高校学位论文库(http://etd.calis.edu.cn)提供学位论文的检索与全文获取。"华艺学术文献数据库"(原名"华艺·台湾学术文献数据库",http://www.airitilibrary.cn/)提供台湾地区 55 所高校近 10 万篇的学位论文。此外,大多数高校对本校硕博士学位论文都有存档,提供本校全文获取,有的高校还可以提供外校全文获取服务。检索国外的硕博士学位论文的主要检索平台是"ProQuest 全球博硕士学位论文全文库"(ProQuest Dissertations & Theses,简称 PQDT,https://www.proquest.com/pqdtglobal/)。

4.3 其他出版类资源

特种文献指非书非刊、出版形式比较特殊的印刷型文献,包括科技报告、专利文献、会议文献、学位论文、政府出版物、技术标准、技术档案、产品样本等。本节介绍除了会议文献、学位论文外的特种文献资源。这些文献特色鲜明、内容广泛、数量庞大、参考价值高,是非常重要的信息源。

4.3.1 专利文献

广义的专利文献是指实行专利制度的国家及国际性专利组织,在审批专利过程中产生的官方事件及其出版物的总称,主要包括申请说明书、专利说明书等各类有关文件,以及专利公报、检索工具和专利分类表等出版物。狭义的专利文献通常单指专利说明书。

专利说明书是专利文献的主体,它是个人或企业为了获得某项发明的专利权在申请专利时必须向专利局呈交的有关该发明的详细技术说明,一般由3部分组成:

(1) 著录项目。包括专利号、专利申请号、申请日期、公布日期、专利分类号、发明题目、专利摘要或权利范围、法律上有关联的文件、专利申请人、专利发明人、专利权所有者等。专利说明书的著录项目较多并且整齐划一,每个著录事项前还须标有国际通用的数据识别代号(INID)。

(2) 发明说明书。是申请人对发明技术背景、发明内容以及发明实施方式的说明,通常还附有插图,旨在让同一技术领域的技术人员能依据说明重现该发明。

(3) 专利权项(简称权项,又称权利要求书)。是专利申请人要求专利局对其发明给予法律保护的项目,当专利批准后,权项具有直接的法律作用。

专利文献具有数量巨大、内容广博,反映最新的科技信息,格式统一、形式规范的特点。从专利文献中可以了解发明技术的实质、专利权的范围和时限,还能根据专利申请活动的情况,觉察正在开拓的新技术市场及其对经济发展的影响。

国内专利主要通过国家知识产权局专利检索系统(http://pss-system.cnipa.gov.cn)、中国知识产权网专利信息服务平台(http://search.cnipr.com/)、知网专利库和万方的中外专利数据库来检索。国外专利由各国专利局官方网站、公益性免费专利数据库网站、商业性专利数据库网站、大型国际商业性联机检索系统等多种组织或机构提供。由各国专利局官方或国际组织提供的大多可免费获得相关资料。其中专利容量大、检索功能强的有美国专利数据库(https://www.uspto.gov/patents)、欧洲专利局专利数据库(https://www.epo.org/)、世界知识产权局(WIPO)的专利检索系统(http://www.wipo.int/pctdb/en/)、加拿大知识产权局专利数据库(https://www.ic.gc.ca/opic-cipo/cpd/eng/introduction.html)、日本工业产权局数字图书馆专利数据库,都可以免费下载专利说明书。德温特创新索引数据库(Derwent Innovations Index,简称DII)收录的专利数量最大,涉及的国家和地区最多,但不能免费检索。

4.3.2 政府出版物

政府出版物是指政府及其所属机构出版的,具有官方性质的文献,又称官方出版物。政府出版物可大致分为行政性文献和科技性文献两大类。行政性文献包括政府报告、会议记录、司法资料、决议、指示以及调查统计资料等;科技性文献包括各部门的研究报告、技术政策文件和教育、科学的统计资料等。政府出版物数量巨大，内容广泛，出版迅速，资料可靠，是了解各国政治、经济、科学技术等情况的一种重要资料。政府出版物可以通过直接访问提供信息的政府机构网站及各种收藏有政府出版物的数据库（如 OCLC FirstSearch 数据库 https://firstsearch.oclc.org/fsip）和剑桥科学文摘数据库 CSA）等方式获取。

4.3.3 科技报告

科技报告又称研究报告，是记录某一科研项目调查、实验、研究的成果或进展情况的报告。每份报告自成一册，通常载有主持单位、报告撰写者、密级、报告号、研究项目号和合同号等。按出版形式可分为：技术报告（Technical Reports，简称 TR）、技术札记（Technical Notes，简称 TN）、技术论文（Technical Papers，简称 TP）、技术备忘录（Technical Memorandum，简称 TM）、通报（Bulletin）、技术译文（Technical Translation，简称 TT）、合同户报告（Contractor Reports，简称 CR）、特种出版物（Special Publications，简称 SP）、其他（如：会议出版物、教学用出版物、参考出版物、专利申请说明书及统计资料）等。

世界上比较著名的科技报告是美国商务部下属的国家技术情报服务局（National Technical Information Service，NTIS）出版的美国四大政府报告，即侧重民用工程的来自行政系统的 PB（Office of Publication Board）报告、侧重军事技术和国防工程等领域的来自军事系统的 AD（ASTIA Documents）报告、航空与宇航系统的 NASA（National Aeronautics and Space Administration）报告、原子能和能源管理系统的 DOE（U. S. Department of Energy）报告。

科技报告的内容比较新颖、详尽、专深、可靠、速度较快。其中可以包括各种研究方案的选择和比较，成功与失败的体会，还常常附有大量的数据、图表、原始实验记录资料。大多数科技报告与政府的研究活动、国防及尖端科学技术领域有关。因此，科技报告大部分属于保密或控制发行之列。通过刚刚解密的报告，可以获得一些其他途径无法获得的尖端科技情报。通过该类文献，可以及时获得大量新信息，并了解某个国家科技研究的基本情况。

国内的科技报告可以通过万方数据库、NSTL 国家科技图书文献中心等平台检索和获取。而美国四大政府报告可以通过剑桥科学文摘（CSA）数据库平台进行检索。

4.3.4 标准文献

标准文献指按规定程序制定，经公认权威机构（主管机关）批准的一整套在特定范围（领域）内必须执行的规格、规则、技术要求等规范性文献，简称标准。标准文献除了以标准命名外，还常以规范、规程、建议等名称出现。国外标准文献常以 standard（标准），specification（规格、规范），rules（规则），instruction（规则），practice（工艺），bulletin（公报）等命名。

标准按性质可划分为技术标准和管理标准。技术标准按内容又可分为基础标准、产品标准、方法标准、安全和环境保护标准等。管理标准按内容分为技术管理标准、生产组织标准、经济管理标准、行政管理标准、管理业务标准、工作标准等。标准按适用范围可划分为国际标准、区域性标准、国家标准、专业（部）标准和企业标准；按成熟度可划分为法定标准、推荐标准、试行标准和标准草案等。

标准一般有如下特点：① 每个国家对标准的制定和审批程序都有专门的规定，并有固定的代号，标准格式整齐划一。比如我国国家强制性标准用 GB 表示，国家推荐标准用 GB/T 表示。行业标准用该行业主管部门名称的汉语拼音首字母表示，如交通行业标准用 JT 表示。企业标准用 Q/(企业代号)表示。国际标准是指国际标准化组织(ISO)、国际电工委员会(IEC)制定的标准，以及国际标准化组织确认并公布的其他国际组织制定的标准，国际标准在世界范围内统一使用。② 标准是从事生产、设计、管理、产品检验、商品流通、科学研究的共同依据，在一定条件下具有某种法律效力，有一定的约束力。在科研、工程设计、工业生产、企业管理、技术转让、商品流通中，采用标准化的概念、术语、符号、公式、量值、频率等有助于克服技术交流的障碍。标准文献是鉴定工程质量、校验产品、控制指标和统一试验方法的技术依据。标准提供依据，可以简化设计、缩短时间、节省人力、减少不必要的试验、计算，能够保证质量，减少成本，有利于企业或生产机构经营管理活动的统一化、制度化、科学化和文明化。③ 时效性强，它只以某时间阶段的科技发展水平为基础，具有一定的陈旧性。随着经济发展和科学技术水平的提高，标准不断地进行修订、补充、替代或废止。④ 一个标准一般只解决一个问题，文字准确简练。⑤ 不同种类和级别的标准在不同范围内贯彻执行。

标准是了解各国经济、文化和科技水平的重要信息资源。对生产实践来说是至关重要的文献资源，具有法律效应。

检索标准可以通过万方数据库、国家科技图书文献中心 NSTL、中国标准服务网(http://www.cssn.net.cn/app/home/index)、国际标准化组织网站(https://www.iso.org/home.html)等进行检索。

4.3.5 档案

档案是国家、机构和个人从事社会活动留下的具有历史价值的文献。[4]档案具有历史再现性、知识性、信息性、政治性、文化性、社会性、教育性、价值性等特点，其中历史再现性为其本质属性，其他特点为其一般属性。因此，可将档案的定义简要地表述为：档案是再现历史真实面貌的原始文献。档案是历史的原始记录，具有历史再现性，所以档案具有凭证价值的重要属性，并以此区别于图书情报资料和文物。

档案是由官方机构、半官方机构、非官方机构以及一定的个人、家庭和家族形成的。其中，个人档案是一个人一生生命轨迹的缩写，是用人单位了解一个人情况的非常重要的资料，也是一个人政治生涯中的重要组成部分，绝不可小看和忽视。

4.3.6 产品样本

产品样本指的是厂商为向用户宣传和推销其产品而印发的介绍产品情况的文献。通常包括产品说明书、产品数据手册、产品目录等。产品样本的内容主要是对产品的规格、性能、特点、构造、用途、使用方法等的介绍和说明，所介绍的产品多是已投产和正在行销的产品，反映的技术比较成熟，数据也较为可靠，内容具体和通俗易懂，常附较多的外观照片和结构简图，直观性较强。但产品样本的时间性强，使用寿命较短，且多不提供详细数据和理论依据。大多数产品样本以散页形式印发，有的则汇编成产品样本集，还有些散见于企业刊物、外贸刊物中。产品样本是技术人员设计、制造新产品的一种有价值的参考资料，也是计划、开发、采购、销售、外贸等专业人员了解各厂商出厂产品现状、掌握产品市场情况及发展动向的重要情报源。

4.4 网络信息资源

网络信息资源是指通过计算机网络可以利用的各种信息资源的总和。具体来说是指所有以电子数据形式把文字、图像、声音、动画等多种形式的信息储存在光、磁等非印刷介质的载体中，并通过网络通信、计算机或终端等方式再现出来的资源。

网络信息资源的数字化存储方式，使得信息的保存、传递和查询更加方便，而且所存储的信息密度高，容量大，可以无损耗地被重复使用。网络信息资源可以文本、图像、音频、视频、软件、数据库等多种形式存在，数量巨大，增长迅速，具有信息传递、反馈动态性和实时性等特点。但同时网络的共享性与开放性，使得人人都可以在互联网上索取和存放信息，由于没有质量控制和管理机制，这些信息没有经过严格编辑和整理，良莠不齐，各种不良和无用的信息大量充斥在网络上，形成了一个纷繁复杂的信息世界，给用户选择、利用网络信息带来了障碍。

社会信息化催生了许多新型的网络信息资源。这些信息资源已经远远超出了传统信息资源的范畴，包括：传统信息资源的数字化，如各种报纸的电子化；电商网站，如淘宝、京东；问答社区，如知乎、悟空问答；微信公众号；音频资源，如 FindSounds 网站（https://www.findsounds.com）；图片资源，如 pixabay 网站（https://pixabay.com）、花伴侣等拍照识物的 APP；在线视频，如优酷、bilibili 平台、中国大学 MOOC 平台等；网络文库，如百度文库、道客巴巴；网络经验，如百度经验；论坛社区，如小木虫、丁香园论坛。此外，随着网络环境和现代科技突飞猛进，传统的学术和出版交流模式已经不能满足学术交流需求，学术交流与学术期刊的出版形态逐步从纸质向更快更有效的网络化数字化演变，从而出现了开放获取与预印本资源。

按资源的性质和加工深度划分，网络信息资源包括：一次信息资源，即指网络上出现的反映最原始的科研、思想、过程、成果以及对原始信息进行分析、综合、评价、总结的信息资源，如科研网站、企业网站、电子期刊、电子图书、统计资料等；二次信息资源，即通过对网络上一次信息进行搜集、整理、加工，把大量的信息按主题或学科集中起来，形成相关信息的集合，向用户指明信息的产生和出处，帮助用户有效地利用一次信息，如目录搜索引擎的分类指南、学科网络信息资源导航、各类索引数据库等；三次信息资源，即借助二次信息对大量的一次信息进行搜集、分析、加工、整理的信息资源，如网络上存在的大量电子字典、词典等。

按信息资源的发布范围划分，网络信息资源包括：正式出版物信息，即由正式出版机构或出版商发行的，受到一定知识产权保护、信息质量可靠、大多数必须购买才可使用的收费信息资源，包括各种网络数据库、大部分电子期刊、电子图书等；半正式出版物信息，即灰色信息，指受到一定的知识产权保护但没有纳入正式出版物系统的信息，完全面向用户开放免费使用,如各企业、政府机构和国际组织、学术团体、教育研究机构、行业协会等各种网站所提供的尚未正式出版的信息;非正式出版的信息,即随意性强、流动性较大、质量和可信度难以保证的动态信息,不受任何的知识产权保护,如 BBS、新闻组、网络论坛、电子邮件等信息。

按信息资源的主题划分,网络信息资源包括新闻、政府信息、商业信息、科学技术与教育信息、参考工具书和书目期刊索引、娱乐信息等。

不同的信息需求在网络信息检索方法的选择上也不尽相同,但总体上来说,可以利用搜索引擎检索、借助网络导航检索、通过专业资源系统如数据库来检索。

4.4.1 搜索引擎

搜索引擎(search engine)是指根据一定的策略、运用特定的计算机程序搜集互联网上的信息,对信息进行组织和处理后的信息显示给用户,为用户提供检索服务的系统。它具有信息检索服务的开放性、超文本的多链接性和操作简单的特点。搜索引擎的工作原理可将整个工作过程分为三个部分:一是蜘蛛在互联网上爬行和抓取网页信息,并存入原始网页数据库;二是对原始网页数据库中的信息进行提取和组织,并建立索引库;三是根据用户输入的关键词,快速找到相关文档,并对找到的结果进行排序,并将查询结果返回给用户。

搜索引擎按功能和原理划分,大致可分为全文搜索引擎、元搜索引擎、垂直搜索引擎和目录搜索引擎四大类。

(1) 全文搜索引擎:是从互联网上提取各个网站的信息(以网页文字为主)而建立数据库,从该数据库中检索与用户查询条件匹配的相关记录,然后按一定的排列顺序将结果返回给用户。如:Google、百度。

(2) 目录索引类搜索引擎:提供了一份人工按类别编排的网站目录,各类下边排列着属于这一类别网站的站名和网址链接,再记录一些对该网站进行概述性介绍的摘要信息。如:Yahoo 和新浪分类目录搜索。

(3) 元搜索引擎:也称集成搜索引擎,它没有自己的数据库,而是将用户的查询请求同时向多个搜索引擎递交,将返回的结果进行重复排除、重新排序等处理后,作为自己的结果返回给用户。如:InfoSpace、Dogpile、Vivisimo 等。

(4) 垂直搜索引擎:是针对某一个行业的专业搜索引擎,是搜索引擎的细分和延伸,是对网页库中的某类专门的信息进行一次整合,定向分字段抽取出需要的数据进行处理后再以某种形式返回给用户。如:购物搜索引擎、专搜 OA 资源的 DOAJ(http://doaj.org)等。

一般来说,搜索引擎界面简洁、操作简单,在搜索引擎首页中比较醒目的是搜索框,用户只需要在搜索框内输入检索词,就可以得到检索结果。但为了提高检索的质量和效率,多数搜索引擎还可以通过高级检索语法或者高级检索界面实现高级检索。其中,高级检索语法主要提供以下检索:

(1) 特定文件类型(doc、ppt、xls、pdf、rtf 等文件格式)检索——filetype,语法格式为:
关键词 filetype:文件格式

(2) 把检索范围限定在网页标题中——intitle(或 title),语法格式为:

intitle：关键词或 title：关键词

(3) 把检索范围限定在特定站点中——site,语法格式为：

关键词 site：站点地址

(4) 把检索范围限定在 url 中——inurl,语法格式为：

inurl：关键词

(5) 精确匹配——双引号,语法格式为：

"关键词"

4.4.2 开放获取(OA)资源

开放存取(Open Access，OA)是国际科技界、学术界、出版界、信息传播界为推动科研成果,利用网络自由传播而发起的运动。根据美国研究图书馆协会(ARL)的解释,"开放获取"是在基于订阅的传统出版模式以外的另一种选择。2001 年 12 月,开放协会研究所在匈牙利的布达佩斯召集了一次有关开放访问的国际研讨会,并起草和发表了"布达佩斯开放存取倡议"(简称 BOAI)。按照 BOAI 中的定义,开放存取是指某文献在 Internet 公共领域里可以被免费获取,允许任何用户阅读、下载、拷贝、传递、打印、检索、超级链接该文献,并为之建立索引,用作软件的输入数据或其他任何合法用途。用户在使用该文献时不受财力、法律或技术的限制,而只需在存取时保持文献的完整性,对其复制和传递的唯一限制,或者说版权的唯一作用是使作者有权控制其作品的完整性及作品被准确接收和引用。

开放获取资源的类型可以分成：① OA 期刊,也称开放存取期刊。它是一种免费的网络期刊,旨在使所有用户都可以通过因特网无限制地访问期刊论文全文。此种期刊一般采用作者付费出版、读者免费获得、无限制使用的运作模式,论文版权由作者保留。在论文质量控制方面,OA 期刊与传统期刊类似,采用严格的同行评审制度。② OA 仓储,也称为 OA 知识库,包括基于学科的存储(也称学科知识库)和基于机构的存储(也称机构知识库)。其中,学科 OA 存储最早出现在物理、计算机、天文等自然科学领域,采取预印本的形式在网上进行专题领域的学术交流,如 arXiv.org 预印本资源库。而机构 OA 存储的主体一般为高校图书馆、科研院所或学术组织,存储对象为组织或机构的内部成员在学术研究过程中产生的各种有价值资源,如项目研究成果(包括开题报告、中期报告、结题报告等)、调查研究报告、硕/博士学位论文、会议论文,甚至包括课程讲义、多媒体资料等。这些资料虽不一定曾正式发表出版,但是作为学术研究活动过程中的产出,仍具有一定的学术价值。③ 其他 OA 资源,如慕课、个人网站、电子图书、博客、学术论坛、文件共享网络等。除慕课外,这些资源的发布较为自由,缺乏严格的质量保障机制。较 OA 期刊和 OA 仓储开放存取出版形式而言,随意性更强,学术价值良莠不齐。

开放存取出版形式为：① OA 期刊(Open Access Journal，OAJ),也称为金色道路,即基于 OA 出版模式的期刊,OAJ 既可能是新创办的电子版期刊,也可能是由已有的传统期刊转变而来。开放获取期刊大都采用作者付费,读者免费获取方式。② 开放存档(Open repositories and archives),也称为作者自存贮(author-self archiving),即研究机构或作者本人将未曾发表或已经在传统期刊中发表过的论文作为开放式的电子档案储存。[2]

实际上，开放获取的分类分为很多种，大部分以颜色来命名，例如金色开放获取（gold open access）、绿色开放获取（green open access），还有青铜色开放获取（bronze OA）、白金/钻石开放获取（platinum/diamond OA）、黑色开放获取（black OA）、完全开放获取期刊（full OA journal）和混合开放获取期刊（hybrid OA journal）以及还有商业期刊向完全开放获取期刊过渡时期的形态——翻转期刊（transformative journal）。有些出版社可能会使用其中一种或多种开放获取模式，而金色开放获取和绿色开放获取是最为常用的两种。[3]

在金色开放获取（gold open access）模式下，资源完全免费开放，任何人可以在期刊的网站上免费访问相关的论文和内容。通过金色开放获取发表的论文已获得知识共享许可，这意味着它们可以被自由共享。[4]而绿色开放获取模式（green open access）让论文作者将论文的版本（印刷前或印刷后）放入存储库，使其可以被自由访问。但是，存放在存储库中的论文版本不一定是论文的最终版本，绿色OA文章有时会被称为延迟开放获取（delayed OA）。与金色开放获取相比，绿色开放获取模式下的论文版权通常保留在出版商或社会组织中，并且有特定的条款和条件决定如何以及何时可以在存储库中允许公开访问该文章（称为"embargo period（禁运期）"，通常在文章发表后6～24个月）。青铜色开放获取（bronze OA）指作者不为开放获取支付费用，而是出版社主动选择向公众免费开放资源。白金/钻石开放获取（platinum/diamond OA）指作者或其所属机构不为开放获取支付费用，而是由出版社支付。这种出版社通常隶属于大学机构，将"科研成果的自由传播"作为其使命。黑色开放获取（black OA）指从"非法"站点开放获取文章，比如 Sci-Hub 和 LibGen。完全开放获取模式下，期刊出版内容全部为开放获取模式，开放获取费用来自版税、赞助或者机构经费。而混合开放获取，则是传统的订阅式期刊（closed access journal）允许作者、研究机构或基金提供者，支付一定的费用（通常以文章处理费或 APC 的形式），以便立即开放文章全文的浏览和下载。很多主流期刊其实都是混合开放获取期刊。翻转期刊是指做出了承诺，要在一定时间内从订阅式期刊转为开放获取期刊的过渡期期刊。

国外主要开放存取资源有 HighWire Press（http://highwire.stanford.edu）、DOAJ（Directory of Open Access Journals，http://www.doaj.org/）、BioMed Central（BMC，https://www.biomedcentral.com/）、PLoS（http://www.plos.org/）、PubMed Central（PMC，http://www.ncbi.nlm.nih.gov/pmc/）等。国内的主要开放存取资源有中国科技论文在线（http://www.paper.edu.cn/）、中国预印本服务系统（https://preprint.nstl.gov.cn/preprint/）、中国科技期刊开放获取平台（http://www.coaj.cn/）等等。

4.5 情境导入

4.5.1 案例分析

怎样通过检索学术文献资源来了解骨质疏松性椎体压缩性骨折的概念、病因和治疗方法？

首先，在查找医学概念时，通过医学教科书和医学图书来进行了解。可以在图书馆馆藏目录中查找图书。也可以通过中国知网的工具书和百度百科等工具查找。此外，可以通过一站式检索平台如超星中文发现平台等检索骨质疏松性椎体压缩性骨折相关的各种图书、期刊和论文等各种信息资源。

其次，可以查找骨质疏松性椎体压缩性骨折相关的论文，包括期刊论文、会议论文、学位论文。查找论文时可以选择各种数据库，比如万方数据库、知网数据库、SinoMed 数据平台、PubMed 数据库、Elsevier 数据库等。

再次，查找骨质疏松性椎体压缩性骨折相关的专类信息资源。查找循证医学资源，如在 Best Practice（BMJ 循证医学库）检索。查找多媒体资源，如 JOVE 数据库等。同时可以通过查找疾病知识库来查找疾病，如查找医脉通诊疗知识库。

最后，再查找其他的网络信息资源，如使用 Google、百度等搜索引擎检索，检索丁香园社区资源。同时，可以检索医院排行来查找治疗疾病的专业的高水平的医院有哪些，如通过查找"复旦排行榜"，查找到专科声誉排行榜。

4.5.2 开放学术资源推荐

1. http：//www.nssd.cn

国家哲学社会科学学术期刊数据库，简称"国家期刊库（NSSD）"，国内最大的公益性期刊数据库。

由全国哲学社会科学规划领导小组批准建设，中国社会科学院承建的国家级、开放型、公益性哲学社会科学信息平台，具体责任单位为中国社会科学院图书馆（调查与数据信息中心）。国家社会科学基金特别委托项目。

定位：公益、开放、协同、权威。

资源：收录精品学术期刊 2 000 多种，论文超过 1 000 万篇，以及超过 101 万位学者、2.1 万家研究机构相关信息；国家社科基金重点资助期刊 187 种；中国社会科学院主管主办期刊 80 多种；三大评价体系（中国社会科学院、北京大学、南京大学）收录的 600 多种核心期刊；回溯到创刊号期刊 700 多种，最早回溯到 1920 年。

2. http：//www.paper.edu.cn/

中国科技论文在线经教育部批准，由教育部科技发展中心主办。

其 OA 资源（http：//www.paper.edu.cn/journal/index.shtml）在线学术期刊免费全文库，目前已收录近千家科技期刊、逾 130 万篇各领域科技论文全文，全部提供给广大科研工作者及爱好者进行免费下载。

其预印本资源（http：//www.paper.edu.cn/releasepaper），是教育部科技发展中心利用现代信息技术手段，打破传统出版物的概念，针对论文发表困难，学术交流渠道窄，不利于研究成果快速、高效地转化为现实生产力而创建的科技论文网站。给科研人员提供一个方便、快捷的交流平台，提供及时发表成果和新观点的有效渠道，从而使新成果得到及时推广，科研创新思想得到及时交流。

3. http：//oar.nstl.gov.cn/

国家科技图书文献中心 OA 集成整合系统包含外文期刊 1 600 种，外文会议 1 500 个。

4. http://chinaxiv.org/home.htm

中国科学院科技论文预发布平台 ChinaXiv 是一个预印本学术交流平台，ChinaXiv 上所公开交流的论文均为未经同行评审的初步研究报告。

5. https://arxiv.org/

arXiv 预印本学术交流平台学科范围涵盖物理学、数学、计算机科学、定量生物学、定量金融、统计学、电气工程和系统科学以及经济学领域。其论文未经同行评审。

6. http://www.oalib.com

OALib 即 Open Access Library，存有 565 705 篇可以免注册、免费使用下载的英文期刊论文，这些论文大部分来自国际知名的出版机构，其中包括 Hindawi、Plos One、MDPI、Scientific Research Publishing 和部分来自 Biomed、PMC 的高质量文章，其论文领域涵盖数学、物理、化学、人文、工程、生物、材料、医学和人文科学等多个领域。

7. https://www.ssrn.com/index.cfm/en/

SSRN(Social Science Research Network)是为社会科学研究者提供迅速获得社会科学研究信息的平台。其中有 800 多位顶尖的社会科学领域的研究者参与。网站支持开放获取，以使最新研究成果能最快、最广泛地分享。该平台提供 700 多种社会科学期刊的文献以及 140 多个研究所的研究论文，文摘型文献总量达 28 万篇，全文型文献(PDF 格式)达 23 万多篇。内容涉及财务、经济学、会计研究、法律、管理等领域。使用指南：

第一次使用需要注册，点击网站左上侧的 free registration 注册即可。

第一种检索方式是 search，单击 search 按钮，系统提供按照标题(title only)、标题及摘要及关键词(title、abstrat、keywords)、作者(author)三种检索字段。选择相应的字段进行检索即可。单击篇名，选择 one-click download 即可下载全文。系统还提供 E-mail、export 导出方式。

第二种检索方式是 browse。单击主页左侧的学科主题分类或者 browse 按钮，可以看到按学科主题分类的体系。按分类体系同样可以下载到文章全文。

8. http://www.doaj.org/

开放存取期刊目录 DOAJ (Directory of Open Access Journal)由瑞典的隆德大学图书馆 Lund University Libraries 设立。该目录收录均为学术性、研究性期刊，具有免费、全文、高质量的特点。其质量源于所收录的期刊实行同行评审，或者有编辑做质量控制，故而对学术研究有很高的参考价值。

9. http://www.opensciencedirectory.net/

科学免费期刊库(Open Science Directory)由 EBSCO 和哈瑟尔特大学图书馆(Hasselt University Library)合作、根据海洋信息管理专家与联合国教科文组织(UNESCO)政府间海洋学委员会(IOC)的国际海洋学数据和信息交换(IODE)项目框架的要求而开发，现在可提供约 13 000 种科技期刊。其收录期刊涵盖了著名的四大开放存取期刊目录——DOAJ、J-STAGE、Open J-Gate、Sci-ELO，以及专门的免费期刊项目——全球农业研究文献在线获取(Access to Global Online Research in Agriculture，AGORA)、健康科学研究计划跨网络存取(Health Internetwork Access to Research Initiative，HINARI)、环境科学成果在线存取(Online Access to Research in the Environment，ARE)和电子期刊文献传递服务(The eJournals Delivery Service，eJDS)等收录的期刊。

10. http://highwire.stanford.edu/

HighWire 出版社由美国斯坦福大学创立，它自称拥有全球最大的免费全文学术文献库。通过题名作者/组配/topic map 进行检索。包含学科：生命科学、医学、物理学、社会科学。目前可以提供免费全文期刊1 000余种，100万多篇免费全文。

11. http://www.findarticles.com

论文搜索网提供多种顶级刊物的上百万篇论文，涵盖艺术与娱乐、汽车、商业与金融、计算机与技术、健康与健身、新闻与社会、科学教育、体育等各个方面的内容。

12. http://www.wipo.int/ipdl/en/

知识产权数字图书馆(Intellectual Property Digital Library)由世界知识产权组织(WIPO)于1988年建立，旨在推动世界各国的知识产权组织进行知识产权信息的交流，提供各种专利文献、商标等的检索。

13. http://www.socolar.com/

"socolar-OA资源一站式检索服务平台"，从它收录的OA资源文献类型来看，包括学术论文、会议录、预印文稿、讲义、学习札记、新闻稿等；从OA的实现途径来看，包括OA期刊、OA仓储，同时包括其他类型的资源，比如电子邮件清单、服务列表、网上论坛、WIKI等。目前它共收录OA期刊6 788种，仓储953个，文章数量超过1 400万篇，内容涵盖人文社会科学、自然科学和技术类全部学科领域。

14. http://cnplinker.cnpeak.com/

由中国图书进出口(集团)总公司开发并提供的国外期刊网络检索系统。收录了国外1 000多家出版社的18 000多种期刊的目次和文摘数据。其中，7 000多种开放获取期刊供用户免费下载全文。

15. http://read.nlc.cn/thematDataSearch/toGujiIndex

"中华古籍资源库"是国家图书馆(国家古籍保护中心)建设的综合性古籍特藏数字资源发布共享平台，是"中华古籍保护计划"的重要成果。该平台遵循边建设、边服务原则，目前在线发布资源包括国家图书馆藏善本和普通古籍、甲骨、敦煌文献、碑帖拓片、西夏文献、赵城金藏、地方志、家谱、年画、老照片等，以及馆外和海外征集资源，总量约10万部(件)。

读者无需注册登录即可阅览全文影像，支持单库检索和多库检索，基本检索和高级检索，除"敦煌遗珍""中华寻根网"外实现了各子库资源的统一检索，支持模糊检索，同时兼容PC和移动端。

16. https://cadal.edu.cn/index/home

CADAL大学数字图书馆国际合作计划以"共建共享"理念为指导思想，以先进的技术手段，全面整合国内高校图书馆、图书情报服务机构、学术研究机构所拥有或生产的各类信息资源及其相关服务，有重点地引进、共享国际相关机构的各类信息资源与服务。对包括书画、建筑工程、篆刻、戏剧、工艺品等在内的多种类型媒体资源进行数字化整合，项目建成的资源覆盖理、工、农、医、人文、社科等多种学科，通过因特网提供一站式的个性化知识服务,向参与建设的高等院校、学术机构提供教学科研支撑。

项目共享单位可借阅古籍、外文、民国以及特藏资源,详情请见使用指南:https://cadal.edu.cn/index/showHelp。

参考文献

[1] 叶继元.学术图书、学术著作、学术专著概念辨析[J].中国图书馆学报,2016,42(1):21-29.

[2] 开放存取_百度百科[EB/OL].[2021-11-5]. https://baike.baidu.com/item/%E5%BC%80%E6%94%BE%E5%AD%98%E5%8F%96/1688963?fromtitle=%E5%BC%80%E6%94%BE%E8%8E%B7%E5%8F%96&fromid=733660&fr=aladdin.

[3] 一篇文章,带你了解什么是开放获取(Open Access)[EB/OL].[2021-11-5]. https://zhuanlan.zhihu.com/p/144939000.

[4] 论文开放获取的"金色道路"VS"绿色道路"-Elsevier_新闻快讯[EB/OL].[2021-11-5]. https://www.xwkx.net/xw/169095.html.

第 5 章 信 息 检 索

信息检索(information retrieval)起源于图书馆的参考咨询和文摘索引工作,随着1946年世界上第一台电子计算机问世,计算机技术逐步走进信息检索领域,在信息处理技术、通信技术、计算机和数据库技术的推动下,信息检索在教育、军事和商业等各领域高速发展,得到了广泛的应用。[1]

对于研究者来说,阅读文献、查找资料贯穿在整个科研活动过程中:开题前需要检索资料、确定研究方向,避免重复研究;研究中需要查找解决关键问题的方法和思路;发表论文时需要检索和引用最新的相关文献,避免剽窃嫌疑。另外,科研项目申请与立项、成果鉴定与报奖、专利申请等必须进行相关内容的检索。在当今信息过载的时代,学会快速准确地找到所需资料显得尤为重要。本章主要介绍信息检索的原理与工具,在查找资料时使用的检索策略、检索途径和方法等相关知识,并在信息检索基础理论知识的基础上介绍如何利用图书馆的专业数据库、网络搜索引擎等来查找资料,通过研究生开题前的文献调研实例,了解文献调研的原则、基本方法及注意事项。

5.1 检索原理与工具

5.1.1 信息检索的原理

信息检索有广义和狭义之分。广义的信息检索全称为"信息存储与检索(information storage and retrieval)",包括"存"和"取"两个基本环节,是指将信息按一定的方式组织和存储起来,并根据用户的需要找出有关信息的过程。狭义的信息检索通常称为"信息查找"或"信息搜索",是指从信息集合中找出用户所需要的有关信息的过程。狭义的信息检索包括3个方面的含义:了解用户的信息需求、信息检索的技术或方法、满足信息用户的需求。[2]

信息检索基本原理的核心是用户需求与信息集合的比较与选择,即匹配(match)的过程,如图5-1所示。一方面是用户的信息需求,一方面是组织有序的信息集合,检索就是从用户特定的信息需求出发,对特定的信息集合采用一定的方法、技术和手段,根据一定的线索与规则从中找出相关信息的过程。匹配有其匹配机制,其主要功能在于能快速把需求集合与信息集合依据某种相似性标准进行比较和判断,进而筛选出符合用户需求的信息。对于文本而言,最主要、最常用的匹配标准就是某个或若干个词汇表达的"主题"。通常将一篇文献用一个关键词条的集合来表示,用户的信息需求也表示成一个关键词条的集合,检索的过程就是采用一定的信息检索模型计算出两个关键词条之间的相似度,经典的信息检索模型包括布尔模型、向量空间模型和概率模型等。

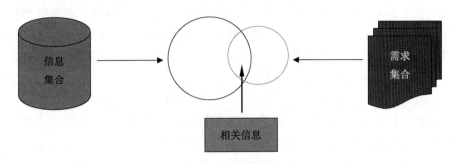

图 5-1 信息检索原理示意图

5.1.2 信息检索的工具

一般来说,信息检索工具是指把信息按照便于检索与利用的方式存储在特定设备上,并在用户需要时检索出所需信息的集合体。

按照检索工具的揭示方式,可以将检索工具划分为目录型、题录型、文摘型和指南型四种。[3]

1) 目录型检索工具

所谓目录,是指按照某种常用顺序编排的文献清单,它是以一个完整出版单元或收藏单元作为著录的基本单位。目录也可以划分成多种类型,例如,按照功能可分为出版发行目录、馆藏目录、联合目录、来源出版物目录等;按照所收录的文献类型可以分为图书馆目录、期刊目录、标准目录等。常见的手工检索目录有《全国总书目》(国家图书馆编辑出版)、《全国新书目》(国家图书馆编辑出版)、《全国报刊索引》(上海图书馆编辑出版)等。

2) 题录型检索工具

所谓题录,是由一组描述文献外部特征的著录项目构成的一条记录,通常以一个内容上相对独立的文献单元作为著录的基本单元。与目录型检索工具的主要区别在于,题录型检索工具以文献单元为著录单位,而目录是以出版单元为著录单位,在揭示文献的细致程度方面,题录做得比目录更为深入,在揭示文献的内容特征方面比文摘款目浅。事实上,题录是不含文摘的文摘款目。典型的代表检索工具有《最新目次》(Current Contents,简称CC,美国科学情报所编辑出版),《化学题录》(Chemical Title,美国化学文摘社编辑出版),《最新物理学论文》(Current Paper in physics,英国电气工程师学会编辑出版),《医学索引》(Index Medicus,美国国家医学图书馆编辑出版)等。

3) 文摘型检索工具

论文摘要是文章的内容不加诠释和评论的简短陈述,摘要一般应说明研究工作目的、实验方法、结果和最终结论等,具有短、精、完整三大特点。文摘型检索工具是一种既全面描述文献的外部特征,又简明扼要地介绍文献内容特征的检索工具,典型例子是《化学文摘》(Chemical Abstracts,美国化学文摘社编辑出版)。

4) 指南型检索工具

指南型检索工具包括文献指南和书目指南。文献指南的主要内容包括介绍检索工具和参考工具的使用方法,介绍利用图书馆及其他文献机构的一般方法,介绍某一学科领域的主要期刊及其他类型的一次文献等。美国历史悠久、不断更新的《参考书指南》(Guide to the Reference Books)就是著名的文献指南。书目指南也叫书目之书目,它是检索工具的检索工具,如《世界书目之书目》(World Bibliography of Bibliography)。

随着计算机的发展,目前这些检索工具的功能日益整合,通过实时的、交互的方式从计算机存贮的大量数据中自动分拣出用户所需要的信息。[4] 例如中国期刊网全文数据库可以提供"全文""摘要""关键词""作者机构""基金""参考文献"等检索入口。尤其是涉及复杂条件的组合检索时,计算机检索的功能就显得更加强大。计算机检索系统除了可以检索到题目、作者、摘要等信息外,还可以直接检索全文,并可以选择打印、存盘或 E-mail 发送检索结果,有的还可以在线直接订购原文。

5.2 检索策略和方法

5.2.1 信息检索的流程

信息检索可以分为以下 4 个步骤进行,即分析研究课题、选择检索工具、制定检索策略、查阅原始文献(如图 5-2 所示)。

图 5-2 信息检索步骤示意图

1. 分析研究课题,明确查找要求

首先明确研究课题所需的信息内容、性质、水平等情况。比如:是要取得具体的文献资料,还是要掌握某一地区或国家对某一问题发表过的文献资料;是要查找某一年限内某一问题发表过的文献资料,还是要获得有关某一问题的全部文献资料;等等。

然后在分析的基础上形成主题观念,包括所需信息的主题概念有几个、概念的专指度是否合适、哪些是主要的、哪些是次要的等等,力求检索的主题概念能准确反映检索需要。

最后根据检索主题概念的学科性质,确定检索的学科范围。学科内容范围越具体越有利于检索。信息检索实际上是一种检索逻辑的思考和推理,其目的是要掌握检索的必然性,排除检索的偶然性。[5]

2. 选择检索工具

选择检索工具的主要方法有 2 种：一是浏览和选择合适的中外文专业数据库进行检索，如中文的 CNKI、超星等，外文的 Elsevier 数据库。二是选择搜索引擎，进行补充检索。这两种主要针对计算机检索工具，也是目前普遍选择、使用率较高的检索工具。

检索效果常取决于人们对检索工具的熟悉和了解程度。因此在查找文献资料之前，必须了解哪些检索工具中收录了与所查专题有关的文献资料，在哪些检索工具中该专题文献资料比较丰富，哪些检索工具中选录的文献资料质量较高，以及它们的报道速度的快慢、分类编排的粗细，等等。

3. 制定检索策略、确定检索途径和方法

所谓制定检索策略，就是根据检索目的和分析的结果，制定出一个合理的检索方案，使实行的检索行动能有目的、有计划和有步骤地进行。

根据检索分析，明确检索课题的学科范围，弄清所需信息的语种、类型、责任者、年代、国家等范围，估计哪些图书馆拥有自己所需的信息检索系统。或者是通过网络搜索引擎进行广泛性的查找。

制定好检索策略后，可以先试查 1~2 年的文献，可能会得到更多的线索，然后再考虑是否要扩检或缩检。

在较大的图书馆、信息所，一般都有专职的参考咨询和检索的服务人员，他们的主要工作就是向读者介绍文献的查找方法，帮助读者解决信息检索中存在的困难和问题。

随着计算机技术、通信技术和高密度存储技术的迅猛发展，利用计算机进行信息检索已成为人们获取文献和信息的重要手段。计算机检索可以再细分为 6 个步骤，如图 5-3 所示。

（1）明确需求，分析主题。这是信息检索最基本的要求，也是制定检索策略的依据。

（2）选择数据库。数据库的类型和学科范围不同，决定了它适用于不同的检索对象和满足于不同的检索要求。例如，只检索文献信息的题名、作者、出处和文摘，

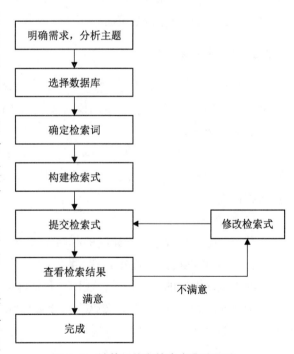

图 5-3　计算机信息检索步骤流程图

可用书目文摘型数据库，如 MEDLINE（医学文摘）、INSPEC（科学文摘）等。检索文字、图形、声像等信息，可以用事实型数据库，如《中国法律法规大典》《中国雕塑史图录》《中国古典音乐大全》等。因此，要选择合适的数据库，需要参照数据库的内容、类型、收录资料的范围、数据库的实时性、价格和使用费用等方面。

（3）确定检索词。检索词是表达信息需求和检索课题内容的基本单元，也是数据库检索进行匹配的基本单元。检索词选择得恰当与否，会直接影响检索效果。

（4）编写构造检索式。编写检索表达式的核心是构造一个既能表达检索课题需求，又能被计算机识别的检索表达式。构造检索表达式主要使用布尔逻辑运算符、位置算符等，将检索词进行组配，确定检索词之间的概念关系或位置关系，准确表达课题需求，以保证和提高检索质量。

（5）提交检索式并进行结果分析。计算机检索主要是将构造好的检索表达式，输入计算机检索系统，使用检索系统中已有的检索模型和指令进行匹配运算，并输出或显示检索结果。此后，由人对检索结果进行阅览和筛选，找出满足检索需求的线索或内容。在计算机检索系统的过程中，机器可以对检索结果进行归类整理，并按照相关度进行排序，从而让用户快速获取相关度最高、最有价值的原始信息。

（6）修改与完善检索策略。检索策略的好坏与检索词的选用、检索表达式的构建、检索途径的选择直接相关，还与用户对事物的认知能力、专业知识水平的高低等密切相关。此外，对检索系统的特性和功能的掌握以及外语水平都会影响课题的检索结果。由于检索课题千差万别，检索系统又各不相同，加上用户检索水平不一，所以给出的检索词往往具有较大的局限性、随机性和盲目性，有可能导致检索的失误。因此，要求用户在检索时不断反馈信息，及时修改与调整检索策略。

5.2.2 信息检索的方法

信息检索的方法很多，分别适用于不同的检索目的和检索要求，归纳起来经常使用的信息检索方法有常用检索法、追溯检索法和循环检索法 3 种。[6]

1. 常用检索法

常用检索法是指以主题、分类、篇名、著者等为检索点，利用各种检索工具查找文献资料的方法，又称为常规检索法、工具检索法。根据检索要求，常用检索法又分为顺查法、倒查法和抽查法。

1) 顺查法

顺查法是一种根据检索课题的起始年代，利用选定的检索工具，按照从旧到新、由远到近、由过去到现在的顺序逐年查找，直到满足课题要求的检索方法。通过这种方法可以掌握某课题全面发展的情况。顺查法由于是逐年查找，漏检较少，检全率高，在检索过程中不断筛选，剔除参考价值较小的文献。由于此方法的检全率高，适用于围绕某一主题普查一定时期内的全部文献信息，或者适用于那些主题较复杂，研究范围较大，研究时间较久的科研课题。

2) 倒查法

与顺查法相反，倒查法是指利用检索工具，按照由新到旧、由近到远、由现在到过去的逆时序查找，直到满足课题要求的检索方法。这种方法多用于新课题、新观点、新理论、新技术的检索，查找的重点在近期信息上，目的在于获得某学科或研究课题最新或近期一定时间内发表的文献或研究进展情况。此方法省时，查得的信息新颖性高，但查全率不高，只需要查到基本满足检索需求为止。

　　3) 抽查法

　　抽查法是一种利用选定的检索工具，针对某学科的发展重点，抓住该学科发展较快、文献信息发表较多的年代，拟出一定时间范围，进行重点抽查的检索方法。任何学科的发展都要经历高峰期和低谷期，高峰期所发表的文献数量远高于其在低谷期的文献数量，抽查法就是重点检索学科高峰期的文献。这种方法的检索效果较好、检索效率较高，但漏检的可能性也比较大，因此使用此方法的时候必须熟悉某学科的发展轨迹。

　　2. 追溯检索法

　　追溯检索法是一种利用文献末尾所附的参考文献进行追溯查找的方法，是扩大信息来源最简捷的方法，又称为回溯法、引文法、引证法。通过追溯法所获得的文献，有助于对课题的立题背景和立论依据等内容有更深的理解。由于是由近及远追溯，年代越远与原文关系越少，而且由于引证文献间关系的模糊性和非相关性引起"噪声"，查全率往往不高。但此方法获得文献针对性强，而且可以突破选定的固有检索词的限制，因此往往可以获得一些意想不到的相关文献，拓展研究思路。美国情报所于 1961 年出版的《科学引文索引》(SCI，Science Citation Index)、《社会科学引文索引》(SSCI，Social Science Citation Index)和《艺术和人文科学索引》(AHCI，Art and Humanity Citation Index)，中国科学院情报中心于 1995 年 3 月编辑出版的《中国科学引文索引》，南京大学于 1999 年编辑出版的《中文社会科学引文索引》(CSSCI，Chinese Social Science Citation Index)等都是追溯检索的有力工具。

　　3. 循环检索法

　　循环检索法是一种交替使用追溯法和常用法来查找文献的检索方法，又称为交替法、综合法、分段法。检索时，先利用检索工具的常用检索法查找出一批文献信息，然后通过精选选择出与检索课题针对性较强的文献，再利用这些文献所附的参考文献进行追溯查找。由于参考文献对 5 年内的重要文献一般都会引用，根据这个特点，可以跳过这 5 年，然后利用检索工具再找出一批文献进行追溯，循环交替直至满足检索需求为止。循环检索法兼有常用检索法和追溯检索法的优点，可得到较高的查全率和查准率，尤其适用于那些过去年代内文献较少的课题。

　　总之，在实际检索中，究竟采用哪种检索方法最合适，应根据检索要求和检索背景等因素确定。在数据库检索中，除了上述三种检索方法外，还可利用检索系统中自设的加权检索、布尔逻辑检索、模糊检索、全文检索等方法。

5.2.3　信息检索的途径

　　检索者的检索需求不外乎两种：一是要查出具有已知文献外表特征的文献，例如由书名、作者名等查文献；二是要查出具有所需内容特征的文献，例如根据学科要求编写一本讲义或围绕某一课题收集有关的资料。为了满足检索者这两种检索需求，大多数检索工具均提供了按照文献的外表特征和内容特征进行信息检索的两种途径。

　　1. 文献外表特征检索途径

　　文献的外表特征，是从文献检索载体的外表上标记可见的特征，如题名(刊名、书名、篇名)、责任者(著者、编者、译者、专利权人、出版机构等)、号码(标准号、专利号、报告号、索取号等)。将不同的文献按照篇名、作者名称的字序进行排列,或者按照报告号、专利号的数序进行排列,这样就形成了以篇名、作者名及号码等检索途径来满足用户的需求。

1) 题名途径

题名途径是根据已知文献的书名、刊名、论文篇名来检索文献的途径。题名途径多用于查找图书、期刊、单篇文献。检索工具中的书名索引、会议名称索引、书目索引、刊名索引等均提供了通过题名检索文献的途径。由于计算机检索技术的发展,用户即使不知道完整的题名也可以进行检索,题名检索是数据库检索系统经常使用的检索途径之一。

2) 责任者途径

责任者途径是根据已知文献的责任者查找文献的途径。文献的责任者包括个人责任者、团体责任者、专利发明人、专利权人、合同户和学术会议主办单位等。利用责任者(著者)途径检索文献,主要利用著者索引、著者目录、个人著者索引、团体著者索引、专利权人索引等。

由于专业研究人员一般各有所长,尤其是某些领域的知名学者、专家,他们发表的作品具有相当的水平或代表该领域发展的方向,通过著者线索,可以系统地发现和掌握他们研究的发展状况,可以查找某一著者的最新论著。

3) 号码途径

根据文献出版时所编的号码来检索文献信息的途径。例如已知某一文献的特定号码,如技术标准的标准号、专利说明书的专利号、科技报告的报告号或合同号、任务号,文献收藏单位的馆藏号、索取号、排架号等,可以以此为检索点,利用各种号码索引和目录直接检索到这一特定的文献。

以文献外表特征为途径进行检索,最大的优点是它的排列与检索方法以字顺或数字为准,比较机械、单纯,不易误检或漏检。因而适用于查找已知篇名、著者名或号码的文献,可直接判断文献的有无。

2. 文献内容特征检索途径

文献的内容特征指的是文献所论述的主题、观点、见解和结论等等,这些内容往往隐含在文献所记载的知识信息中。以文献的外部特征作为检索途径适宜用来查找已知文献题名、著者姓名或序号的文献,而以文献内容特征作为检索途径更适宜用来检索未知线索的信息。

任何客观事物都有一定的概念。概念是对客观事物所含的本质属性、本质特征的概括,是在实践的基础上运用科学抽象的思维产生的。表达主题概念的语言往往是科技名词或词组,以此作为主题的标识,既简明揭示了文献的内容特征,又形成了严格有序的主题排检序列,为检索提供了重要的途径。从文献的主题内容出发来检索信息的方法,包括分类途径和主题途径2种形式。

1) 分类途径

分类途径是指按照文献所属学科属性(专业类别)进行检索的途径[7]。分类检索就是以课题的学科属性为出发点,依据一个可参照的学科分类体系来查找文献信息。分类体系按文献内容特征的相互关系加以组织,并以一定的标记(类号)作排序工具,它能反映类目之间的内在联系,包括从属、并列、交替、相关等。国内较权威的图书分类法有:中国图书馆图书分类法(中图法)、中国科学院图书馆图书分类法(科图法)、中国人民大学图书馆分类法(人大法)等。国外较权威的分类法有:杜威十进分类法(Dewey Decimal Classification,DDC)、国际十进分类法(Universal Decimal Classification,UDC)、美国国会图书馆分类法(Library of Congress Classification,LC)等。

分类检索以分类为检索点,主要利用学科分类表、分类目录、分类索引等按学科体系编排的检索工具来查找相关文献信息,能较好地满足族性检索的要求,使同一学科有关文献集中在一起,使相邻学科的文献相对集中。

2) 主题途径

主题途径是指按照文献的内容主题进行检索的途径。主题检索就是从反映文献内容的有关主题词、关键词、叙词、标题词等出发来检索文献,以主题为检索点,主要利用主题词表、主题目录等按主题词的字顺编排的检索工具来查找有关文献信息。主题检索按主题词的音或形的字顺进行,其方式如查字典、词典。主题词的合理选择与使用对检索结果的优劣直接相关。目前我国通用词表是《汉语主题词表》,此外,还有很多专业词表,如《中国中医药主题词表》《地理科学叙词表》《电子主题词表》《数学汉语主题词表》等。

主题检索能较好地满足特征检索的要求,使讨论某一事物或主题的不同学科文献信息集中在一起。主题途径适合查找比较具体的课题。

分类途径和主题途径是常用的文献检索途径。两者各有特点,前者以学科体系为基础,按分类编排,学科系统性好,适合族性检索;后者直接用词语表达主题,概念准确、灵活,直接性较好,适合特征检索。

5.2.4 一般信息检索技术

计算机信息检索技术一般包括逻辑运算、截词检索、限制字段检索、模糊检索等。[6]另外,还有多媒体信息检索技术与可视化信息检索技术等。

1. 布尔逻辑检索

这是计算机信息检索系统中最常用的方法。在专业文献数据库检索系统中,用户的信息需求是通过检索提问式表达的。布尔逻辑算符在检索提问式中起着逻辑组配的作用,它能把一些具有简单概念的检索单元组配成一个具有复杂概念的检索式,用以表达用户的信息需求。由于系统中采用的逻辑组配算符是布尔代数中的三种逻辑算符:逻辑与(AND)、逻辑或(OR)和逻辑非(NOT),故称为布尔逻辑检索。这三种逻辑算符各表示不同的逻辑思想,依此将用户提问转换成逻辑表达式。计算机可根据表达式所限定的各运算项(或称检索词,包括题名、主题词、关键词、分类号、著者、ISBN号码、化学物质登记号等)之间的关系,确定命中文献的基本条件与查找途径,以便同文档中各篇文献的标识进行匹配。凡符合条件的文献即为命中文献,予以输出。

表 5-1　三种逻辑关系

逻辑算符	AND(与)	OR(或)	NOT(非)
检索式	A AND B	A OR B	A NOT B
或者写成	A * B	A + B	A - B
命中	A 和 B 都出现的记录	A 和 B 有一个或两个都出现的记录	只出现 A 而不出现 B 的记录
图示	图 5-4(a)	图 5-4(b)	图 5-4(c)

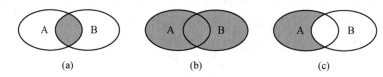

图 5-4　布尔逻辑关系示意图

如果用 A 和 B 分别代表两个检索词，它们的逻辑关系如表 5-1 和图 5-4 所示。逻辑"与"，或称逻辑"乘"，检索表达式为"A AND B"。数据库中同时含有检索词 A 和 B 的文献为命中文献，用于缩小检索范围。

逻辑"或"，或称逻辑"加"，"OR"("+")：检索表达式为"A OR B"。数据库中的文献中含有检索词 A 或 B 的文献为命中文献，用于扩大检索范围。

逻辑"非"，"NOT"：检索表达式为"A NOT B"。数据库中凡含有检索词 A 而不含 B 的文献为命中文献，用于缩小检索范围。

2. 截词检索

将检索词在适当处加以截断符号，用截断的词的一个局部(词)进行检索。截词分前截词、后截词、中间截词。不同的系统所用的截词符也不同，常用的有"?、$、*"等，分为有限截词(即一个截词符只代表一个字符)和无限截词(一个截词符可代表多个字符)。利用截词检索技术可以减少检索词的输入而保证相关检索概念的涵盖，同时也方便解决语言文字拼写方面的差异(如美式英语和英式英语)，可降低漏检率。

在 Dialog 联机检索系统通常用"?"表示截词符，包括以下 3 种方式的截词检索：

非限定性截词：在一个词尾加一个"?"，表示在其后可添加任意多个字符，这些字符都被作为检索词进行检索。

如：smok?，它将对若干词进行检索，包括：smoke, smoky, smoked, smoker, smokes, smokers, smoking, smokeless, 等等。

限定性截词：在一个词尾加有限个"?"，n 个"?"，表示其后可添加的字符数少于等于 n 个。

如：smok??，将对 smoke, smoky, smoked, smoker, smokes 等进行检索。对于最多允许添加一个字符的情况，则用"? 空格?"的形式表示。

如：smok??，将只对 smoke, smoky 进行检索。

中间截词：在一个词中间出现若干个"?"，表示可插入若干个字符。

如：ioni? ation,它将对 ionisation 和 ionization 进行检索。

如：cent?? line,它将对 centerline 和 centreline 进行检索。

3. 位置检索

位置检索也叫邻近检索(proximity searching),是用来表示检索词与检索词之间位置关系的检索技术,通常用位置算符来实现。文献记录中词语的相对次序或位置不同,所表达的意思可能不同,而同样一个检索表达式中词语的相对次序不同,其表达的检索意图也不一样。布尔逻辑运算符有时难以表达某些检索课题确切的提问要求。字段限制检索虽能使检索结果在一定程度上进一步满足提问要求,但无法对检索词之间的相对位置进行限制。位置算符检索是用一些特定的算符(位置算符)来表达检索词与检索词之间的邻近关系,并且可以不依赖主题词表而直接使用自由词进行检索的技术方法。

根据两个检索词出现的次序和相互之间的距离,可以采用多种位置算符进行控制。不同的检索系统,规定的位置算符也不同。常用的位置算符有 near,with。"near"表示检索词位置相邻,检索词出现的顺序可前可后,如 gene near aoptosis；"with"表示检索词位置相邻,且两词出现的顺序与输入顺序一致,如 liver with cancer。

4. 限制字段检索

限制字段检索是指对检索词出现的字段范围进行限定,执行时机器只对指定的字段进行检索,经常用于检索结果的调整。在专业数据库中限制字段检索存在两种不同的形式：其一为利用下拉式的选择框将可供选择的检索字段全部列出,由用户选择需要限定的字段,然后在其后的输入框中输入相应的关键词即可；其二为使用一定的检索字段符进行操作。检索字段符分作两类：后缀式和前缀式。后缀式对应基本索引,反映文献的主题内容,一般用"/"连接；前缀式对应辅助索引,反映文献的外部特征,一般用"＝"连接。

例如：**(minicomputer/DE OR personal computer/ID)AND PY＝2002**

这个检索式所表达的检索要求是：查找 2002 年出版的关于微电脑或者个人电脑的文献,并要求"微电脑"一词在命中文献的叙词字段出现,"个人电脑"一词在命中文献的自由词字段出现。

字段检索和限制检索常常结合使用,字段检索就是限制检索的一种,因为限制检索往往是对字段的限制。在搜索引擎中,限制字段检索多表现为限制前缀符的形式。如属于主题字段限制的有：title,subject,keywords,summary 等。属于非主题字段限制的有：image,text 等。作为一种网络检索工具,搜索引擎提供了许多带有典型网络检索特征的字段限制类型,如主机名(host)、域名(domain)、链接(link)、URL(site)、新闻组(newsgroup)和 E-mail 限制等。这些字段限制功能限定了检索词在数据库记录中出现的区域。由于检索词出现的区域对检索结果的相关性有一定的影响,因此,限制字段检索可以用来控制检索结果的相关性,以提高检索效果。在搜索引擎中,除了可以对字段进行限制检索外,还可以对搜索的文件类型进行限定,如限定搜索的文献类型为 ppt、pdf、doc 等形式。在著名的搜索引擎中,目前能提供较丰富的限制检索功能的有 google,AltaVista,Lycos 和 Hotbot 等。常用的搜索引擎限制检索技术参见 5.3.4 小节。

5.3 数据库检索

在科研活动中，科研人员在立项、中期总结、结题、成果推广的全过程中，都要以专业数据库为桥梁；在教学过程中，专业数据库和高校的师资、实验室、图书馆、教室、宿舍等一样，是直接影响教学科研质量水平的基础性资源，因此各大高校纷纷购买了大量的中外文专业数据库。其中常用的中文数据库主要有中国期刊网全文数据库（CNKI）、维普中文科技期刊数据库（VIP）和万方数据库等，常用的外文数据库主要有 Elsevier Science、EI、EBSCO、Web of Science 等。熟悉数据库检索功能的用户不难发现，无论是中文数据库，还是外文数据库，它们在检索功能上有很多相似之处，比如：在检索方式上，一般专业数据库都包含简单检索、高级检索和专业检索三种方式；在检索入口上，一般数据库都包含了题名、作者、关键词、摘要、刊名等检索入口；在检索技术上，一般专业数据库都包含逻辑组配和截词等检索技术。限于篇幅，无法将每个数据库的检索功能逐一进行详细说明，本小节将对常用中外文数据库的典型检索方法结合范例进行介绍，未涉及的专业数据库的收录年限、学科范围、资源类型、文献数量等基本情况请读者参考相关检索教材，此处不再赘述。

5.3.1 文摘数据库检索

1. EI

1）资源概况

美国《工程索引（The Engineering Index，EI）》（https://www.engineeringvillage.com）由美国工程信息公司1884年创建，是全世界最早的工程文摘来源和著名的三大科技文献检索系统之一。[8]

该数据库侧重提供应用科学和工程领域的文摘索引信息，涉及核技术、生物工程、交通运输、化学和工艺工程、照明和光学技术、农业工程和食品技术、计算机和数据处理、应用物理、电子和通信、控制工程、土木工程、机械工程、材料工程、石油、宇航、汽车工程以及这些领域的子学科。

EI数据库收录年代自1969年起，截止到2020年已拥有超过26 000 000多条记录；每年新增的文摘索引信息分别来自5 100种工程期刊、会议文集和技术报告，涵盖190余个工程和应用科学领域的资料；每年新增超过150万条摘要引文信息，数据库内容每周更新。

EI检索一般在Engineering Village上进行查询。进行搜索时在"Datebase"选项后可能有两个数据库：Compendex（即EI网络版）和Inspec（英国科学文摘）。

2）检索方法与范例

EI数据库的检索方式包括快速检索（quick search）、专家检索（expert search）、主题词检索（thesaurus search）、作者检索（author search）、机构检索（affiliation search）等。

① 快速检索（quick search）

Engineering Village检索平台首页默认为快速检索，快速检索能够进行直接快速的检索，其检索界面允许用户从一个下拉式菜单中选择要检索的各个字段。检索界面中有一个检索文本输入框"search for：",每个输入框右侧均有一个相同的字段选择(search in)下拉列表菜单,内中列出 15 个字段选项如(可检索字段包括：全部字段(all fields)、主题词/标题/文摘(subject/title/abstract)、文摘(abstract)、标题(title)、国家(country of origin),供用户选择以限定输入词检索的字段范围。可以通过"add search field"增加多个文本检索框,两个检索输入框中间可以选择布尔运算符 AND、OR 和 NOT 连接起来,以确定两个输入框内的检索式之间的逻辑连接关系,进行组合检索(见图 5-5)。

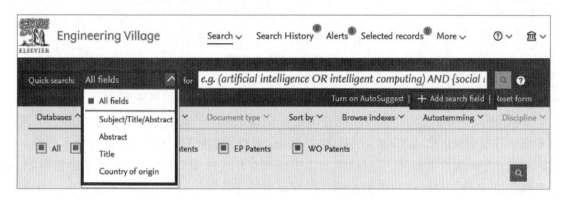

图 5-5　EI 组合检索

Engineering Village 检索平台在检索的同时有一些类目可以选择或利用限制条件限定检索结果,如 Database 可以选择一个或多个数据库如 Compendex(EI 核心数据库)、US Patents(美国专利检索)、EP Patents(欧洲专利检索)、WO Patents(世界知识产权组织专利检索);可以用 date 和 language 对检索结果进行时间段、语言或文献类型限定;检索结果可以按相关度(relevance)和时间(date)排序;可以利用 browse indexes 对 EI 数据库中机构和作者进行快速检索,另外有相似词 autostemming 检索(默认为开启)(见图 5-6)。

图 5-6　EI 相似词检索

② 专家检索(expert search)

专家检索方式提供了更强大而灵活的检索功能,是一个按照用户需求来组合逻辑表达式,以便进行更精确检索的功能入口。与快速检索相比,专家检索方式中只有一个独立的检索输入框,用户可以综合使用布尔逻辑算符、字段限定、截词等技术构建一个更复杂的检索表达式。进入 Engineering Village 检索平台后,在上方标题栏中选择 Expert Search,即可进入专家检索界面,如图 5-7 所示。专家检索与快速检索的检索方式和检索策略基本相同,用户可将检索词限定在某一特定字段进行检索(字段代码见专家检索页面的字段表 search codes),同时可以使用逻辑算符、括号、位置算符、截词符等。也允许用户使用逻辑算符同时在多个字段中进行检索：在使用专家检索时,必须使用 WN,WN 后面的词表示检索

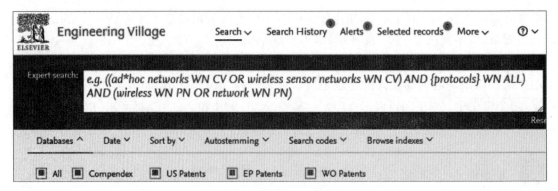

图 5-7　EI 专家检索

字段的代码。例如：("Single-walled carbon nanotube" OR SWCNT) AND (Biomacromolecule $ OR DNA) WN KY AND{ dai hongjie} WN AU。在专家检索方式中，系统不自动进行词根运算，如果输入的检索式不加运算符，检索出的文献将严格与输入的检索词匹配。和快速检索相同，专家检索方式中还列有年代范围选择、检索结果排序选择等。文献类型、处理类型和语种类型由用户根据需要按字段限定检索方式在检索表达式中列出，如 core wn dt；Chinese wn la。在专家检索中给出了检索字段对应的代码及示例，可以按时间对检索结果进行限定，检索结果可以按相关度(relevance)和时间(date)排序。在采用专家检索方式时建议勾选相似词检索(autostemming off)，即关闭该功能，以提高查准率。

③ 主题词检索(thesaurus search)

EI 主题途径是采用反映文献主题概念的检索词作为检索入口的一种检索途径，也是最重要的检索途径。主题"是一组具有共性事物的总称，用以表达文献所论述和研究的具体对象和问题"，即文献的"中心内容"。每种文献都包含着若干主题，研究或阐述一个或多个问题。主题词是经过专家规范过的用于标引和检索的词。主题词表是控制词汇的指南，一般采用层级结构，词汇由广义词(broader term)、狭义词(narrower terms)或相关词(related terms)组成。利用主题词检索，查找检索词的同义词和相关词，利用词表中的推荐词和下位词来精确检索策略等，可以提高数据库的查询效果，提高查准率和查全率。

例如 Engineering Village 检索平台首页选择"thesaurus search"输入"geology"点击"Submit"后，可以浏览所显示的该词前后按字顺排列的几个规范主题词，勾选相关词汇后可以进行合并检索，词汇逻辑关系可以用 AND 和 OR 表示(见图 5-8)。

④ 作者检索

作者检索可以通过作者 last name、first name、affiliation name 进行检索，或者可以用作者的 ORCID 号进行检索(见图 5-9)。

⑤ 机构检索

机构检索是通过机构名称检索相关机构的发文情况，如在检索框输入"Southeast University"，检索结果为该机构在 EI 平台上的所有被收录的文献记录(见图 5-10)。

⑥ 机构研究成果检索

通过某机构在 Compendex 数据库中的文献(不少于 1 000 篇)分析，将该机构中的顶尖

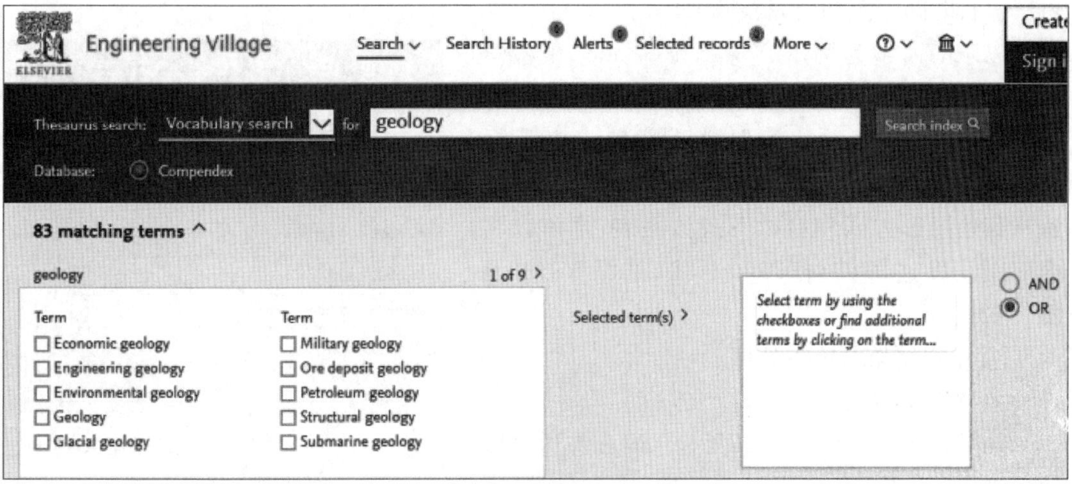

图 5-8　主题词检索

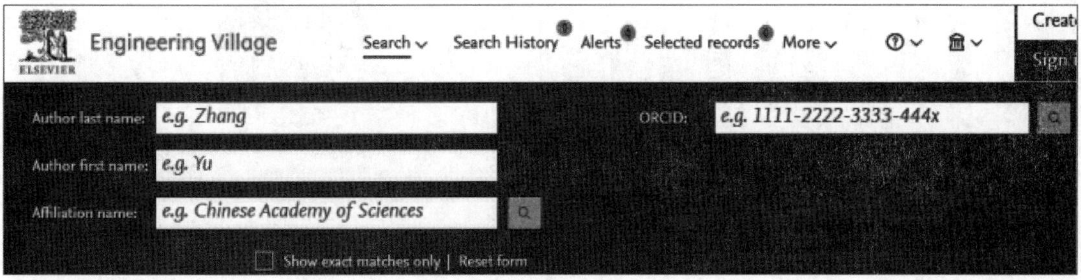

图 5-9　作者检索

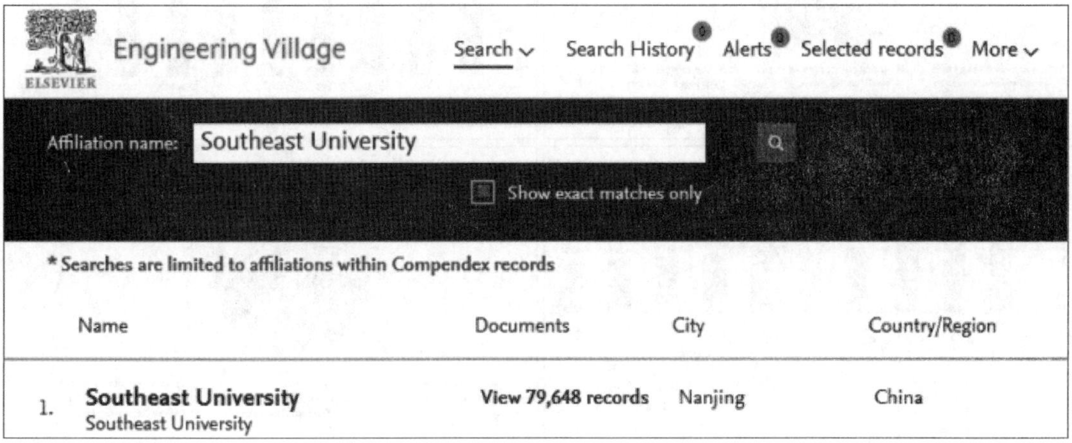

图 5-10　机构检索

作者、研究重点、基金赞助、出版趋势、主题领域和来源刊6个指标通过图表方式呈现,同时可以进行时间限定和研究领域细化。

以东南大学为例,在"Search & add"中检索"Southeast University",时间限定为2018—2022年,选择"Materials Science"材料科学领域,检索框右边出现6个指标图表,在每幅图表的右上角可以选择其他图形方式和打印下载该图表,也可以将全部图表发送邮件、打印和下载(见图5-11及图5-12)。

⑦ 检索结果显示与处理

A. 精炼检索结果

如图5-13,在EI检索结果显示界面左边可以通过受控词表(controlled vocabulary)、数据库

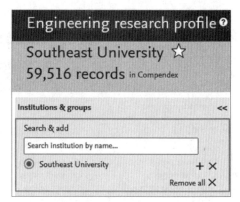

图5-11 检索EI中收录的东南大学发表的文献

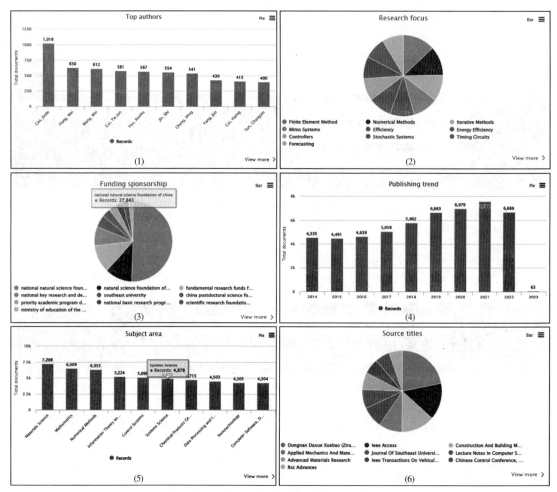

图5-12 以图表示例的EI中收录的东南大学发表文献的6个指标

(database)、作者(author)、作者机构(author affiliation)、分类(classification)、国家(country)、文献类型(document type)、语言(language)、期刊名称(source title)和出版社(publisher)、基金资助机构(funding sponsor)等字段精炼检索结果。

图 5-13　精炼检索结果

B. 选择、输出文献

可同时勾选多篇文献进行管理，包括发送 E-mail、打印、输出等，输出可以多种格式，输出的内容可以是简单的题录信息，也可以是引文信息、摘要、详细记录等，最多可以输出 500 条记录(见图 5-14)。

C. 检索结果排序

检索结果可以按相关度、时间、作者首字母、来源文献首字母进行排序(见图 5-15)。

D. 文献题录及查看全文信息

对于某一条具体文献，在检索结果显示界面点击"Full Text"可以直接查看全文信息，点击"Show Preview"可以查看摘要信息，点击文献标题，可显示文献标题、作者、摘要等信息，点击"Detailed"可以查看文献详细信息，包括文献获取号、题名、作者、作者机构、通信作者、期刊名、年卷期、页码、语种、ISSN、文献类型、摘要、参考文献数量、主题词、关键词、资助基金、所属数据库等，点击"Compendex Refs"可以查看该文献的参考文献(见图 5-16)。

⑧ 数据库个性化服务

免费注册登录数据库后，可以获得更多个性化的服务，包括储存检索策略，通过设置邮件提醒了解研究最新进展，建立个人数据夹管理文献等。

Download record(s)

NOTE: Your selected records (maximum of 1000) will be kept until your session ends. Please register and login to retain your records for up to 7 days.
To clear selected records:
 - Go to the Selected records page and clear the records; OR
 - End your session

Location:
- ● My PC
- ○ Mendeley
- ○ RefWorks
- ○ Google Drive
- ○ Dropbox
- ○ Your Folder(s)

Format:
- ○ EndNote (RIS, Ref. Manager)
- ○ BibTeX
- ○ Text (ASCII)
- ○ CSV
- ○ Excel®
- ● PDF ☐ add search summary
- ○ RTF (Word®)

Output:
- ● Current page view
- ○ Citation
- ○ Abstract
- ○ Detailed record

File name:
Engineering_Village
_current_page_view_Date/Time.pdf

☐ Remove selected records after download (My PC only)
☐ Save to My Preferences

Cancel   Download record(s)

图 5-14　选择、输出文献

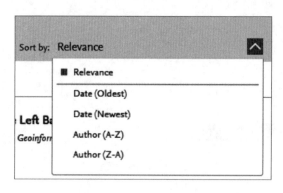

图 5-15　检索结果排序

Abstract
Indexing
Metrics
Conference Information
Funding
Supplementary Information
Compendex references ⑮

Full text ↗ Share Export Print Cite Folder

☐ Compendex • Conference article (CA)
　Extended ADMM with Paillier Cryptosystem for Nonsmooth Decentralized Optimization

图 5-16　文献题录及查看全文信息

3) 小结

EI 数据库为工程技术领域权威检索工具,采用规范化的词组对文献进行主题标引,用文中词标引以解决词表更新滞后,同时从文献篇名、关键词及摘要中选词进行主题标引,读者使用时注意兼顾叙词与关键词检索,可以通过学习 EI 检索原理与技巧提高检索效率。

2. MEDLINE 及 PubMed

1) 资源概况

MEDLINE 数据库是美国国立医学图书馆(The National Library of Medicine,NLM)建立的 MEDLARS(Medical Literature Analysis and Retrieval Systems)系统中最大和使用频率最高的生物医学数据库。收录了 1966 年以来全世界 70 多个国家和地区出版的生物医学及其相关学科期刊 3 900 余种,涉及 40 多种语种,其中约 75% 为英文文献,70%~80% 有英文摘要,年报道量约 30 万~40 万条。该数据库包括 3 种重要索引:Index Medicus(医学索引)、Index to Dental Literature(牙科文献索引)和 International Nursing Index(国际护理学索引),涉及基础医学、临床医学、环境医学、营养卫生、职业病学、卫生管理、医疗保健、微生物、药学、社会医学等领域。近些年一些综合性检索平台也整合了 MEDLINE 数据库资源,如 EBSCO、CSA、ISI Web of Knowledge、OCLC 及 EMBase 等,具体使用方法详见各检索平台介绍。[9]

PubMed 是由 NLM 下属的国家生物技术信息中心(NCBI)开发的基于 WWW 的查询系统,是 NCBI Entrez 多个数据库查询系统中的一个,提供免费的 MEDLINE、preMEDLINE 与其他相关数据库接入服务,是一个拥有 1 亿字条的巨大数据库,也包含与提供期刊全文的出版商网址的链接,来自第三方的生物学数据、序列中心的数据,等等。PubMed 提供与综合分子生物学数据库的链接与接入服务,这个数据库归 NCBI 所有,其内容包括:DNA 与蛋白质序列、基因组、3D 蛋白构象、人类孟德尔遗传在线等。访问网址:https://pubmed.ncbi.nlm.nih.gov/。

PubMed 的收录范围包括:

① MEDLINE:是 PubMed 中最主要的数据库,其记录标记有[PubMed_Indexed for MEDLINE],经过 MeSH 词标引。

② PREMEDLINE:是 MEDLINE 前期数据库,收录文献多为最近一个月内发表。PREMEDLINE 记录标记有[PubMed-in process],未经 MeSH 词标引,被暂时存放以待加工处理,每周被转至 MEDLINE 数据库一次,同时从 PREMEDLINE 中删除。

③ Publisher-Supplied Citations:其记录标记有[PubMed-as supplied by publisher],未经 MeSH 词标引。其文献大多来自出版商提供的电子期刊中一些"选择性期刊",如某些综合性期刊,MEDLINE 只收录其中与医学专业有关的部分文献。

④ OLDMEDLINE:收录 200 多万篇在 1950—1965 年期间发表的生物医学文献,其记录标记有[PubMed-OLDMEDLINE for Pre1966],未经 MeSH 词标引。

下面主要介绍 PubMed 的检索与利用。

2) 检索方法

PubMed 可以在检索栏中输入一个或多个检索词(系统默认空格为 AND 检索),也可

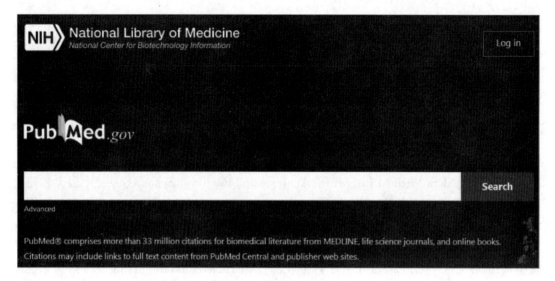

图 5-17　PubMed 主页

以在检索栏中输入布尔逻辑运算式 AND、OR、NOT。字段限定符用[　]，按词组匹配进行检索，如：Stem cell transplantation[ti]。在检索词后加"＊"可进行截词检索，以提高查全率。另外有强迫短语匹配符："　"，是将检索词加上双引号进行强制检索，严格按输入形式匹配，不再自动转换匹配和扩展检索，常用于词组和专有名词检索。自动扩展检索：系统自动对主题词、副主题词扩展检索，如：输入 hypertension therapy，系统自动检索高血压的药物治疗、饮食疗法。对于著者检索（authors），姓全称在前，名首字母在后，加字段限定符如：genbacev o[au]；moore am[au]，2002 年以后的文章可以查著者全名，如：Joshua lederberg[au]。对于期刊检索（Journals），可以用刊名全称检索，如 new england journal of medicine[ta]，也可以用 MEDLINE 标准刊名缩写检索，如 N Engl J Med[ta]及国际标准期刊号检索，如 0028－4793[ta]。在检索输入框内输入检索词，点击[Search]进行检索。同时输入多个检索词时，各检索词之间的默认逻辑关系为"AND"。

PubMed 具有对检索词自动转换匹配的功能（automatic term mapping）。它能将检索词按不同索引顺序逐一核对，然后自动转化成索引中相应的词进行检索，系统进行检索词自动转换匹配时，依次检索 MeSH 转换表（MeSH translation table）、期刊转换表（journals translation table）及著者索引。

自动词语匹配是 PubMed 最具特色的检索功能之一，PubMed 首先将输入的检索词与 MeSH 转换表中的词汇对照。MeSH 转换表包括 MeSH 主题词、副主题词、文献出版类型、主题词的同义词、医学术语一体化系统（Unified Medical Language System，UMLS）、增补概念及增补概念的同义词。当检索词与 MeSH 转换表的词匹配时，系统自动将检索词转化成 MeSH 主题词，以该主题词与输入的检索词作为自由词进行检索，并进行逻辑 OR 组合。如在检索框内输入"rash"（皮疹），系统实际进行的检索为"exanthema"[MeSH Terms] OR "exanthema"[All Fields] OR "rash"[All Fields]。输入的检索词与 MeSH 主题词匹配时，如果该主题词有下位词，系统默认进行扩展检索。如果在 MeSH 转换表未找到匹配的词汇，系统则依次在期刊转换表中查找。期刊转换表包括刊名全称、MEDLINE 刊名缩写、ISSN 号。期刊名本身也是主题词时，如果必须检索该期刊名，那么一定要输入字段标识，如 Science[Journal]。如果在 MeSH 转换表及期刊转换表中均未找到，而且输入的检索词为一个字，并在后面有一个或两个字母，系统则对著者索引进行检索。只输入第一名的首字母，系统自动对可能存在的第二名的所有变化进行检索。如输入"o'brien j"检索，系统同时检索"o'brien j""o'brien ja""o'brien jz"等等。如只输入姓，系统会在所有可检索字段查找该词。如果在上述词表中均找不到输入的检索词，系统则到所有可检索字段查找。输入检索词含两个以上词的短语时，如在上述词表中均找不到输入的短语，系统从左向右，从长到短进行切断，然后进行匹配，并用"AND"进行逻辑组合。如输入 pressure point，系统进行的检索为((pressure[MeSH Terms] OR pressure[Text Word]) AND point[All Fields])；输入 head lice shampoo，系统进行的检索为((pediculus[MeSH Terms] OR head lice[Text Word]) AND shampoo[All Fields])。

下列情况系统不将短语切断，而作为整体词组检索：
① 短语后有字段标记符，如 kidney allograft[tw]；
② 位于双引号内，如"kidney allograft"，此时在所有可检索字段内检索；
③ 词间有连字符，如 first-line；
④ 词尾有截词符，如 kidney allograft *。

3) 小结

PubMed 是美国国家生物技术信息中心（National Center for Biotechnology Information，NCBI）于 1997 年 6 月推出的网上免费检索系统，是 NCBI Entrez 数个数据库查询系统中的一个，可检索 1946 年至今的生物医学文献，记录总数已达 3 300 万条以上。作为一个完全免费的生物医学文摘数据库，不仅收录文献齐全，回溯年限长，数据实时更新，而且使用简单方便，检索功能完善，相关链接丰富。全球任何一个角落的医学科研人员及医务工作者，都可以在网络上通过 PubMed 追踪了解世界范围内生物医学研究的最新进展。从这个角度看，PubMed 对生物医学发展与进步所做出的贡献是不言而喻的，其重要性也是其他数据库无法代替的。自动词语匹配检索及 MeSH 主题词检索是 PubMed 最具特色的检索功能，需要熟练掌握其检索原理。灵活应用 PubMed 的检索限定、临床查询、引文匹配以及 My NCBI 等工具，能大大提高检索效率。

5.3.2 全文数据库检索

1. 中国期刊全文数据库

中国知识基础设施工程（China National Knowledge Infrastructure，CNKI）是以实现全社会知识资源传播共享与增值利用为目标的信息化建设项目，由清华大学、清华同方发起，始建于 1999 年 6 月。经过多方努力，目前已建成了世界上全文信息量规模最大的"CNKI 数字图书馆"[10]。

1) 资源概况

CNKI 中外文文献统一发现平台深度整合海量的中外文文献，包括期刊、学位论文、会议论文、报纸、年鉴、专利、标准、成果、图书、古籍、法律法规、政府文件、企业标准、科技报告、政府采购等资源类型，以及来自多个国家和地区的期刊、图书等。数据每日更新，所有用户可免费检索获取题录和文摘。

《中国学术期刊（网络版）》是世界上最大的连续动态更新的中国学术期刊全文数据库，收录自1915年至今出版的期刊，部分期刊回溯至创刊。收录国内学术期刊8 000余种，全文文献总量5 300多万篇。学科覆盖自然科学、工程技术、农业、医学、哲学、人文社会科学等领域。按学科分为基础科学、工程科技Ⅰ辑、工程科技Ⅱ辑、农业科技、医药卫生科技、哲学与人文科学、社会科学Ⅰ辑、社会科学Ⅱ辑、信息科技、经济与管理科学十大专辑，168个专题。[11]

CNKI首页（图5-18）主要划分为检索区域、行业知识服务与知识管理平台、研究学习平台、专题知识库、出版平台&评价五大模块。检索区域模块提供文献检索、知识元检索和引文检索3种检索类型。

图5-18　CNKI首页

文献检索按照文献类型重新组织中外文资源，检索时既可单库检索，也可跨库检索，实现了中外文文献的合并检索和统一排序。知识元检索可对知识问答、百科、词典、手册、工具书、图片、统计数据、指数、方法、概念等信息进行检索。引文检索利用中国引文数据库，对被引文献、被引作者、被引机构、被引期刊、被引基金、被引学科、被引地域、被引出版社等信息进行检索。[11]

CNKI 文献检索功能不同于传统的搜索引擎,它利用知识管理的理念,结合搜索引擎、全文检索、数据库等相关技术达到知识发现的目的,可在海量知识资源中发现和获取所需信息,对检索结果具有排序、分组、导出及可视化分析功能,帮助学生、教师及科研人员快速高效地获取科研工作基础性的研究文献。[12]

2) 检索方法与范例

CNKI 文献检索有一框式检索、高级检索、专业检索、作者发文检索、句子检索、出版物检索等 6 种方式,我们将逐一介绍。

① 一框式检索(图 5-19)将检索功能浓缩至"一框"中,根据不同检索项的需求特点采用不同的检索机制和匹配方式,体现智能检索优势,操作便捷,检索结果兼顾检全和检准。打开 CNKI 网站,首页默认为文献检索的一框式检索,检索项默认为"主题",可点击选择其他检索项进行检索。一框式检索的数据库来源默认为学术期刊、学位论文、会议、报纸、标准、成果、图书、学术辑刊等。

图 5-19 CNKI 一框式检索

② 在首页点击高级检索,则进入高级检索页面,见图 5-20。高级检索的数据库来源默认为总库。高级检索支持多字段逻辑组合,并可通过选择精确或模糊的匹配方式、检索控制等方法完成较复杂的检索,得到符合需求的检索结果。多字段组合检索的运算优先级,按从上到下的顺序依次进行。

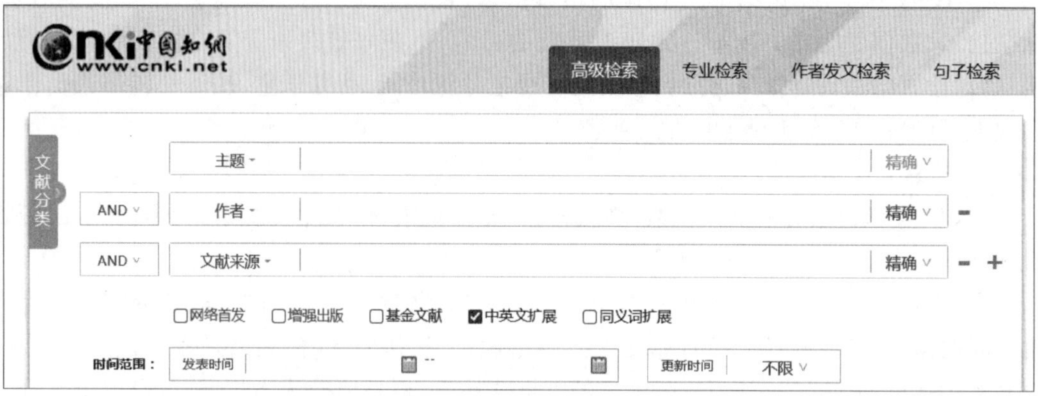

图 5-20　CNKI 高级检索

高级检索页面下方为切库区，点击库名，可切至某单库高级检索。例如选择学术期刊单库检索时，可对期刊的来源类别进行选择，例如可勾选"全部期刊"，也可勾选"北大核心""CSSCI"等，见图 5-21。文献分类导航默认为收起状态，点击展开后勾选所需类别，可缩小和明确文献检索的类别范围。总库高级检索提供 168 专题导航，是知网基于中图分类而独创的学科分类体系。年鉴、标准、专利等除 168 导航外还提供单库检索所需的特色导航。

图 5-21　CNKI 限定检索

③ 在高级检索页切换"专业检索"标签，可进行专业检索，见图 5-22。专业检索用于图书情报专业人员查新、信息分析等工作，使用运算符和检索词构造检索式进行检索。专业检索的一般流程：确定检索字段构造一般检索式，借助字段间关系运算符和检索值限定运

算符可以构造复杂的检索式。

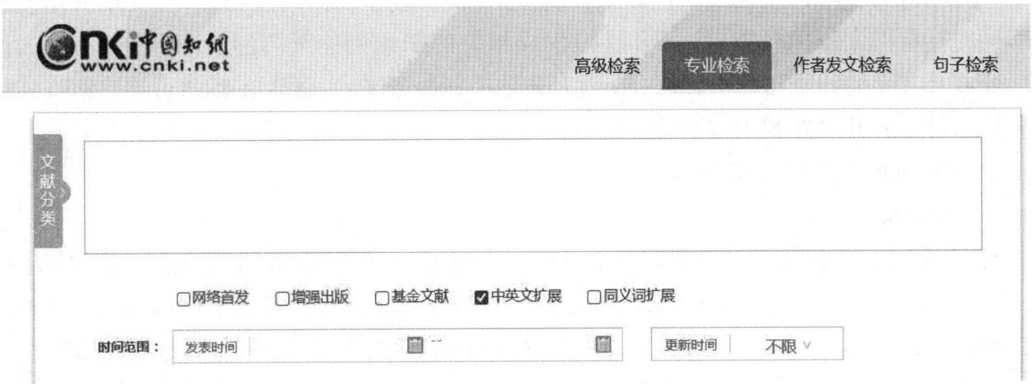

图 5-22 CNKI 专业检索

专业检索表达式的一般式：＜字段＞＜匹配运算符＞＜检索值＞

④ 在高级检索页切换"作者发文检索"标签，可进行作者发文检索。作者发文检索通过输入作者姓名及其单位信息，检索某作者发表的文献，功能及操作与高级检索基本相同。

⑤ 在高级检索页切换"句子检索"标签，可进行句子检索。句子检索是通过输入的两个检索词，在全文范围内查找同时包含这两个词的句子，找到有关事实的问题答案。句子检索不支持空检，同句、同段检索时必须输入两个检索词。例如：检索同一句包含"人工智能"和"神经网络"的文献。

⑥ 在 CNKI 首页选择"出版物检索"，即可进入出版来源导航，见图 5-23。

图 5-23 出版来源导航

出版来源导航有期刊、学术辑刊、学位授予单位、会议、报纸、年鉴、工具书 7 种导航类型。期刊导航是以期刊各种特征直接检索期刊论文与出版信息、评价信息的方式。检索项有刊名(曾用刊名)、主办单位、ISSN、CN。检索框下方，可分别按全部期刊、学术期刊、网络首发期刊、独家授权期刊、世纪期刊和个刊发行进行导航。此外，页面左侧按照学科将期刊分为十大类目，见图 5-24。

图 5-24 出版来源导航

3) 小结

中国知网是世界上最大的中文文献数据库,该数据库数据高度整合,可实现一站式检索,同时具有引文连接功能,除了可以构建成相关的知识网络外,还可用于个人、机构、论文、期刊等方面的计量与评价。CNKI 还有其他一些服务平台,读者在熟悉上述检索方式的基础上,可自行开发并利用这些服务平台。

2. Elsevier 全文数据库

1) 资源概况

荷兰 Elsevier 公司是世界著名的学术期刊出版商,出版的学术期刊涉及物理学与工程(physical sciences and engineering)、生命科学(life sciences)、健康科学(health sciences)、社会科学与人文科学(social sciences and humanities)四大学科领域,包括数学、物理、生命科学、化学、计算机、临床医学、环境科学、材料科学、航空航天、工程与能源技术、地球科学、天文学及经济、商业管理、社会科学等学科。Elsevier 公司出版的大部分期刊被 SCI、SSCI、EI 收录,是国际公认的高水平学术期刊。[13]

从 1997 年开始,该公司推出名为 ScienceDirect 的电子期刊计划,将该公司的全部印刷版期刊转换为电子版,并使用基于浏览器开发的检索系统 Science Server。目前该平台上提供自 1995 年以来电子期刊的服务。

2001 年 1 月,Elsevier 出版集团启动了回溯文档项目。目前,用户通过 ScienceDirect 数据库平台可以浏览超过 880 万篇全文,其中约 400 万篇追溯至 1995 年以前,如＜The Lancet＞回溯至 1823 年出版的第一卷第一期。

2) 检索方法与范例

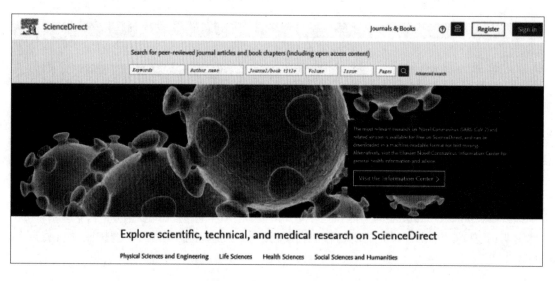

图 5-25　ScienceDirect 检索主界面

数据库的利用主要包括:① 期刊/图书的浏览可以按刊名首字母顺序浏览、按学科分类浏览或按用户收藏的喜爱期刊/图书浏览;② 数据库的检索提供了 3 种检索方式,即快速检索(quick search)、高级检索(advanced search)、专家检索(expert search)。此外,还包括个性化服务。

(1) 浏览(browse)

点击数据库主页工具栏上的 Browse 链接即可进入期刊浏览界面。SDOL 期刊浏览功能提供按刊名字顺(journals alphabetically)、按学科主题(journals by subject)和按喜好期刊(favorite journals)3 种方式浏览期刊及其内容。

浏览功能也提供按照用户的订购状态,即全文(full-text available)和文摘(abstract only)进行浏览。通过以上 3 种方式浏览选中期刊后,点击刊名链接,则进入该期刊详细信息页面。该页面显示期刊的封面、版权信息、刊名变更情况,出版的卷、期、页码和出版日期的列表。点击相应卷期链接,可逐期浏览文献。点击页面左上方的期刊封面图标,可链接到 Elsevier 出版公司网站上该期刊的主页,从而可以查看该期刊其他信息,如简介、主编、订购信息、期刊影响因子,以及为作者提供的详细的投稿指南等。

(2) 检索(search)

SDOL 数据库主要提供快速检索、高级检索和专家检索 3 种检索方式。另外,在检索结果界面还提供二次检索的功能。

用户在检索时需要了解检索运算符及运算规则。SDOL 数据库规定了多种检索运算符和检索规则,编制检索策略时必须正确运用这些运算符和运算规则。

① 布尔逻辑运算符:包括逻辑"与"AND、逻辑"或"OR、逻辑"非"NOT。在一个字段中,如果输入的检索词之间没有运算符或引号,系统默认各检索词之间的逻辑关系为 AND。如输入 cancer diagnosis,系统将执行 cancer AND diagnosis,且两词前后顺序不固定。

② 截词符:"*"表示 0 个或多个字符,可进行词根检索。如输入 cardio* 可检出包含 cardiology、cardiologist、cardiovascular 等单词的文献。"?"表示一个字符,如输入 wom?n 可检出包含 woman、women 的文献。截词符可以联用,如输入 h*r*t、transplant?? 和 bemst??n 均可。

③ 位置算符:使用位置算符 W/n 或 PRE/n 连接的两个词,词与词之间间隔不超过 n 个词,PRE/n 要求两词前后顺序固定。如输入 flu w/3 drug 可检出包含 flu 和 drug 的文献,且 flu 和 drug 两词相隔不超过 3 个词,flu 和 drug 前后顺序不固定。

在一个复合检索式中,系统按照 OR、W/n 或 PRE/n、AND、NOT 的优先级顺序来执行多个运算符的运算,可通过括号来改变这个顺序。如 pain W/15 morphine AND ganglia OR tumor,表示先运算 ganglia OR tumor,然后运算 pain W/15 morphine,最后将前两步运算结果进行 AND 运算。

④ 短语检索:如果要检索两个或两个以上的单词组成的短语(phase)时,必须使用引号检索。短语检索时标点符号、连字符等会被自动忽略。如检索"骨髓移植"文献,则应该输入"bone marrow transplantation";如果不加引号,系统将自动拆分短语为单词,并进行逻辑与运算,即 bone AND marrow AND transplantation。

⑤ 其他规则:当英式与美式拼写方式不同时,可使用任何一种形式检索。使用名词单数形式可同时检索出复数形式。支持希腊字母 α、β、γ、Ω 检索(或英文拼写方式)。

3) 小结

Elsevier 电子期刊全文数据库提供高水平、高质量的学术期刊全文服务,目前它是国内用户最广、访问量最大、下载全文最多的国外电子期刊数据库,丰富而实用的个性化服务为用户的研究提供了极大方便。

5.3.3 引文数据库检索

全世界每年发表几百万篇科技文献,这些文献都不是孤立的,文献之间相互影响、相互关联、相互引用,构成一个巨大的文献网,为人们提供关联度极高的文献资源空间,引文作为科技论文的重要组成部分,为科研工作者获取知识、查找信息提供了线索和思路。通过引文检索可查找相关研究课题早期、当时和最近的学术文献,可以了解文献之间的内在联系。

1. 引文检索相关概念[6]

1) 引文(citation)

引文指出现在文献末尾"参考文献"(references)或文中"脚注"(footnote)中的被引用过的文献;其作者称为引文作者或被引作者(cited author)。

研究人员通过参考文献可了解该研究工作中基于前人的研究工作,如其理论基础、实验方法等。

2) 来源文献(source article)或施引文献、引证文献(citing articles,citing paper)

来源文献或施引文献、引证文献指提供引文的文献本身,即附有参考文献的原始文献,其作者称为引用作者(citing author)或来源文献作者。

研究人员通过了解论文被引用情况(查找施引文献),即可迅速掌握有关进展和动向,从中掌握某一项研究成果是如何被进一步发展和利用的。了解论文之间的联系,也就了解了深藏在大量文献背后的研究思路和方法,从而有利于进一步提出新的研究课题和方向。

3) 引文检索(citation search)

引文检索通常指参考文献检索,通过检索被引著者姓名、刊名、论文题名,可以获得著者被引、刊物被引、论文被引等数据。

4) 引文索引(citation index)

引文索引是按照文献之间引证关系建立起来的索引,是提供引文检索的工具。引文索引提示文献之间的内在逻辑与联系,反映文献之间引证与被引证之间的关系,在检索方面突破了关键词检索的局限性。如在著名的《科学引文索引》(Science Citation Index Expanded,简称 SCIE 或 SCI)中,从一篇高质量的文献出发,通过 timed cited(被引频次)字段可以越查越新,通过了解该论文被引用的情况,掌握有关最新动态和发展方向;通过 references(参考文献)字段可以越查越旧,追根溯源,了解该论文中科学研究的源头;通过 related records(相关记录)字段,可以越查越广或越查越深,检索到更多与本课题相关的文献,这些相关文献有可能不在同一领域或采用了不同的关键词。

5) 引文数据库(citation index database)

引文数据库是包括引文索引在内的综合查寻系统,引文数据库除了提供引文检索外,还提供篇名、作者、来源出版物等常规检索途径。

2. 资源概况

1955 年,原美国情报信息研究所(ISI)的尤金·加菲尔德博士在 *Science* 发表论文提出将引文索引(citation index)作为一种新的文献检索与分类工具。在进行了几次小规模实验性研究后，尤金·加菲尔德博士和他的团队于 1963 年出版了科学引文索引(SCI)。随后，ISI 分别在 1973 年和 1978 年相继出版了社会科学引文索引(SSCI)和艺术与人文引文索引(AHCI)，从而进一步扩大了引文索引法的应用范围。1922 年，ISI 被全球著名的专业情报提供商汤姆森收购，之后与英国专利情报机构德温特公司(Derwent)、美国生物学文摘社(BIOSIS)等信息机构合并建立了隶属于汤姆森公司(The Thomson Corporation)的汤姆森科技信息集团(Thomson Scientific)。2008 年 4 月 17 日，汤姆森公司收购英国路透集团，建立了汤姆森路透集团(Thomson Reuters)。2016 年，科睿唯安从汤姆森路透集团收购了科睿唯安，2019 年公司完成了从汤姆森路透集团的剥离。科睿唯安拥有诸多业界知名品牌，包括 Web of Science 平台(含科学引文索引，即 Science Citation Index，简称 SCI)、Incites 平台、EndNote、Publons 等。

Web of Science 平台是一个由多个文献检索数据库组成的平台，旨在支持科学学术研究。在该平台上的所有数据库中检索可以查找跨越多个学科、文档类型和格式的内容，发现这些不同内容集之间的引文联系，探索 Web of Science 中超过 10 亿个可检索的引用参考文献。平台含有关注主题的重点数据库，如 MEDLINE、BIOSIS Citation Index 和 Zoological Record；也有关注文献类型的重点数据库，如 Derwent Innovations Index(专利)和 Data Citation Index(数据集和数据研究)。[14]

Web of Science™核心合集是 Web of Science 平台上的首要资源，收录了 21 000 多种世界权威的、高影响力的学术期刊，内容涵盖自然科学、工程技术、生物医学、社会科学、艺术与人文等领域，最早回溯至 1900 年。Web of Science™核心合集收录了论文中所引用的参考文献，并按照被引作者、出处和出版年代编制成独特的引文索引。

Web of Science™核心合集由以下几个重要部分组成：三大期刊引文索引数据库 Science Citation Index-Expanded™(SCI-E，科学引文索引)、Social Sciences Citation Index™(SSCI，社会科学引文索引)、Arts & Humanities Citation Index™(AHCI，艺术与人文引文索引)；两大国际会议录引文索引 Conference Proceedings Citation Index™-Science(CPCI-S，会议录引文索引-自然科学版)、Conference Proceedings Citation Index™-Social Sciences & Humanities(CPCI-SSH，会议录引文索引-社会科学与人文版)；展示重要新兴研究成果的 Emerging Sources Citation Index™(ESCI)；图书引文索引 Book Citation Index™(BKCI)；以及两大化学信息数据库 Index Chemicus™(检索新化合物)和 Current Chemical Reactions™(检索新化学反应)。

3. 检索方法

Web of Science™核心合集有文献检索、作者检索、被引参考文献检索、化学结构检索 4 种检索方式，其中文献检索又包含基本检索和高级检索。可以通过界面上功能导航栏的相应标签进行切换。

1) 文献检索

① 基本检索

Web of Science™核心合集基本检索界面如图 5-26 所示。检索区上方系统提供 9 个子库的检索范围的限定选项。界面显示一个检索行,可以通过下方的添加行按钮新增检索行,每一检索行的检索字段用左侧下拉菜单选择,检索行之间逻辑关系通过新增行左侧的下拉菜单指定。检索框内的检索词可以是单词、词组或用检索算符连接的多个词(组)。检索区下方系统提供添加日期范围限定时间跨度的检索范围限定按钮。

系统提供 25 种检索字段,主要包括以下几种:

主题字段(topic):把检索词放在主题字段表示在论文标题、摘要、作者关键词和 keywords Plus 中进行检索。如 robot * 、"input shaping"。

标题字段(title):检索文献标题,标题是指期刊文献、会议录论文、书籍或书籍章节的标题。注:要检索期刊标题,请选择"出版物标题"字段。如"application of ATAD technology"。

作者字段(author):通过输入来源文献的作者姓名来检索该作者的论文被 Web of Science™ 核心合集数据库收录情况,进而了解该作者在一段时间内的科研动态。对于作者,先输入姓氏,后跟空格和作者名字首字母。如 johnson m * 。

出版物标题字段(publication titles):检索期刊标题、书籍标题、会议录标题等。也称为"来源出版物名称"。如 clin * nucl * med * 、"Journal of Agricultural and Food Chemistry"。

出版年字段(year published):检索出版年字段将同时检索出版和在线发表日期字段,可以检索某一年,也可以检索某个范围内的多个年份。如 2018、2011—2021。

地址字段(address):从作者的地址中查找机构和/或位置的完整或部分名称,在此字段中可以输入一个机构、一个城市、一个国家、一个邮编或者它们的组合。机构名和通用地址通常采用缩写。各检索词之间可以使用 SAME、AND、OR、NOT 算符组配。一条地址相当于一句,若一条地址中包含两个或多个词汇,检索时用 SAME 运算符连接多个词。如 IBM SAME NY。

Web of Science™ 核心合集提供检索的其他字段包括所有字段(all fields)、所属机构(affiliation)、出版商(publisher)、出版日期(publication date)、摘要(abstract)、入藏号(accession number)、作者标识符(author identifiers)、作者关键词(author keywords)、会议(conference)、文献类型(document type)、DOI、编者(editor)、基金资助机构(funding agency)、授权号(grant number)、团体作者(group author)、Keyword Plus ©、语种(language)、PubMed ID、Web of Science 类别(Web of Science Categories)。支持一串入藏号、DOI、PubMed ID 进行检索,无需布尔运算符连接。

② 高级检索

高级检索界面如图 5-27 所示,系统提供一个检索式预览窗口供检索式的预览与编辑,可以通过选择检索字段输入检索词并添加到检索式,也可以输入一个用检索词、检索算符、字段标识符构造的具有完整逻辑关系的复合检索式。可通过精确检索开关打开精确检索与匹配。检索窗口下方是字段标识符对照表,页面下方的检索历史区显示在当前会话期间所有执行过的检索,并可以在检索式预览窗口对历史检索进行组配运算,例如 #1 AND #2。

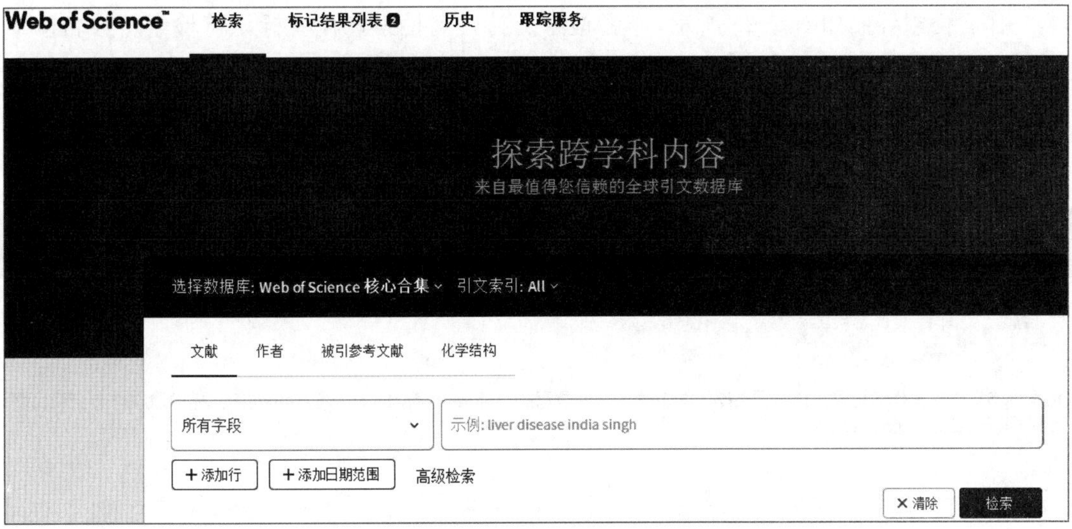

图 5-26　Web of Science™核心合集文献检索的基本检索界面

图 5-27　Web of Science™核心合集文献检索的高级检索界面

2) 作者检索

作者检索界面如图 5-28 所示,作者检索支持姓名检索和作者标识符检索。姓名检索通过检索作者的姓氏和名字来查找作者记录,支持"偏好姓名"(姓名变体)检索。作者标识符检索使用作者的 Web of Science Researcher ID 或 ORCID ID 查找作者记录,例如:A-1009-2008、0000-0003-3768-1316。

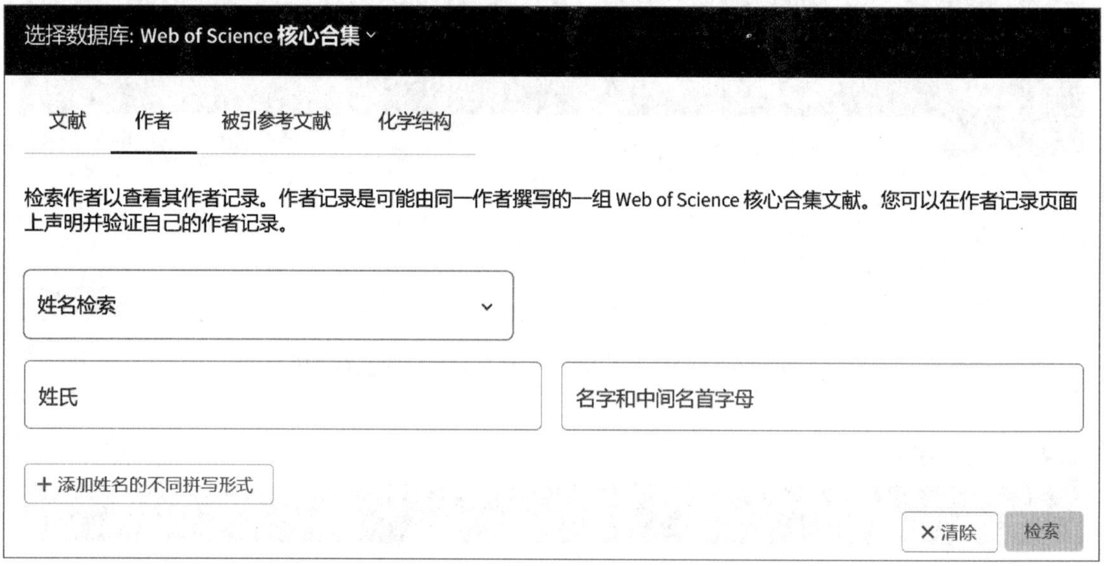

图 5-28　Web of Science^{TM} 核心合集文献检索的作者检索界面

3) 被引参考文献检索

被引参考文献检索以被引作者、被引著作、被引 DOI、被引年份、被引卷、被引期、被引页、被引标题为检索点或进行组配进行检索,以了解某个作者的著作(论文、书籍、专利等)发表以来被引用的情况,考察著作的重要程度及对相关研究的影响等。

被引参考文献检索界面如图 5-29 所示,系统提供 3 个检索行,每一检索行的检索字段用左侧的下拉菜单选择,检索行之间逻辑关系可下拉选择"AND""OR""NOT"进行组配。系统提供的可检字段包括被引作者(cited author)、被引著作(cited work)、被引 DOI(cited DOI)、被引年份(cited year(s))、被引卷(cited volume)、被引期(cited issue)、被引页(cited pages)、被引标题(cited title)。

被引作者字段检索文献、书籍、数据研究或专利的第一被引作者的姓名,有些记录还有第二被引作者姓名,例如:Evans P、Harsha D *。

被引著作字段检索被引著作,例如被引期刊、被引会议录和被引书籍的标题(检索缩写形式的标题可以得到更多结果)。如:Market *、Sci *、Solar pow *。

被引年份字段只能与被引作者和/或被引著作一起组合使用进行检索。输入 4 位数的年份或有限的年份范围。将年份限制在 2 年或 3 年的范围内,可以得到最优性能。例如:2018、2010 OR 2011。

图 5-29　Web of Science™ 核心合集文献检索的被引参考文献检索界面

4) 化学结构检索

化学结构检索界面如图 5-30 所示,从上到下分为两部分:化学结构绘图、化合物名称。

化学结构绘图部分,可创建化学结构检索式检索相匹配的化合物和反应。绘图框左上角提供子结构和精确匹配两种限定功能。子结构查找可查找包含绘制的化学结构的化合物和反应,即检索结果中绘制的化学结构可作为片段出现;精确匹配可查找与绘制的化学结构精确匹配的化合物和反应,即绘制的化学结构精确出现,不带任何附加结构或基团。绘图框左侧有打开 mol 文件和保存 mol 文件功能,打开 mol 文件即打开电脑本地已存在的 mol 文件,保存 mol 文件即将绘图框绘制的化学结构检索式保存为一个 mol 文件存储到电脑本地。

化合物名称部分,通过下拉箭头可以选择检索化合物数据和反应数据,化合物数据可按照化合物名称、化合物生物活性、分子量、特征描述进行检索;反应数据可以按照气体环境、反应检索词、大气压(atm)、时间(小时)、温度(摄氏度)、产率、反应关键词、化学反应备注进行检索。也可以通过添加行增加检索行,检索行之间逻辑关系可下拉选择"AND""OR""NOT"进行组配检索。当检索字段选为气体环境时,气体环境下拉菜单包含:任意、空气、O_2、N_2、H_2、He、Ar、CO、CH_4 和 CO_2。当检索字段选为分子量、大气压、时间、温度或产率时,检索框左侧下拉菜单有 6 种选项可供选择:$<$、$>$、$\leqslant$、$\geqslant$、$=$ 和 between。当检索字段选为特征描述时,可以指定化合物在反应中的角色,包括作为反应物、作为产物、作为催化剂、作为溶剂。当检索字段选为反应关键词时,反应关键词标识以下内容:一般反应类别、命名的化学反应、新催化剂和试剂等,可通过单击检索框后方给出的 AZ 列表,查找并添加可检索的有意义的反应关键字。检索框下方有回流标记复选框,选中时表示检索标记为回流的反应。

以上两部分内容可相互结合进行检索,也可只针对其中一部分输入关键词进行检索。

图 5-30　Web of Science™ 核心合集化学结构检索界面

4. 小结

本节主要介绍引文检索的相关概念,并重点介绍引文数据库平台 Web of Science™ 核心合集,及 Web of Science™ 核心合集的检索方法与实例。Web of Science™ 核心合集通过其独特的被引文献检索,可以将一篇文章、一个专利号、一篇会议文献或者一本书作为检索词,检索这些文献被引用的情况,了解引用这些文献的论文所做的研究工作,可以轻松地回溯课题或某一研究文献的历史起源,或者追踪其最新的进展。既可以越查越旧,也可以越查越新,越查越深入。

5.3.4　网络信息资源检索

网络信息资源是将文字、图像、声音、动画等多种形式的信息以数字化形式存储,并借助计算机与网络通信设备发布、收集、组织、存储、传递、检索和利用的信息资源。与传统的信息资源相比,网络信息资源在数量、结构、分布、传播范围、类型、载体形态、内涵、控制手段、传递方式等方面都显示出新的特点。这些特点赋予了网络信息资源新的内涵,可按照一定的标准从不同角度来阐述。

从内容角度看,网络信息资源具有海量化、类型多样、更新速度快、代谢频率高、复杂性等特点。

从形式角度看,网络信息资源具有数字化存储传递、动态性、开放性、组织无序、稳定性差、非线性等特点。

从效用角度看,网络信息资源具有共享性、时效性、交互性等特点。

1. 学术搜索引擎

网络信息资源检索工具多种多样,按照其检索机制可分为主题指南(目录型检索工具)、图书馆的网络导航(学科导航)、搜索引擎等。从功能上来看,主题指南和图书馆的网络导航类似图书中的目录,而搜索引擎更像索引。

1) 搜索引擎

搜索引擎使用自动索引软件来发现、收集并标引网页,建立索引数据库,以 Web 形式提供检索界面。当用户输入某个关键词的时候,所有在页面内容中包含了该关键词的网页都将作为搜索结果被搜索出来。在经过复杂的算法进行排序后,这些结果将按照与搜索关键词的相关度高低依次排列。搜索引擎强调检索功能,而非主题指南那样的导引、浏览。搜索引擎适合于检索特定的信息及较为专深、具体或类属不明确的课题,信息量大且新,搜索速度快,但检索结果准确性相对较差,其代表有谷歌、百度等。[15]

2) 学术搜索引擎

学术搜索引擎(Academic Search Engine,ASE),指搜寻科技与学术信息的信息检索系统,是用户获取有效资源的重要途径。ASE 一般可分为专业学术搜索引擎和通用学术搜索引擎两类:专业学术搜索引擎包括国外的 Elsevier、Wiley、Web of Science(WoS)等和国内的中国知网、维普、万方、CSSCI 检索系统、超星知识发现系统等;通用学术搜索引擎包括国外的 Google Scholar(GS)、Microsoft Academic 等和国内的百度学术、搜狗学术、360 学术等。[16] 这里我们简要了解下通用学术搜索引擎谷歌学术搜索和百度学术搜索。

① 谷歌学术搜索(scholar.google.com)

谷歌(Google)是目前公认的全球规模最大、最受欢迎的搜索引擎,在全球搜索市场的市场占有率一直稳定在 80% 以上(Net Market Share 数据)。谷歌开发了自己的服务基础结构和具有突破性的 Page Rank™ 技术,该技术主要通过查看有哪些网页链接至该网页并分析其他数据来确定该网页的"重要性"。现在,谷歌使用包括 PageRank 在内的 200 多种指标为网页排序,而且每周都会更新这些算法。[17]

谷歌学术搜索是谷歌公司于 2004 年推出的一个专门面向学术资源的免费搜索工具,资料来源于学术著作出版商、专业性社团、预印本、各大学及其他学术组织的经同行评论的文章、论文、图书、摘要和文章等。[15]

② 百度学术搜索(xueshu.baidu.com)

百度学术于 2014 年 6 月上线,是百度旗下的免费学术资源搜索平台,致力于将资源检索技术和大数据挖掘分析能力贡献于学术研究。百度学术收录了包括知网、维普、万方、Elsevier、Springer、Wiley、NCBI 等多个国内外学术站点,建设了包括学术期刊、会议论文、学位论文、专利、图书等类型在内的多篇学术文献。百度学术主要提供学术首页、学术搜索、学术服务三大主要服务。

百度学术搜索主页如图 5-31 所示。

图 5-31 百度学术搜索主页

2. 小结

在确定使用搜索引擎检索的前提下,仍然需要在多个搜索引擎中做出选择。目前,搜索引擎繁多,每个搜索引擎都有各自的特色,适合不同的检索需求。例如,目前国内最大中文搜索引擎百度适合多数中文检索需求,全球最大的搜索引擎 Google 适合多数外文信息需求,某些垂直搜索引擎适合特殊类型的检索需求等。在搜索引擎的具体选择上,一方面要考虑搜索引擎的特色和性能,另一方面还要结合自己的检索习惯。

5.4 情境导入

5.4.1 CNKI 检索实例

下面以"公民教育与国家认同研究"为例进行检索示范。

第一步,制定检索策略。

分析课题,提炼检索词。

公民教育;国家认同。

拟定检索提问式或检索途径。

[公民教育并且国家认同]/主题

检索要求:期刊范围不限;学科不限;时间范围不限;检索结果按发表时间排序。

第二步,实施检索策略。

登录网址 www.cnki.net,访问 CNKI 首页,在文献检索模块单击"高级检索"。

选择检索项为"主题",输入检索词,使用布尔逻辑算符"AND",并单击"检索"按钮。得检索结果 310 条,如图 5-32 所示。

图 5-32　高级检索

第三步,检索结果处理。

如检索结果满意,可直接浏览;如检索结果太多,可进一步精炼;如检索结果太少,需调整检索策略。本案例选择精炼结果,步骤如下,见图 5-33:首先单击"学术期刊",然后单击上方的下拉按钮,在"来源类别"选项勾选"北大核心"和"CSSCI",最后单击检索,即得到 113 条发表在核心刊物上的期刊论文。

图 5-33　检索结果处理

① 检索结果默认按照发表时间由近及远排序,也可选择按照相关度、被引、下载等方式排序。在检索结果左侧,按照研究层次、主题、发表年度、期刊、来源类别、学科、作者、机构、基金等进行分类。鼠标放在"导出与分析"上将出现"可视化分析"——"全部检索结果分析"(见图 5-34),单击后进入分析界面,可对该课题的研究现状和趋势有一个直观的了解(见图 5-35)。

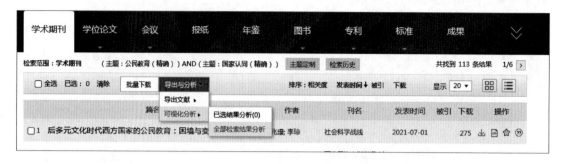

图 5-34　导出与分析

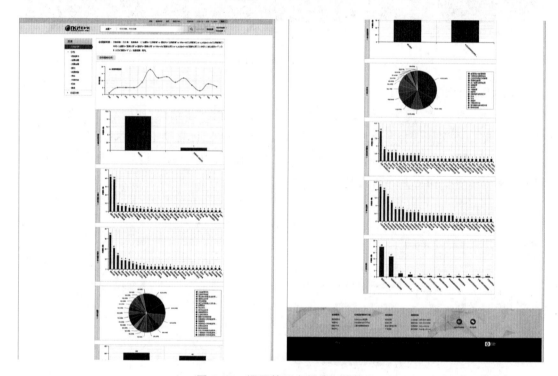

图 5-35　课题的研究现状和趋势

② 再回来继续看论文。单击篇名,即可跳转到论文的题录信息,可选择手机阅读、HTML 阅读、CAJ 阅读和 PDF 阅读等方式;单击作者的名字,可查看作者信息,了解其所在单位、关注领域、作者文献等情况;单击刊名,可浏览该期刊目录;单击被引栏的数字,可查看该论文的被引信息。

③ 阅读全文,需下载 CAJViewer 浏览器进行阅读。选中文献后可以进行批量下载。

5.4.2　EI 检索实例

课题:在 EI 数据库中检索近 3 年(2020—2022 年)海洋污染方面的研究论文。

【分析课题】本课题要检索文献的主题是:海洋污染,ocean pollution。

【选择检索词、编制检索式】

选择 subject/title/abstract 检索途径,检索词为"ocean pollution",检索式为(("ocean pollution") WN KY)(定为检索式 1)。

【EI 检索步骤】

在快速检索(quick search)检索词输入框中输入:ocean pollution,选择 subject/title/abstract(主题)检索字段,或者在专家检索(expert search)检索词输入框中输入:(("ocean pollution") WN KY)(定为检索式 1),在检索限定栏选定检索时间段:2020—2021,点击"Search"检索,显示检索结果有 3 470 条记录。

在主题检索检索词输入框中输入"ocean pollution",通过得到控制词:marine pollution,同(1)方式重新用 marine pollution 检索:(("ocean pollution") WN KY)(定为检索式 2),显示检索结果有 7 133 条记录。

对比两个检索结果,可以发现检索式 1 确实可以得到相关性较高的文献,但却漏掉了大量其他同样也很相关的文献:用组配检索:♯2 NOT ♯1,得到 4 993 条记录。

利用检索结果右边的"Refine",可以选择浏览检索结果中发文最多的作者、机构等,通过相关性排序挑选合适的文献。

【EI 检索结果分析】

从整个检索过程可以看出:初始检索时的检索词如本例中的 ocean pollution 可能是自由词(uncontrolled terms),用之进行检索,选择 title、keyword 等途径,可以得到相关性较高的文献,但会产生漏检。如果改用控制词进行检索,则可避免这种情况的发生。所以针对 EI 数据库,尽量用控制词进行检索。

5.4.3 PubMed 检索实例

[检索实例①]查找维生素 C 对普通感冒的作用方面的文献

本实例可在 PubMed 主页直接输入"vitamin c common cold",系统具有自动词语匹配功能(automatic term mapping),该功能可以实现词语的自动转换,其目的是尽可能使文献查全但并不要求作复杂的操作。通过高级检索界面(advanced search)的"History and Search Details"链接可以显示检索后台实际进行的检索过程"('ascorbic acid'[MeSH Terms] OR ('ascorbic'[All Fields] AND 'acid'[All Fields]) OR 'ascorbic acid'[All Fields] OR 'vitamin c'[All Fields]) AND ('common cold'[MeSH Terms] OR ('common'[All Fields] AND 'cold'[All Fields]) OR 'common cold'[All Fields])",其中显示了维生素 C 对应的规范化主题词"抗坏血酸 ascorbic acid",检索过程兼顾了主题词检索及关键词检索,并合理应用了布尔逻辑组配检索,对于初学者来说很有帮助。见图 5-36。

[检索实例②]查找有关基因芯片(gene chip)的规范化主题词

读者在检索过程中需要了解某个概念的内涵与外延,通过了解某个概念的规范化主题词及其上下位主题词的关系,可以进一步理解该概念。有些专业期刊在读者提交稿件时也需要列出论文相关的主题词。本实例可利用 PubMed 的"MeSH database"来查找(NLM MeSH 的主页网址为 https://www.nlm.nih.gov/mesh/meshhome.html)。

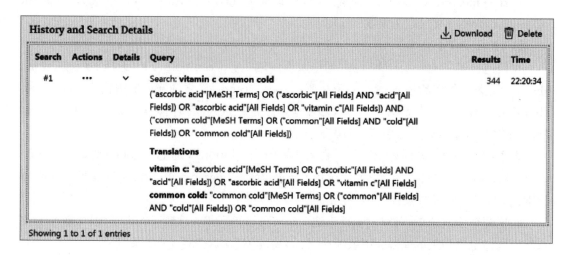

图 5-36 "Details"显示的检索后台实际进行的检索过程

如图 5-37："gene chip"对应的规范化主题词为"Oligonucleotide Array Sequence Analysis",所包括的款目词有 Oligodeoxyribonucleotide Array Sequence Analysis、DNA Microarrays、DNA Arrays、DNA Microchips、DNA Chips、Gene Expression Chips 等。

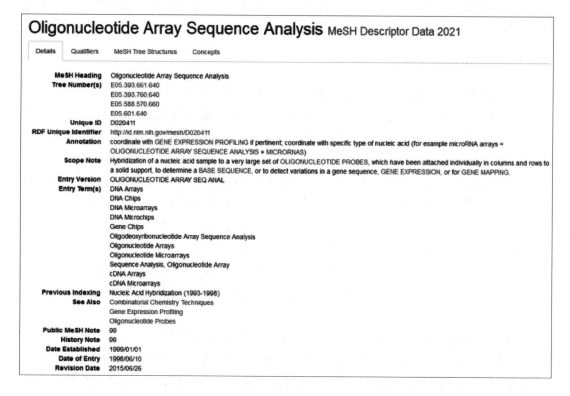

图 5-37 主题词"Oligonucleotide Array Sequence Analysis"所包括的款目词

通过查看树状结构表(见图 5-38),也可以获得该词的上位主题词、下位主题词及同位主题词。如其上位主题词"Microarray Analysis",通过链接可以看到还有两个同位主题词"Protein Array Analysis"及"Tissue Array Analysis",这对于课题扩展及相关检索很有帮助。

```
Investigative Techniques [E05]
    Genetic Techniques [E05.393]
        Nucleic Acid Hybridization [E05.393.661]
            Branched DNA Signal Amplification Assay [E05.393.661.124]
            Comparative Genomic Hybridization [E05.393.661.187]
            Heteroduplex Analysis [E05.393.661.250]
            In Situ Hybridization [E05.393.661.475] ⊕
            Oligonucleotide Array Sequence Analysis [E05.393.661.640]
            Subtractive Hybridization Techniques [E05.393.661.820]

Investigative Techniques [E05]
    Microchip Analytical Procedures [E05.588]
        Microarray Analysis [E05.588.570]
            Oligonucleotide Array Sequence Analysis [E05.588.570.660]
            Protein Array Analysis [E05.588.570.700]
            Tissue Array Analysis [E05.588.570.850]
```

图 5-38　主题词"Oligonucleotide Array Sequence Analysis"在树状结构表的位置

[检索实例③]查找 SARS-CoV-2 感染(2019 新型冠状病毒,SARS,Severe Acute Respiratory Syndromes,严重急性呼吸综合征)的临床预后方面的文献

本实例主要是查找临床方面的文献,可以利用 PubMed 的临床文献查询功能(clinical queries),这是一个专门为临床医生和临床试验工作者设计的检索服务。输入"SARS-CoV-2",限定类目"Prognosis"及"Narrow"检索。

Clinical queries 可以查询疾病的 therapy(治疗)、clinical prediction guides(临床预测指南)、diagnosis(诊断)、etiology(病因)、prognosis(预后)5 个方面的文献,选项"Broad"和"Narrow"称为检索过滤器(search filter),用来表示倾向查全还是查准。

[检索实例④]如何查找著录不全或者有错误的参考文献的准确信息

有读者查到一篇文献的参考文献"Stollberger C, et al. Cardiol, 2004, 59(3): 341-344",但通过馆藏目录发现 Cardiology 期刊 2004 年并没有 59 卷,或者 59 卷中也没有 341-344 的文献,这种情况可以利用 PubMed 的 Single Citation Matcher(单引文匹配器)功能,通过填表的形式输入期刊的部分信息可以找到某单篇的文献或整个期刊的内容。本例只需输入年代、卷、期、页码首页,即可获得该文献的准确信息。检索过程及结果见图 5-40 与图 5-41,原参考文献期刊来源实际上是"Acta Cardiology"。

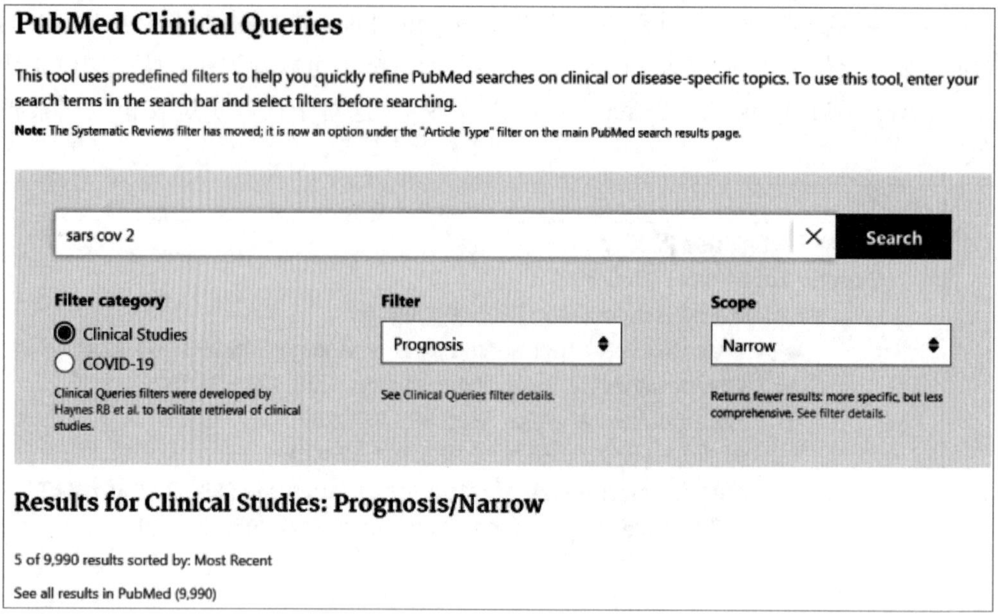

图 5-39 “Clinical Queries”检索界面

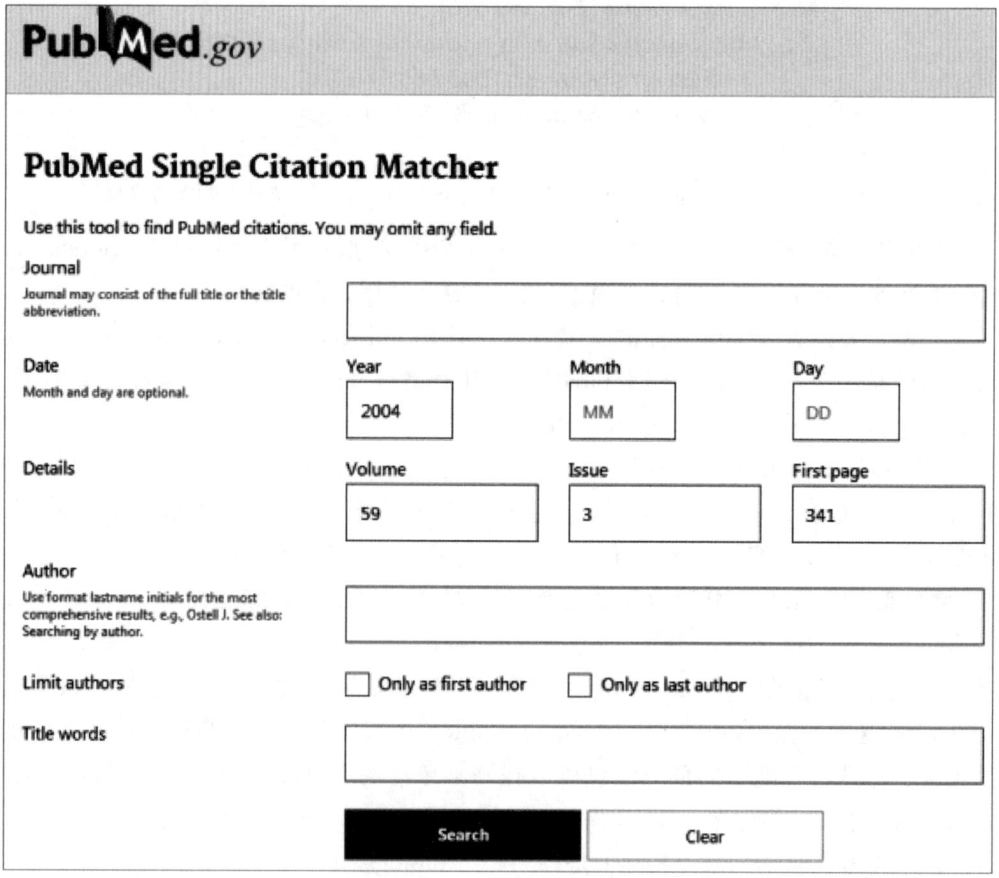

图 5-40 PubMed 单引文匹配器

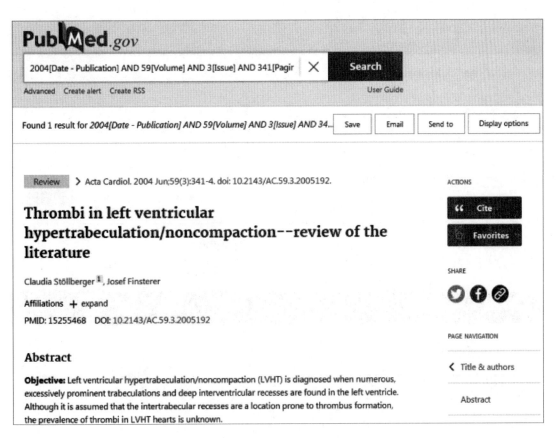

图 5-41　PubMed 单引文匹配器命中结果

5.4.4　Web of Science 检索实例

1）检索实例一

在 Web of Science™ 核心合集中检索东南大学以碳化硅为研究主题的相关文献，选择文献检索，在第一个检索行选择在主题字段检索 SiC OR "silicon carbide"，添加行，在第二个检索行选择在地址字段检索 southeast univ，如图 5-42 所示，检索结果为 276 条，后续可依据这 276 篇文献做进一步的分析，比如查看东南大学哪些学者在做该主题的研究，查看这 276 篇文献主要发表在哪些期刊上等。

2）检索实例二

在 Web of Science™ 核心合集中查看东南大学崔铁军教授发表的相关文献，选择作者检索，姓氏检索框输入 Cui，在名字和中间名首字母检索框输入 Tie Jun，点击添加姓名的不同拼写形式增加检索行，输入姓名的变体，如 Cui Tie-Jun、Cui T. J. 如图 5-43 所示。

检索得到 9 条作者记录，第一条作者记录右侧有绿色小对勾标记的为已被作者认领过的作者记录。另外 8 条记录未被作者认领，可以由作者本人或者科研管理人员通过合

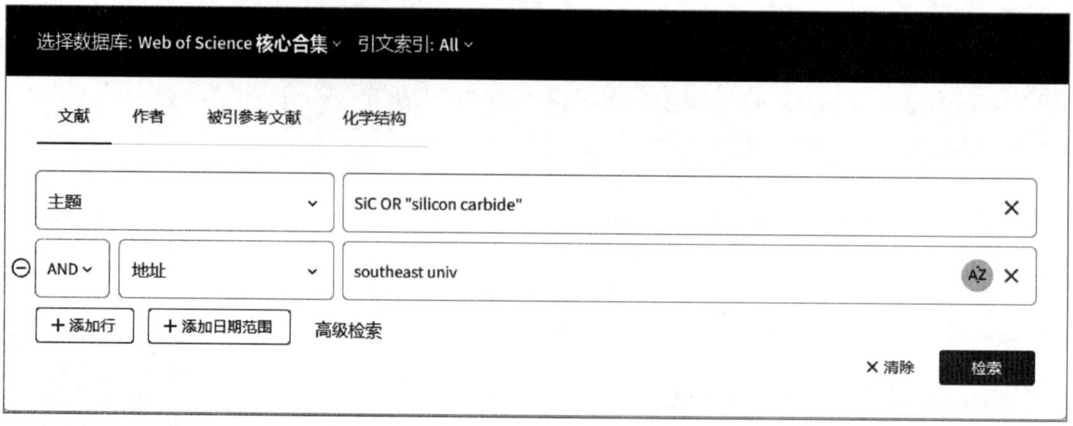

图 5-42　检索实例一检索页面

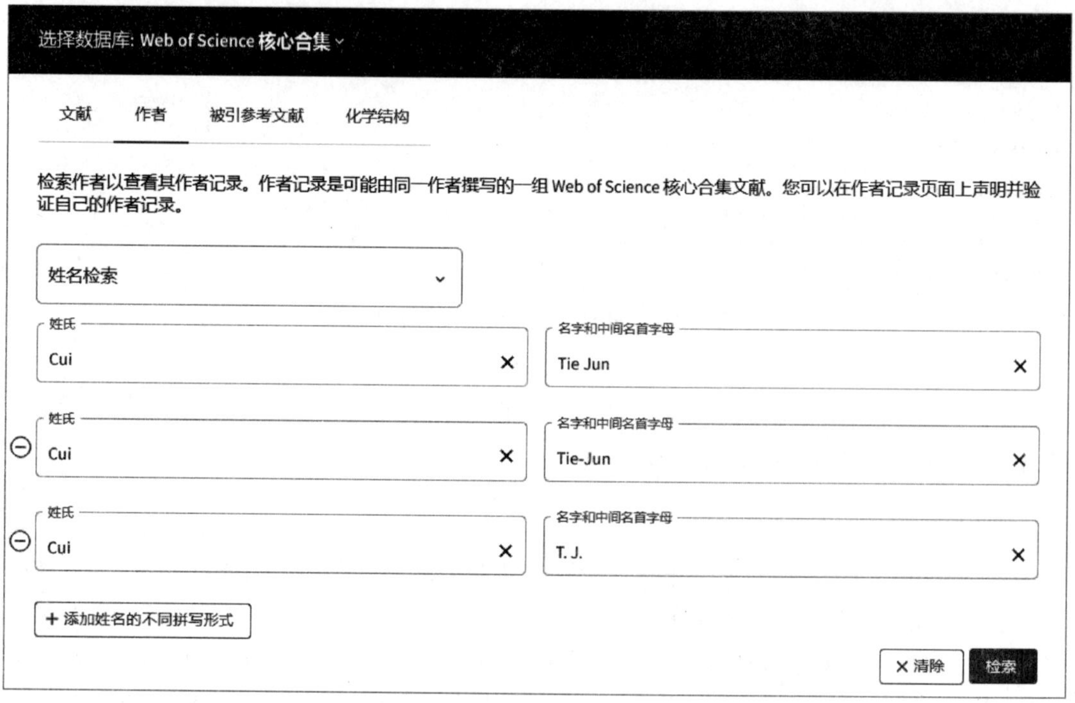

图 5-43　检索实例二检索页面

并记录功能向系统发出请求，对属于同一个作者不同论文数据集进行后续的清理与合并。

打开第一条已被作者认领的记录，可以进入作者个人详情页面，可以查看崔铁军教授发表的论文、所属机构、合作情况、影响力情况、作者姓名的变体等完整的作者信息和记录，如图 5-44 和图 5-45 所示。

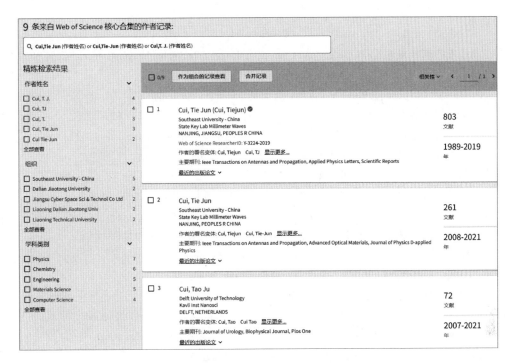

图 5-44　检索实例二检索结果

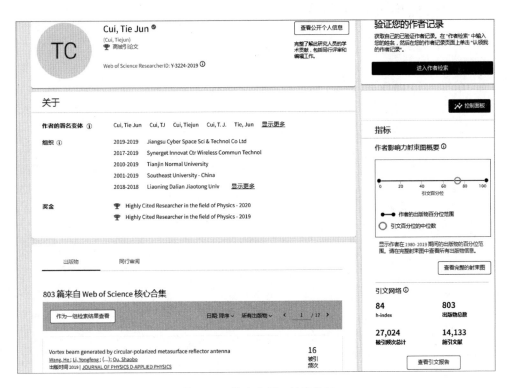

图 5-45　检索实例二检索结果

参考文献

[1] 信息检索的基本概念[EB/OL].[2021-7-30]. https://baike.baidu.com/item/%E4%BF%A1%E6%81%AF%E6%A3%80%E7%B4%A2/831904?fr=aladdin.

[2] 王知津,崔永斌.科技信息检索[M].天津:南开大学出版社,2003:36-57.

[3] 姚建文.论手工检索与计算机检索不可偏废[J].高校图书馆工作,2001(5):59-61.

[4] 计算机存储设备及存储容量[EB/OL].[2010-6-30]. http://www.dzwebs.net/2825.html.

[5] 叶继元.信息检索导论[M].2版.北京:电子工业出版社,2009:108-139.

[6] 袁曦临.信息检索[M].5版.南京:东南大学出版社,2011:60-67,102.

[7] 马张华,侯汉清.文献分类法主题法导论[M].北京:北京图书馆出版社,1999:1-5.

[8] EI(工程索引)[EB/OL].[2021-10-15]. https://www.engineeringvillage.com/.

[9] 罗爱静.医学文献信息检索[M].2版.北京:人民卫生出版社,2010:67-81.

[10] 中国期刊网[EB/OL].[2021-10-15]. https://www.cnki.net/.

[11] 陈英,章童.科技信息检索[M].7版.北京:科学出版社,2019:31.

[12] 刘二稳等.信息检索与创新专利[M].北京:科学出版社,2017:22.

[13] ScienceDirect全文数据库[EB/OL].[2021-10-15]. https://www.sciencedirect.com/.

[14] Web of science数据库[EB/OL].[2021-10-15]. https://webofknowledge.com/.

[15] 王红兵,胡琳.信息检索与利用[M].3版.北京:科学出版社,2019:44-49.

[16] 张坤.通用学术搜索引擎服务满意度的关键影响因素[J].图书馆论坛,2021,41(7):87-95.

[17] 邹广严,王红兵.信息检索与利用[M].北京:科学出版社,2016:44.

第 6 章 科 研 选 题

科学研究的首要环节就是选题,选题的前提是扫描专业领域,研读专业文献,理解国内外同行的最新研究进展,明确自己的研究起点,敏锐地发掘出学术界共同面临而又亟待解决的问题,才能根据客观需求和自身的研究兴趣及条件等因素,正确选择自己的研究方向和切入点,进而确定自己的研究选题。

6.1 选题规划

科学研究需要集中在某一个专业领域里进行选题,专业规定了研究者从事研究的领域边界。研究方向是指一个学科专业领域细分的研究重点领域和范围。

课题选题是全部科研工作的起点,具有战略性意义。它明确了专业文献检索及数据分析的目标、对象和内容,决定着文献综述信息分析工作的思路。选题的正确与否,不仅关乎科研工作成果的质量,也关乎其成果的价值大小。

6.1.1 选题原则

1. 科学性和创新性

课题选择要以科学思想为指导,从客观实际出发,以事实和理论为基础,选择合乎科学道理、客观规律的课题,避免选择违反科学原理的课题。

在科学性的基础上还需要考虑到选题的创新性,创新性是科学研究的灵魂,选择别人尚未提出过或者没有研究透的问题,开拓别人尚未涉足或深入研究过的领域,使选题具有先进性和新颖性。

2. 必要性和可行性

必要性是指选题应该是必要的,而不是重复的、可有可无的。一般来说,凡是与国民经济和社会发展需求相吻合的、与学科发展需求相一致的新选题都是必要的。现实中必要和有价值的课题很多,但由于人力、物力和财力的限制,不可能将所有课题都列入研究计划,因此就涉及"可行性"的问题。对于既定的课题而言,如果研究者、团队或机构已经具备研究的条件,或者通过努力可以具备研究的条件,则认为这样的选题是可行的,才能使所选课题不会因自身能力和条件的限制而发生夭折。

在选择课题时,其必要性反映了社会的客观需求,而可行性则反映了研究者主体的主观能力。只有结合了必要性和可行性的选题,才能使选题在客观上具有意义。

3. 政策性和效益性

科研工作在相当程度上是为国民经济和社会发展各领域的科学决策、研究与开发、市场开拓活动服务的,其选题必须以各项政策为依据,不与政策相悖。从经济角度来说,科研活动本身是经济活动的一部分,需要投入大量的人力、物力、时间和财力;从整个社会的角度来说,科研是社会服务体系的重要组成部分。经济效益和社会效益是科研活动效益性原则的两个方面,在科研活动中追求经济效益是无可厚非的,但当两者发生冲突时,应该坚持社会效益优先的原则。

6.1.2 选题来源

选题的来源极其广泛。从课题所属层面来说,有来源于科研、生产等一线的微观课题,也有来自国家、社会宏观政策中的宏观课题;从课题所属内容范围来看,可以划分为以科技、经济、市场及其他社会问题为内容的课题。从课题提出者的角度来划分,将其来源可归纳为:上级主管部门下达的课题、用户委托的课题和科研人员提出的课题。

1. 上级主管部门下达的课题

国家各级政府部门、企事业单位在制定规划,进行决策前,常常会遇到各种各样的问题,大到世界政治、国家重大规划和经济发展等宏观问题,小至产品技术更新、市场开拓等微观问题。国家各级政府部门、企事业单位为了有效解决这些问题,常会以课题的形式向所属的信息分析机构下达研究任务。这类课题大多是指令性、突击性,且针对性极强,有明确的研究目的、内容和具体的时间节点。

2. 用户委托的课题

由于科研、生产、教学、管理和营销等方面的需要,各级各类用户常以委托的形式,向大学、科研院所等机构提出课题。课题委托书的内容一般包括委托研究的目的、内容、性质、形式、进度和经费等项目。此类项目具备灵活性、开放性、竞争性和高效性等特点。

3. 研究者自选课题

相对于前两类被动性课题,这一类课题是主动性选题。研究人员依据其长期的积累,掌握了大量的源信息,熟悉社会需求,并通过主动调研,针对国民经济发展、社会发展和科学研究的需要提出相关的课题。这类课题通常不仅具有很好的前瞻性,而且课题后续研究工作也易于开展,容易取得丰硕的研究成果。

6.1.3 选题步骤

选题作为一项决策过程,通常包括课题提出、课题论证、选定课题、开题报告 4 个步骤。

1. 课题提出

课题的提出是选题的起点,其主要工作是明确研究任务的目标。对于上级主管部门下达和用户委托的课题,该阶段的工作相对简单,主要是对所提出课题进行形式上的整理、归纳和粗略的分析,以使课题明确化。对于科研人员自主提出的课题,该阶段的工作既是重点也是难点。选题的重要性则决定了该阶段工作是重点。而难点在于,这类课题通常没有用户的积极主动配合,研究者要根据其科研经验、知识积累、敏锐的信息意识、发现问题的能力以及对现实信息需求的把握,提出自己的研究课题。

2. 课题论证

该阶段的主要任务是进一步明确课题的目的、对象、意义、要求、难度、费用和完成期限等,并对课题实施的科学性、创新性、必要性、可行性、政策性和效益性等进行初步的论证。这个阶段的工作开展以大量翔实的相关信息资料为前提,因此,要求研究者围绕课题展开调查,采集相应的信息资料和样本,并在此基础上综合采用调查法、比较法、预测法、综合法、决策法等方法进行分析和论证。如有必要应该对课题进行相应的调整,如课题范围、完成期限、费用的调整,甚至是修改选题方向或放弃选题的调整。

3. 选定课题

经过以上分析和论证,符合科学性、创新性、必要性、可行性、政策性和效益性等原则的课题一般不止一个,需要对此进行筛选,在多个备选课题中确定一个最恰当的课题。在这个过程中,要综合考虑多种因素,各种因素间关系复杂,既有横向比较又有纵向分析,一般要邀请相关专家一起协商讨论,必要时还需要进行多次分析和论证。

4. 开题报告

经过选定的课题一般以开题报告的形式表现出来。开题报告是预研究的成果,通常以书面的形式体现选题的目的、意义、依据、初步拟定的实施方案等。在征求有关方意见,经审批确定后,最终以课题合同书的形式固定下来。

开题报告和课题合同书并不是对每一课题都是必需的,有些课题,如专利查新、小范围的市场调研等,仅凭上级主管部门下达的课题任务书、用户提交的委托书即可开展课题研究工作。而有些课题耗资多、工作量大,如博硕士毕业论文等选题都需要提交开题报告。

6.1.4 课题计划

选定课题之后,就要拟定课题计划。课题计划是整个科研工作的指南和纲领,课题越大越复杂,就越需要一个周密详细的研究计划。一个较大的研究课题,其研究计划主要应该包括如下内容。

1. 课题目的

课题目的即课题要解决的主要问题。课题计划应以简明清晰的文字阐明课题的目的,如课题的来源、背景、意义、拟解决的主要问题、研究成果服务的对象等。

2. 调查大纲

在明确课题目的的基础上,制定详细的调查大纲,一般包括调查方式、调查范围、调查步骤、调查的广度和深度等。

3. 研究方法和技术路线

根据课题性质和研究条件,预计可能采用的研究方法和技术路线。

4. 预计成果形式

根据课题研究条件和用户需求,预计研究成果的形式及其表现角度和提交方式,以便于科学安排时间和合理使用人力、物力、财力。

5. 组织分工

根据课题组成员的知识结构、特点和课题研究的需要，合理安排成员的具体任务。主要的角色有课题组组长、调查人员、实验人员、数据采集人员、数据分析人员、成果报告撰写人员等，各成员间相互联系和合作。

6. 完成时间和步骤

为便于检查计划执行情况，一般按照研究工作的程序将整个课题研究活动分为几个阶段，并初步拟定各阶段完成的时间和实施步骤。

7. 数据管理计划

在大数据环境下，国外越来越多的基金会、科研支持和管理机构开始重视数据的管理与共享，要求研究者在申请科研项目时必须附带详细的数据管理计划或共享计划，可见数据在科研中的重要性。为保证数据的获取和再利用，应制定科学的数据管理计划，计划要素主要包括数据描述、格式、元数据、存储和备份、知识产权、访问和共享、用户、保留期限、存档和保存、道德和隐私、预算、数据组织、质量控制、法律要求等。

8. 其他

除以上几项外，还包括完成课题所需要的人员、经费、技术和设备等条件，需要在课题计划中体现。在实际工作中，一些科研机构要求提交一张格式化的课题计划表，用简明的文字和醒目的表格，将选题目的、工作条件、分工和进度表示出来。

课题计划是整个研究工作的行动纲领，但也并非是一成不变的。随着研究工作的开展和课题环境的变化，原有的计划可能会被修改和补充，特殊情况下还有可能被废止。

6.2 扫描专业领域

研究生在准确选定了所要研究的领域以及范围后，需要进一步进行学科领域态势分析、了解学科热点，追踪高水平学术专家及权威机构，进而锁定自己的选题范围。所谓信息搜集是根据课题的目的和要求将分散蕴涵在不同时空域的有关信息采掘和积聚起来的过程。信息搜集需要遵循全面性、系统性、针对性、适用性、可靠性、新颖性、科学性、计划性等原则。主要包括文献调查、社会调查和网络调查。

6.2.1 学科态势分析

1. 分析对象

学科领域发展态势分析是一项复杂的系统性工程，各个环节之间彼此制约和联系，明确的研究方向决定了后续其他态势分析步骤的可行性及实现的难易程度。分析对象依据分析领域的大小，可以分为较大的宏观学科领域态势分析和较小的微观主题领域态势分析两种情况。宏观学科领域可以是化学领域、物理领域或者材料学领域等一级学科研究方向，微观主题领域可以是用作储能材料的石墨烯、功率半导体器件或者双功能电解水催化剂等较小的研究方向。相比较小的微观研究主题而言，较大的宏观研究方向具有以下特点:检索式较容易确定,可从宏观角度了解学科领域的发展态势,也可以分析其下包含的二级及三级学科领域的发展态势,可供选择的分析角度和维度比较多,但是需要面对大量数据的下载及处理等问题。而较小的微观主题领域的发展态势在数据的下载、处理及后期的分析过程中表现得比较灵活,适用软件的选择空间较大,大部分软件都能处理,能够得到针对该领域的多维度的详尽分析结果,但是需要面对学科领域分析方向的选择及检索式构建等问题。较小的微观研究方向检索式的确定是一个相对复杂的问题,因为方向越小,检索式的构建就要越聚集,而精准的构建检索式是后续分析有效的前提。这就需要阅读大量该领域的专业文献及其上位类领域的相关文献,确定合适的检索范围(范围太宽或者太窄都会影响分析结果的准确性)的检索策略。[1]

2. 分析数据

常见的分析数据有论文、专利、资助项目信息、国家战略布局/部署信息以及包含产值和市场占有率等指标的产业数据。

以科研论文作为分析数据进行学科领域发展态势分析又分为两种情况:① 利用具有突破性和创新性的代表性论文描述领域的研究进展,进而揭示发展态势和阶段性突破;② 利用大量论文中包含的相关字段进行宏观的分析,间接反映领域发展态势。第一种情况需要分析人员在此领域有较长时间的技术跟踪,积累较多,且领域基础知识较为丰富;第二种情况需要分析人员具有较好的情报分析能力,对于字段的处理及相关分析工具的使用较为熟悉,同时具有一定的领域知识基础。

从时间角度而言,以论文为载体的学科领域发展态势分析反映的是过去某段时间该领域的发展态势,对于研究者来说他们更想知道该领域现在的发展态势及以后的发展情况。此时,以资助项目信息为载体的学科领域分析可以解决领域"现在"发展态势的问题,而通过分析"国家战略布局/部署信息"则可以得到该领域"以后"的发展情况。

专利文献也是科技成果有效的载体,由于在科技成果未上市之前,往往需要较早的在专利中进行布局,因此,专利文献相比一般技术刊物所提供的信息要提早数年。大多数发明创造只通过专利文献记载,不会出现于其他形式的文献中,为了快速了解某一技术领域的国际市场布局与竞争情况,选择专利文献作为数据分析载体是必要的。

确定分析数据载体后,接下来需要考虑数据来源的问题,也就是从哪里获取数据的问题。目前,包含研究论文的数据库平台有很多:如常用的综合性国际数据库有 Web of Science、Scopus 等;专业性国际数据库,如生命科学领域的数据库 BIOSIS Previews,工程领域的数据库 EI,物理、电子及计算机领域的数据库 Inspec,化学领域的数据库 SciFinder,生物医学领域的 PubMed 等;还有常用的知名中文综合性数据库,包括中国知网、万方、维普等。如果分析的学科领域是一个多学科交叉领域,分析人员可能需要从综合性数据库中检索并下载数据。如果分析的领域是一个专业性非常明显的领域,且有相应的专业数据库作为数据源,那这种专业数据库则是分析人员进行数据检索和下载的首选。

常见的专利数据资源工具也很丰富,包括商业数据库 Innography、incoPat、Derwent Innovations Index(DII,德温特专利索引数据库)等,还有公共网络资源数据平台,如世界知识产权组织(patentscope 专利数据库)、中国国家知识产权专利检索及分析平台,美国专利商标局(美国专利全文数据库)、欧洲专利局(Espacenet 专利检索系统),等等。

3. 常用分析工具

1) InCites 和 ESI

InCites™ 数据库中集合了 40 多年 Web of Science™ 核心合集七大索引数据库的数据,是一个科研绩效评价分析类数据库。可以从学者、机构、国家/地区、期刊、研究方向、基金资助机构等多个维度提供生产力、影响力、合作、声誉等多元化的指标和单因子排序、合作量化等多种可视化的分析结果。利用 InCites™ 数据库可以定位重点学科/优势学科,发现潜力学科,识别优势且有潜力的研究主题。

InCites™ 数据库在筛选条件中的"研究方向"处可选择需要分析的学科分类,包含 14 种学科分类方式,比如:Web of Science 学科分类,ESI 22 个学科分类,中国 SCADC 教育部一级学科分类,意大利 ANVUR 学科分类,等等。

尽管给出了多个学科分类体系供选择,但是难以聚焦到某一具体主题,ESI 学科分类体系将所有学科分为 22 个大类,大致对应的是教育部的一级学科。Web of Science 分类则较为细化,共划分了 200 多个学科,很多学科都精细到了二级学科,方便学者聚焦到某一小的学科,但是由于是以整本期刊、专著或会议为单位进行划分的,因此存在同一期刊中的论文被一刀切式地划分,难以区别不同的主题领域这一局限。因此,2020 年 12 月 InCites 平台推出了 Citation Topics 引文主题,即基于论文引用的分类体系。Citation Topics 分析已发表论文的相互引用关系,利用算法将相关文献汇聚到一起,形成离散的相关文献集群,这些文献集群构成了 Citation Topics 的核心,独立于单篇文献的主题和内容,代表着作者相互积极引用对方论文的领域。

Citation Topics 是动态的研究,所有新发表的文献都会添加到现有的主题中,并且每年更新一次,确保主题持续准确地反映基础文献的变化。Citation Topics 提供了宏观(10 个)、中观(326 个)和微观(2 444 个)主题三级层次结构。可以查看某中观学科下包含的微观主题研究现状;微观级别划分得最为细致,可以在其中键入关键词寻找自己感兴趣的主题。可以根据需求在筛选框选择"Citation Topics"及主题层级(如图 6-1 所示),针对研究主题展开分析。

图 6-1　InCites 平台学科分类体系的引文主题

Essential Science Indicators™(基本科学指标,简称 ESI)是一个基于 Web of Science™ 核心合集数据库的深度分析型研究工具,ESI 可以确定在某个研究领域有影响力的国家、机构、论文和出版物,以及研究前沿。比如可以按照学科、机构、国家、出版物等查看高被引论文和热点论文。通过 ESI,可以对科研绩效和发展趋势进行长期的定量分析。

ESI 中的研究前沿(research fronts)是基于 5 年时段,对 22 个学科被引频次高的论文通过聚类分析和共引分析计算出各学科领域研究前沿。查找 ESI 各学科的研究前沿如图6-2 所示:① 在指标选项界面,选择研究前沿(research fronts);② 在增加筛选条件中选择研究领域,选择学科,如"Agricultural Sciences";③ 如选择高被引论文为结果输出类型,在结果区从左至右依次显示了研究前沿的数量(total)、研究前沿的具体内容(research fronts)、高被引论文数(highly cited papers)和平均年(mean year);④ 可以通过点击包含高被引论文数的蓝色条形图,来获取每一篇高被引论文的详细信息;⑤ 还可以通过点击高被引论文或平均年指标旁边的倒三角标识,来对结果进行排序。

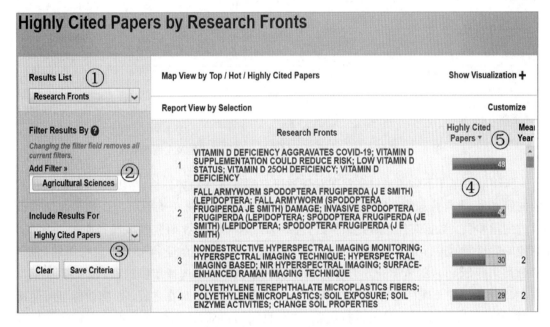

图 6-2　查找 ESI 学科的研究前沿

2) SciVal

SciVal 科研管理分析工具是由爱思唯尔(Elsevier)推出的科研管理、学科分析、人才绩效分析、研究热点分析工具,对来自 Scopus 的数据进行分析、比较,主要包括 5 个模块:概览(overview)、对标(benchmarking)、合作(collabration)、趋势分析(trends)和研究报告(reporting)。提供 ASJC、QS、THE 学科分类,2020 年新加入教育部学科分类,利用基于 FastText 算法训练的文章级别分类器,实现了将收录在 Scopus 中的每一篇科技文献匹配到教育部一级学科目录中。

SciVal 利用研究主题(topics of prominence)追踪领域研究热点,把 Scopus 收录的 1996 年以后的 5 000 万篇论文根据论文之间的相互引用关系归类成大约 96 000 个研究主题,并通过综合指标评价出了每个研究主题的热门和显著度,使用 Prominence 来表征。如图6-3所示:① 通过概览(overview)模块里的"Topics"查看"电子科学与技术"学科 2016—2021 年的研究主题;② 研究主题可按照主题显著度(prominence percentile)降序排列查看。

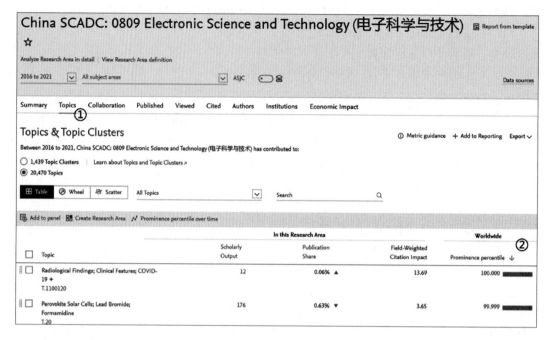

图 6-3　利用 SciVal 查看某学科领域内的研究主题及主题显著度

SciVal 可基于下载量和引文状况对任意研究领域进行趋势分析,帮助用户发现该领域内的领军者、冉冉升起的新星以及这个研究领域的现状。如图 6-4 所示:① 趋势模块可以通过用量和引文数据对任意研究领域进行深入的趋势分析;② 研究领域选择面板:选择感兴趣的学科领域进行分析。用户可在 27 个大类、334 个小类的学科分类中进行筛选,该学科分类来自 Scopus 的全学科分类系统(ASJC);③ 用户可以选择年份跨度,如 3 年、3 年+现在、3 年+现在+现在之后、5 年、5 年+现在、5 年+现在+现在之后;④ 摘要标签可使用户对所选学科领域的研究状况进行概览,并在页面的顶部,使用显著的主体度量参数加以标识。此外,标签云亦可以对该领域进行形象化描述;⑤ 对象标签(比如机构、国家、作者、出版物等)可以使用户从不同角度对所选研究领域进行全面的分析。

3) CiteSpace

CiteSpace 全称是 Citation Space(引文空间),于 2004 年由美国费城德雷塞尔大学陈超美博士基于库恩、普赖斯、博特等人的共引分析理论和寻径网络算法等理论开发出来的,是一款致力于通过量化的手段对科学文献分析、绘制相应的图谱来获得蕴含的潜在知识的一款信息可视化软件。应用 CiteSpace 可以在可视化绘图中显示某一学科或研究领域的前沿热点和演变脉络,使人们一目了然地了解其发展动态。该软件主要功能包括:关键词共现分析,作者与机构合作分析,共被引分析等,其主要功能是发现研究热点,明确研究前沿。该软件一方面运用词频分析法统计词频并发现研究热点,另一方面根据词频的时间分布及变化趋势,找到突现关键词,确定研究的前沿。

CiteSpace 提供了三种可视化视图:聚类视图(cluster view)、时间线视图(timeline)及时区视图(timezone),它们多用于文献共被引分析。CiteSpace 聚类视图分为默认视图和自

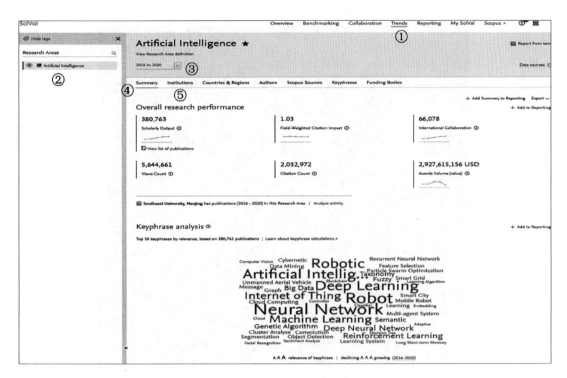

图 6-4　SciVal 趋势分析模块

动聚类标签视图。默认视图中的节点代表分析的对象,出现频次(或被引频次)越多,节点就越大。节点内圈的颜色及厚薄度表示不同时间段出现(或被引)频次。节点之间的连线则表示共现(或共引)关系,其粗细表明共现(或共引)的强度。颜色对应节点第一次共现(或共引)的时间。颜色从冷色到暖色的变化,表示时间从早期至近期的变化。默认视图已经能够显示出形成的知识聚类、聚类之间的联系及随时间的演变。图 6-5 为利用 CiteSpace 生成的默认视图。

自动聚类标签视图在默认视图的基础上,通过谱聚类算法生成知识聚类,然后从引用聚类的相关施引文献中通过算法提取标签词,表征对应于知识基础的研究前沿(突显词或突显词聚类),图 6-6 为利用 CiteSpace 生成的自动聚类标签视图。

相比于其他可视化软件,CiteSpace 使用简单,易于解读,功能完善。从数据导入来看,可直接导入 WOS 数据库中的数据,对于 CNKI、CSSCI 等数据库导出的数据也可将其直接转换格式后使用;易于解读,通过对图谱中节点的大小、颜色、年轮的厚度以及之间连线的粗细,可了解该节点的共现频次或被引频次、节点之间的联系、不同年份的被引情况和热点动向等;满足不同使用者的不同需要,可选择基于距离、关系、时间不同聚类形式的图谱。此软件为一款免费的可视化软件,为国内使用最多的可视化软件之一。

4) Innography

Innography 是一款国际专利检索分析平台,可以查询和获取 100 多个国家的 1 亿多条专利数据、超过 900 万条非专利科技文献、700 多万的商标信息,还可以检索和获取各种专

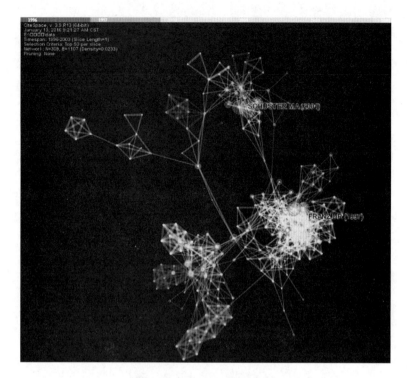

图 6-5　CiteSpace 默认视图

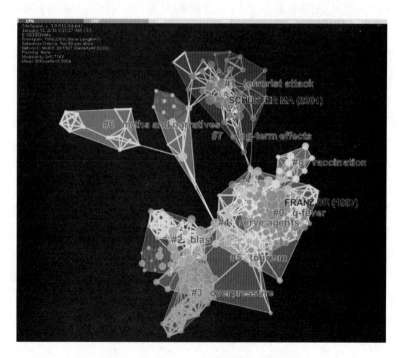

图 6-6　CiteSpace 自动聚类标签视图

利诉讼数据以及专利权人财务数据。Innography 既有独创的专利评价指标和强大的分析功能，可以进行专利竞争力、转化、引证、热点趋势等各种有价值的分析。利用 Innography 可以了解或实现：①客观权威的专利强度指标：可以快速筛选核心专利，评价专利价值；②专利地图分析：快速分析专利技术布局，挖掘技术热点和趋势；③竞争态势分析：分析和竞争对手的专利、技术和市场的差距，促进产学研合作；④自动专利侵权/无效分析：基于语义检索和引证自动进行专利侵权/无效分析；⑤专利诉讼分析：对美国专利原告、被告、涉诉专利、审理过程等深入分析。图 6-7 为利用 Innography 对相关专利进行文本聚类寻找主要研究方向的图例。

图 6-7　Innography 专利文本聚类图

4. 小结

本节主要介绍学科态势分析的相关内容，从分析对象界定、多源分析数据获取、常用分析工具介绍三个方面进行了阐述，重点介绍了学科态势分析常用到的相关分析数据库工具，包括从科研论文方面着手的常用分析工具 Incites 和 ESI、SciVal、Citespace，以及从专利方面着手的常用分析工具 Innography。有助于学生、科研人员或者学科馆员有效利用情报研究思路、工具与方法，成功地进行针对性的学科发展态势分析。

6.2.2 追踪高水平学术专家

1. 高水平学术专家识别

反映科研生产力的指标包括：论文数、论文数全球排名、论文数国内排名、专利数等。反映科研影响力的指标包括：引文数、引文全球排名、引文国内排名、篇均引文量、学科规范化引文影响力(CNCI)、领域权重引用影响力(FWCI)、论文被引百分比、h 指数、论文被专利引用次数、浏览量、篇均浏览量、大众媒体提及量、媒体曝光率等。其中：CNCI 是由科睿唯安公司提出，并且应用在 Incites 数据库中的规范化文献计量指标；FWCI 是由爱思唯尔公司提出，并且应用在 SciVal 数据库的归一化指标。CNCI 和 FWCI 旨在通过规范化机制减弱不同学科领域、不同论文发表年份、不同文献类型导致的引用差异，实现不同学科领域论文之间的比较。h 指数被定义为：如果一位学者至少有 n 篇论文的被引频次不低于 n，则该学者的 h 指数为 n，其简单、稳健的特点很快引起了学术界的广泛关注，但 h 指数也存在一定的缺陷，包括区分度低、敏感性差、只升不降、不区分作者的实际贡献等，为改进或弥补 h 指数的不足，学者们提出了改进的类 h 指数指标，主要包括 g 指数、e 指数、R 指数和 AR 指数、p 指数、Z 指数等。

反映卓越科研表现力的指标包括：高被引论文数(如：ESI 高被引论文，指过去 10 年中发表的论文，其被引频次排在同一年同一 ESI 学科发表的论文的全球前 1%)、热点论文数(如：ESI 热点论文，指过去 2 年中所发表的论文，在最近两个月中被引频次排在某一 ESI 学科发表的论文的全球前 0.1%)、前 10% 高被引论文数、前 10% 期刊发表论文数、浏览量前 1% 的论文数等。通常一篇论文的规范化的引文百分位 x% 是通过建立同出版年、同学科领域、同文献类型的所有出版物的被引频次分布(将论文按照被引用频次降序排列)，并确定低于该论文被引次数的论文的百分比获得的，对于某学者来说，规范化引文百分位可以通过计算该学者所有论文百分位的平均值而获得。

反映科研合作力的指标包括：国际合作论文数、校企合作论文数、校企合作专利数等。反映科研热度的指标包括：研究主题显著度等。Scival 平台使用的主题显著度指标由三个指标计算得出，分别是：该主题中第 n 年到 n−1 年出版的文章的引用次数，该主题中第 n 年到 n−1 年出版的文章在 SCOPUS 数据库中的浏览次数，该主题中第 n 年出版的文章的平均 CiteScore(CiteScore：某期刊 4 年发表的论文在统计当年的被引用总次数除以该期刊在同样 4 年内发表的论文总数)。

另外还有学者的基金数、获奖数等综合性指标，从多维度计量指标来衡量学者的学术表现，能彼此之间相互补充，避免因单个指标的单独使用造成评价不全面的问题。

2. 专家科研持续性跟踪

筛选出一批专家学者后，学术新人可以进一步对领域内各个专家的科研产出持续性做全面的了解，尤其是专家近五年或近十年的科研产出和学术影响力如何，科研发展走向如何，从而定位出科研产出稳定持续的学者。

专家科研产出持续性跟踪可以将专家的科研论文按照年份画出科研产出分布图，但仅仅从论文数量来看科研持续性，有其片面性，应结合科研人员论文影响力的角度来评判。h

指数是一种广泛应用于刻画科研人员论文和引文影响力的指标,但 h 指数与科研人员的科研生涯和所属学科非常相关。因为不同的科研生涯,不同的研究领域,其被引次数的积累速度差异较大。因此,h 指数不适用于对科研人员进行精确的比较。此外,h 指数通常不涵盖非期刊出版物,且从数学的角度看也不具有一致性。为解决 h 指数的缺陷,德国马普学会的 Lutz Bommann 和 Robin Haunschild 提出了另一种衡量方法。具体来说,该方法将每篇论文的被引次数按其具有相同学科和出版年份的期刊的平均值进行"规范化",并将该值转换为百分位数,利用射束图这一可视化方式来展现。例如,百分位数为 90 意味着该论文位于引用率较高的前 10% 之列,另外 90% 则是引文影响力低于它的论文。相比于平均值,这种方法因为引用分布偏斜度很大,从而能更准确地衡量集中趋势。射束图可用于开展公平的、有意义的评估,比 h 指数表征的信息更全面。[2]

射束图是显示研究人员发文量和影响力的"画像",可显示研究人员的发文量和引文影响力随时间的动态变化。其同时考虑论文所属学科以及论文发表时间,并使用百分位数。Web of Science 核心合集数据库内的作者检索模块可以查看学者的作者影响力射束图。借助作者影响力射束图,您可以在适当的背景下查看论文级别的引文表现,查看科研人员随时间变化的科研表现。

图 6-8 为某专家学者的作者影响力射束图,射束图上的每个点代表一篇论文,其所处位置表示该论文的出版年份(y 轴)及其引文百分位(x 轴)。年度论文百分位的中位数显示同一年度所有出版物的论文百分位中位数,用圆圈表示。灰色虚线表示该射束图中所有出版物的论文百分位中位数。可以从论文产出维度映射出该学者近 10 年一直保持着高影响力论文的高产出,可基本判断是一位有稳定科研基础和卓越科研能力的学者。

3. 专家研究方向剖析

锁定领域目标专家后,需要聚焦专家的研究主题方向,并对该专家所在同行内的竞争力进行比较分析。

SciVal 的主题(topic)和主题簇(topic cluster)功能能够进行研究成果主题层面的分析。主题基于直接引用分析算法(direct citation analysis)对成果进行聚类,同一类即被归为同一主题。主题簇同样基于直接引用分析算法,将相近的主题进行聚类,主题簇比主题层级更高、范围更广。每个研究成果只能映射到唯一的主题或主题簇。目前,SciVal 中大约有 96 000 个主题和 1 500 个主题簇。

此处以东南大学 C 教授的研究领域剖析为例,在 SciVal 数据库中分析 C 教授的研究领域与研究主题情况。C 教授近 6 年(2016 to >2021)共参与全球 25 个主题簇方向的研究,涉及 79 个研究主题,其中全球前 1% 热门研究主题 15 项(主题显著度指数≥99)。

近 6 年(2016 to >2021)发表文献数量 10 篇以上的研究主题为①{Berry Phase; Holograms; Terahertz Waves}、②{Surface Plasmon Polariton; Plasmonic Metamaterials; Terahertz}、③{Metamaterials; Sound Transmission; Acoustics}、④{Invisibility Cloaks; Metamaterials; Quasiconformal Mapping}、⑤{Beyond 5G; Massive MIMO; Intelligent Reflecting Surface},见图 6-9。

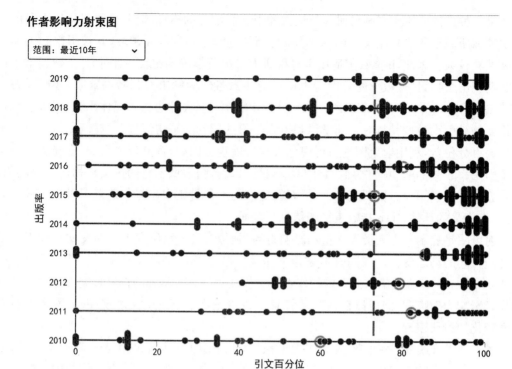

图 6-8　某学者近 10 年的作者影响力射束图

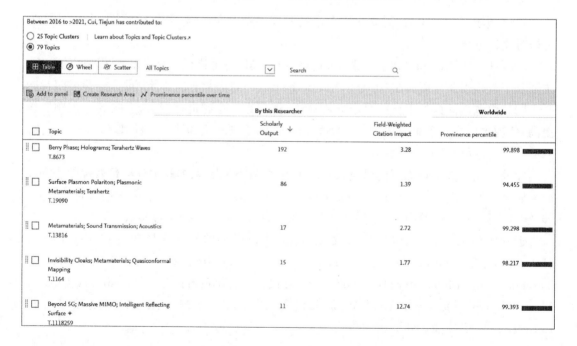

图 6-9　C 教授近 5 年代表性研究主题

上述代表性研究主题中，C教授在①{Berry Phase；Holograms；Terahertz Waves}主题表现尤为突出，在被引量、FWCI均表现亮眼，且该主题的主题显著度为99.898，为全球前1‰热门研究主题。

以{Berry Phase；Holograms；Terahertz Waves}研究主题为例，查看C教授重点研究的主题全球有哪些机构同时也在研究，以及C教授在全球研究群体中所处的位置。该主题领域下全球较为活跃的TOP10（按发文量降序）研究机构如图6-10所示，TOP10的研究机构除澳大利亚国立大学和新加坡国立大学外，均为中国的机构，其中东南大学以289篇的发文量位居第3位。

	Institution	Scholarly Output ↓	Views Count ∨	Field-Weighted Citation Impact ∨	Citation Count ∨
1.	Ministry of Education, China	411	5,842	1.84	6,419
2.	Chinese Academy of Sciences	360	5,015	1.99	6,402
3.	Southeast University, Nanjing	289	4,214	2.52	5,716
4.	Air Force Engineering University Xian	265	2,830	1.54	3,318
5.	Nanjing University	207	2,462	2.11	3,456
6.	Harbin Institute of Technology	162	1,623	1.95	1,834
7.	University of Chinese Academy of Sciences	161	1,939	2.06	2,403
8.	Beijing Institute of Technology	160	2,026	1.94	2,206
9.	Australian National University	137	2,723	1.92	3,300
10.	National University of Singapore	137	2,800	4.22	5,471

图6-10 {Berry Phase；Holograms；Terahertz Waves}方向的主要研究机构

C教授在该研究主题下的全球表现相当活跃，共有192篇相关论文，发文量处于全球第一位，被引量排全球第二位，见图6-11。发文量排名全球第二位和第三位的分别是北京理工大学的Luo, Xiangang和中国人民解放军空军工程大学的Qu, Shaobo。

	Author	Affiliation	Scholarly Output ↓	Views Count ∨	Field-Weighted Citation Impact ∨	Citation Count ∨
1.	Cui, Tiejun	Southeast University, Nanjing	192	3,299	3.28	5,237
2.	Luo, Xiangang	Beijing Institute of Technology	128	2,014	2.51	3,338
3.	Qu, Shaobo	Air Force Engineering University Xian	102	995	1.13	813
4.	Capasso, Federico	Harvard University	101	2,423	4.74	7,472
5.	Wang, Jiafu	Air Force Engineering University Xian	101	1,010	1.18	824
6.	Pu, Mingbo	Beijing Institute of Technology	100	1,432	2.63	2,635
7.	Li, Xiong	Beijing Institute of Technology	91	1,317	2.76	2,501
8.	Ma, Xiaoliang	Beijing Institute of Technology	90	1,323	2.65	2,418
9.	Qiu, Cheng Wei	National University of Singapore	85	2,021	5.16	4,029
10.	Guo, Yinghui	Beijing Institute of Technology	77	1,006	2.28	1,350

图6-11 {Berry Phase；Holograms；Terahertz Waves}方向的主要研究人员

图6-12是与该主题相关性较大的前50个关键词，排名前10的关键词为metamaterial、dielectric、polarization、lens、plasmonic、broadband、electromagnetic radiation、terahertz、circular polarization、hologram。

图 6-12 〔Berry Phase；Holograms；Terahertz Waves〕方向的主要关键词

综上所述，C 教授近 5 年科研表现活跃，影响力在同学科的科研群体中表现特别突出，同时也可以借助 Scival 平台查看并跟踪与 C 教授在相同研究主题下的其他研究机构和研究人员，查看所关注研究主题下的主要关键词。

4. 小结

本节主要从高水平专家识别、专家科研持续性跟踪、专家研究方向剖析三个方面介绍了相关内容，旨在帮助入门人员快速锁定领域专家，对比各专家科研水平走向趋势，并分析出专家的重点研究主题以及在该主题下的研究水平，该主题下的主要研究机构和科研人员，并可以帮助进一步追踪相关主题在全球的研究重点。

6.2.3 扫描权威机构

1. 权威机构识别

权威机构识别通常通过科研论文（或专利文献）产出量及影响力反映，按照科研论文（或专利文献）产出量或者反映影响力的相关指标排序，按照设定的阈值排在前面的机构认为是权威机构。也可以按照参与机构间合作发文数量的多少排序，按照设定的阈值排在前面的机构认为是权威机构等。比如要研究中美 SiC 功率 MOS 器件的高水平机构，该课题属于科学研究与工程应用并重的课题，可以从科研论文和专利两种文献类型的产出量来查看高产出机构。

科研论文高产机构分析能够更加详细地了解技术的主要研究者和拥有者。表 6-1 中列出了中美 SiC 功率 MOS 器件科研论文发表最多的 10 个高产机构（数据来源 1900 年 1 月—2020 年 6 月），这些机构在此技术领域拥有较强的科研竞争力。从表 6-1 可以看出中国前 10 个高产机构分别为中国科学院、浙江大学、西安电子科技大学、中国科学院大学、西安交通大学、电子科技大学等；而美国前 10 个高产机构分别为北卡罗来纳州立大学、美国国防部、美国陆军研究实验室、通用电气公司、美国能源部、弗吉尼亚理工大学等。通过权威机构识别可以追踪科研实力的聚集地，可以看出中国对于 SiC 功率 MOS 器件技术的研究主要集中在中国科学院以及各大学，而美国的相关研究主要集中在国防部、能源部、陆军实验室以及各大学。相对而言，美国国家机构在 SiC 功率 MOS 器件领域的科研论文数量明显多于中国。[3]

表 6-1　中美科研论文高产机构

中国		美国	
前 10 机构名称	论文数	前 10 机构名称	论文数
中国科学院	59	North Carolina State University（北卡罗来纳州立大学）	185
浙江大学	53	United States Department of Defense（美国国防部）	147
西安电子科技大学	53	US Army Research Laboratory（美国陆军研究实验室）	102
中国科学院大学	27	General Electric（通用电气）	87
西安交通大学	26	United States Department of Energy（美国能源部）	87
电子科技大学	23	Virginia Polytechnic Institute and State University（弗吉尼亚理工大学）	74
中国科学院微电子研究所	23	Auburn University System（奥本大学）	66
华中科技大学	22	Purdue University System（普渡大学）	58
湖南大学	22	Rensselaer Polytechnic Institute（伦斯勒理工大学）	51
南京航空航天大学	22	University of Arkansas System（阿肯色大学）	51

专利高产机构分析能够更加详细地了解技术的主要研究者和拥有者，技术实力强大的机构通过申请专利占领市场，取得竞争优势。表 6-2 列出了中美 SiC 功率 MOS 器件技术专利申请最多的 10 个高产机构（数据来源 1980 年 1 月—2020 年 6 月），这些机构在此技术领域拥有较强的技术竞争力。从表 6-2 可以看出，中国前 10 个专利高产机构中，公司类机构占 4 个，高校及研究院所占 6 个，而美国前 10 个专利高产机构均为公司类机构。[3]

表 6-2　中美专利高产机构

中国		美国	
前 10 机构名称	专利数	前 10 机构名称	专利数
中芯国际集成电路制造有限公司	165	General Electric Company(通用电气)	163
中国科学院	119	Cree, Inc.(Cree 公司)	85
电子科技大学	83	Mubadala Investment Company PJSC(穆巴达拉投资公司)	64
西安电子科技大学	70	Exxon Mobil Corporation(埃克森美孚石油公司)	60
广州市悦智计算机有限公司	47	Texas Instruments Incorporated(德州仪器)	56
上海华力微电子有限公司	37	International Business Machines Corp.(IBM 公司)	50
西安交通大学	31	Intel Corporation(Intel 公司)	41
中山大学	29	Dow, Inc.(Dow 公司)	29
浙江大学	26	Honeywell International Inc.(霍尼韦尔国际公司)	28
中国石油天然气集团有限公司	26	United Technologies Corporation(联合技术公司)	22

2. 权威机构对标分析

某领域的权威机构之间的竞争力分析，可以从科研产出、科研影响力、研究主题热度等方面进行对标。可使用数据库自带的分析工具及权威的科研评估工具如 ESI、SciVal、TDA、InCites、Citespace、VOSviewer 等，对权威机构在该研究领域的产出量、影响力、主题方向等多维度的综合实力进行比较。在此以物理学科为例，分析 2016—2020 年清华大学、南京大学、浙江大学、华中科技大学、北京航空航天大学、东南大学、北京理工大学在物理学科的科研综合表现。从科研产出看，七所大学在物理学科领域的发文量都在逐步提升，清华大学的发文量占绝对优势，如图 6-13 所示。

从科研影响力看，七所高校被引频次对标如图 6-14 所示。七所高校所发表论文被引频次均呈现出越早发表的论文，后续积累的引用次数越高的规律，从总引用频次看，总引用频次最高的是清华大学。所以从科研产出和影响力方面看，清华大学在物理学科的科研体量超出其他六所高校。

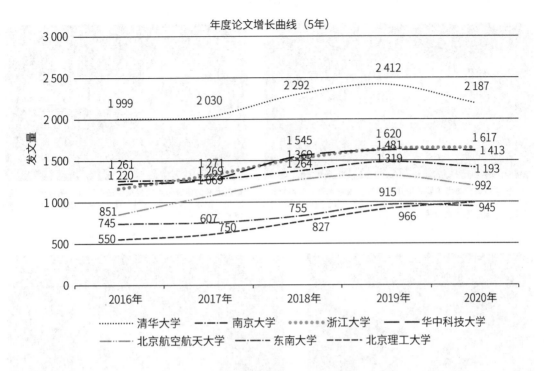

图 6-13　七所高校物理学科 5 年科研产出对标

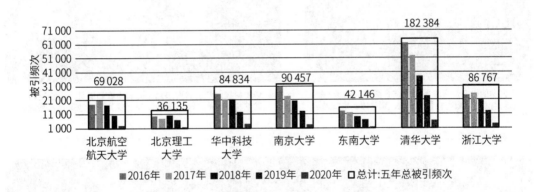

图 6-14　七所高校物理学科 5 年被引频次对标

查看对标机构的研究热点，可以看出同行内部各机构研究的侧重点、主攻方向，从中找到自己的兴趣点所在机构。借助 VOSviewer 分析七所高校物理学科的研究热点，分析出七所高校物理学科在 2016—2020 年研究集中主题分布如图 6-15 所示。

3. 小结

本节借助实例从权威机构识别、权威机构对标两个方面介绍了相关内容，旨在帮助入门人员快速锁定高产权威机构，并对标分析各机构的科研产出及影响力、研究侧重点等，定位并解析自己所关注的目标机构。

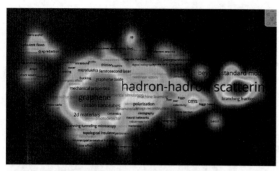

清华大学的研究热点主要集中在石墨烯、碳纳米管、二维材料、机械特性、石墨烯氧化、光电探测器、强子-强子散射（实验）、分支比、湍流等技术领域。

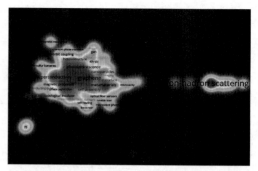

南京大学的研究热点主要集中在石墨烯、超导体、光致发光、纳米颗粒、超材料、强子-强子散射（实验）等技术领域。

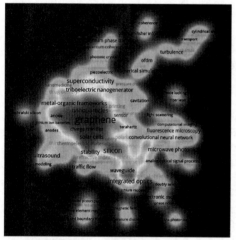

浙江大学的研究热点主要集中在石墨烯、纳米颗粒、太阳能电池、金属有机骨架、硅、超导体、集成光学等技术领域。

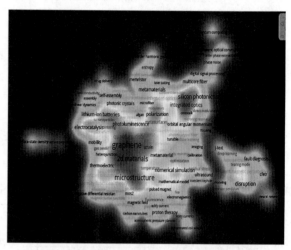

华中科技大学的研究热点主要集中在石墨烯、二维材料、微结构、硅光子学、光致发光、锂离子电池等技术领域。

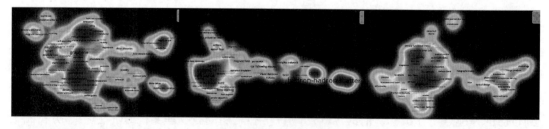

东南大学的研究热点主要集中在石墨烯、超材料、纳米颗粒、耳催化、量子点、机械特性、密度泛函理论、齿槽转矩、随机共振等技术领域。

北京航空航天大学的研究热点主要集中在石墨烯、钨、微结构、传感器、有机太阳能电池、深度学习、复杂网络、强子-强子散射（实验）等技术领域。

北京理工大学的研究热点主要集中在石墨烯、光致发光、二维材料、量子点、钙钛矿太阳能电池、密度泛函理论、飞秒激光、传感器、光学设计、压缩传感等技术领域。

图 6-15　七所高校物理学科 5 年研究热点对标

6.3 文献研读

在科研选题以及整个科研过程中,文献研读是必不可少的一个阶段。科研观点的形成乃至灵感的获取依赖于大量文献阅读积累。文献研读有别于普通的阅读,怎样识别文献、用什么方法阅读文献是文献研读的重点。

6.3.1 文献研读的意义

1. 研读与阅读

"研读"文献要求在读文献的时候应该用研究问题的方式来进行阅读,而不仅仅是一种简单的阅读过程。研读文献时,要对文中提到的观点、过程、方法等进行深度思考,采用新的模型推导及用新的数据进行计算等。同时在阅读文献时,要带着"批判"和"怀疑"的眼光去思考文中内容,在读到人家的判断时,应该在自己的心中不断地问着"是吗?为什么?可能不是这样的吧?",或者试着去找相反的例子,在逻辑上进行推理,在阅读中深入思考——这就是"研读"。

研读文献过程是一个发展的动态过程,在研读过程中产生新的想法、新的兴趣点甚至新的研究目标,需要不停收集相关文献,梳理整个研究脉络。研读文献与文献的检索过程交错进行:在检索到文献的同时应该进行文献的研读,在研读文献的同时应该根据在阅读过程中出现的新需求去检索和收集新的文献。因此,研读文献不是独立的过程,和检索文献是一个不断反复进行的过程。

2. 为什么要进行文献研读

文献就是"巨人的肩膀",文献记载了学科发展的历史,在任何一门学科的发展过程中,一代又一代的研究人员潜心钻研,为学科的发展提供了大量有价值的研究成果,其中有许多被他们以文献方式记录,见证了学科发展的历史。文献在记录学科内前人的研究成果的同时,也为后来的研究人员提供了学习和借鉴的材料,从而推动学科继续向前发展。文献在记录学科发展历史的同时,记载了学科各个领域的大量研究课题。正是这些研究课题构成了学科发展的基石,通过研读记载了这些研究课题的文献,研究人员就可以在前人的研究成果的基础上加以分析研究,了解并学习如何发现研究课题、如何开展课题研究等一系列重要的方法,为自己的研究工作打下坚实的基础。只有全面、认真研读文献,研究人员才有能力理解科研的脉络和进展,开始实验探索,发现学科研究中的空白领域。

所以对于科研新手,或者刚进入某个领域的研究人员,最主要的工作之一是文献阅读的积累,文献研读直接决定了对于科研问题的思考广度与深度。文献积累多了,自然就由量变到质变了。

6.3.2 文献的选取

文献研读首先是一个去粗取精、去伪存真的过程,也就是要学会筛选文献。一个研究者必须善于依据既定的研究方向去搜寻重要文献,寻找前人的足迹,"踩着巨人的肩膀"攀登。那么面对海量文献,哪些文献适合去研读呢?

信息整理的主要任务是对所搜集获取的信息进行初步加工,使原本繁杂无序的信息变为有序,便于利用的形式。主要包括形式整理和内容整理两个层次。

1. 形式整理

由于信息源和搜集途径的多样性,所获得的信息数量大、内容杂、体系乱,根据课题的需要,需要将搜集到的信息按一定的形式分类整理。形式整理基本不涉及信息的具体内容,而是凭借信息的外部特征或依据对原生信息进行分门别类处理。从实践上看,通常可以按信息载体分类整理、按使用方向分类整理、按内容线索分类整理。其中按内容线索又可以分为:研究类、技术类、政策类、人员经费设备类。这种分类整理具体分多少类、分哪些类以及如何归类,没有一个统一的模式,一般根据课题或信息分析机构的性质和所搜集的内容而定。

2. 内容整理

内容整理是从内容角度对信息的再处理,是在形式整理基础上的进一步深化,通常包括信息内容理解和揭示两个阶段。

1) 信息内容理解

信息内容因表现形式不同而采用不同的理解形式,常见的有阅读、收听或观摩。

阅读通常又分为浏览、略读、精读和整体阅读四个相互衔接的阶段。浏览是从整体上看个大概,剔除那些不需要的信息,发现有价值的信息。略读的目的是简单了解信息的全貌,确定需要进一步精读的信息。精读是一种有选择的重点阅读方法,力求深入理解,掌握有用的信息。整体阅读是指在精读的基础上将信息材料的各个部分贯通起来,由此达到把握信息材料主题的目的。

2) 信息内容揭示

在信息内容理解的基础上,通常还需要对有用的内容予以揭示,以某种便于利用的方式呈现出来。最常见的方式是摘记,包括报道式、节段式和提要式三种,根据信息素材的性质和内容而选取。

报道式摘记,主要用来处理动态、综述和述评性文章,在阅读理解的基础上,将文章内容融会贯通,然后用简明扼要的文字形成一篇保留原意的短文。节段式摘记,用来处理研究论文和实验报告,把一篇文章重点句、节、段等原封不动摘录下来,不要求文章连贯。提要式摘记,通常用来处理供一般参考的非重点文章,其方式是以极少的文字,将文章中最重要的信息提纲挈领地抄录下来,而不涉及文章的详细内容。

在信息整理的过程中更为重要的是信息鉴别。对于搜集到的各类原生信息,除了进行整理工作,初步形成系统化资料外,还要对信息的价值进行鉴定,这关系到信息分析最终成果的准确性和可信度。信息鉴别主要包括可靠性鉴别、先进性鉴别和适用性鉴别。

(1) 可靠性鉴别

信息的可靠性一般包括真实性、完整性、科学性、典型性四个方面的含义。

① 文献信息的可靠性,取决于其所依附的文献的可靠性。一般可以通过作者身份、出版物类别、出版机构、被引用情况、引文情况和内容本身等几个方面进行鉴别。

② 口头信息的可靠性,可通过发言者、发言场合、发言内容和其他听众的反应等方面进行鉴别。

③ 实物信息的可靠性,可通过实物研制(设计)者、生产机构、商标、关键技术内容和实践效果进行鉴别。

④ 网络信息的可靠性,可通过信息来源、作者声望、内容质量等几个方面来进行鉴别。

(2) 先进性鉴别

信息的先进性有多方面的含义。一般来说,科技成果对先进性是指研究工作在科学技术领域的某种创新或突破,该信息所反映的内容:① 在某一领域原有基础上提出了新的理论、新观点、新假说、新发现;② 对原有的理论、原理、方法或技术加以创造性地开发和利用;③ 原有技术和方法在不同领域或地区有新的应用,取得了良好的经济效果;④ 在原有实验的基础上发现了新事实、新现象,提供了新的数据和实验结果。

信息的先进性表现在时间上,主要指信息内容的新颖性,即在此之前从来没有披露和报道过这一内容的信息。信息的先进性除了时间上的含义外,还受空间的约束,按地域范围可以分为许多级别,如世界水平、国家水平和地区水平等。

(3) 适用性鉴别

适用性是指原生信息对于信息接收者来说的适用程度。可靠而先进的信息并不一定适用,适用性鉴别是对可靠而先进的信息按适用性的要求做进一步的筛选,从而对原生信息做出完整的总体评价。一般来说,原始信息的适用性取决于所选课题和研究者,如研究课题的背景、内容、难易程度、研究条件,以及研究者的信息吸收能力、条件和要求等。

对于在领域刚起步的研究人员,首先要做的是寻找权威杂志上相关研究领域权威人士撰写的综述类文献。文献综述,又称文献回顾、文献分析,是搜集某一领域,某一专业或某一方面的课题、问题或研究专题的大量相关资料,然后通过阅读、分析、归纳、整理当前课题、问题或研究专题的最新进展、学术见解或建议,对其做出综合性介绍和阐述的一种学术论文。一般来说,英文的综述性文献在题目上有"review"(一般为较为通俗的综述评论)或"survey"(一般为比较专业化的文献综述)这样的字样。综述性文章的内容不是在研究一个具体的问题,而是在回顾,评论某个领域在最近或者过去的一段时间里的研究情况,并对于不同的研究者和不同时期的研究特点进行评论,最后还要为未来的研究方向以及创新的可能性做出预测。这类文章信息量大且论述精炼,读后能不仅便于掌握相关研究的重点和焦点内容,而且能有助于掌握研究领域的大方向、框架及前沿。同时,在综述性文献中,作者会罗列出大量的参考文献,并且还要对这些参考文献的相对重要性进行评说,这样也有助于去进一步发现更多的相关文献。

研读综述类文献,建议从中文综述文献开始。中文综述文献能帮助新手快速初步了解你要掌握的领域,其次是代表性的英文综述文献,对此类文献要精读,要分析其构架,特别要关注作者对各个方向的优缺点的评价以及对缺点的改进和展望。通过精读一篇好的英文综述,所获得的不只是对本领域现在发展状况的了解,同时也可以学会很多地道的英文表达。

特别注意一种文献——硕博士论文，特别是最近几年的硕博士论文，其第一章前言或者绪论所包含的信息量往往等同或大于一篇综述。在前言或者绪论中，一般会比较系统地介绍该领域的背景以及相关理论知识，同时也会提到国内外在本领域做得比较好的几个科研小组的相关研究方向，通过阅读中文硕博士论文也可以清楚理清一个领域具体方向的脉络。

接下来可以选取期刊文献进行研读，包括中文和英文期刊文献，具体了解的在综述文献框架下有哪些具体研究成果。可以侧重于研读本领域核心期刊或高被引期刊的文献、本领域高影响力学术人物或者主要课题组、顶尖团队的文献以及一些高引用的文献。

文献选取的过程，也是培养文献识别能力的过程。寻找到启发自己思想或对研究有用的文献犹如"淘尽黄沙始见金"，需要一定的文献识别能力，否则很可能会对有用的信息听而不闻，对亟需的文献视而不见。这种文献识别能力正是在大量阅读中培养起来的，不付出搜寻、浏览和筛选的代价，就不可能获得期望的信息和知识宝藏。

6.3.3 文献研读的具体方法

在收集资料进入一定阶段后，面对手中已经掌握的上百篇文献资料，一篇篇逐字逐句地阅读是不现实的，需要掌握合理的阅读方式，如快读、精读、泛读和跳读等。建议根据文献的特点和自己的研究需求，采用不同的阅读方法进行阅读。读论文的次序，一般是由粗到细，从大意到重点，最后到细节。

一篇文献通常由摘要或前言、图表、方法、讨论或结论等组成。文献的摘要简要说明课题研究工作目的、研究方法、关键的探索发现和最终结论，可以说是一篇文献的窗口，很多文献通过浏览其题目和摘要后，一般能掌握其大概内容。图表往往能清楚地反映论文的结果，而结论注重于描述结果，是对全文的总结和未来研究方向的展望。

对于一篇文献，先要进行快读。快读，又叫略读和扫读，是先大致读下文献的题目、摘要或引言，了解该文献的主要内容和研究方向，对文献形成大致认识，完成对文献的初步筛选。接下来可以简单浏览下文献中的图表、方法和结论，对文献内容和价值进行评估，从而判断接下来采取何种方式进行阅读。如果发现该文献并不是你很需要的，可以删除，减小文献量；如果文献符合阅读目的，要对文献及时进行归类，便于后续阅读的展开。

泛读是文献研读的基础，是大量阅读的积累过程。尤其在开题或研究起始阶段，建议一般1天读2~3篇；当掌握一定方法后，熟能生巧可提速。泛读是精读的前提，精读最主要是针对跟自己研究模式非常相似的文章，怎么从大量文献里找出相关度高的文献，就需要一定的泛读能力。其实大部分文献是泛读的，精读文献只占少数一部分。

和快读的阅读方法类似，泛读的关键是抓取核心信息，用很短的时间理解文章的中心思想，但不同的是快读是用于文献筛选，泛读需要进一步掌握理解文献内容，比如能够理出文中课题或研究方向的"Who、What、Where and How"，理解文献中的结论讨论等。泛读文献虽然有方法，但也一定需要一定数量的积累，泛读是由量变到质变的过程，读过最初瓶颈阶段，效率和速度会自然而然加快。

精读，顾名思义，非常精细地读。精读的文献，一般是有重大研究成果的文献，也就是经典文献。需要认真通读完全文,从引言到结论,各个部分都不能错过。甚至每个字都需要认真品读、揣摩,思考作者从提出观点到得出结论的过程。在精读该类文献的过程中,要逐渐由粗而细地一层一层去了解,重点考虑文章创新在什么地方,以及该文章的创新点与自己所研究课题间的关联。对于经典文献的阅读,花费数个小时或者数天都是值得的,并且在以后阅读其他文献时,还需要经常与经典文献资料进行比对参考。带着问题和目的去看文献。如果有时间请一定要了解一下精读文献的背景,比如通信作者的相关文献,这个领域的背景知识等。

跳读,是根据自己的目的和对文献的评估结果,选取文献中关键部分进行阅读。简单地说,需要学习论文中的哪一部分来解决自己的问题,就去仔细阅读这一部分。如果需要获取和主题相关的信息,则重点看分析部分;需要学习研究方法,则着重看方法部分;要了解学科领域相关信息,则关注简介和文献综述。泛读也好、精读也罢,都是针对全文的,快读就是一种选择性阅读和学习,目的性非常强地找一段、一句话、一个方程、一张图去研究,可能是某个实验操作、某个检测方法、某个数据处理手段,甚至是作图的技巧、讨论机理的切入点、某一句话的写法,根据自己的需要相应地去学习。

总而言之,读文献一般是由粗到细,从大意到重点,最后到细节。注重在阅读中积累和提升,每读完一轮,对所研究问题的知识就增加一层。根据这一层知识就可以问出下一层更细致的问题,再根据这些更细致的问题去重读,就可以理解到更多的内容。

1. 阅读与笔记

阅读文献是为了提取文献精华和推进研究,读书笔记可以说是一种有效的方法。无论采用哪种阅读方法阅读文献,在阅读的过程中都应该做好笔记,文献笔记有助于用较短的时间回忆起看过的文献,厘清文章思路,快速掌握文章结构,更有效地进行阅读。尤其在自己撰写论文或文献综述时,引用的文献可以手到擒来。根据经验,每1万字的文献综述中就需要做2万~3万字的笔记,笔记的作用是不言而喻的。

读书笔记并无定式,可以是文献概要、文献介绍或有的时候想到的思路、闪过的想法等等,下面介绍几种阅读笔记。

(1) 文献分类笔记

在对大量文献进行筛选后,确定哪些文献重要,哪些是非重点的,哪些是要精读,哪些又是泛读的;或者根据不同的文献内容、文献类型、实验方法,对每个文献进行分类和标识。

(2) 摘抄笔记

研读文献时,可以将文献中经典句子、精巧的实验方案等进行摘录,可按不同的内容如进展、研究方法、实验方法、研究结果等进行分类摘录,并可加上自己的批注。

(3) 心得笔记

这类记录了研读文献之后的思考,比如提炼文献的重要内容后有哪些重要的观点你想要记住,有哪些结论或方法你将来可能用到,自己对文献的看法,如研究设计上有哪些不足?有没有更好的改进方法等。做笔记时不仅仅只是摘录文献信息,更为重要的是总结与归纳,及时记录自己阅读时获得的灵感,记录自己的思想轨迹,从而帮助思考。

具体如何做笔记呢?一种方式是直接在文献上做笔记,既直观明了又简单方便,pdf或

html 格式的文献，可以用编辑器标亮或改变文字颜色，或使用批注和画图标记工具添加笔记和注释。另一种方式是可以借助一些笔记的软件或工具，如 Word 和 ETPel 是常见的记笔记途径，也可以使用 Evernote、有道云笔记等笔记软件。文献分类可以借助文献管理工具如 Endnote、Notexpress 等。文献总结可以采用一些思维导图工具，思维导图是一种用可视化方式将所读文献的知识骨架用外在的图像清晰地表现出来的方法，有助于掌握文章结构、快速定位、提炼观点、理清思路，是一种非常合适思考与总结的笔记方法。

总之，研读文献一定离不开笔记，找到适合自己的做笔记方法、构建个人的笔记体系是研究道路上必不可少的。

2. 阅读与思考

研读文献，不仅仅是简单的阅读，而是带着研究的态度去阅读文献。研读文献一个重要的实践就是在阅读中思考。在别人原来的研究结论基础上，实现新的跨越——站在巨人的肩膀上创新。

那么，在研读过程中，有哪些可以思考的问题或方向呢？下面举几个例子：

（1）对文献中问题和观点的思考：该文献讨论的主要问题是什么？这个问题重要吗？是否已经解决？文献提出的观点是什么？文中还有什么新颖的想法或创意？文中哪些观点值得参考？

（2）对文献中研究方法的思考：文献中的研究方法是什么？通过这样的研究方法，是不是还能得到其他的结论？通过改进研究方法或将不同的研究方法组合起来，是否能实现新的研究？对自己的研究，有哪些指导意义和启示？

（3）对文献中研究内容的思考：文献中提到的实验和数据是否一致，实验结果能否与结论吻合？文献中提到的数据、表和图的内容是怎么处理的？

（4）对文献中写作方式的思考：文献的写作思路有没有值得参考的地方？文献中的语言表达方式是否可以借鉴？

如果能带着上述问题去读文献，那么对文献的理解会更深入，收益也会大大提高。在思考过程中，前文提到过的阅读笔记在这里也能发挥极大的用处，毕竟人的记忆能力是有限的，而重新看一次文献会花费大量的时间，笔记则能够快速勾联回忆，帮助再次消化文献中比较难懂的知识。

总之，不管是核心文献还是普通文献，都要带着一种辩证、挑剔的心态去阅读和思考，盲目崇拜在学术研究中是不可取的。阅读与思考是相辅相成的，在阅读中不断地思考问题可以促进理解，带着未解的问题寻找更多的文献来阅读，在反复中，真正理解吸收文献的精华，从而将文献中的东西变成自己的东西。

3. 批判性阅读

所谓"批判性阅读"，就是不仅从阅读中吸收性地学东西，更重要的是从阅读中批判性地学东西。批判性阅读是阅读中的更高一个层次，也是思考的进阶。

批判性阅读的开始，就是要带着问题去阅读文献。如果作者论文中声称解决了一个问题，那么你就要在心里问自己：论文是否正确、真正地解决了问题？作者论文中所用方法是否有局限性？这篇论文最主要的缺点是什么？如果所读的论文没有解决问题，那么我能解决么？我能采用比论文中更简单的方法解决么？一旦进入仔细阅读与思考的状态,你的心态必须是批判和创造的:首先,要对论文进行否定、质疑,仔细挑毛病;其次,对论文有了足够的了解之后,如果发现论文中提到的想法非常优秀,那么要创造性地思考你能用这篇论文做什么。

批判性阅读不仅仅是阅读过程,更是一种自我教育的过程。从批判中吸收的知识,是主动的吸收和过滤后的吸收,吸收的就是精髓。在理解的基础上进行质疑、批判,从而对知识进行重构,成为知识的主人、学习的主体。更进一步的,在批判性阅读中培养独立思考和创新意识,形成自己独特的观点。

6.4 文献综述

文献综述是发现和确立学术问题的重要基础。本节重点介绍文献综述的内涵、类型、特征、目的及任务,并阐述撰写文献综述的方法、步骤和格式基本要求。

6.4.1 文献综述的概述

1. 文献综述的概念界定

文献综述是文献综合评述的简称,又称文献回顾,文献分析。是针对某一领域,某一专业或某一方面的课题、问题或研究专题搜集大量相关资料,然后通过阅读、分析、归纳、整理当前课题、问题或研究专题的最新进展、学术见解或建议,对其做出综合性介绍和阐述的一种学术论文或学术论文的综述部分。文献综述是在确定了选题后,在对选题所涉及的研究领域的文献进行广泛阅读和理解的基础上,对该研究领域的研究现状(包括主要学术观点、前人研究成果和研究水平、争论焦点、存在的问题及可能的原因等)、新水平、新动态、新技术和新发现、发展前景等内容进行综合分析、归纳整理和评论,并提出自己的见解和研究思路而写成的一种文体。它要求作者既要对所查阅资料的主要观点进行综合整理、陈述,还要根据自己的理解和认识,对综合整理后的文献进行比较专业的、全面的、深入的、系统的论述和相应的评价,而不仅仅是相关领域学术研究的简单"堆砌"。[4]

在《怎样做文献综述——六步走向成功》中,劳伦斯·马奇和布伦达·麦克伊沃提出了文献综述的六步模型,将文献综述的过程分为六步:选择主题、文献检索、展开论证、文献研究、文献批评和综述撰写。[5]

文献综述也可定义为一种在分析、比较、整理、归纳一定时空范围内有关特定课题研究的全部或大部分情报的基础上,简明地阐述其中的最重要部分,并标引出处的情报研究报告。文献综述的定义包含三个基本要素:① 文献综述反映原始文献有一定的时间和空间范围,它反映一定时期内或是某一时期一定空间范围的原始文献的内容。② 文献综述集中反映一批相关文献的内容。其他二次文献如题录、索引、文摘、提要等一条只能揭示一篇原始文献的外表信息或内容信息,且各条目之间没有联系,而综述一篇可集中一批相关文献,且将这批文献作为一个有机整体予以揭示,信息含量比二次文献多得多。③ 文献综述是信息分析的高级产物。书目、索引等是对原始文献的外表特征进行客观描述,不涉及文献内容,编写人员不需了解原始文献的内容,也不需具备相关学科的基础知识;提要、文摘是对原始文献的内容做简要介绍和评价,编写人员需要具有相关学科的一些基础知识,以识别和评价原始文献;文献综述则要求编写人员对综述的主题有深入的了解,全面、系统、准确、客观地概述某一主题的内容。运用分析、比较、整理、归纳等方法对一定范围的文献进行深度加工,对于读者具有深度的引导功能,是创造性的研究活动。[6]

2. 文献综述的类型、特点及作用

1) 文献综述的类型

可以从不同的角度对文献综述进行划分,最常见的方法是根据文献综述反映内容深度的不同即信息含量的不同划分,按照文献综述信息含量的不同,可将文献综述分为叙述性综述、评论性综述和专题综述三类。

(1) 叙述性综述,是围绕某一问题或专题,广泛搜集相关的文献资料,对其内容进行分析、整理和综合,并以精炼、概括的语言对有关的理论、观点、数据、方法、发展概况等做综合、客观的描述的信息分析产品。叙述性综述最主要的特点是客观,即必须客观地介绍和描述原始文献中的各种观点和方法。叙述性综述的特点是使得读者可以在短时间内,花费较少的精力了解到本学科、专业或课题中的各种观点、方法、理论、数据,把握全局,获取资料。

(2) 评论性综述,是在对某一问题或专题进行综合描述的基础上,从纵向或横向上做对比、分析和评论,提出作者自己的观点和见解,明确取舍的一种信息分析报告。评论性综述的主要特点是分析和评价,因此有人也将其称为分析性综述。评论性综述在综述各种观点、理论或方法的同时,还要对每种意见、每类数据、每种技术做出分析和评价,表明撰写者自己的看法,提出最终的评论结果。评论性综述可以启发思路,引导读者寻找新的研究方向,对读者的研究工作具有导向意义。

(3) 专题综述,是就某一专题,一般是涉及国家经济、科研发展方向的重大课题,进行反映与评价,并提出发展对策、趋势预测;是一种现实性、政策性和针对性很强的情报分析研究成果。其最显著的特点是预测性,它在对各类事实或数据、理论分别介绍描述后,进行论证、预测的推演,最后提出对今后发展目标和方向的预测及规划。专题综述对于科研部门确定研究重点和学科发展方向,领导部门制定各项决策,有效实施管理起着参考和依据的作用。这一类综述主要表现为预测报告,可行性研究报告,专题调研报告,建议、对策与构想报告等。此类文献综述多是邀请本学术领域内权威人士(专家)来撰写。如期刊上标明了"专论"或"专题"的文章,也有的称为"特邀文章"。

此外,按照综述报道的时空范围划分,可分为纵向综述和横向综述。纵向综述按时间发展的顺序展开叙述,可揭示综述主题的发展速度;横向综述不分时序,按照主题或地域、国家、产品等展开叙述,有利于在同一水平上对比。按照综述的对象范围大小分,可分为大综述和小综述。大综述是指研究的对象较为宏观,涉及的范围一般为某一学科领域、专业或某一大的研究方向;小综述是指研究的对象较为微观,涉及的范围一般为某个专题或某一小的研究方向。按文献综述报道内容的时间范围划分,可分为现状综述、回顾性综述和预测性综述。现状综述是对某一发展领域的新进展、新知识、新动态迅速予以评述,仅对近期新发表或公布的与该领域相关的文献进行综合分析和评价,如"最新进展"综述类文章大多属于此类。回顾性综述描述过去一定时期内的成果和发展历程,总结性较强,以作为当前的借鉴参考。预测性综述是在综述的基础上,对未来一定时期内的发展方向和目标提出预测。

2) 文献综述的特点

文献综述是对原始文献的再创造。其内容特点如下:

(1) 内容的综合性。文献综述是研究者围绕某专题,搜集大量的一次文献,打破原始文献的单元结构,通过理解提炼、博采众长、重新组织撰写而成的综合论述。需保证是对所有研究成果(专著、论文、报告等)的综合,而不能只是局部概况。此处要求的综合需综述广泛时空范围内的发展和情况,既有纵向描述,又有横向覆盖。所谓纵向描述,是指撰写文献综述所参阅的文献不能仅仅是某一年的或某几年的,而应把每一年的具有代表性的文献都涵盖在内。所谓横向覆盖,是指把所有专家、学者的有代表性的文献尽可能都搜集到,而不是仅限于某个人或某些人,这样才能保证内容全面客观。

(2) 语言的概括性。文献综述对原始文献中的各类理论、观点、方法的叙述不是简单地照抄或摘录,而是在理解原文的基础上,用简洁、精练的语言将其概括出来。因此文献综述不同于文摘,不是将原文献的中心内容摘录出来;也不同于节录,不必完全按照原文节选下来;而是将文献中有用的理论、观点和方法用最精练的语言加以概括描述,提炼出观点或数据,同时舍弃原始文献中的论证、计算、推导过程等细节。

(3) 信息的浓缩性。文献综述集中反映一定时期内一批文献的内容,浓缩大量信息。一篇综述可以反映几十至上百篇的原始文献,信息密度大。关于一篇综述需要有多少参考文献,国内外的学者们都做过不少研究,有一些不同的意见。评价综述文献的压缩程度可用综述文献正文每页所引用的参考书目平均数或者是被综述的原始文献页数与综述文献页数之比来考察。各学科综述的浓缩度是不同的,要以是否集中足够的原始文献,以全面反映综述主题为依据来确定。

(4) 评述的客观性。综述性文献的客观性有两方面:一方面叙述和列举各种理论、观点、方法、技术及数据要客观,必须如实地反映原文献的内容,不得随意歪曲,或是断章取义,不顾上下文,同时还要避免因理解不同而出现的误解;另一方面,在分析、比较、评论各种理论、观点、方法时要有一种客观的态度,应基于客观进行分析、评价,不能出于个人的喜好、倾向进行评论,更不能出于个人的感情有意偏袒或攻击。另外,在做出预测时,要以事实数据为依据,以科学的推导方法为手段,力求客观,而不是凭空想象,或出于主观愿望盲目提出。

3) 文献综述的作用

文献综述集中报道一批相关文献,便于科研人员及时了解学科、专业、专题发展动态。随着信息在现代社会中的作用越来越大,全球信息化的趋势越来越明显。各学科的文献量激增;交叉学科、边缘学科大量涌现;其他语种文献日益增多,文献分散程度日益增大。用户所能阅读的百分比越来越小,当文献数量达到一定程度,用户就会对阅读文献失去兴趣。文献综述浓缩各方面信息,使用户在极短的时间内了解到大容量信息,且不存在语言障碍。

一篇综述覆盖了几十至上百篇原始文献,用户无需阅读大量原始文献,减少了重复阅读量。综述的系统性报道,便于用户全面、系统地了解某方面的进展或概况。文献综述将所报道的内容经分析综合,使之有序化。报道时既可纵向延伸,又可横向比较,或是纵横交错。从不同角度将各种理论、观点、方法条理化、系统化,反映问题的全貌。文献综述要反映一批相关文献,因此在撰写综述的过程中,从原始文献的选择、对原始文献内容的概括和介绍并进行评价,通过评价去粗取精,消除谬误,提取精华;在综述的基础上,合理推理,进行科学的预测,提出未来的发展方向和前景,使得领导部门制定决策有据可依;科研人员可作为确定新的研究方向的参考,以避免重复开发研究。提供回溯检索途径,文献综述文后附参考文献及其有关信息,且因综述一般是按一个或几个专题、问题进行综述的,因此参考文献一般也属于同一类的或具有相关性,读者可从文后的参考文献入手进行回溯检索,直接查找阅读自己感兴趣的原始文献。

对于撰写学位论文的研究生来说,文献综述作为学位论文的一部分,做文献综述有以下几方面的作用:第一,帮助确立好的研究选题,研究工作是基于前人高度为起点而不断探索的过程,系统的文献阅读能够帮助研究生全面地了解相关研究领域已有的研究成果,界定研究空白和判断可探讨的未知领域;第二,为研究生提供可参考和借鉴的研究思路与方法;第三,为研究生提供解释研究结果的背景资料;第四,为研究生学位论文的开展奠定基础;第五,为学位论文的创新性寻求突破口。[7]

6.4.2 文献综述的组织范式

文献综述的组织范式常见的有以下类型:

1. 按照综述对象的不同构成部分

这种类型的综述对象一般是某个研究领域及其组成部分。例如,周琳娜等[8]在多媒体认知安全综述里,将传统多媒体认知安全技术分为文本安全技术、音频认知安全技术、图像认知安全技术、视频认知安全技术等几个方面进行综述。

2. 按照时间发展脉络

文献综述按照时间发展脉络整理,是指按文献发表时间顺序的先后,将以往的研究分成几个发展阶段,再对每个阶段的研究进展和主要成就进行陈述和评价。这种方法也称纵向描述法,它多在介绍某个专题的历史发展背景时采用。在具体撰写过程中,可以围绕某一专题,按时间先后顺序或专题本身发展阶段,对其历史演变、目前状况、趋向预测等方面的问题进行详细描述,勾勒出文献综述所涉及领域不同发展阶段的清晰轮廓。

3. 按照主要的学术流派、研究视角或观点

文献综述按流派观点整理是指以流派观点为主线,先追溯各流派观点的历史发展,再进一步分析不同流派、研究视角或观点的贡献与不足,以及它们的借鉴意义,此种方法也可称为横向描述法。随着对某一事物研究的不断深入,人们对同一事物逐渐呈现出不同的观点并最终形成多种派系。此时以流派观点为主线进行综述,容易使读者全面了解所研究问题的历史发展。另外,通过对已有文献的横向比较,可以深入考察学界对该研究领域的不同观点和结论,以达到对该研究领域的全面审视和把握。[8]

4. 按国内外顺序

无论是综述性学术论文还是学术论文的综述部分,将国内外的研究现状分别进行综述是一种常见的综述类型。该综述的具体方法是,采用纵向描述法或横向描述法,或采用二者结合的方法,先论述国外对所研究问题的历史发展、研究现状和最新进展,然后再采用相同的方法综述国内对该问题的历史发展、研究现状和最新进展。这种方法多用于学位论文开题报告和项目立项申报书中关于"国内外研究现状述评"之中。[9]

5. 其他结构安排

除了上述几种比较常见的结构安排外,还有一些文献综述类文章以主要人物、研究方法等为线索来进行综述。不管采用哪种结构,一篇好的文献综述类文章必须有明确的展开逻辑和顺序,应该清晰地告诉读者为什么采用这种或这些结构安排。提出一种或几种结构安排,实际上已经在做某种程度的整合工作。无论采用哪种或哪些结构,在综述文章的第一节(也就是"引言"部分),一般应该介绍文章的主要内容、大致结构并事先初步交代作者的原创性观点,随后各节可以按照引言所交代的思路来进行文献述评。

6.4.3 文献综述的写作

文献综述既是学术论文的组成部分,又是学术论文的一种类型。作为论文的组成部分,它是阐明前人贡献、理论发展脉络、现存研究局限等的重要工具,能够为研究人员的学术创作提供理论依据、激发创新点等。作为特殊类型的学术论文,综述性文章能帮助其他研究者告别大量文献的重复性阅读,迅速了解本领域的发展状况。

文献综述的编写步骤如下:确定选题与研究重点;文献资料的搜集、跟踪与积累;分析、评价资料价值,进行筛选;整理资料,使之系统化;撰写综述。

在撰写学术论文的综述部分时,文献综述可分为"融入引言的文献回顾"和"单独列出的文献回顾"。对于大多数研究生学位论文而言,文献综述一般都是作为单独章节列出,章节内容可选择本章前文介绍的组织范式进行组织并撰写。

在撰写综述性文章时,虽然没有定式的形式,但一般应包括以下几部分的内容:

(1) 标题。综述性文章的标题一般来说应紧扣主题,高度地概括,突出重点,揭示主题内容,使人一看标题就可了解综述的大致内容。另外,综述的标题还可以说明其综述体裁和综述的时间范围,但并不严格要求。最好不要用比喻性的标题。

(2) 摘要。文章内容不加注释和评论的简短陈述,具有独立性和完整性。一般包括:研究的目的与重要性、内容、解决的问题、获得的主要成果及其意义;一般综述类论文的摘要为小摘要(200~300字);突出研究成果和创新点的描述,为了使读者未阅读论文全文时,先对文章的主要内容有个大体上的了解,知道研究所取得的主要成果,研究的主要逻辑顺序。

(3) 关键词。4~6个反映文章特征内容,通用性比较强的词组。可参照:第一个词为本文主要工作或内容,或二级学科;第二个词为本文主要成果名称或若干成果类别名称;第三个词为本文采用的科学研究方法名称,综述或评论性文章可为"综述"或"评论";第四个词为本文采用的研究对象的事或物质名称。

(4) 引言。引言的作用是提出问题,包括写作的目的、意义和作用,综述专题的历史、资料来源、现状和发展动态,有关概念和定义,选择这一专题的目的和动机、价值和实践意义,如果属于争论性课题,要指明争论的焦点所在。并可同时涵盖文章后续内容的大致结构安排。

(5) 正文。正文是综述文章的核心内容。正文部分撰写的基本要求是逻辑严谨、思路清晰、内容全面客观,有述有评。正文部分的基本内容包括选题的研究历史演变、国内外研究现状、主要观点、争论焦点、有待解决的问题、发展趋势、研究方法、分析评论等。综述正文的撰写灵活多样,为了区分问题,便于读者阅读和利用,在正文中按问题添加各级小标题,分别论述,可使正文的内容一目了然。

(6) 结语。对前面论述的内容做一个总结和概括;或是提出自己对选题的基本看法,指出存在的问题及解决问题的方法和所需的条件;或是提出预测及今后的发展方向;还可提出展望和希望。结语的作用是突出重点,结束整篇论文。

(7) 参考文献。参考文献是综述文章的一项重要组成部分,读者可通过阅读文后的参考文献了解本课题的相关文献,进行回溯查找。参考文献必不可少,必须在文后一一列出综述中引用或参考的文献的有关信息,如篇名、作者、出处、出版时间、出版单位等。

以上是综述性论文应包括的基本内容,在此基础上,撰写者也可根据自己的喜好和文章的需要增添别的内容。如附录,在正文中图表太多、太大,插入文中不便排版,同时将正文内容割裂得太零散时,可将图表集中统一编号,放在文后作为附录,在正文中加以说明。附录的一个作用就是可以满足不同层次读者的阅读需要,对于想要详细了解情况的专业人员来说,可以参阅文后的附录,对照正文,获取事实、数据;对于只需一般了解的读者来说,只需阅读正文中的内容和结论,就可了解大概,不需再看附录了。附录不是综述的必要内容,撰写者可根据具体情况决定取舍。[6]

6.4.4 参考文献管理工具

文献管理软件是管理文献的工具,百度百科将其定义为学者或者作者用于记录、组织、调阅引用文献的计算机程序,一般具有建立目录、搜索、排序、查重、标记、标签等功能,也能实现论文写作过程中参考文献的插入和调用。这里的文献指广义的文献,包括期刊论文、图书、报纸、会议报告、专利等多种类型的资源。文献管理软件可以帮助我们在论文写作时快速、准确地插入参考文献,并轻松实现编辑参考文献、一键格式参考文献等非常重要的功能,避免以往使用非文献管理软件时烦琐、复杂又易出错的参考文献编辑模式。

文献管理软件支持学术研究中全流程的输入、分析、阅读、使用工作。它可以帮助研究者快速在联网数据库中检索文献,下载全文;可以非常方便地分门别类地管理文献,包括文摘、全文以及其他的附件材料等。有些软件还提供阅读文献过程中的记笔记、写标签、做批注、高亮重点文字等非常实用的功能,支持写作过程中的引文调取、使用。下面介绍一下目前常用的几款文献管理工具。

1. EndNote

EndNote 是科睿唯安公司出品的一款著名的商业性文献管理软件，有网络版和单机版。这个软件对个人来说价格较高，但很多高校买了正版。它与 Web of Science 平台完美契合，可以直接追踪 Web of Science 平台收录论文的被引用情况，查看推荐的相关文献，可以使用独有的 SCI 期刊投稿推荐等功能。除去与 Web of Science 平台互相支撑的功能外，EndNote 功能依然十分强大：用户可以创建个人文献库，加入文本、图像、表格和方程式等内容及链接等信息；它有着易用的界面和强大的文献搜索功能，文献的检索、管理、文献全文的自动获取都很方便，对中文也支持良好；写作方面能够与 Word 完美无缝链接，方便地插入所引用文献并按照格式进行编排，即使某些极其复杂的引文和输出格式，也能轻松应对，是科研工作者不可多得的好助手。但是 EndNote 也有一些不足，比如分组只支持二级目录，暂不支持标签功能。

2. NoteExpress

NoteExpress 是北京爱琴海公司出品的一款国产商业性文献管理软件。NoteExpress 目前有客户端、浏览器插件和 Web 版青提学术三种形式，其中客户端仅支持 Windows 系统，青提学术同时支持 Mac、Windows、Linux、iOS、Android，可以在不同屏幕、不同平台之间切换，高效地完成文献追踪和收集工作。NoteExpress 支持传统的树形结构分类与灵活的标签标记分类；具备全文智能识别功能，可以根据题录自动补全智能识别全文文件中的标题、DOI 等关键信息，并自动更新补全题录元数据；内置近 5 年的 JCR 期刊影响因子、国内外主流期刊收录范围和中科院期刊分区数据，在添加文献的同时，自动匹配填充相关信息；支持 Office Word 或金山 WPS 写作，可以实现边写作边引用；具有丰富的参考文献输出样式，内置近 4 000 种国内外期刊、学位论文及国家、协会标准的参考文献格式，支持格式一键转换，支持生成校对报告，支持多国语言模板，支持双语输出。

3. Mendeley

Mendeley 是 Elsevier 公司旗下一款开源免费的文献管理工具。其最重要的特点在于它同时也是一个在线的学术社交网络平台，具有非常强大的社区功能。在这里可以方便地找到有相同兴趣的研究者，可以与团队成员协作、共享、讨论研究文献，还能随时接收系统主动推送最新研究文献；同时还引入了 Altmetrics 这一新兴的评价指标，用以了解文献在社交媒体上的关注度和影响力。Mendeley 桌面版功能也非常强大，独有的 Watch Folder 功能可以自动将本地文档添加到个人文献库，并可以根据 DOI 号等文献特征内容联网检索自动更新文献信息；支持 pdf 标记、注释功能，支持 pdf 内容级别的搜索；写作方面支持 Word、LaTeX，可以方便地插入参考文献。遗憾的是，Mendeley 对中文的支持不太好，经常出现中文无法识别以及乱码的情况。

4. Zotero

Zotero 是一个免费开放的文献管理软件，由美国乔治梅森大学的历史与新媒体中心开发，受美国梅隆基金会、美国博物馆与图书馆事业局等资助。Zotero 分为 2 个版本：其一是独立版本，支持 Windows、Linux、Mac 三种不同的操作系统；其二是浏览器插件版本，支持 Firefox、Edge 浏览器，插件版本的优势在于可以直接在浏览器中进行右键或者点击相关按钮对网页进行条目建立,并下载其中的文献添加详细信息。独立版本和浏览器插件版本可以共存,遗憾的是两者的同步策略做得尚不完美,且插件版本的免费空间较小。Zotero 安装过程较为简单,可以下载后自行安装。使用方面可以非常便捷地通过插件收集文献并下载全文,可以实现阅读中的笔记功能,在 Word 中插入引文,同时在 LaTex 中插入引文也相对简单,只需导出 BibTex 格式的条目,并在 LaTex 文档中声明并调用这个数据库即可。

5. Citavi

Citavi 是瑞士学术软件公司(Swiss Academic Software)在瑞士瓦登斯威尔(Wadenswil)发布的一款针对 Windows 系统的参考管理和知识组织程序,在德国、奥地利和瑞士使用非常广泛。目前,在国内也有较大的用户群体,且有专门的中文网站。其免费版本限制每个项目(可以理解为文献库)只能保存 100 条文献信息,其他功能则与付费版完全一致。Citavi 支持整个研究流程中的输入、分析与导出工作。收集文献方面,当在线查找书籍、文章或网页时,使用选择器可快速将其信息添加到 Citavi;支持提纲式的内容撰写;支持引文插入及不同样式之间的调整;可以与 Word 完美协作,并且支持 LaTeX 编辑器;支持团队间相同项目的知识分享和独立工作。

另外还有 Refswork、JabRef 等文献管理软件。总的来说文献管理软件多种多样,虽名称各异,但主要功能大体上类似:既能满足日常文献的组织管理、阅读分析,又必须支持论文写作。不同软件在各自的特色和侧重方面则稍微有些差别。支持多平台、多终端的同步,通过网络实现文献库的共享利用,提供社会化的互动功能,让用户建立起联系促进沟通与合作是一种趋势。至于具体选择哪一种文献管理软件,取决于个人需求与喜好,及是否付费。

总之,文献管理软件将在科研活动中扮演越来越重要的角色,实现研究过程中全流程的服务。作为研究者,非常有必要紧跟形势,选择一款适合自己的文献管理软件,牢牢占据文献管理能力上的制高点。

6.5 情境导入

6.5.1 学科态势分析案例

该案例由南京农业大学科学研究院、南京农业大学图书馆、南京农业大学农学院合作完成,旨在探究有关基因编辑技术在不同领域的学术产出、研究热点及发展趋势。通过本案例认识 SciVal 数据分析平台在挖掘学科领域发展趋势上的应用。更详细的内容请见陈俐等载于《南京农业大学学报》2020 年第 6 期的论文《基于 SciVal 的基因编辑技术研究态势分析》[10]。

1. 研究目的及途径

基因编辑是目前应用非常广泛的前沿生物技术,本案例旨在探究有关基因编辑技术在不同领域的学术产出、研究热点及发展趋势,为基因编辑技术发展提供借鉴。本案例依托

Scopus 数据库的相关文献数据,运用 SciVal 分析工具从学科分布、产出质量、合作情况及研究热点等视角进行分析,明确基因编辑技术的研究现状、存在问题和发展趋势。

2. 研究内容

为了解基因编辑领域研究热点,便于科研人员有针对性地开展相关研究,避免低水平重复研究,本案例对基因编辑相关学术产出通过 SciVal 平台进行热词分析,得出热词图谱(图 6-16)。在出现的 50 个热词中,大部分热词均为绿色,说明相关研究处于关注度上升的状态,但是 Transcription Activator-like Effector nuclease、Genetic Engineering、Human Genome、Endonuclease、RNA Editing 和 Zinc Finger 和 Zinc Finger Nucleases 为蓝色(加框显示),说明这 6 个方向的研究热度或者关注点已处于消退状态,科研人员在进行研究时可以考虑回避相关方向。

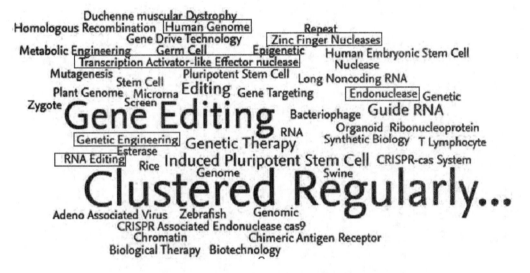

图 6-16　2014 年 1 月—2020 年 6 月基因编辑相关研究热词图谱

对研究主题进行分析(表 6-3),发文数排名前 10 的研究主题中,人、动物、植物共同的研究主题有 2 个,分别是"Guide RNA;CRISPR Associated Endonuclease Cas9"和"Gene Editing CRISPR/Cas System;CRISPR-associated Protein;Bacteriophage",均属于 CRISPR/Cas 基因编辑技术领域,说明该技术在人、动物、植物上是通用的。除此之外,人和动物还有"Chimeric Antigen Receptor;B Cell Maturation Antigen;Biological Therapy" "Long Noncoding RNA;Growth Arrest Specific Transcript 5;Small Nucleolar RNA" "Induced Pluripotent Stem Cell;Nuclear Reprogramming;Germ Layer" "Cohesin;Chromatin;Condensin Complex" "Organoid;Intestine Crypt;Paneth Cell"和"Adeno Associated Virus;Virus Capsid;Genetic Therapy"。这 6 个研究主题交集,均与免疫或医学相关,可见人类医学的发展离不开动物试验的支持。

3. 案例提示

当需要挖掘某研究领域热点、主题时,可以 Scopus 数据库作为文献数据来源,并使用同一平台提供的 SciVal 进行热词分析、研究主题揭示。

表 6-3 2014 年 1 月—2020 年 6 月人、动物、植物基因编辑相关研究主题发文数

人 Human		动物 Animal		植物 Plant	
主题 Topic	发文数 Publications	主题 Topic	发文数 Publications	主题 Topic	发文数 Publications
Guide RNA; CRISPR Associated Endonuclease Cas9; Gene Editing	3 789	Guide RNA; CRISPR Associated Endonuclease Cas9; Gene Editing	2 593	Guide RNA; CRISPR Associated Endonuclease Cas9; Gene Editing	1 184
CRISPR/Cas System; CRISPR-associated Protein; Bacteriophage	268	Long Noncoding RNA; Growth Arrest Specific Transcript 5; Small Nucleolar RNA	85	Argonaute Protein; Arabidopsis; Nicotiana Benthamiana	36
Chimeric Antigen Receptor; B Cell Maturation Antigen; Biological Therapy	167	CRISPR/Cas System; CRISPR-associated Protein; Bacteriophage	82	Oryza Rufipoga; Panicle; Quantitative Trait Locus	25
Long Noncoding RNA; Growth Arrest Specific Transcript 5; Small Nucleolar RNA	144	Chimeric Antigen Receptor; B Cell Maturation Antigen; Biological Therapy	76	Anthocyanin; Chalcone Isomerase; Dihydroflavanol 4-Reductase	21
Induced Pluripotent Stem Cell; Nuclear Reprogramming; Germ Layer	136	Cohesin; Chromation; Condensin Complex	67	Anther; Exine; Male Fertility	21
Cohesin; Chromation; Condensin Complex	102	Germ Layer; Mouse Embryonic Stem Cell; Endoderm	60	CRISPR/Cas System; CRISPR-associated Protein; Bacteriophage	19
Organoid; Intestine Crypt; Paneth Cell	77	Induced Pluripotent Stem Cell; Nuclear Reprogramming; Germ Layer	58	Florigen; Shoot Meristem; Heading	19
Provirus; Antiretroviral Therapy; HIV-1	77	Xenotransplantation; Papio; Galactosyl-transferase	51	Cinnamyl Alcohol Dehydrogenase; Ligni-fication; 4-Coumarate-Coa Ligase	18
E 4031; Pluripotent Stem Cell; Cardiac Muscle Cell	75	Adeno Associated Virus; Virus Capsid; Genetic Therapy	49	Gynoecium; Flowering; Carpel	18
Adeno Associated Virus; Virus Capsid; Geneic Therapy	69	Organoid; Intestine Crypt; Paneth Cell	44	Transeription Activator-Like Effector; Xanthomonas Oryza pv. Oryza; Blight	18

6.5.2 文献综述内容组织与撰写案例

该案例由东北林业大学林业经济管理专业的王乙博士在撰写博士毕业论文的过程中完成,旨在对野生动物保护价值研究相关的国内外文献进行综述和梳理,指导后续研究的进一步开展。更详细的内容请见王乙博士学位论文《野生动物保护价值评价研究》[11]。

1. 研究问题

随着工业化和城镇化的发展,野生动物的种类和数量以惊人的速度减少。野生动物是自然生态系统不可或缺的重要组成部分,人类想要确保生态安全、建设生态文明就必须保护野生动物。开展野生动物保护价值评价,就是研究测度野生动物的保护本底的理论和方法,对制定保护政策、配置保护资源、提升保护成效具有重要意义。首先对野生动物保护价值研究相关的国内外文献进行了综述和梳理,为后续进一步深入研究拓展思路和空间。

2. 数据采集

本案例检索数据库为 Elsevier ScienceDirect、ProQuest 及 CNKI 检索平台,时间跨度为 1977 年至 2018 年 4 月。选取国内外关于"自然资源价值""自然资源保护价值""自然资源价值评价""野生动物价值""野生动物保护价值""野生动物价值评价""自然资源及野生动物价值影响因素"7 个研究内容的文献进行梳理和分析,这些文献包括对价值的认识过程、分类研究、评价方法探索、影响因素讨论。

3. 综述

(1) 自然资源价值的研究

20 世纪 90 年代,人们对于自然资源价值的认识更加全面,相关方法也更趋完善。David 提出生态功能的概念,将资源持续经营引入自然资源价值的概念范畴。Flores、Spash、Attfield、Johansson 从生态系统服务价值着手,重点讨论自然资源的经济价值和存在价值的理论基础问题。

21 世纪,人们对自然资源价值的研究快速发展。Rolston 在前人研究的基础上将自然资源价值细分为经济价值、科学价值、审美价值、生命支持价值和生物多样性及统一的价值。至此人们对自然资源价值的认识形成了基本统一的框架,即自然资源除了具有满足人类生产生活的适用性价值,同时也是舒适性、赠遗性以及功能性价值的统一合集。在对自然资源价值的认识逐渐深入的同时,人们也将自然资源价值的货币化评估延伸到诸多领域。Sutton 研究了全球生态系统的市场价值和非市场价值与世界各国 GDP 的关系,是目前规模最大的全球性自然资源价值评估工作。Jamali-Zghal、Edward、Babidge、Sally 通过建立主要自然资源价值分析模型,对森林、矿产、湿地和水资源进行评估,指出由于多种客观因素的影响,自然资源的价值也呈现动态变化趋势的问题。

(2) 自然资源保护价值的研究

自然资源保护价值的概念随着稀缺价值概念的产生而兴起,就是对具有濒危、稀有的自然资源进行保护,必须提前预算被保护对象的价值大小。因此,自然资源保护价值包含的稀缺性价值,是其与传统自然资源价值概念的根本差别。自然资源保护价值的概念最初由 Usher 提出,并将保护价值具体量化为多样性、稀有性、面积、代表性、自然状态等 5 个指标。多样性包括物种多样性和生态系统多样性,多样性越大的地点保护价值越大;稀有性是指物种栖息的稀有程度,在某一范围内栖息的物种越稀有保护价值越大;面积是指被评价的空间尺度,一般情况下面积越大保护价值越大;代表性是指被评价对象如果能够反映某一种独特的景观、生态系统、生物多样性特征,那么被评价对象就具有较高的代表性,也具有较高的保护价值;自然状态是指未经人类干预、修葺的自然程度,人类活动影响越低的对象保护价值越高。此后,Margules 将自然资源保护价值的概念应用于在澳大利亚自然保护区建设之前的评估,即在自然保护区建设之前,首先对选址区域进行保护价值评估,确定保护价值大小,选择保护价值大的地点建立保护区。

随着自然资源保护价值研究的逐渐深入,人们逐渐意识到稀缺性价值不仅体现在物种绝对数量和质量的稀有,也应包括对人类社会而言的稀有和珍贵。Margules 率先提出评价保护价值的稀有性需要考虑科学性和政治性。科学性是指需要按照被评价对象的生态、功能、用途进行科学设定;政治性是指必须考虑被评价对象的受威胁程度、可利用程度、舒适性等因素的影响。Witting 将相对数量指标作为评价稀有性价值的重要因素,认为自然资源的保护价值需要从人类需求的角度进行综合评价。Rapoport 将微地理分布、保护对象的密度与丰裕度作为稀有程度的指标,评价自然资源的保护价值。此后对于自然资源价值的评估开始与资源的稀缺性、服务性、生态性等特征结合,其中 Seidl、Matero、Yao 对森林保护价值进行评估,Rodriguez 对草原灌木系统保护服务功能进行量化,Woodward、Barbier 对湿地的保护价值进行分析,Johnston 对湿地水域的生态系统保护服务功能进行评估。

国外学者也针对外部因素对自然资源保护价值影响进行了研究。Schneider 研究了城市对自然生态系统服务价值的影响,Marschall 研究了退化恢复后的生态系统对自然资源价值的影响,Anderson、Grossman、Grand 也基于生态与人为扰动分别讨论了全球生态系统自然资源、平原湿地、泥炭湿地在破坏期及恢复期保护价值的变化情况。

(3) 野生动物价值的研究

野生动物是自然生态系统中最活跃的部分,也是一种非常重要的自然资源。在人类历史相当长的一段时间里,野生动物资源相对丰沛,人们忽视野生动物的价值,进而无节制地获取野生动物,造成野生动物种群数量的急剧减少。查阅现有文献,关于野生动物价值的概念最早由 King 提出,认为野生动物在人类商品交换过程中,至少存在商业价值,这一观点与同时期人类对自然资源价值的认识基本相同。King 将野生动物的价值细分为商业价值、游憩价值、美学价值、教育价值、生物价值和文化价值。随着人类对价值理论研究的逐渐深入,人们逐渐意识到野生动物除了可以作为商品进行交换。同时也具有更多的功能。Weisbrod 从效用价值论的观点出发,认为野生动物能够满足人类现实的某些需求,所以这些价值应该统称为使用价值。Krutilla 进一步指出,野生动物除了满足当前的人类需求,同时也满足了人类对未来可能出现的需求,因而具有存在价值。此后人们对野生动物价值的认识基本趋于两个方面,即野生动物除了具有满足人类现实需求的使用价值,同时也具有满足人类未来需求的存在价值。Radall 和 Stoll、Shaw 在这些研究的基础上对野生动物价值的概念进行了延伸和拓展,提出野生动物内禀价值和利用价值的概念。内禀价值是野生动物自身具有的价值,利用价值是我们通常所说的为人类使用的价值。内禀价值可以称为非利用价值，具体可以分为选择价值(option value)、存在价值(existence value)和遗产价值(bequest value)。

此外，人们也立足野生动物与人类经济、生态、社会的关系审视野生动物的价值。Rolston 和 Brown 认为野生动物的价值应该包括经济价值、生态价值和社会价值。经济价值是作为商品参与人类交换的价值，生态价值是参与生态系统物质和能量流动的价值，社会价值可以归纳为人类社会的认同价值。基于经济、生态、社会三个方面对野生动物价值进行阐述，更容易被人们所理解和接受，也更符合野生动物管理的实际需要。Fulton 在这一观点的基础上提出野生动物社会价值标准体系，为野生动物社会价值的定性描述和评价提供参考。

随着自然资源经济学与环境经济学的发展，人们意识到野生动物的价值除了满足人类的物质需求、游憩需要，同时具有极为重要的生态服务价值。Blockstein 从北美旅鸽、奇瓦瓦荒漠更格卢鼠的生态功能出发，研究了野生动物在自身种群数量和结构发生变化时，导致生态环境变化的客观事实。其中北美旅鸽因人类猎杀导致数量骤减，进而引起其食物橡树种子丰产，从而引起大家鼠的增长，最终导致了 Lyme 病的爆发；奇瓦瓦荒漠更格卢鼠被人们视为害兽，人们捕杀更格卢鼠导致荒漠土壤结构发生显著变化。Chapman 总结野生动物对自然生态中的作用，进一步提出野生动物是自然界中最活跃的部分，有着重要的生态价值，对野生动物价值的研究逐步拓展到其他生态服务功能。

近年来人们对野生动物保护价值的认识逐渐完善。Maarten、Leo 对高保护价值野生动物与人类生态、环境之间的关系进行系统研究，Coralie、Michael、Jerry 讨论了野生动物保护工作中的利益相关者、公民认同、文化抵制、私人土地所有者对野生动物管理及其保护价值的影响。IUCN 专注于评估和保护自然的价值，推出《濒危物种红色名录》，依据物种总数、下降速度、地理分布、群族分散程度等准则将野生动物分为 9 个类别指导各国保护工作。Nadin 结合 IUCN 框架设计了野生动物价值取向评价体系，Roy 讨论了野生动物对促进人类社会价值观的作用。SITES 从野生动物濒危程度入手建立了 3 个几倍的名录用于指导各国野生动物贸易的名录，William 结合 SITES 框架设计分析框架，研究低保护级别野生动物的贸易与其商业价值之间的关系。

（4）野生动物价值评价的研究

国外对野生动物价值的评价源于狩猎活动，因为人类最早从野生动物狩猎活动中获得效用。John、Dennis 基于美国爱德华的狩猎活动，对山羊、驼鹿、羚羊和盘羊的经济价值进行了测算，这是文献检索中人们首次对野生动物价值的系统测算。随着人们对野生动物价值认识的进一步完善，人们将野生动物价值评价延伸到旅游、观鸟等休闲产业当中。Kellert、Glen 对野生动物的美学、娱乐、生态、旅游价值进行了测算，使概念性的野生动物价值转化为具体的货币计量。随着自然资源价值评价方法日趋多样，人们尝试利用多种技术手段对野生动物的价值进行评价。Jakbosson 利用条件价值评估法对澳大利亚维多利亚州所有濒危物种的价值进行测算；Chambers 利用支付意愿对狼的价值进行评估；Mendoca 利用支付意愿对巴西金狮绢毛猴的货币价值进行测算；Bandara 分析了斯里兰卡亚洲象保护的净效益与保护政策的关系；Lima 基于利益相关者的角度对美国 Chilika 泻湖海豚旅游价值进行评价。这些评价虽然立足点不同,评价对象也不同,但都是对野生动物价值的探索。

近年来,人们对野生动物游憩的需求日益提升,因此人们对野生动物价值评价也更多集中在休闲旅游价值、观赏娱乐价值的评价。Freese 研究加拿大人口消费行为,指出约 84% 的人口参与野生动物消费。Danielle 对加拿大落基山国家森林公园野生动物观赏游憩价值进行评价,并找出影响游憩的关键因素。Roy 研究野生动物观赏游憩过程对人类价值观和意识的影响,认为野生动物游憩对于人类的价值观具有重要的意义。

4. 结论

作者围绕野生动物保护价值评价研究,将相关研究分为 4 个主题,每个主题的相关文献按照时间发展顺序进行梳理和组织。该案例属于学位论文的综述部分,综合采用了按国内外顺序、不同主题、时间发展脉络组织综述内容。

参考文献

[1] 张超星.学科领域发展态势分析:五维分析法[J].情报学报,2020,39(11):1204-1213.

[2] 何薇,王琳.全面画像,而非简单指标:利用可视化手段全面揭示单点指标的蕴含信息[J].世界科技研究与发展,2020,42(1):107-118.

[3] 唐仁红.基于多角度文献计量的中美碳化硅 MOS 器件研究现状比较[J].图书情报导刊,2020,5(11):51-59.

[4] 文献综述_百度百科[EB/OL].[2021-11-07].https://baike.baidu.com/item/%E6%96%87%E7%8C%AE%E7%BB%BC%E8%BF%B0/3691537?fr=aladdin.

[5] 劳伦斯·马奇,布兰达·麦克伊沃.怎样做文献综述:六步走向成功[M].2 版.高惠蓉,等译.上海:上海教育出版社,2020:5.

[6] 文献综述的类型、特点及作用[EB/OL].[2021-11-07].https://www.doc88.com/p-971351233835.html.

[7] 阳妙艳,郭少榕.研究生教育中文献综述的撰写与学术素质培养[J].民族高等教育研究,2017,5(6):12-16.

[8] 周琳娜,杨震,储贝林,等.多媒体认知安全综述[J].信号处理,2021,37(12):2440-2456.

[9] 王定祥.研究方法与论文设计[M].北京:高等教育出版社,2013:178-181.

[10] 陈俐,张洛,王正阳,等.基于 SciVal 的基因编辑技术研究态势分析[J].南京农业大学学报,2020,43(6):1162-1172.

[11] 王乙.野生动物保护价值评价研究[D].哈尔滨:东北林业大学,2018.

第7章 科研设计

科学研究是一个系统的、有规则的、规范化的过程,具有其基本规律。本章将对四类常用的科学研究类型:理论研究、实验研究、质性研究和数据驱动研究,就其基础知识、基本程序和研究思路进行介绍。

7.1 理论研究

理论研究是通过各种方法,将隐藏在事物现象背后的基本运行规律全面总结出来,以揭示事物的内在本质。其根本任务是针对事物建构其可靠的理论体系。理论研究是科学研究的重要组成部分,能丰富我们对自然和社会的理性认识,促进科学理论体系的快速发展。学习和掌握一些理论研究规律和方法技巧,对提升科学研究水平具有重要的现实意义。

7.1.1 理论研究概述

1. 理论的内涵

《现代汉语词典》对理论的定义是:"人们由实践概括出来的关于自然界和社会的知识的有系统的结论。"美国《哈博科林斯社会学词典》中的定义是:"由逻辑的或数学的陈述所连接的一组假设命题,它对经验现实的某一领域或某一类现象提出解释。在不太严格的意义上,有关现实某一领域的任何抽象的、一般性的陈述都可称为理论,它通常包括对一般性概念的详细阐述。"在科学研究中,所谓理论,是指为了解释和预测客观存在的现象,确定变量之间的关系,用系统的观点将相互联系的概念、定义、命题组织在一起的总称。[1]可见,理论具有客观性、实践性、系统性和抽象性等特点。

理论研究是基于对研究资料进行整理、分类和统计分析,并借助抽象思维对资料进行加工制作,揭示事物的本质和内在联系的过程。科学研究往往通过调查、观察或在实验、研究中获得对事物的感性认识和经验描述,但科学研究不能停滞于此,它还必须透过事物的表现和外在联系来揭示事物的本质和内在联系。这就必须借助于概念、逻辑推理、抽象和综合等思维方式,从感性认识上升到理性认识。因此,理论研究的任务不仅仅是观察和收集各种资料,而是在对现实问题进行观察、资料收集的基础上进行概括及抽象,对所要研究的行为、现象做出合理的理论解释,证实或者证伪现有的理论,得到新的理论性的结论。

2. 科研逻辑

社会学家 Wallace 提出一种被称为"科学环"的研究逻辑模型。[2]他认为科学研究是"理论→假设(构念)→观察(指标)→概括或检验→新的理论→……"这样一个循环的过程。如图 7-1 所示，方框表示 5 个知识部分：理论、假设、观察、实证概括、被检验过的假设。椭圆表示各阶段使用的 6 套方法：①逻辑演绎方法；②解释、度量、抽样等操作化方法；③测量、抽样总结、参数估计；④形成概念、建立命题；⑤假设检验；⑥逻辑推理。各个知识部分通过各种方法转化为其他形式。

以接受或拒绝假设为中心，构造横纵中心线。纵中心线的右半部分是理论的演绎过程，对于一个比较抽象的理论命题，使用逻辑演绎的方法推演出一个或多个能够在经验中加以检验的命题或假设，对理论进行操作化，将理论转化为一些概念，再将概念转

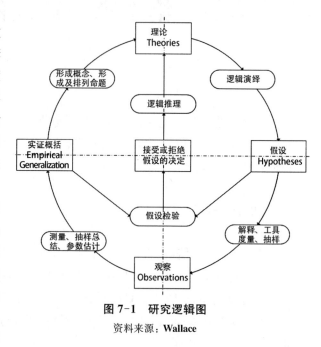

图 7-1　研究逻辑图

资料来源：Wallace

化为变量，有了变量则可以展开实践研究，然后将检验为真的理论推演到具体的事例，指导实际工作和生活。纵中心线的左半部分是理论的构建过程，即通过归纳研究法对现象或事件进行概括得出研究结论，然后深化到抽象的概念和理论的过程。从研究的性质来看，横剖线上方属于抽象层次的理论性研究，横剖线下方则属于实证研究。[3]

理论研究要综合运用归纳与演绎推理研究方法。归纳是从个别出发以达到一般性，从一系列特定的观察中，发现一种模式，在一定程度上代表所有给定事件的秩序；而演绎是从一般到个别，从逻辑或理论上预期的模式到观察检验预期的模式是否存在。[4]演绎是从"为什么"推演到"是否"，而归纳模式则正好相反。两者的结合可以让人们对事物更有力、更完整地理解。

Wallace 的"科学环"是对整个科学研究中各种逻辑的概括。在实际中，许多研究往往只是整个科学过程中的一部分，只包含其中一个或某几个阶段。例如，一些研究是在抽象层次探讨理论问题或致力于构建概念或理论体系；一些研究可能从观察开始，直接进行实地调研，由感性认识上升到理性认识；还有一些研究仅仅是对现象或事件提供一些调查资料和统计数据，不涉及理论构建。

7.1.2　理论构建的基本范式

理论构建的基本范式大致有两种类型：一种是演绎式理论构建，一种是归纳式理论

构建。

1. 演绎式理论构建

演绎式理论构建是一种自上而下的理论构建方式,它从现有的、已知的理论出发,通过分析原始资料对其进行演绎推理等逻辑论证,然后在证实或证伪的基础上进行部分创新,并构建新的理论。

该研究的基本步骤是:第一,全面系统地考察、归纳和总结已有的相关理论;第二,深入调查现实中的经验事实,从事实的外在表现总结提炼基本运行规律;第三,从长期的观察思考中总结提炼作者对研究现象的理论观点;第四,将研究现象运行中各种可能的抽象概念罗列出来,并将概念之间的逻辑关系用图表等形式逻辑展现出来,形成逻辑严密的概念框架图;第五,用规范的专业术语和语言表达逻辑将概念框架图转换为理论解释,从而形成研究对象的理论框架。[5]上述构建步骤详见图7-2。

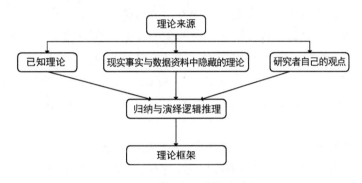

图7-2 演绎式理论构建过程

资料来源:王定祥

2. 归纳式理论构建

归纳式理论构建是一种自下而上的理论构建方式。对于新事物或新现象,学界一般没有现成的理论作解释,需要构建新的理论。此时,研究者可以从经验观察开始,通过经验概括和归纳分析,寻找可以建立普遍性原则的模式,从而建构新的理论。

1) 从经验观察到经验概括

第一步是从经验观察到经验概括,即从实际调查观察、研究对象的材料中形成若干经验命题。经验观察可以是定性的也可以是定量的。定量的观察,比如采用调查研究方法,收集大量的资料,通过统计分析,概括出样本的特征和规律,并以此推断总体的结构和特征。比如,杜尔凯姆的"自杀研究"依据统计资料得出大量的经验概括:天主教徒比新教徒的自杀率高;城市居民比农村居民的自杀率高;富人比穷人的自杀率高;男人比女人的自杀率高。同时,研究者也可以采用定性研究的方法,进行具体深入的观察,并运用分类、综合等手段,抽取出现象的内涵,形成对各个现象的具体描述。比如,通过实地调查,深入访谈等方法同样可以概括出"天主教徒比新教徒的自杀率高……"等结论。

2) 从经验概括到理论

第二步是完成从经验概括到理论解释的飞跃,即从若干经验命题中概括出涵盖面更宽、概念更抽象的命题。这相较于第一阶段的归纳工作更为困难但意义也更大。

经验概括是从事实出发,以对个别事物的观察陈述作为基础,从而上升到普遍性的认识,即由个体特征的认识上升为个体所属的种的特性的认识。经验概括大多是对事实的陈述,它一般不包括人们对事实的理性认识。也就是说,它还没有在现象与本质之间建立一种认知关系。比如,当我们通过调查、访谈等概括出"天主教徒比新教徒的自杀率高"这样的经验概括时,我们对现象已有了一定的认知,但仍没有揭露出为什么天主教徒比新教徒的自杀率高。

因此,要进一步提高人们对现象的认识,需要对所观察到的现象寻找一种解释。也就是从经验概括上升到理论的过程,这中间需要运用创造性的想象和思维的抽象。它包括四个步骤,下面以杜尔凯姆的"自杀研究"为例进行说明:

(1) 建立解释项的概念。这一抽象概念包含经验概括中各种变量的共同属性或特征。杜尔凯姆在经验概括中总结出宗教信仰、居住地、社会阶层和性别等变量与自杀率的关系。那这些变量的共同特征或普遍意义是什么呢?也即这些变量代表了何种含义,可以用来解释自杀率的不同呢?他创造性地发现:在每一个变量中,自杀率低的群体(新教徒、农村居民、穷人、女人)相较自杀率高的群体(天主教徒、城市居民、富人、男人)而言,其内部比较团结、个人联系比较紧密、人际关系比较融洽……他从这些共同特征抽象出解释项的概念:社会整合(或社会一体化,social integration)。他认为,正是这些共同特征,也就是社会整合程度影响了自杀率。

(2) 建立被解释项的概念。它在更抽象、更普遍的层次上表明所研究的具体现象。自杀这一现象代表了何种更普遍的现象呢?通过抽象思维,杜尔凯姆认为,自杀与犯罪、反叛、抗议等,都是不正常的、反常规、反社会或偏离社会规范的现象,由此他建立了被解释项的概念:越轨行为(deviant behavior)。

(3) 建立理论命题。以原有的经验概括为基础,建立解释项与被解释项相联系的命题:社会整合程度(解释项)影响越轨行为(被解释项)。经验概括只是发现和陈述经验资料中存在相关关系,而理论命题则可根据因果判断将相关关系表述为因果关系。理论建构的方式见图7-3。

(4) 建立命题体系。建立包含上述的解释项或被解释项的多个命题,然后将这些命题组织在一个逻辑上相互联系的理论体系中,由理论可推导出新的可被检验的假设。社会整合程度是在社会关系的层次(群体层次)上描述社会凝聚力的大小,它的测量维度包括个体主义和群体主义。同时,人的动机和态度直接影响人的行为,即心理层次(个人层次)的心理整合程度(包括心理正常和心理反常两个维度)影响自杀行为。心理整合程度与社会整合程度相关,但又不完全相同。通过以上理论分析和对概念的定义,可以得到更多的包含认知关系的理论命题:

A. 越轨行为比率与个人主义程度成正比
B. 越轨行为比率与集体主义程度成反比
C. 越轨行为比率与心理反常程度成正比
D. 越轨行为比率与心理正常程度成反比

将这些抽象命题按其逻辑关系联系起来,可以形成一个理论,其基本形式是:社会整合程度—心理整合程度—越轨行为。

这一理论可以解释许多具体现象,可以预测在已知某些变量的状态时将会发生何种现象,由这一理论还可推演出一些未被观察到的但可以被检验的假设。

归纳式理论构建较为典型的方法是扎根理论的方法,其主要宗旨就是从经验资料的基础上建立理论。扎根理论的研究方法具体参照"7.3 质性研究"。

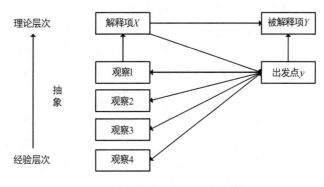

图 7-3 归纳式理论构建过程

7.1.3 理论检验的基本步骤

科学研究是"理论→假设(构念)→观察(指标)→概括或检验→新的理论→……"这样一个无限循环的过程。理论构建的结果实际上是形成了理论假设,但理论假设是否符合实际情况还需要进行理论检验,经过理论检验被接受为真的命题,则可以上升为理论。

理论有效性检验的全过程一般包括以下几个步骤[5]:

(1) 明确表述待检验的理论。在确定了研究课题后,详细地说明待检验的理论,列出主要理论概念及概念间的联系。例如,"由于流动和熟练劳动力的需要,工业化是扩大式家庭减少和核心家庭增加的主要原因"。

(2) 推演理论命题。运用逻辑推演从理论推导出一组概念化的命题,也即理论假设。比如,根据上述理论,可以推导出如下命题:

第一,一个国家越工业化,其家庭结构越倾向于核心家庭化。

第二,在任何国家中,农村地区扩大式家庭结构的特征强于工业化城市地区。

第三,因工作而迁移的人,比那些没有迁移的人,与扩大式家庭的联系更弱。

由一个理论推导出的可检验的理论命题越多,则理论的可检验性就越强。如果在研究中被证实的理论命题越多,则理论的真实程度和可靠性越高。但这些命题是抽象的,所使用的概念,如工业化、核心家庭、扩大式家庭、社会流动等都无法直接观测,因此,需要将命题可操作化。

(3) 将理论假设操作化。用可检验的命题形式即具体的研究假设重述理论假设,将抽象的概念"翻译成"具体的、可直接观测的变量和指标,然后用变量语言重新表述理论假设。比如将"工业化"操作化为"汽车产量""每百户电话拥有量"等。操作化是理论检验的关键环节,只有这样,我们才能进行具体的研究方案设计,才能清楚地知道需要观察什么。

(4) 收集相关资料。根据操作化的命题,采用调查、实验、观察或访问等方法,收集与研究假设相关的资料。

(5) 分析资料。将收集到的资料整理、归纳为一些经验概括,将结果与研究假设进行比较并分析:① 资料对研究假设的支持和否定程度如何?② 资料、假设对理论命题的支持和否定程度如何?③ 资料、研究假设和命题对一般理论的支持和否定程度如何?值得注意的是,除了统计分析以外,资料分析还涉及逻辑推理、理论思索和创造性想象。

(6) 评价理论。研究结果完全支持或者完全否定理论的情况很少,通常是理论在某些方面得到支持,而在另一方面则没有得到。正是这些促使研究者去思考、修正和发展原来的理论,从而不断取得进步。当我们企图理解这些与原始理论不一致的事物时,实际上又一次开始了理论建构的工作。即我们从已取得的观察中重新概括出与原始理论不同的新理论(即修正的理论)。而要确认这种修正的理论,又是一个理论检验的开端。

需要说明的是,将理论建构和理论检验过程区分开来,是为了说明科学研究中不同的研究逻辑。而实际研究工作中,理论构建和理论检验两者之间不断相互作用,很少有纯粹的理论构建或者纯粹的理论检验研究。

7.2 实验研究

实验是一种最为基本的科研类型,最初用于自然科学的研究上,后来也逐渐推广到社会科学领域。本章节将重点介绍实验研究的概述、步骤和实验设计的模式。

7.2.1 实验研究概述

1. 实验研究的定义

实验是从观察发展来的,是更加精密的观察,也是科学研究的基本方法。近代自然科学是以实验科学的面目登上科学舞台的,现代自然科学中实验方法也居于核心地位。一般来说,在实验过程中,研究者会预先提出一种因果关系尝试性假设,然后引入(或操纵)一个变量(即自变量),以观察和分析它对另一个变量(即因变量)所产生的效果,用以检验假设。因此可以将实验研究定义为:通过操纵某些因素,发现变量间因果关系以验证研究假设的研究方法。对变量的操纵和对因果关系的揭示是实验研究的基本含义,研究者需要在理论假设的指导下,操纵自变量,控制无关的变量,观测因变量,以揭示因果关系与事物发展的规律。[6]

2. 实验研究的构成

一般来说,实验研究包括实验者、实验对象和实验手段三个部分,整个实验过程是三者相互作用的结果。

(1) 实验者。是指从事实验立项、设计、实施、测试和数据处理的所有研究人员,是实验活动的主体。他们需要在实验前提出科学假设、设计实验方案;在实验过程中,对实验变量进行控制、操作仪器设备、收集并如实记录实验过程中产生的各项数据;在实验之后,对实验数据进行整理、分析,归纳实验结果,并以此验证自己的假设。

(2) 实验对象。是实验活动的客体,是实验者所要认识的客观事实。实验对象可以是自然界客观存在的物体及现象,也可以是自然界中并不存在的,但是经过人们创造性劳动可以存在的事物。不管何种实验对象,它既是实验者进行变革和控制的对象,也是实验者的认识对象。

(3) 实验手段。是指进行某项实验的具体措施,是作用于实验对象的各种物质和技术水平的总和。其中物质主要包括实验仪器、工具、设备等,技术水平则是实验者对这些仪器设备的选择、操作等。先进的实验设备在精确性、准确性上都高于落后的实验设备,能够帮助研究者更加全面、深入地了解实验对象的情况,所以实验手段的状况,决定着科学实验所能达到的认识水平。

在实验研究过程中,实验的目的、使用的仪器和手段,以及对实验过程、实验结果的处理都是作为实验主体的人主观选定的,所以相对于观察来说,能够更充分地发挥研究者的主观能动性。

3. 实验研究的特点

实验研究之所以能比观察优越,是与实验本身具有的纯化条件、强化条件和可重复性的特点密切相关的。

(1) 纯化条件。实验方法可以纯化研究对象。自然科学和社会科学等方面的研究对象形态特征各异,内部包含各种因素,外部又受到周围环境的各种因素影响。任何一个研究对象的情况都十分复杂,是多样性的统一,这就给研究者认识研究对象的本质和规律带来了困难。但在科学实验中,研究者可以利用实验手段,对研究对象进行人为控制与干预,将自然过程纯化,突出主要因素,排除次要因素、偶然因素和外界因素的干扰,让研究对象在较为纯粹的状态下展现特征,从而获得在自然状态下难以被观察到的特性。

(2) 强化条件。实验方法可以强化研究对象。自然环境下,很多事物的特征和规律不容易显现,而在科学实验中,研究者可以通过各种实验手段,创造出自然状态下难以出现或者不可能出现的特殊环节或条件。比如超高温、超低温、超高压、超真空等条件下,研究对象会处于某种定向强化状态,能够帮助研究者认识到常规条件下不易出现的客观事实。

(3) 可重复性。在自然条件下发生的现象,往往一去不复返,而科学发现通常需要重复验证。在科学实验中,研究者可以通过一定的实验手段,使得某些自然过程重复出现。在科学实验中,研究者对研究对象实行人为控制,实现若干次重演后,才能得出研究结论。

正是由于实验研究的这些特点,科学实验才越来越广泛地被应用,并且在现代科学中占有越来越重要的地位。在现代科学中,人们需要解决的研究课题日益复杂,日益多样,使得科学实验的形式也不断丰富和多样。

7.2.2 实验研究的类型

在科学实验中,实验研究的类型很多,依据标准的不同可以分为不同的类型。

1. 按实验场所划分

一般认为,实验是在实验室中进行的,根据实验的场所可以将实验研究分为实验室实验和现场实验。

（1）实验室实验。顾名思义，实验室实验就是在特设的实验室环境中进行的实验，这种实验中，研究者对实验变量和各种实验器材实行严格的控制。

（2）现场实验。是指在现实、自然的环境中进行的实验，研究者只能尽量控制无关变量。这种实验所处的都是现实的环境，其实验过程和实验结果都贴近实际，因此更便于推广。

2. 按实验程序划分

根据实验的标准化、规范化程度，可以将实验分为标准化实验和非标准化实验。

（1）标准化实验。是指实验要素齐全、实验程序完整的实验。一般具有以下要素：两个或者多个相同的组，前测和后测，封闭的实验环境，受控制的实验手段，等等。

（2）非标准化实验。是指实验要素基本具备但并不齐全、实验程序基本符合但不够完整的实验。

3. 按实验目的划分

按照实验目的的不同，可以将实验分为探索性实验、验证性实验和改造性实验。

（1）探索性实验。是指研究者从事开创性的研究工作时，探索研究对象的因果关系从而发现未知事物或现象的性质以及规律的实践活动。一般是在科学假设的前提下，进行前人从未做过的实验，具有独创性和新颖性。

（2）验证性实验。是指研究者对研究对象有了一定了解和认识，通过实验收集事实的证据，来验证研究对象是否具有研究假设的基本特征的一种实践活动。验证性实验主要以检验已有经验总结、理论或研究为目的。

（3）改造性实验。指在他人曾做过的实验的基础上，对其加以某些改造的实验。

4. 按实验作用划分

根据实验的具体作用，可以将实验分为比较实验、析因实验、模拟实验、中间实验、生产实验和判决实验。

（1）比较实验。是指对比两种以上研究对象之间在同一性能上的异同、优劣或者某些特定的变化规律的实验方法。在比较实验中，可以只进行单因子比较，也可以进行多因子比较。

（2）析因实验。是寻找某种结果产生原因的一种实验方法。对于已知的结果，而未知影响结果的各种因素情况下，可以安排析因实验，以找出引起变化的原因。

（3）模拟实验。是指在人为控制研究对象的条件下进行观察，模仿实验的某些条件进行的实验。由于一些研究对象规模过大，或者由于环境条件等原因，无法在研究对象上直接实验，为探求研究对象的特征和规律，就可以采用模拟实验。

（4）中间实验。由实验室的研究成果向生产实践转移过程中所进行的一种过渡性实验，简称中间实验，也可以称示范实验。

（5）生产实验。是指新科技成果、新产品、新技术在正式进入批量生产、推广前所进行的生产性实验。顺利通过生产实验，证实了产品的可行性，方能进入生产领域。

（6）判决实验。是指为了验证科学假说、科学理论和设计方案是否正确而进行实验活动，最后根据实验结果予以判决。

5. 按实验对象和实验者对于实验手段是否知情划分

按照实验对象和实验者对于实验手段是否知情,可以把实验分为单盲实验和双盲实验。为避免实验对象和实验者对实验手段一般都会产生某种"良好的"或"不好的"主观心理预期,一般可采用单盲实验或双盲实验的办法。

(1) 单盲实验。是研究者了解研究对象的分组情况,但研究对象不知道自己是实验组还是对照组。这种盲法的优点是研究者可以更好地观察了解研究对象,但避免不了研究者带来的主观偏差。

(2) 双盲实验。是指在实验过程中,研究者和研究对象都不知道被测者所属的组别,分析者在分析资料时,通常也不知道正在分析的资料属于哪一组。这种实验方法可以消除可能出现在实验者和实验对象意识当中的主观偏差和个人偏好。[7]

7.2.3 实验研究的基本步骤

实验的目的是为了发现社会现象之间的因果关系,并对这种关系进行科学解释。不同于简单的观察,实验研究需要按照严格的程序进行,包含实验准备、实验实施和实验总结三个阶段。

1. 实验准备

实验研究的第一个阶段,就是实验的准备阶段。一项科学实验的成功与否,很大程度取决于实验准备阶段的工作。这一阶段主要包括确定实验目的、建立实验假设和进行实验设计三个工作。

(1) 确定实验目的。这一步需要确定研究的问题和目的。研究者可以在实践中发现问题,还需要查阅相关文献,从而确定研究课题的价值和可行性。

(2) 建立实验假设。假设是研究者根据观察的现象和查阅的相关文献,通过逻辑推理得出的关于研究的设想。假设的因果关系是实验设计的依据,也是实验需要证明和验证的目标。实验的假设要以现有的事实为基础,选择相关的理论和方法为指导,提出研究假设是实验研究的主要步骤。

(3) 进行实验设计。实验设计是实验研究能否达到实验目的的主要保证,研究者需要在采取具体实验行动之前,借助思维和利用语言文字模拟实验的过程。哪些干扰因素应设法排除,哪些次要因素要暂时撇开,这一切都应在实验设计中考虑。

2. 实验实施

实验研究的第二个阶段,是实验的实施阶段,包括选取实验对象和进行实验两部分。实验实施过程是对研究者已有认识的检验,也给研究者提供了新事实。

(1) 选取实验对象。实验不可能也没有必要把所有的研究对象作为实验对象,因此一般进行取样研究,实验对象的选取对于实验结果有重要的影响。

(2) 进行实验操作。实验操作是指根据实验设计的方案来进行实验。实验对象进入适测状态后,研究者开始观察、记录、测试。观察记录应当是定量化的数据,要求有连续性、系统性和全面性;测试是获取研究信息的重要手段,一般需借助问卷、量表和仪器等工具。

3. 实验总结

实验研究的第三个阶段,是实验的总结阶段。实验总结是对前两个阶段的总结,也是对于实验结果的陈述。一般包括汇总实验材料和撰写研究报告两个方面。汇总实验材料需要对观察记录进行统计、分析,得出实验结果,以此来验证假设,提出理论解释和推论。撰写研究报告要以实验结果和前期的文献资料为依据,实验报告是实验的最终成果。

7.2.4 实验设计模式

实验设计要体现"信度"和"效度"的原则,对实验进行合理安排,以最小的实验规模、较短的实验周期和较低的实验成本,获得理想的实验结果和科学的结论。实验设计需要考虑实验所要解决的问题类型、对结论赋予何种程度的普遍性、希望以多大功效做检验、试验单元的齐性、每次试验的耗资耗时等方面,选取适当的因子和相应的水平,从而给出实验实施的具体程序和数据分析的框架。实验设计由简单到复杂,实验的效度也就越来越高,因此将实验设计模式分为简单实验设计和多组实验设计。

1. 简单实验设计

简单实验设计又称经典实验设计或古典实验设计,是最基本也是最标准的实验设计。简单实验设计只考虑一个因变量和一个自变量的关系,操作相对容易,实验设计也比较简单。简单实验设计可以分为单组后测设计、单组前后测设计、两组前后测设计和两组无前测设计四种模式。

(1) 单组后测设计。这是最简单的实验设计,该实验设计中只有一个实验组,且实验组中只有一个自变量,通过对该自变量实施实验刺激后,测试得到该自变量的后测结果。

(2) 单组前后测设计。单组前后测设计是对单组后测设计的改进,依旧只有一个实验组,增加了实验前对自变量的测验。

(3) 两组前后测设计。单组实验需要保证前测对后测没有影响,但在实际实验中,难以保证这个条件。所以在单组前后测的基础上,增加一个对照组,形成了两组前后测的实验设计。这是简单实验设计的标准模式,可以排除自变量以外的其他因素的影响,提高实验的效度。

(4) 两组无前测设计。在对实验对象有明确认识,不需要进行前测的情况下,在两组前后测设计的基础上,取消前测的环节,形成了两组无前测设计。

2. 多组实验设计

简单实验设计中,忽略了某些交互作用对于实验结果的影响,而且只单纯考虑一个自变量和一个因变量之间的关系。因此,如果想要分析交互作用的影响,分析多个自变量对因变量的影响,就需要多组实验设计。典型的代表就是所罗门三组设计、所罗门四组设计和因子设计。

(1) 所罗门三组设计。前测以及前测与实验刺激之间交互影响都会影响实验结果,两组无前测的实验设计可以尽量避开前测与实验刺激之间的交互影响,但两组无前测实验设计需要研究者对研究对象有明确的认识,而这一要求并不能轻易满足。所以,在这种情况下,就需要在典型实验设计的基础上增加一个对照组。即实验组进行前测、实验刺激和后侧,对照组1进行前测和后测,对照组2进行实验刺激和后测,以此来甄别前测与实验刺激之间的交互影响。

(2) 所罗门四组设计。所罗门四组设计是在所罗门三组设计的基础上改进形成的,是一种随机化前后测两组设计与随机化后测两组设计的组合设计,具有两个实验组和两个控制组的设计。即实验组进行前测、实验刺激和后测;对照组1进行前测和后测;对照组2进行实验刺激和后测;对照组3仅进行后测。

(3) 因子设计。因子设计是考虑两个以上的自变量对因变量的影响以及自变量之间交互作用对因变量的影响。用各因素的全部或部分处理进行实验,使得需要考察的效应不被混杂的实验设计。因子设计的实验相对复杂,随着自变量的数量和自变量的值的增加,对应的实验组也需要不断增加。实际操作中,最为常见的是 2 * 2 的因子设计,包括:实验组1,无前测,引入自变量1和2,进行后测得到结果1;实验组2,无前测,引入自变量1,进行后测得到结果2;实验组3,无前测,引入自变量2,进行后测得到结果3;对照组,无前测,不引入自变量,得到后测结果4。[8]

在现代自然科学研究中,实验研究的重要性和必要性是不容置疑的,但实验研究也有适用范围的限制。实验法是为了验证因果关系,因此适用于解释性研究,而不适用于描述性研究。

7.3 质性研究

质性研究(Qualitative Research)是相对于定量研究(Quantitative Research)的概念或说法,起源于人类学的民族志方法,是社会科学领域重要的研究类型。本节将从质性研究的概述、方法、研究设计和研究伦理四个方面对质性研究进行介绍和阐述。

7.3.1 质性研究概述

本小节是对质性研究的概述,包括质性研究的概念,与定性研究、定量研究的关系,以及理论基础。

1. 概念

质性研究是以研究者本人作为研究工具,在自然情境下采用多种收集方法对社会现象进行整体性研究,使用归纳法分析资料和形成理论,通过与研究对象的互动对其行为和意义建构获得解释性理解的一种活动。[9] 它具有以下几点特征[10]:

(1) 研究者本人是研究的工具,其素质对研究的开展具有重要影响;
(2) 强调情境主义和整体主义,在自然环境下对事情的来龙去脉进行整体的了解;
(3) 收集资料的方法具有多样性,如访谈、观察、实物分析等;
(4) 主要以归纳法作为研究结论和(或)理论的形成方式;
(5) 通过研究者和被研究者之间的互动理解后者的行为及其意义解释;
(6) 研究是一个动态发展的过程,其设计和过程应具有开放性和灵活性。

2. 与定性研究、定量研究的关系

定性研究是一个比较宽泛的概念,通常将所有非定量的研究都归入定性研究的范畴。

质性研究与定性研究之间存在异同点。二者都强调对社会现象的意义进行理解和解释,但是定性研究倾向于研究的结论性、抽象性和概括性,而质性研究则更强调研究的过程性、情境性和具体性。[9]

质性研究的发展源于对定量研究方法论霸权的深刻反思,引起在探讨社会现象时采用多元研究方法的重视。[11]二者在多种属性上存在差异,如表 7-1 所示。[12]质性研究与定量研究各有优缺点,不存在一方优于另一方的说法,适用于不同类型的研究。二者也可混合使用,应用于一项研究的不同阶段。

表 7-1 质性研究与定量研究的差异

	质性研究	定量研究
研究目的	描述和理解社会现象的全貌	量化研究问题、测量、计算,将结果外推至更广泛的群体
研究内容	行为,观点,事件,过程,意义	事实,原因,影响,变量
研究对象	参与者(受访者),人数较少,非随机选取,不控制研究者与被研究者的相互影响	调查对象(被试者),样本量大,随机选取,减少研究者的主观影响
数据特征	文字形式	数值形式
数据收集方法	非结构式访谈法,观察法,小组讨论	封闭式问卷,量表,结构式访谈,实验
数据分析	诠释性分析	统计分析
研究结果	特殊性	普适性

3. 理论基础

质性研究起源于众多不同的理论流派和学科传统,因此拥有多种理论基础。一般来说,质性研究的理论基础有实证主义、解释学、批判理论和建构主义。[13]各类理论基础在本体论、认识论和方法论上有所区别,导致质性研究在不同层面、不同角度、不同部分表现出冲突和张力。在实际研究中,研究者一般根据当前的研究问题来选择合适的理论范式奠定研究取向。

(1)实证主义

实证主义认为社会现象是一种客观的存在,不受主观价值因素的影响;事物内部和事物之间必然存在着逻辑因果关系,对事物的研究就是找到这些关系,并通过理性工具对它们加以科学的论证,即研究者可以使用一套既定的工具、方法、程序获得对研究对象的认识;社会科学的任务仅仅在于说明社会现象是什么,对社会现象进行整体研究,强调"价值中立"。实证主义保证了质性研究的真实性、可靠性。[11]

(2)解释学

解释学又称为诠释学,认为自然科学追求的是说明,而社会科学适用于理解或解释。解释学的研究取向更多是对人类行为进行充分的阐释,认为社会科学是跟有意义的人类行为相关联的,而这种关联在特定的语言游戏、生活形式、传统或者共同体中进行。解释学理论明确了理解是质性研究的一种目的和手段,以及人的能动性,即研究者、研究者与被研究者之间的互动在质性研究中的能动性。[14]

（3）批判理论

批判理论认为研究不仅仅是日常生活的再现,也是社会主流意识的展现。研究者尝试让自己成为社会或文化的批判者,通过研究的路径来达到社会改造的目标。批判理论取向的质性研究认为,主观是人的内在心理世界,由这些心理世界可以了解日常生活;客观是社会历史发展过程中一种动态和变迁的事实,深深影响着人类日常生活。因此,批判理论取向的质性研究重视研究者与研究对象的对话,通过主动对话来达到研究目标。[15]

（4）建构主义

建构主义认为现实是被人为建构出来的。建构起来的"事实"是多元的,因历史、地域、情境、个人经验等因素的不同而有所不同。因此,"事实"不存在真实与否,只存在合适与否的问题。研究者与被研究者之间是一个互为主体的关系,研究结果是由不同主体通过互动而达成的共识。因此,建构主义取向的质性研究在本体论上持相对主义态度,不认为存在一个唯一的、固定不变的客观存在;在认识论上,认为理解是一个交往互动的过程,必须通过双方价值观念的过滤;在方法论上,强调研究者与被研究者之间的辩证对话,通过互为主体的互动而达成一种生成性的理解。[9]

7.3.2 质性研究方法

质性研究是一个跨学科的研究领域,是一个"伞"的概念,包含多种研究方法。民族志、观察法、访谈法、焦点小组、扎根理论、叙事研究等是质性研究中常见的几种方法。

1. 民族志

民族志是一种为了寻找和探究社区、团体及其他社会组织的社会文化模式与意义的科学方法[16]。一般来说,民族志研究历时较长,研究过程主要包括:选择一个问题或主题以及一种理论或方法来指导研究,并制定研究方案;进入实地调查;撰写民族志。

民族志研究初始不提出假设,由研究问题指引整个研究过程,包括预算、工具、方法、结果表述。在理论选择上,大多数民族志研究者会选择理念论和唯物论两种类型的理论。田野作业是民族志研究最具特色的要素。田野是一种自然环境,非人为设置的场景或处所。研究者进入田野的过程是复杂的,需要学习很多知识,如当地语言、主导社会关系的规则,当地居民共有的文化模式、愿景和意义。研究者将自己作为工具来观察,参与被研究社区成员的对话与日常活动观察,并进行有效记录。这也要求研究者重视自我反思个人经验,警惕偏见问题。最后,民族志研究的结果可以报告、论文、书籍等形式发布。

2. 观察法

观察法是指研究人员系统地观察和记录人们的行为、行动和互动。该方法可用于探索新的研究主题;通过观察社会环境了解研究的背景,揭示潜在的社会规范和价值观;了解、描述或解释在特定地点、社会环境或人们的行为和互动;与其他研究方法互补。观察法分为参与式观察和非参与式观察。二者区别在于,参与式观察研究者涉入所观察的情境,非参与式观察研究者未涉入所观察的情境。

观察法不是简单的"看"。在进入研究前,研究者要做好准备,并进行试点。在观察法中,研究者是研究过程的一部分,在观察前与观察中要反思自己的定位以及对观察情境的影响。研究者需根据研究问题和目的选择合适的观察地点。在参与式观察中,研究者进入实地前应与研究对象建立融洽的关系,必要时需获得进入许可。观察记录是研究人员用于分析的数据,其要素包含地点、人物、活动等,应记录清楚和详细。每次记录都要标注好观察日期、时间和地点,便于后续的分析工作。

3. 访谈法

访谈法是一种以研究者为主导的、有结构、有目的的会话。访谈的目的是尽可能地从受访者的观点了解世界、展现其经验的意义,以解释其所生活的世界,而不对其做出任何科学的解释,在研究者和受访者的互动中建构知识。因此,访谈员在提问时所运用的技能和个人对情境的判断能力对访谈的效果具有重要影响。针对不同的受访者,访谈员的问题类型各不相同,常见的有导入性问题、追踪性问题、探索性问题、具体性问题、直接性问题、结构性问题、解释性问题等。

访谈法按照访谈员对谈话结构的控制程度,可分为结构式访谈、半结构式访谈和非结构式访谈。结构式访谈又称为标准化访问,由访问员根据结构化、标准化的问卷提问。半结构式访谈又称深度访谈,它的部分问题是事先准备好的,强调深入事实内部,详细了解某事乃至获得更多关于研究主题的细节性知识。非结构式访谈又称为非引导式访问或客观陈述法,即交谈时无显性的主题。质性研究中的访谈一般是半结构式或非结构式访谈。

4. 焦点小组

焦点小组简单来说就是指一群人(同质或异质)组成一个小组来讨论某个问题。它区别于其他方法的地方在于:①有明确需要讨论的主题;②强调群体性,以及群体之间的互动;③强调主持人在焦点小组中的重要性。焦点小组法常被用来进行各种动态关系的调查分析,如态度、观点、动机、关注点、问题关注趋势和人类行为研究,并且能够在短时间内收集大量的资料。

焦点小组法虽然在讨论之前已有明确的主题,但是研究问题是开放性的,一般都是"是什么""怎么样""为什么"之类的问题。小组团体规模一般控制在6~10人,抽样方法为目的性抽样,访谈时间一般为1~2小时。因为主持人对焦点小组讨论的顺利实施具有关键作用,所以有必要提前编制主持手册。手册可以用来指导主持人的访谈,起到访谈大纲的作用,一般包括介绍、预备性提问、详细讨论、关键问题讨论和总结几个部分。

5. 扎根理论

扎根理论本身并不是理论,而是由质性研究来构建实证理论的过程,包括一系列任务和基本原则。扎根理论的任务主要有提出问题、资料收集、编码、理论抽样、撰写、分类、整合备忘录形成概念、撰写初稿。[17]它的逻辑为通过编码对经验资料进行分割,用产生的编码建构抽象类别,这些类别适用于资料并对其进行概念分析。[18]

扎根理论的原则主要有三个方面:① 科学逻辑。扎根理论严格遵守科学原则,如归纳与演绎的推理过程、比较原则、理论的建立和检验等。② 编码典范,包括事件产生的情况、结果、处理措施和过程。研究者从这四个方面着手,用想象的比较方式来思考,帮助进行理论抽样,收集比较完备的资料并赋予次序。③ 互动地思考,即思考单位间的互动关系、宏微观社会结构上的关系、环境与分析单位之间相互作用的关系以及随着时间推移的社会现象变化过程等。[19]

6. 叙事研究

叙事是指用于表现一系列相关事件的一段论述或一个例子,而叙事研究是指任何运用或者分析叙事资料的研究。这些资料可以作为故事形式而收集,如通过访谈或者文学作品提供的生活故事,也可以是另一种形式,如人类学家记录自己所观察故事的田野札记或者个人信件。[20]一般来说,叙事研究常用于对小规模个体的处理。

叙事研究的目的是通过故事来理解人们的生活。因此,对故事的阅读和分析显得十分重要。叙事阅读和分析一般从两个维度出发:整体与类别,内容与形式。整体与类别维度是指看从完整文本或整部叙事里提炼出的表达或片段是不是作为一个整体存在。内容与形式维度则是指故事内容和故事形式的区分,导向不同。有学者认为上述两个维度的各部分是相互交叉的,因此叙事阅读存在四种策略模式:整体—内容,整体—形式,类别—内容,类别—形式。选择哪种模式与特定类型的研究问题相关,实际应用时也并不总是那么清晰和绝对。[20]

7.3.3 质性研究设计

研究设计是指研究者基于现有的资源条件和对研究现象的初步了解,为即将开展的研究项目拟定初步计划。质性研究的过程一般包括选择研究问题、研究对象的抽样、进入实地、收集和分析资料、撰写研究报告。[21]与传统的定量研究不同,质性研究过程不是一个简单的线性研究过程,而是一个循环反复、不断演化发展的过程。这促使研究者不断反思整个研究活动,在研究的进程中根据情况对事先设定的方案进行修改。因此,对质性研究的设计应当采取一种开放、灵活的态度,根据研究的具体情况做出相应的调整和修改。

(1) 提出研究问题

研究问题是研究者提出的,经过研究过程最终所要解答的问题。提出一个清晰的研究问题是质性研究的关键,可以帮助研究者聚焦研究和指导研究的实施。在提出研究问题之前,要先明确研究主题。研究主题的来源是多样的,可产生于文献回顾或其他科研项目,也可能源自研究者个人经历及社会背景。明确了研究主题也就是划定了研究范围,研究问题是对研究主题的分解和提炼。

为确保研究问题是"有意义的""有价值的",需要思考研究目的。研究目的是研究者从事某项研究的动机、原因和期望,可以分为三类:个人目的、实践目的和科学的目的,即研究的动因主要是个人想要获得某个或某些问题的答案,研究对现实生活具有实际意义,研究为人类认识世界、追求真理提供有益的知识和探索思路。研究问题应当满足上述三类目的之一。

在明确研究主题和研究目的之后,需要进一步提出不同的研究问题。质性研究比较适合用于探讨特殊性、情境类、描述性、解释性的研究问题。研究问题的表述一般以"什么"和"如何"开头,如:"留学经历对个人学术发展有何影响?""如何看待国家与高校在引进政策方面的努力"。[22]一般不直接以"为什么"开头(这不意味着质性研究不能用于研究因果性问题)。此外,质性研究问题的表述应采用学术化语言,并对问题中的重要概念进行定义,使其具有可操作性。

(2) 研究对象的抽样

研究问题提出后,研究的对象也就确定了。由于现实条件的制约,研究不可能对每一个研究对象进行研究,需要对研究对象进行选择,即抽样。抽样一般分为随机抽样和非随机抽样。随机抽样要求总体中的每一个单位都具有相同的被抽中的概率。但在质性研究中,研究结果的效度不在于样本数量的多少,而在于样本是否可以比较完整地、相对准确地回答研究者的问题。因此,质性研究的抽样多采用非随机抽样,尤其是"目的抽样"。

目的抽样是指根据研究的问题和目的决定抽样的标准,抽取能够为研究问题提供最大信息量的样本。根据研究目的,质性研究的抽样标准有以下几种:① 强度抽样,抽取的样本具有较高信息密度和强度;② 异质性抽样,被抽中的样本所产生的研究结果将最大限度地覆盖研究现象中各种不同的情况;③ 同质性抽样,选择的样本内部成分比较相似;④ 关键个案抽样,选择可以对事件产生决定性影响的个案,并将从这些个案获得的结果逻辑推理至其他个案;⑤ 理论抽样,寻找可以对一个事先设定的理论进行说明或展示的实例,然后对这一理论进行进一步的修订;⑥ 验证抽样,研究者已经在研究结果的基础上建立了一个初步的结论,希望通过抽样来证实或证伪自己的初步假设;⑦ 可能性抽样,当研究目的关注的不是现存问题,而是"今后有可能是什么",那么"今后有可能是什么"便可作为抽样的标准。

在实际操作中,抽样的具体策略有:① 滚雪球抽样,以少量样本为基础,逐渐扩大样本规模,直至找到足够的样本;② 偶遇抽样,也称方便抽样,指研究者将自己在特定场合下偶遇的对象作为样本;③ 立意抽样,研究者根据自己的主观印象、以往经验和对调查对象的了解来选取样本;④ 配额抽样,也称定额抽样,指研究者将研究对象总体依特质分为数个类别,抽样时按比例从各类中抽取。[11]

(3) 进入实地

进入实地是指研究者进入研究现场,与被研究者建立关系并开展研究。这里的研究现场可以是某个特定的机构、某种亚文化、某个家庭、具有某种"生涯经历"的特殊群体或者某个特定的行政部门或企业的决策者群体等。[21]进入实地的工作内容主要包括:进入前的准备工作、选择进入实地的方式、接触被研究者。

研究者进入实地前应尽可能做一些准备工作。研究者应当在进入前尽量充分地了解当地的情况,并学习一些处理人际关系的方法。为更好地获得被研究者的信任,研究者可以请单位领导写一封介绍信。研究者可以先争取获得被研究者群体中备受尊敬的权威人士的认可(他们往往能够决定被研究者群体是否参加研究),可慎重地征求他们的意见,或优先争取他们参与研究。研究者必要时应事先进行初步调查或预调查,尤其是涉及敏感问题的研究。

进入实地的理想方式是自然地进入,直接说明意图,但在有些情况下研究者可能要选择以隐蔽式或逐步暴露式的方式进入。在一些质性研究中,特别是封闭型研究现场,研究者在进入实地前可能要先获得进入许可。当研究者被拒绝进入时,可采用隐蔽式的方式进入。当研究者没有被完全拒绝、被研究者还存在顾虑时,可采用逐步暴露式的方法进入研究现场,逐步获得被研究者的信任并随之深入研究。

接触被研究者要考虑两个方面的问题:选择交流方式与处理进入失败。在选择交流方式的问题上,研究者应当告诉被研究者自己的个人信息、研究的内容和目的、希望获得何种研究支持、研究结果的取向、保密原则等,并达成共识。当面临进入失败时,研究者应根据当时的情况反省自己的做法是否恰当,分析被研究者的具体情况,或者换一种方式与他们进行协商,争取获得信任和同意。[9]

(4) 收集和分析资料

在质性研究中,任何可以为研究目的服务的东西都可以成为研究资料。因此,质性研究收集资料的方式很广泛,大致包括访谈、观察和实体分析等。因本书在"7.3.2 质性研究方法"中已对相关方法做了介绍,所以不再重复。但需要强调的是,质性研究的资料收集往往是多次的,并与资料分析连在一起,互相交叉。当研究者收集到一些资料时,就应对其进行简单的分析,进而再有针对性地收集资料。

质性资料的分析是一个循环的过程,具体到单个环节的步骤有:① 整理,分析资料前需对原始资料进行初步的整理,建立一个编号系统。该编号系统给被研究者和资料排列序号,记录资料的类型,标明收集资料的日期、时间、地点等。特别需要注意的是,整理原始资料时应完整地记录,例如访谈中被研究者的叹气、笑声、长时间停顿等都应记录、整理。② 阅读,即通过反复阅读原始资料,熟悉资料的内容,探寻其中的意义和相关关系。在阅读资料时,研究者应采取开放式的态度,暂时将自己有关的前设和价值判断放置一旁,重视自己阅读资料时的反应。在资料中寻找意义时,研究者应从语言、话语、语义、语境、主题等多层面进行分析。③ 登录与编码。登录是指将收集的资料打散,赋予概念和意义,然后再以新的方式重新组合在一起的操作化过程。登录中一项重要的工作就是设码,所有码号汇集在一起组成了一个编码本。编码有三种类型,分别是开放性编码、主轴性编码和选择性编码。这也是质性资料分析的基本过程,即对同一原始资料进行三次编码。④ 归类和深入分析。归类是指按照编码系统将相同或相近的资料合在一起,将不同的资料区分开来,找到资料之间的联系。深入分析是指将资料进一步浓缩,找到资料内容中的主题和/或故事线,在它们之间建立起必要的关系,为研究结果做出初步的结论。常见的归类与分析方式有类属分析和情境分析。[23]

(5) 撰写研究报告

撰写研究报告是对研究结果的呈现。质性研究报告的撰写应遵循一定的原则。① 深度描写和深度诠释原则。质性研究报告十分强调对研究现象进行整体性、情境化、动态的深度描写,并对其意义进行深度诠释。② 研究者应避免对被研究者本身进行评价,在报告中,一般不给予明确的政策性建议。③ 质性研究报告的风格应当是平实的。研究者应秉持怀疑论的立场与批判性的思考方式,并应尽可能做到客观和真实,避免臆断。

研究报告的撰写策略主要有三种:类属型、情境型和混合型。① 类属型是指研究者可以运用分类的方法,将研究结果依据主题逐步划分,并在此基础上再针对这些分类依次进行说明。② 情境型是指研究结果的撰写注重研究情境和研究过程,主张研究者依照时间发生的顺序或时间之间的逻辑关联作为研究报告撰写的依据。③ 混合型是指将类属型与情境型两种方式相结合,一般以一种策略为主另一种为辅。[15]研究者具体选择哪种策略应结合研究的实际情况和研究者本人的特长来决定。

研究报告的结构(内容)一般包括:① 标题,关于报告总体内容的提示信息,包括标题和副标题;② 摘要,对研究报告的简短梗概或总结;③ 引言,陈述报告的研究目的、理由、背景;④ 方法,包括研究方法的原理阐述(如在引言中没能阐述),研究设计,资料收集方法,被研究者基本信息,伦理规范,资料的转录,数据的分析方法,评估分析信度和效度的程序等;⑤ 结果(发现)与讨论,包括文本材料的分析,引用说明分析的各个方面或详细讨论,分析的主要特征,对方法和分析的反思,研究发现如何与本领域的其他研究结果相关联,研究不足,研究结果对本领域取得进一步研究成果的影响等;⑥ 结论,结论部分也可放在结果(发现)与讨论部分;⑦ 参考文献;⑧ 附录;⑨ 致谢。[24]

7.3.4 质性研究伦理

由于质性研究的性质,其对伦理规范具有很强的敏感性。一方面,质性研究被用于了解人们的观点、信仰和感情,研究者需要与被研究者建立融洽的关系,进行密切的互动。另一方面,质性研究常常会被用来研究敏感问题。这就要求研究者谨慎考虑其中的伦理道德问题及个人道德品质对研究的影响。[12]

一般来说,开展质性研究应当遵循以下四项重要的伦理规范:知情同意与自愿原则、隐私与保密原则、公正原则和互惠原则。

(1) 知情同意与自愿原则

知情同意与自愿原则体现的是对被研究者的个人尊严和权利的尊重。知情同意是指研究者应当以容易理解的方式向被研究者提供关于研究的充分信息,包括研究者的身份、研究目的、需要何种支持、使用到的工具、可能发生的风险和收益等。自愿是指被研究者是自愿参与研究项目的。研究者需取得被研究者的口头或书面同意,不能强迫他们做出决定。被研究者有权利拒绝参与研究,并且拒绝不会产生不利的后果。

此外,知情同意与自愿原则中的"同意"是当下发生的,具有即时性,贯穿于整个研究过程中。[25]在研究的开始阶段,研究者与被研究者就某些伦理问题达成一致的协议,但随着研究的进行,被研究者的想法可能发生改变,中途撤销同意。这时研究者就需要与被研究者重新协商。

(2) 隐私与保密原则

由于质性研究中研究者会进入被研究者的生活世界,通过与被研究者的互动来理解和诠释其个人生活,因此会涉及被研究者的隐私问题。同时,质性研究最根本的要求就是避免对被研究者造成伤害。因此,隐私保护十分重要,而保护隐私的最好方式是保密。

在研究开始之前,研究者就应当主动向被研究者告知研究中的保密原则:除非征得当事人的同意,一切与其有关的敏感信息都会进行隐藏。[15]研究者应当避免暴露被研究者的姓名、身份,一切与他们有关的人名、地名和单位名称都将使用匿名。在研究结果发表前,研究者应当将自己的研究发现反馈给被研究者。如果被研究者不愿意公开发表某些隐私问题,研究者需要与被研究者进行协商,必要时将删除这些隐私问题。除发表研究结果外,研究者在其他学术交流中使用和分享资料时,也应当避免将被研究者的信息透露给他人。

(3) 公正原则

公正原则强调的是研究程序和结果的公平,不会利用或欺骗被研究者,坚持对研究的利益和责任做到公平分配。[18]这表现在两个方面:研究对象的对待和研究资料的处理。在研究对象的对待方面,研究者应公平对待所有被研究者。某些群体(如受益者、被收容者或与众不同的少数族群)由于容易支配,可能会面临被剥削的风险。研究者不能利用这类群体,也不能因为在文化、种族或性别等方面存在差异而产生歧视。研究产生的好处也应当公平地给予所有被研究者。

在研究资料的处理方面,研究者应当公平分析和评价资料。研究者做出解释时必须切实以资料为基础,不能带有个人色彩。当研究结果与被研究者的看法产生分歧时,研究者应该认真考虑双方的观点,衡量彼此的异同,找到协调的可能性,然后采取合适的策略处理分歧。

(4) 互惠原则

在质性研究中,被研究者的付出并不比研究者少。他们往往要花费许多的时间和精力参与研究者的活动,提供研究者所需的信息,甚至讨论隐私问题。因此,为防止给被研究者造成被剥削的感觉,研究者可以通过适当的形式给予回报。回报的方式可以是直接的物质回报,如劳务费、同等价值的礼品等,也可以采取间接的方式。研究者可以在行为上给予被研究者帮助,如帮助他们种地、盖房子,为他们的孩子补课,帮他们处理法律纠纷,借自己的东西给他们用,帮助他们在城里买东西,主动做他们的听众,听他们诉说生活中的困难,帮他们出谋划策等。[9]需要注意的是,研究者在给予回报尤其是物质回报时,对不合理的索求要及时制止,避免培养出被研究者不停索取的习惯。

上述四项原则是质性研究基础的伦理规范,但其实质性研究的伦理问题是极其复杂的。在一些特殊问题或特殊方法中,严格遵守伦理规范存在困难,甚至可能会不恰当地限制研究。例如,在知情同意与自愿原则中,当被研究者不具备理解能力、无法做出决定时,如幼童、患有痴呆或精神疾病的人,可能会请其他人代替他们做出决定。如果严格遵守知情同意原则,研究者就会被禁止对这类人群进行研究。[21]但总的来说,应该清醒地认识到,伦理规范可以使研究者更加严谨地从事研究工作。在实际研究中,研究者应当对可能出现的伦理道德问题保持高度的敏感。

7.4 数据驱动研究

数据正在呈指数级增长。现在几乎所有数据的产生形式,都是数字化的。各种传感器的剧增,高清晰度的图像和视频,都是数据爆炸的原因。如何收集、管理和分析数据正在日渐成为信息技术研究的重中之重。以机器学习、数据挖掘为基础的高级数据分析技术,将促进从数据到知识的转化、从知识到行动的跨越。如何有效地利用数据将贯穿所有科技领域的挑战。

7.4.1 数据驱动的界定

1. 数据与信息

很多情况下,"数据"和"信息"两个词经常替换使用。但严格地说,数据和信息这两个概念有很大区别。数据是对信息数字化的记录,其本身并无意义;信息是指把数据放置到一定的背景下,对数字进行解释、赋予意义。例如:"2.26"是个数据,"姚明身高 2.26 米"则是一则信息。但进入信息时代之后,人们趋向把所有存储在计算机上的信息,无论是数字还是音乐、视频,都统称为数据。

2. 数据与软件

软件主要由两部分构成,一是程序(也可称为代码),二是数据(或称为数据库)。程序和数据的关系,就好像发动机和燃料,所有的程序都是靠数据驱动的。数据之于程序,又好比血液之于人体,一旦血液停止流动,人就失去了生命,代码也将停止运行。数据的生命力甚至比程序更持久。程序可以不停地升级、换代甚至退出使用,但保存数据的数据库却会继续存在,其价值很可能与日俱增、历久弥新。[26]万维网之父蒂姆·伯纳斯·李认为"数据是宝贵的,它的生命力比收集它的软件系统还要持久"。对于软件开发而言,数据库的设计甚至比程序的设计还要重要。美国软件开源运动领袖埃里克·雷蒙在谈到代码和数据时曾表示:"一个好的数据结构和一个糟糕的代码,比一个糟糕的数据结构和好的代码要强多了。"

3. 大数据与小数据

对"大数据(big data)"一词的论述最早可以追溯到 20 世纪 90 年代,由美国硅图公司前首席科学家 John Mashey 首先使用。国际知名杂志《自然》和《科学》杂志分别于 2008 和 2011 年推出关于"大数据"的专刊,从互联网技术、互联网经济学、超级计算、环境科学、生物医药等多个方面介绍了海量数据所带来的技术挑战,自此"大数据"一发不可收拾,成为学界研究的热点。

"大数据"概念自从诞生就具有模糊性,目前学界对它还没有统一的认识。从狭义上讲,大数据指的是数据量的大小超出了传统意义上的尺度,一般的工具难于捕捉、存储、管理和分析。[27]一般认为,大数据的数量级应该是"太字节"(2^{40})的。但量的大小都是相对的,随着技术的进步,今天的"大数据"是明天的"小数据"。而且,对于各个不同的领域,"大"的定义也是不同的,无需统一。

2012 年,高德纳咨询公司用体量(volume)、速度(velocity)和多样(variety)来概括大数据,这种关于大数据"3V"特征的界定被广泛使用。但是最近的研究认为像体量等都不应该成为大数据的必要条件,而只有速度(velocity)和详尽无遗(exhaustivity)才是大数据的本质特征。[28]比如体量方面,同样一种现象,当你用文本来刻画时所占的体量要比用图片或视频刻画所占的体量小得多。[29]

在科学研究中,可以将大数据与小数据的关系简单地理解为总体与样本的关系。即样本数据也可以称为"小数据"。与大数据相比小数据具有以下几个方面的特征：第一，小数据在规模上表现为有限性。一方面，小数据的采集对象主要为个体，这在一定程度上限制了数据规模的扩大；另一方面，小数据并非简单的体量小，而是与海量大数据相比，小数据的容量是有限的。第二，小数据在类型上也呈现出多样性。从数据来源看，小数据可以产生于访谈和调查问卷等。大数据来源可以是在线交易、移动通信、网络社交等。从数据种类看，小数据也包括各种结构化、半结构化以及非结构化数据。只是大数据中半结构化和非结构化数据的占比更大，而小数据则以结构化数据为主。第三，小数据具有一定的价值且价值密度高，其中的价值信息并不容易被淹没。而大数据具备高价值性且价值密度低。虽然可以从总体数据中挖掘出高价值的全量信息，但是与此同时，也因为大数据体量庞大、类型繁杂，从海量数据中提取蕴含价值的信息无异于"大海捞针"。[30]

4. 模型驱动研究与数据驱动研究

大数据背景下，模型驱动研究和数据驱动研究都是以数据为基础的研究。但前者基于小数据，通常是指使用一个低维参数模型，如线性回归模型。这样的模型存在误设的可能性，从而导致模型证据和数据证据出现差异。而后者基于大数据，是指直接使用机器学习算法分析数据，机器学习算法本质上是一种正则化非参数统计方法，不假设具体的函数形式，因此具有较大的灵活性，比较接近数据证据。[31]

7.4.2 数据驱动研究的关键技术

从大数据中挖掘更多的价值，需要运用灵活的、多学科的方法。目前，源于统计学、计算机科学、应用数学和经济学等领域的技术已经开发并应用于整合、处理、分析和形象化大数据。一些面向规模较小、种类较少的数据开发的技术，也被成功应用于更多元的大规模的数据集。依靠分析大数据来预测在线业务的企业已经并持续自主开发相关技术和工具。随着大数据的不断发展，新的方法和工具正不断被开发。

1. 可用于大数据分析的关键技术

可用于大数据分析的关键技术源于统计学和计算机科学等多个学科，其中关于分析新数据集方法的研究仍在继续。关键技术主要包括 A/B 测试、关联规则挖掘、分类、数据聚类、众包、数据融合和集成、数据挖掘、集成学习、遗传算法、机器学习、自然语言处理、神经网络、神经分析、优化、模式识别、预测模型、回归、情绪分析、信号处理、空间分析、统计、监督式学习、无监督式学习、模拟、时间序列分析、时间序列预测模型、可视化技术等。需要注意的是，A/B 测试、回归分析等技术也可应用于小数据集分析。

A/B 测试也被称为分离测试或水桶测试。通过对比测试群体，确定哪种方案能提高目标变量的技术。例如，确定何种的标题、布局、图像或颜色可以提高电子商务网站的转化率。大数据可以使大量的测试被执行和分析，保证这个群体有足够的规模来检测控制组和治疗组之间有意义的区别。

关联规则挖掘是发现大数据仓库中变量之间的关系的一组技术。这些技术包含多种算法来生成和测试可能的规则。例如，市场购物篮分析，零售商可以确定哪些产品是经常一起销售的，并使用这些信息进行营销。典型的例子就是沃尔玛超市发现很多顾客在买尿布的同时也会买啤酒。

分类是在已确定分类的基础上识别新的数据点属于哪种类别的一组技术。例如,对特定客户行为的预测(购买决策、流失率、消费率等)有一个明确的假设或客观的结果。这些技术被经常描述为监督式学习,因为有一个训练集的存在,他们与聚类分析形成对比,聚类分析是一类无监督学习。

聚类是划分对象的统计学方法,将不同的集群划分成有相似属性的小群体,而这些相似属性是预先未知的。例如,将客户划分成几个相似性的群体以进行针对性营销。是一种没有使用训练数据的无监督学习。

众包是用来收集数据的技术,这些数据是由大规模群体或组织公开征集,通过网络媒体提交的。这是一种大规模协作和使用 Web 2.0 的一个实例。

数据融合和集成是集成和分析多个来源数据的技术,比分析单一来源数据更能获得高效、可能更精确的结果。例如,将来自社会媒体的数据,经过自然语言处理,可以结合实时销售数据,以确定营销行为对顾客的情绪和购买行为的影响。

机器学习是有关设计和开发算法的计算机科学,允许计算机基于经验数据进化。例如,自然语言处理。机器学习最主要的一个研究是自动学会识别复杂的模式,并基于数据做出明确的决定。

可视化技术是大数据应用的重点之一,目前主要包括标签云、Clustergram、历史流、空间信息流等技术和应用。

2. 专门用于处理大数据的关键技术

专门用于整合、处理、管理和分析大数据的关键技术主要包括 Big Table、Cassandra、数据仓库、数据集市、分布式系统、Dynamo、GFS、Hadoop、HBase、MapReduce、Mashup、元数据、关系型数据库、非关系型数据库、SQL、R 语言、流处理等。[32]

7.4.3 数据驱动研究的优势与局限

新的研究范式或研究方法的出现,并不意味着对已有范式和方法的取代。实际上在解决大数据问题时,很多成功的案例都用到了小数据的方法,比如对数据的清洗、分类、统计、回归分析等,并且很多大数据常用的算法实际上就是处理小数据的重要算法,如递归与递推、遗传算法、朴素贝叶斯等。毕竟"在过去的几个世纪中,使用小数据研究,学术知识的建立已经取得了很多进展,其特征在于为了回答具体问题而生成的抽样数据。这是一个非常成功的研究策略,它使科学、社会科学和人文科学实现了跨越式发展"[33]。

但是小数据的局限性也显而易见,因为它"只是一条捷径,是在不可收集和分析全部数据情况下的选择,本身存在许多缺陷。……它尤其不适合考察子类别的情况,因为一旦继续细分,错误率会大大增加"[34]。传统定量研究的本质缺陷就是"用小数据来证明逻辑",即用简单的数量关系来应对复杂的社会问题,用小数据、小样本来外推大数据、大样本的复杂非线性问题,由于统计回归内生性问题和数据上无法匹配,导致逻辑上无法自恰,而大数据的优势就在于"用数据来发现逻辑"[35]。

到了 eScience 阶段,由于数据量的迅速增长,即当面对数据洪流时,小数据的处理结果要么偏差非常大,要么根本就无法应对,这时便产生了所谓的"科学危机",进而出现了以追求"全样本"的大数据范式。大数据对小数据无法解决的问题、现象都显示出了极强的能力,尤其是对于复杂现象的基于数据驱动的解决方案获得了极大的成功,如谷歌机器翻译、Alphago人机大战、精准医疗等。"在大数据之前,复杂现象的因果结构极难分析,因为几乎不可能有效地收集和处理高维数据。大多数情况下,科学家使用了具有可疑性质的简化……而大数据比传统的方法更适合作为复杂科学的方法。"[36]

然而,大数据方法并没有完全解决统计学家长期面临的问题。因为对数据进行"清洗"也就是让大数据"变小"的过程中,统计学中的样本偏差和样本误差问题照样存在,这也正是很多大数据预测最终失败的原因之一,如谷歌第二次流感预测、2016年美国大选预测等。基于大数据的数据驱动研究才刚刚开始,其精确性极其有限。更为重要的是,尽管大数据及相关的新分析技术不断出现和发展,但小数据范式将继续是科学研究领域的重要组成部分。"从长远看,大数据不仅不会取代小数据,而且必须依靠小数据才能发展。"[37]

此外,"大数据中一个耳熟能详的说法是:大数据长于发现相关关系,而非因果关系。但这可能是一个伪命题。如何从相关关系中推断出因果关系,才是大数据真正问题所在"[38]。大数据研究最重要的贡献是能够发现传统研究所不能分析的数据集之间的相关关系[39],这些相关性能够引导我们分析数据集之间、个体之间、人类群体之间的关系,以及信息自身的结构。相关关系虽然并不意味着因果,建立在统计显著性检验基础上的判断虽然不能直接告诉我们相关背后的意义,但它至少为我们对原因的探索提供了新的起点,大数据的作用是一个更加有效的计算工具。"相关定量分析的因果派生依据则构成大数据分析的因果基础"[40]。

7.5 情境导入

文章《创新自我效能感对员工创新行为的影响机制研究》[41]是典型的自上而下的研究范式,基于已有理论,提出假设,构建理论模型,并综合运用问卷调查、结构方程模型等方法进行实证研究和假设检验,探索创新自我效能感对员工创新行为的影响机制。

1. 引言

引言部分提出问题,并简要介绍了研究思路。文章指出,我国很多企业面临的一个困境——无论是管理人员还是普通员工,普遍缺乏创新的信念,不敢创新,不愿创新。而出现这种现象,从社会认知理论视角来看,它是人们创新自我效能感低下的表现。已有研究证明创新自我效能感对员工的创新行为具有重要影响,但创新自我效能感又如何影响员工创新行为?文章接着交代解决该问题的思路,以社会认知理论为基础,结合已有的自我效能感研究相关结果,引入成就动机与工作卷入两个中介变量,提出研究假设,构建创新自我效能对员工创新行为的影响机制理论模型,并进行检验。这种解决问题的思路是一种自上而下的研究方法,并完成了一个完整的科学研究循环:基于已有理论和研究,进行演绎推理,建立研究假设和理论模型,通过实证研究对假设进行检验,形成新的理论和解释。

2. 文献回顾与研究假设

研究假设和理论的形成离不开已有研究的支持，通过系统梳理已有的研究，将相关的概念进行有效的整合，形成一个概念框架或模型，目的就是能更清楚地发现和认识概念之间的关系。本部分首先对员工创新行为、创新自我效能感、成就动机、工作卷入四个概念进行了界定，认为创新行为分为两个阶段：产生创新构想的行为和执行创新构想的行为。接着，根据已有的理论和实践研究成果，推理演绎出以下一系列研究假设（因为篇幅问题，节选部分假设）：

H1：创新自我效能感对员工创新行为具有显著正向影响，即员工的创新自我效能感越强，员工的创新行为表现就越多。

H2：成就动机在创新自我效能感与员工创新行为间起中介作用，即员工的创新自我效能感越强，员工成就动机水平就越高，进而员工创新行为表现越多。

H3：工作卷入在创新自我效能感与员工创新行为间起中介作用，即员工的创新自我效能感越强，工作卷入程度就越深，进而员工的创新行为表现越多。

在研究假设的基础上，演绎并构建了创新自我效能感对员工创新行为的影响机制假设模型，如图 7-4 所示。

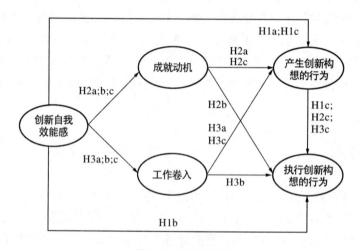

图 7-4　假设模型

资料来源：顾远东、彭纪生

3. 研究方法

该部分对研究对象、研究工具和数据收集进行了说明。文章采用问卷调查的方法，将企业员工作为调查对象，通过初测问卷和正式问卷两步进行了相关数据的收集。该部分还交代了研究所使用的量表及其原因，并对量表的信效度进行了分析。问卷调查法是人文社会科学常用的研究方法之一。

4. 假设检验

该部分利用正式调查获取的数据，对研究假设进行实证检验。首先对各变量进行了相关分析，在此基础上采用结构方程建模技术对研究假设和理论模型进行检验，对检验结果进行解释，其中部分假设通过了检验，部分假设未通过检验，模型拟合结果如图 7-5

所示。相关分析结果显示创新自我效能感与员工产生创新构想的行为和执行创新构想的行为都显著正相关;结构方程分析结果表明创新自我效能感对员工创新行为有显著正向影响。

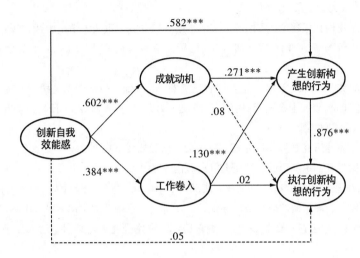

图 7-5　模型拟合结果
资料来源：顾远东、彭纪生

5. 研究总结

该部分综合全文,得出结论,并加以评论。该文章最重要的发现是:创新自我效能感除了对产生创新构想的行为具有直接影响外,还通过成就动机、工作卷入的中介作用,对产生创新构想的行为发生间接影响,这一完整作用机制过程可以表述为:创新自我效能感→成就动机/工作卷入→产生创新构想的行为→执行创新构想的行为。

参考文献

[1] 王定祥.研究方法与论文设计[M].北京:高等教育出版社,2013:197-224.
[2] Wallance W. The logic of science in sociology[M]. Chicago:Aldine Publishing Company,1971.
[3] 祁春节.研究方法与论文设计[M].北京:科学出版社,2015:22-38.
[4] 艾尔·巴比.社会研究方法[M].邱泽奇,译.北京:华夏出版社,2018:31-57.
[5] 王定祥.研究方法与论文设计[M].北京:高等教育出版社,2013:197-224.
[6] 林聚任.社会科学研究方法[M].3版.济南:山东人民出版社,2017:239-258.
[7] 李长海.科学研究方法学习指导[M].天津:天津大学出版社,2012:138-144.
[8] 周新年.科学研究方法与学术论文写作[M].2版.北京:科学出版社,2019:62-88.
[9] 陈向明.质的研究方法与社会科学研究[M].北京:教育科学出版社,2000:12,67-68,149-163.
[10] Bogdan,R C,Biklen S K. Qualitative research for education:An introduction to theory and methods[M]. Boston:Allyn and Bacon,1982:11.
[11] 文军,蒋逸民.质性研究概论[M].北京:北京大学出版社,2010:21-23.
[12] 莫妮卡·亨宁克,英格·哈特,阿杰·贝利,质性研究方法[M].杭州:浙江大学出版社,2015:11-12.
[13] 陈向明.质性研究:反思与评论[M].重庆:重庆大学出版社,2008:7-9.

[14] 殷杰.当代社会科学哲学：理论建构与多元维度[M].北京：北京师范大学出版社,2017：71-72.
[15] 范明林,吴军,马丹丹.质性研究方法[M].上海：格致出版社,2018：52-55,194-230.
[16] 斯蒂芬 L. 申苏尔,琼·J. 申苏尔,玛格丽特·D. 勒孔特.民族志方法要义：观察、访谈与调查问卷[M].重庆：重庆大学出版社,2012：1.
[17] 凯西·卡麦兹.建构扎根理论：质性研究实践指南[M].重庆：重庆大学出版社,2009：12-15.
[18] 诺曼 K. 邓津,伊冯娜 S.林肯.质性研究手册：研究策略与艺术[M].重庆：重庆大学出版社,2018：537-538.
[19] 胡幼慧.质性研究：理论、方法及本土女性研究实例[M].台北：巨流图书公司,2005：65.
[20] 艾米娅·利布里奇,里弗卡·图沃-玛沙奇,塔玛·奇尔波.叙事研究：阅读、分析和诠释[M].重庆：重庆大学出版社,2008：2,8-12.
[21] 伍威·弗里克.质性研究导引[M].重庆：重庆大学出版社,2011：9-26.
[22] 李慧.留学归国学者学术经历的质性研究[D].厦门：厦门大学,2017.
[23] 李晓凤,佘双好.质性研究方法[M].武汉：武汉大学出版社,2006：179-196.
[24] 丹尼斯·豪伊特.心理学质性研究方法导论[M].北京：北京师范大学出版社,2021：372-390.
[25] 梅拉尼·莫特纳,玛克辛·伯奇,朱莉·杰索普,等.质性研究的伦理[M].重庆：重庆大学出版社,2008：52.
[26] 涂子沛.大数据：正在到来的数据革命[M].桂林：广西师范大学出版社,2015：42-43.
[27] 黄欣荣.从复杂性科学到大数据技术[J].长沙理工大学学报（社会科学版）,2014(2)：5-9.
[28] Kitchin R, Shaeva, Olga. Big data, new epistemologies and paradigm shifts[J].Big Data & Society,2014(1)：1-12.
[29] 董春雨,薛永红.数据密集型、大数据与"第四范式"[J].自然辩证法研究,2017,33(5)：74-80.
[30] 刘朝,马超群.大数据与小数据深度融合的价值与路径[J].人民论坛,2021(S1)：30-33.
[31] 洪永淼,汪寿阳.大数据如何改变经济学研究范式？[J].管理世界,2021,37(10)：40-55.
[32] Manyika J, Chui M, Brown B, et al. Big data：The next frontier for innovation competition and productivity[R].Mc Kinsey Global Institute, 2011.
[33] Kitchin R, Lauriault TP. Small Data in The Era of Big Data[J].GeoJournal, 2015, 80(4)：463-475.
[34] 迈尔-舍恩伯格,库克耶.大数据时代[M].盛杨燕,周涛,译.杭州：浙江人民出版社,2013：34-35.
[35] 米加宁,章昌平,李大宇,等.第四研究范式：大数据驱动的社会科学研究转型[J].学海,2018(2)：11-27.
[36] Wolfgang Pietsch. The causal nature of modeling with big data[J].Philosophy & Technology, 2016, 29(2)：137-171.
[37] 唐文方.大数据与小数据：社会科学研究方法的探讨[J].中山大学学报（社会科学版）,2015,55(6)：141-146.
[38] 姜奇平.因果推断与大数据[J].互联网周刊,2014(18)：70-71.
[39] Shaw J. Why "big data" is a big deal：Information science promises to change the world[J].Harvard Magazine,2014：30-35.
[40] 王天思.大数据中的因果关系及其哲学内涵[J].中国社会科学,2016(5)：22-42.
[41] 顾远东,彭纪生.创新自我效能感对员工创新行为的影响机制研究[J].科研管理,2011,32(9)：63-73.

第8章 信息分析方法

信息分析是研究者根据特定信息需求,利用各种分析方法和工具,对搜集到的零散的原始信息进行识别、鉴定、筛选、浓缩等加工和分析研究,挖掘出其中蕴涵的知识和规律,并且通过系统的分析和研究得到有针对性、时效性、预测性、科学性、综合性及可用性的结论,以供用户决策使用。简而言之,就是通过针对性的信息搜集,经过深入的分析研究,挖掘隐藏于信息中的情报,从而为决策服务。信息分析方法一般可以分为基本分析方法、系统分析方法、大数据分析方法三大类。

8.1 基本分析方法

信息分析中的基本分析方法主要包括基础的定性分析方法与定量分析方法。其中定性方法是以认识论及思维科学领域的有关理论为基础,根据有关课题的原生信息及其各种相关关系,对研究对象进行比较、评价、判断、推理、分析和综合,从而揭示出研究对象本身或相互之间固有规律的一种方法,具有定性分析、推论严密、直感性强等特点,常用的方法有逻辑思维分析法、专家调查法。定量方法是以基础数学、数理统计、应用数学以及其他数学处理手段为基础,通过分析和研究,揭示出研究对象本身或相互之间所固有的数量规律性的一种方法,具有定量分析、结论具体和高度抽象等特点,在信息分析中具有十分广泛的应用,是进行信息分析的基础方法,常用的方法有时间序列法、回归分析法等。

8.1.1 逻辑思维法

人们对客观事物的认识过程分为感性认识阶段和理性认识阶段。感性阶段只能认识到事物的表象,而要获得对事物本质的认识,就必须上升到理性阶段,通过逻辑思维,达到对客观事物本质和发展规律的认识。作为信息分析中的基本分析方法,逻辑思维方法贯穿信息分析的全过程,常用的逻辑思维方法主要有比较、分析、综合、推理等。

(1)比较法。比较法是对照各个事物,以确定其间差异点和共同点的逻辑方法,是人类认识客观事物、揭示客观事物发展变化规律的基础之一,有比较才能有鉴别,有鉴别才能有选择和发展。其在信息分析中的作用主要体现在:对事物的水平和差距的揭示、对事物发展的过程和规律的认识、对事物优劣和真伪的判定。比较通常有时间上的比较和空间上的比较两种类型。时间上的比较是一种纵向比较,即将同一事物在不同时期的某一或某些指标进行对比,以动态地认识和把握该事物发展变化的历史、现状和走势。空间上的比较是一种横向比较,即将某一时期不同国家、不同地区和不同部门等的同类事物进行对比,以找出差距,判明优劣。在实际工作中,时间上和空间上的比较往往是彼此结合的。在比较时,应注意以下几点:事物的可比性、比较标准的确立、比较方式的选择、比较内容的深度。

(2) 分析法。分析法是把客观事物整体按照研究目的的需要分解为各个要素及其关系,并根据事物之间或事物内部各要素之间的特定关系,通过由此及彼、由表及里的研究,达到认识事物的一种逻辑方法。分析的基本步骤一般为:① 明确分析的目的;② 将事物整体分解为若干个相对独立的要素;③ 分别考察和研究各个事物以及构成事物整体的各个要素的特点;④ 探明各个事物以及构成事物整体的各个要素之间的相互关系,并进而研究这些关系的性质、表现形式、在事物发展变化中的地位和作用等。常用的分析方法主要有因果分析、表象和本质分析、相关分析和典型分析等。

(3) 综合法。综合法是同分析相对立的一种方法。它是指人们在思维过程中将与研究对象有关的片面、分散、众多的各个要素(情况、数据和素材等)联结起来考虑,以从错综复杂的现象中,探索它们之间的相互关系,达到从整体的角度把握事物的本质和规律,通观事物发展的全貌和全过程,获得新的知识、新的结论的一种逻辑方法。综合的基本步骤一般为:① 明确综合的目的;② 把握被分析出来的研究对象的各个要素;③ 确定各个要素的有机联系形式;④ 从事物整体的角度把握事物的本质和规律,从而获得新的知识和结论。常用的综合方法主要有简单综合、系统综合和分析综合等。

(4) 推理法。推理法是由一个或几个已知的判断推出一个新判断的思维形式。具体来说,就是在掌握一定的已知事实、数据或因素相关性的基础上,通过因果关系或其他相关关系顺次、逐步地推论,最终得出新结论的一种逻辑方法。任何推理都包含三个要素:一是前提,即推理所依据的那一个或几个判断。二是结论,即由已知判断推出的那个新判断。三是推理过程,即由前提到结论的逻辑关系形式。推理的语言形式就是由前提、结论以及逻辑过程三要素构成的复合句。在推理时,要想获得正确的结论,必须注意两点,即推理的前提必须是准确无误的,推理的过程必须是合乎逻辑思维规律的。推理类型的划分角度很多,如根据前提的数量,推理分为直接推理和间接推理。其中,由一个判断推出结论的推理称为直接推理,由两个或两个以上的判断推出结论的推理称为间接推理。根据组成推理的判断的类别,推理分为直言推理、假言推理、选言推理、联言推理、关系判断推理和模态判断推理。它们分别以直言、假言、选言、联言、关系和模态判断为基础。根据推理的思维方向,推理分为演绎推理、归纳推理和类比推理。它们分别是由一般到个别、由特殊到一般,以及由个别到个别或由一般到一般的逻辑思维方向。在信息分析中,经常使用的推理主要有常规推理、归纳推理和假言推理三种形式。

8.1.2 专家调查法

专家调查法是通过规范的调查程序,征询相关领域或学科专家对预测对象未来发展的看法,并依靠专家的相关知识和经验,对问题进行判断、评估和预测的一种信息分析方法。这种方法既能集中多数人的才智,又可以充分发挥每个专家的个人能力,因而成为一种使用广泛并享有盛名的预测方法。专家调查法最大的优点是简便直观,不需要建立烦琐的数学模型,而且在缺乏足够统计数据和没有类似历史事件可借鉴的情况下,也能对研究对象的未知或未来的状态进行有效的预测。专家调查法的常见类型包括头脑风暴法和德尔菲法等。

(1) 头脑风暴法。头脑风暴法又称智力激励法、BS法,是借助于专家的创造性思维来索取未知或未来信息的一种直观预测方法。它通过小型会议的组织形式,让所有参加者在自由愉快、畅所欲言的气氛中自由交换想法或点子,并以此激发与会者的创意及灵感,使各种设想在相互碰撞中激起脑海的创造性"风暴"。其适合于解决那些比较简单、严格确定的问题,如产品名称、广告口号、销售方法、产品的多样化研究等,以及需要大量构思、创意的行业,如广告业。头脑风暴法的一般步骤可概括为六个阶段:准备阶段、热身阶段、明确问题阶段、重新表述阶段、畅谈阶段、筛选阶段。头脑风暴法按性质划分,可分为直接头脑风暴法和质疑头脑风暴法。直接头脑风暴法是指专家针对所要预测的课题畅所欲言,从而产生尽可能多的设想;质疑头脑风暴法是在直接头脑风暴法的基础上,对前者提出的计划、方案、设想等逐一质疑,分析其现实可行性的方法,通过质疑头脑风暴法,可以对最初的设想进行修改和补充。

(2) 德尔菲法。德尔菲法是专家调查法中很重要的一种方法,它是根据经过调查得到的情况,凭借专家的知识和经验,直接或经过简单的推算,对研究对象进行综合分析研究,寻求其特性和发展规律,并进行预测的一种信息分析方法,具有匿名性、反馈性、统计性等特点。其一般分析流程为:① 选择专家;② 设计调查表;③ 发送调查表;④ 处理调查意见;⑤ 得出预测报告。在此方法中,最主要的工作是在每轮调查之后对众多的专家意见进行分析和处理,将定性的预测结果量化。常见的预测结果数据处理及表达方法有中位数法和上下四分位数法、算术平均统计处理法、重要性排序法等。

8.1.3 时间序列法

时间序列是指具有均匀时间间隔的各种社会、自然现象的数量指标依时间次序排列起来的统计数据。时间序列分析法是通过对这些统计数据变化的分析,来评价事物现状和估计事物未来变化的一种信息分析方法。这种分析方法是信息分析与预测的基本定量分析方法,许多其他定量分析方法都采用和借鉴了时间序列分析法的理论和技术。随着时间序列理论的发展,其逐渐形成了一整套模拟、估计、建模、预测和控制的理论及方法,在动态数据的处理分析、复杂信息的加工提取、预测未来和在线控制等方面显示出传统的数理统计静态处理手段无可比拟的优越性并逐步应用到科研、生产、农业、经济等各个领域,呈现出越来越旺盛的生命力。时间序列法的一般分析步骤为:① 搜集历史数据,绘制散点图并确定其变化趋势类型;② 修正观测数据,对收集到的观测数据进行修正,以消除季节变动、周期变动和随机变动因素的影响,使修正后的数据仅受长期趋势变动的影响,或消除周期变动和随机变动因素的影响,仅受长期趋势变动和季节变动的影响;③ 建立模型,通过选择合适的随机模型进行曲线拟合,用通用随机模型去拟合时间序列的观测数据;④ 修正预测模型;⑤ 采用定量分析与定性分析相结合的方式,对目标变量加以预测,以确定观测对象未来发展变化的预测值。分析过程中需要重点关注的因素有:长期趋势(时间序列可能相当稳定或随时间呈现某种趋势,这种趋势一般表现为线性趋势,二次方程式趋势或指数函数式趋势)、季节性变动(通常与日期或气候变化有关)、周期性变动(通常与经济变动有关)、随机变动。常用的时间序列法包括移动平均法、指数平滑法、生长曲线法等。

(1) 移动平均法。移动平均法又称趋势线拟合法、滑动平均法,其基本思想是消除时间序列中随机变动和其他变动,揭示出时间序列中的长期趋势。具体来说,就是通过扩大原时间序列的时间间隔,并按一定的间隔长度逐期移动,在每次时间序列移动后求平均值,从而对原始无规则的数据进行"修匀",消除样本中的随机干扰成分,形成平滑的曲线,突出样本本身的固有规律,为下一步的建模分析打下基础。常用的类型有一次移动平均法和二次移动平均法。在利用移动平均法分析趋势变动时,应注意以下两个问题:① 在利用移动平均法分析趋势变动时,要注意应把移动平均后的趋势值放在各移动项的中间位置。当移动间隔长度为奇数时,只需一次移动平均,为偶数时,则需在一次移动平均之后再对新数列进行一次相邻两平均值的移动平均,称为移正平均;② 移动间隔的长度应适中。若移动间隔过长,有时会脱离现象发展的真实趋势,而移动间隔过短,个别观察值的影响作用就过大,不能完全消除时间序列中短期偶然因素的影响,导致看不出现象发展的变动趋势。

(2) 指数平滑法。指数平滑法又称加权平均法,是对原始数据进行加权平均,得到原始数据的平滑值,然后在平滑值的基础上构建预测模型,用以对未来进行预测的一种方法。这种方法通过将数据按照时间序列排序,预测其未来发展趋势,克服了移动平均法中没有考虑时序对数据的影响以及参与运算数据的等权问题。它既不需要存储很多数据,又考虑了各期数据的重要性,且使用了全部的历史数据,计算过程简单清晰、适应性强、预测结果稳定,不论是对长期还是短期都有良好的预测结果,因此在工程、经济、管理中都受到各方人士的推崇。指数平滑法根据平滑次数不同,可分为一次指数平滑法(针对没有趋势和季节性的序列数据)、二次指数平滑法(针对有趋势但没有季节性的序列)、三次指数平滑法(针对有趋势有季节性的序列)。所有的指数平滑法都要更新上一时间步长的计算结果,并使用当前时间步长数据中包含的新信息,各种方法的不同之处在于它们跟踪的量的个数和对应的拌和参数的个数。在采用指数平滑法时有两个关键点:平滑系数的选择与初始平滑值的选择。

(3) 生长曲线。生长曲线是增长曲线的一大类,是描绘各种社会、自然现象的数量指标依时间变化而呈现某种规律性的曲线。由于生长曲线形状大致呈"S"形,故又称"S"曲线。在信息分析中,利用生长曲线模型来描述事物发生、发展和成熟全过程的方法就是生长曲线法。此方法是基于对事物发展全过程的认识而发展起来的,而事物的发展(如人口的增长、信息量的增长和技术的发展等),开始几乎都是按指数函数的规律增长,在达到一定程度后,由于自身和环境的制约作用,逐渐趋于一种稳定状态。生长曲线较好地描述了事物的这种发生、发展和成熟的全过程。生长曲线有两种,一种是对称型的生长曲线,又称逻辑(Logistic)曲线或珀尔(Pearl)曲线,趋势如图8-1(a)所示;另一种是不对称型的生长曲线,又称龚珀兹(Gompertz)曲线,趋势如图8-1(b)所示。

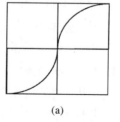
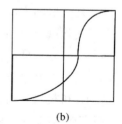

图 8-1　生长曲线

8.1.4 回归分析法

回归分析法是一种利用数据统计原理,对大量统计数据进行数学处理,并确定因变量与某些自变量的相关关系,从而建立相关性较好的回归方程(函数表达式),并加以外推,用于预测之后因变量变化趋势的信息分析方法。其方法本质是对一个随机变量与另一个变量或一组变量间的数量依存关系进行研究,并对变量间的统计规律进行探索,最终在此基础上进行的估计和预测。常用的回归分析法有一元线性回归法、多元线性回归法、Logistic 回归法。不同的回归分析方法由于数学模型的区别,其对数据的处理有不同的要求,采用的分析步骤也不尽相同。但一般来说,利用回归分析法进行信息分析时大体包括以下几个步骤:① 依据专业知识和个人经验初步判断变量间是否存在相关关系。② 判断相关关系的类型,以帮助选择不同的回归模型。例如,如果只要考虑两个变量间的线性关系,可采用一元线性回归。如果要考虑到一个变量和多个变量间的线性关系,可采用多元线性回归。③ 绘制散点图,进一步判断采用何种回归模型。通过绘制散点图,可以进一步判断变量间是否存在线性趋势,也可以提示是否需要对非线性趋势的数据进行适当处理,使其呈现线性趋势,从而适用于线性回归分析。④ 进行回归分析并拟合回归模型。⑤ 对回归模型进行统计检验。只有选择适宜的统计检验方法确定回归模型可以有效地反映变量间的相关关系之后,才能利用拟合的回归模型进行趋势预测。⑥ 运用回归模型进行趋势预测。

一元线性回归分析法是回归分析中最基本、最简单的一种方法,又称简单直线回归或简单回归,主要是分析两个变量间的线性关系。一般来说,把变量 y 称为因变量,变量 x 称为自变量,因变量受自变量的影响。其一般数学模型如式(8-1)所示。

$$y = a + bx + e$$
$$\hat{y} = a + bx \qquad \text{式}(8\text{-}1)$$

其中:y 代表因变量实际值;x 代表自变量;$\hat{y}$ 代表根据自变量 x 的因变量估计值;e 代表实际值 y 与回归估计值 $\hat{y}$ 之间的离差,又称残差,即 y 的变化中不能由自变量所解释的部分,其服从均值为 0、方差为 δ^2 的正态分布;a 代表回归直线在 y 轴上的截距,a 值的大小反映出直线所处的位置,当 $a > 0$,直线与纵轴的交点在原点的上方,当 $a < 0$,直线与纵轴的交点在原点的下方,当 $a = 0$,回归直线经过原点;b 代表回归系数,即直线的斜率,$b > 0$,说明 y 随 x 增大而增大,$b < 0$,说明 y 随 x 减少而减少,$b = 0$,说明 y 与 x 平行,两者没有直线相关关系。

多元线性回归分析法是分析因变量与多个自变量间的线性关系,或以多个自变量估计因变量的统计分析方法。该方法还可用于解释变量间的关系,并可进行相应的预测。一般来说,多元线性回归要求各变量采用定量指标,定性及等级指标需转换为定量指标。其一般数学模型如式(8-2)所示。

$$y = b_0 + b_1 x_1 + b_2 x_2 + \cdots + b_m x_m + e$$
$$\hat{y} = b_0 + b_1 x_1 + b_2 x_2 + \cdots + b_m x_m \qquad \text{式}(8\text{-}2)$$

其中：y 代表因变量实际值；x_1，x_2，…，x_m 代表自变量；$\hat{y}$ 代表根据自变量 x_1，x_2，…，x_m 的因变量估计值；e 代表实际值 y 与回归估计值 $\hat{y}$ 之间的离差；b_0 为常数项；b_1，b_2，…，b_m 为偏回归系数。

Logistic 回归分析法属于概率型回归分析，可用来分析某类事件发生的概率与自变量之间的关系，适用于因变量为分类值的资料，尤其适用于因变量为二项分类的情形。当数据呈现多样性、复杂性，既有连续型数据，也有离散型数据，采用一般的线性回归分析难以达到分析要求时，便可应用 Logistic 回归方法进行分析。该方法中的自变量既可以是定性离散值，也可以是计量观测值。其一般数学模型如式(8-3)所示。

$$P = \frac{eb_0 + b_1 x_1 + b_2 x_2 + \cdots + b_m x_m}{1 + eb_0 + b_1 x_1 + b_2 x_2 + \cdots + b_m x_m}$$
$$Q = \frac{1}{1 + eb_0 + b_1 x_1 + b_2 x_2 + \cdots + b_m x_m} \quad \text{式(8-3)}$$

其中：y 代表因变量实际值；x_1，x_2，…，x_m 代表自变量；b_0 为常数项；b_1，b_2，…，b_m 为偏回归系数；e 代表随机误差。当 y 是阳性反应时，记为 $y=1$，当 y 是阴性反应时，记为 $y=0$。P 表示发生阳性反应的概率，Q 表示发生阴性反应的概率，$P+Q=1$。

在求出相关参数确定回归模型后，还需要进行各种统计检验，只有通过各种检验后回归模型才能用于进行信息分析与预测。其中一元线性回归模型与多元线性回归模型常用的检验方法有 F 检验、t 检验、R 检验。F 检验用于判断线性回归模型在整体上是否显著成立，即用所配合的回归模型来解释因变量的变化是否有效；t 检验用于判断线性回归模型中系数的作用是否显著；R 检验用于判断线性回归模型能否恰当地反映出因变量与自变量间的数量依存关系。Logistic 回归模型常用的检验方法有似然比检验、计分检验、Wald 检验。

8.2　系统分析方法

人们在对社会、经济以及管理领域的问题进行信息分析时，面临的经常是一个由相互关联、相互制约的众多因素构成的复杂系统。在很多情况下，单纯依靠定性分析或片面强调定量研究都难以解决庞杂的问题，因此需要将定性分析与定量研究有机结合起来，系统地对其进行分析，系统分析方法便应运而生。

系统分析方法亦称系统方法，它以系统的整体最优为目标，对系统的各个方面进行定性和定量分析。它是一个有目的、有步骤的探索和分析过程，为决策者提供直接判断和决定最优系统方案所需的信息和资料。其应用范围很广，一般用于重要而复杂问题的分析，如政策与战略性问题的分析、选择，新技术的开发、设计，企业系统的输入、处理和输出的分析等。常用的系统分析方法有层次分析法、系统动力学方法、因子分析法、决策树法、竞争情报分析法等。

8.2.1 层次分析法

层次分析法是指将一个复杂的多目标决策问题作为一个系统,将目标分解为多个目标或准则,进而分解为多指标(或准则、约束)的若干层次,通过定性指标模糊量化方法算出层次单排序(权数)和总排序,以作为目标(多指标)、多方案优化决策依据的系统分析方法。其具有系统性、实用性、简洁性等优点,适用于决策、评价、分析、预测数据缺乏、定性因素起主要作用的系统判断问题,被广泛应用于经济计划和管理、能源政策和分配、人才选拔和评价、生产决策、交通运输、科研选题、产业结构等领域。具体实施步骤为:① 将问题概念化,找出研究对象涉及的主要因素;② 分析各项因素的关联、隶属关系,构建递阶层次结构;③ 对于同一层次的各因素关于上一层次中某一准则的重要性进行两两比较,构建判断矩阵;④ 比较因素对上一层次该准则的相对权重,并进行一致性检验;⑤ 在单层一致性检验通过的基础上,计算各层次因素相对于系统目标的合成权重,并进行层次总排序;⑥ 总一致性检验。具体步骤如图 8-2 所示。

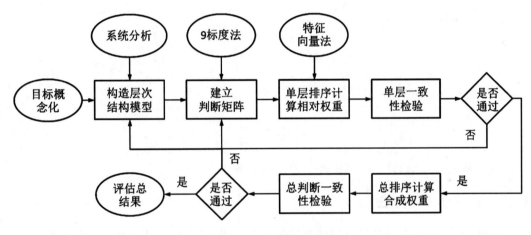

图 8-2　层次分析法步骤

其中层次结构模型由目标层、准则层、子准则层、指标层组成。最高的目标层体现了系统的最终目标;目标层之下的准则层和子准则层是为了实现最终目标而建立起来的一套判断准则;指标层是在准则层的基础上分解出来的各种可操作、可测量的因素。同一层次的因素作为准则对下一层次的某些因素起支配作用,同时又受到上一层次因素的支配。之后的构建判断矩阵,排序判断权重,一致性检验的具体方法如下:

(1) 根据 9 标度法对各因素构建判断矩阵 P,9 标度法含义如表 8-1 所示。

表 8-1　9 标度法含义

含义	同样重要	稍重要	重要	非常重要	极重要
矩阵元素 p_{ij}	1	3	5	7	9
		2	4	6	8

（2）特征向量法：

计算 P 矩阵各行元素的 n 次方根：

$$A_i = \left(\prod_{j=1}^{n} p_{ij}\right)^{1/n} \qquad 式(8-4)$$

将 A 归一化，得出特征向量：

$$q_i = \frac{A_i}{\sum_{t=1}^{N} A_i} \qquad 式(8-5)$$

计算最大特征值：

$$\lambda_{\max} = \frac{1}{N}\sum_{i=1}^{N} \frac{(Pq)_i}{q_i} \qquad 式(8-6)$$

（3）一致性检验：

一致性指标 $C.I.$ 的计算：

$$C.I. = \frac{\lambda_{\max} - N}{N-1} \qquad 式(8-7)$$

一致性指标比率 $C.R.$ 的计算：

$$C.R. = \frac{C.I.}{R.I.} \qquad 式(8-8)$$

当 $C.R. \leqslant 0.1$ 时，认为判断矩阵一致性满足条件。

8.2.2 系统动力学方法

系统动力学方法是分析信息反馈系统的信息分析方法，也是认识系统问题和解决系统问题的交叉学科分析方法。它综合了反馈控制论、信息论、系统论、决策论、计算机仿真以及系统分析的实验方法等发展而来，利用系统思考的观点来界定系统的组织边界、运作及信息传递流程，以因果反馈关系描述系统的动态复杂性，并建立量化模型，利用计算机仿真方法模拟不同策略下现实系统的行为模式，最后通过改变结构，帮助人们了解系统动态行为的结构性原因，从而分析并设计出解决动态复杂问题和改善系统绩效的解决方案。其分析步骤如下：

（1）确定系统边界

系统动力学中的系统通常指反馈系统，这类系统受系统本身历史行为的影响，把历史行为的后果回授给系统本身，以影响系统未来的行为。在这种系统中，同一个研究对象由于建模目的的不同，系统边界也可能不同。只有系统边界确定以后才能确定系统的内生变量（由系统内部的反馈结构决定的变量）和外生变量（由模型外部给定）。因而，首先需要在确定目标的基础上划定系统边界，也就是区分系统和环境，同时确定问题研究中的系统变量。一般来说应该尽可能缩小边界的范围，如果没有一个变量，仍能够达到系统研究的目的，那么就不应该把该变量包含在内。

(2) 因果关系分析

确定系统边界后,需要描述所研究问题的相关因素,并解释各因素之间的关系。在系统动力学方法中,元素之间的联系可以概括为因果关系,这些因果关系的相互作用形成系统功能和行为。

(3) 制作流图

利用流位、流率、常数、辅助变量、源与漏等流图要素绘制流图。其中,流是系统中的活动或者行为,可以是物流、货币流、信息流等。流率用来描述系统中流随时间变化的活动状态,如物资的入库速率、出库速率、人口的出生率等。流位则是系统内流量的积累,是状态变量。常数是指在仿真运行期间,值保持不变的参数。辅助变量是设置在流位和流率之间信息通道中的变量,当流率表达式过于复杂时,可以用辅助变量描述其中的一部分,使复杂的函数易于理解。源指流的来源,漏指流的归宿,源与漏只是增加系统描述的清晰感,对系统行为没有任何影响。

(4) 建立系统动力学方程

为了进一步明确表示系统各元素之间的数量关系,还需要建立方程。常用的系统动力学方程类型有:水平方程(L方程)、速率方程(R方程)、辅助方程(A方程)、初值方程(N方程)、常量方程(C方程)。

(5) 仿真实验和计算

建立了系统动力学方程后,可以通过仿真实验和计算对系统运行情况进行模拟。相应的模拟工具从早期的 DYNAMO 等模拟语言,发展到了图形化应用软件,例如 STELLA、Anylog-ic、Powersim Studio 和 Vensim 等。

8.2.3 因子分析法

在各个领域的研究中,描述一个系统往往需要通过对多个变量进行观测,多变量的大样本虽然能提供丰富的信息,但变量间可能存在的相关性,加大了分析的难度。因此,人们希望在基本保留原有信息的前提下,用较少的变量代替原来的多个变量。在这方面,因子分析能够较好地满足人们的需求。

因子分析是一种主要用于数据化简和降维的多元统计分析方法。它将相关性较强的几个变量归在同一个类中,每一类赋予新的名称,成为一个因子,反映系统的一个方面,或者说一个维度。这样,少数的几个因子就能够代表系统数据的基本结构,反映信息的本质特征。更可以进一步从原始观测量的信息中推出因子的值,然后用这些因子代替原来的变量进行其他统计分析。其分析流程如下:

(1) 问题的定义

包括定义因子分析的问题并确定实施因子分析的变量。因子分析中的变量应当依据过去的经验、理论或者研究者自己的判断而被选择,这些变量必须具备区间或者比率测度等级。

(2) 计算并检验协方差(相关)矩阵

因子分析基于变量间的协方差矩阵。换言之,包含在因子分析中的变量必须具有一定的相关性,如果变量间不存在相关性或者相关性很小,那么针对该问题的因子分析就不是一种合适的分析方法。

(3) 选择因子分析的方法

主成分分析法和公因子分析法是两种主要的寻找公因子的方法。主成分分析法使用直接由数据计算出的协方差矩阵,而公因子分析法则先将计算出的协方差矩阵的对角线元素替换为一个估计的共同度,再进行后续分析。一般常用主成分分析法。

(4) 确定因子数目

常用的选取方法有经验判断、特征值法、因子碎石图、半分法及统计检验法等。

(5) 因子旋转

因子旋转的目的是使某些变量在某个因子上的负载较高,而在其他因子上的负载显著较低。常应用正交旋转与斜交旋转方法。

(6) 因子解释

对所提取的公因子给出合理的解释,对于某些负载较小、难以解释或者实际意义不合理的因子,如果其解释的方差较小,则予以舍弃。

(7) 因子得分

计算各公因子的因子得分,即给出各因子在每一个案例上的值。

(8) 计算模型的适合度

通过计算残差矩阵判断模型的适合度,如果残差矩阵中的值都比较大,则代表模型构建不合适,反之如果残差矩阵接近于零矩阵,则代表模型是合适的。

8.2.4 决策树法

决策树分析方法是一种在已知各种情况发生概率的基础上,通过构成决策树来求取净现值期望值大于等于零的概率,从而评价项目风险,判断其可行性的系统分析方法。它是直观运用概率分析的一种图解法,由于这种方法中决策分支画成图形很像一棵树的枝干,故称决策树分析法。

其中,决策树中的每个元素事实上都是一个节点,每棵树都是由最上端的根节点开始,与真正的树一样,其余的节点和分枝都源于根节点,其模型结构如图 8-3 所示。树的每个分枝都是一个分类问题,决策树中的分类是为了对某些重要的信息做出预测,同一个分类中的样品之所以会落在一起,是因为它们对于要预测的信息(输出变量)来说是相似的。通过输入变量和值的选择,一个好的分类问题能够最大限度地降低分类前的"无序性"。模型中的状态节点表示在一个属性(输入变量)上的测试,位于树枝末端的叶节点则代表树的最后节点,也是包含最终用户用于预测的分类或取值的节点。另外,决策树与实际的树类似,也有生长的功能,不过决策树的生长是基于样品集,通过已知的样品集,建立输出(目标)变量关于各输入变量的分类预测模型(决策树),进而利用决策树对新数据对象进行分类和预测。当利用所建决策树对一个新数据对象进行分析时,决策树能够依据该数据输入变量的取值,推断出相应输出变量的分类或取值。其核心是尽量消除输出变量的不确定性,利用研究对象容易获取的已知的属性(输入变量)来预测其未知的属性(输出变量或目标变量)。该系统分析方法具有直观便捷、结构可视化、不需要任何领域知识和参数假设、构建需要的数据量少、能够处理数值型数据和分类数据等优点,在人工智能、医疗诊断、规划理论、认知科学以及工程、数据挖掘等领域都有广泛运用。

8.2.5 竞争情报分析法

竞争情报分析是企业管理的重要内容之一,是针对竞争环境、主要竞争对手、竞争策略和反竞争活动进行的定性或定量系统分析。主要指企业基于外部环境的变化和自身长远发展的需求,通过主体成员之间协同工作,利用合理、有效的方法和技术,为持续保持组织的竞争优势而进行的系统的、全面的动态分析过程。竞争情报分析在企业制定正确的战略、战术决策

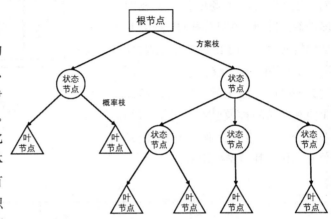

图 8-3 决策树分析法基本模型结构

以获得竞争优势的过程中,发挥了至关重要的作用。常用的竞争情报分析法有 SWOT 分析法、定标比超法、价值链分析法、波士顿矩阵法等。

(1) SWOT 分析法。SWOT 分析法也叫微观分析法,是通过将己方、主要竞争对手及竞争环境的相关数据进行分析、比较,并识别和评估与己方密切关联的各种主要的内部优势、内部劣势和外部潜在机会、外部潜在威胁四要素,依据"矩阵"的形态进行科学的排列组合,然后运用系统分析的方法将各种主要因素相互匹配进行研究,最后选择最佳经营战略的方法。其中 S(Strengths)代表优势、W(Weaknesses)代表劣势、O(Opportunities)代表机会、T(Threats)代表威胁。

(2) 定标比超法。定标比超法是运用情报手段,将本企业的产品、服务或其他业务活动过程与本企业的杰出部门、确定的竞争对手或者行业内外的一流企业进行对照分析,提炼出有用的情报或具体的方法,从而改进本企业的产品、服务或者管理等环节,达到取而代之、战而胜之的目的,最终赢得并保持竞争优势的一种竞争情报分析方法,也被称为基准调查法、基准管理法、标高超越法、立杆比超法等。常用的类型有产品定标比超、过程定标比超、管理定标比超、战略定标比超、内部定标比超、竞争定标比超、功能定标比超、通用定标比超等。

(3) 价值链分析法。该方法最早是由美国哈佛大学商学院的迈克尔·波特教授提出来的,是一种寻求企业系统竞争优势的工具,即运用系统性方法来考查企业各项活动和相互关系(价值链),从而寻找具有竞争优势资源的方法。该信息分析方法能实现对系统中现有资源的审核,系统中价值活动的识别,内部成本的分析,系统价值链的重构,竞争优势的识别。其模型如图 8-4 所示。

（4）波士顿矩阵法。该方法是一种规划企业产品组合的方法，它由美国著名的管理学家、波士顿咨询公司创始人布鲁斯·亨德森于1970年首创。该矩阵又称市场增长率－相对市场份额矩阵、四象限分析法、产品系列结构管理法等，因其评估的有效性逐渐被引入信息分析领域，扩大了评估对象的范围。波士顿矩阵可以帮助企业使其产品品种及其结构适合市场需求的变化，以指导企业的生产，使其利润最大化。其模型如图8-5所示。

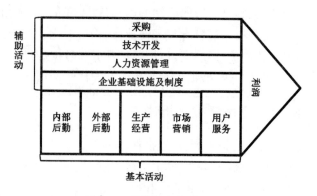

图8-4　价值链结构模型

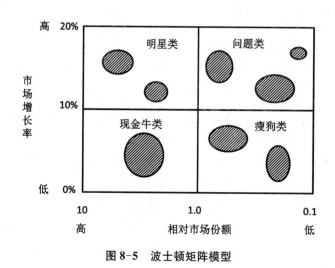

图8-5　波士顿矩阵模型

8.3　大数据分析方法

随着计算机技术、移动互联网、数据挖掘、人工智能等信息技术的发展，各种智能设备、传感器、电子商务网站、社会媒体每时每刻都在生成类型各异的数据，而这些海量数据的实施处理和洞察为人类进行前瞻性的预测和实施精准的决策管理提供了可能，毫无疑问，这种情况必将改变信息分析的理念、内容和形式，重塑信息分析的范式，对信息分析产生深远的影响。

大数据也称为巨量资料，指的是所涉及的资料量规模巨大到无法通过目前主流软件工具，在合理时间内达到撷取、管理、处理并整理成为帮助企业经营决策更积极目的的资讯。它包括结构化、半结构化和非结构化数据，具有Volume（大量）、Velocity（高速）、Variety（多样）、Value（低价值密度）、Veracity（真实性）的"5V"特点。大数据并不在"大"，而在于"有用"。价值含量、挖掘成本比数量更为重要。因而如何对这些大规模数据进行分析应用是大数据时代信息分析的关键,大数据分析技术与方法由此应运而生。

大数据分析方法是指对海量、类型多样、增长快速且内容真实的数据进行分析,从中找出可以帮助决策的隐藏模式、未知的相关关系以及其他有用信息的方法,是诸多分析方法、计算技术、存储技术等的融合。它可以分为面向统计、面向挖掘、面向发现、面向预测和面向集成五种类别,其方法框架如表 8-2 所示。

表 8-2 大数据分析方法框架

方法内容	研究类别	研究角色
海量数据的基本统计方法(含简单或多维尺度计算、N 体问题、图论算法、线性代数计算等);高维数据降维分析方法(含主成分分析、因子分析等)等	面向统计	数据科学家、数据分析与情报研究人员
数据可用处理及分析方法(含数据与实体描述、联机分析、聚类、关联规则等);时空数据分析(含傅里叶变换、自相关匹配等);数据挖掘(含分类、聚类、优化、关联规则、深度学习等);图模型分析与挖掘;文本挖掘(含 NLP、分类、聚类、关联分析、可视化等);观点挖掘(含 NLP、分类、基于情感或特征分析、比较关系抽取等)等	面向挖掘	
翻译生物信息学分析(含数据或文本挖掘、SNP、语义理解、知识推理等),知识发现(含统计模式识别、机器学习、神经网络、粗糙集理论等)等	面向发现	
时间序列分析,多元统计分析(含回归、分类、多因子分析、仿真模型等),话题演化分析(含基于统计模型、LDA 模型、联合推理模型等)等	面向预测	
学习分析方法(含内容分析、话语分析、社会网络分析、统计分析等),多源数据融合方法(含科学数据集成与映射、基于物化、ETL、中间件、数据流等),商务智能分析(含数据分析、文本分析、网站分析等),基于 MapReduce 或 Hadoop 的衍生分析方法等	面向集成	

这些大数据分析方法中最为核心且重要的方法是面向挖掘的分析方法。限于篇幅限制,本节选取其中的聚类分析方法、图模型分析和关联分析中的贝叶斯网络方法、分类中的支持向量机方法、深度学习中的人工神经网络算法进行简要介绍。

8.3.1 聚类分析法

聚类分析也称群分析或点群分析,它是研究多要素事物分类问题的数量方法,是当代分类学与多元分析的结合。其基本原理是,根据样本自身的属性,用数学方法按照某种相似性或差异性指标,定量地确定样本之间的亲疏关系,并按这种亲疏关系程度对样本进行聚类,从而将具有相似属性的事物聚为一类,使得同一类的事物具有高度的相似性。实施聚类分析的主要步骤如下:

(1) 数据标准化。为了消除不同变量的单位对聚类结果的影响,聚类前应当首先对所有的数据进行标准化处理。常用的标准化方法有总和标准化、标准差标准化、极大值标准化、极差标准化等。

(2) 构造类别,每个类别只包含一个样本。

(3) 计算各对象之间的"距离"。

聚类分析中所定义的"距离"概念就是体现样本变量之间、样本之间差异程度的一种定量化描述。"距离"越小,表示两者之间的关系越紧密,相似特征越多,越有可能分在同一类;相反,"距离"越大则表示两者之间的差异性越大。变量之间的"距离"使用的是相似性系数,包含相关系数(式 8-10)与夹角余弦(式 8-11),称为 R 型聚类;样本之间的"距离"使用的是相似性距离,包含欧式距离(式 8-12)与夹角余弦(式 8-13),称为 Q 型聚类。

设有 p 个样本,记为 $x_1, x_2, \cdots, x_p$,样本中共有 k 个变量,k 个变量的相关矩阵记为 R,协方差矩阵记为 S,表达式分别为:

$$S = (s_{jn})_{k \times k} \quad R = (r_{jn})_{k \times k} \qquad 式(8\text{-}9)$$

变量 x_j 和 x_n 两者之间相关系数的表达式为:

$$C_{jn} = \frac{s_{jn}}{\sqrt{s_{jj} s_{nn}}} = \frac{\sum_{i=1}^{p}(x_{ij}-\bar{x}_j)(x_{in}-\bar{x}_n)}{\sqrt{\sum_{i=1}^{p}(x_{ij}-\bar{x}_j)^2 (x_{in}-\bar{x}_n)^2}} \qquad 式(8\text{-}10)$$

对应的夹角余弦为:

$$C_{jn} = \frac{\sum_{i=1}^{p} x_{ij} x_{in}}{\sqrt{\sum_{i=1}^{p} x_{ij}^2 \sum_{i=1}^{p} x_{in}^2}} \qquad 式(8\text{-}11)$$

设 α_i 为计算中第一个样本在第 i 个变量上的数值,β_i 为计算中第 n 个样本在第 i 个变量上的数值,欧式距离表达式为:

$$d(\alpha, \beta) = \sqrt{\sum_{i=1}^{p}(\alpha_i - \beta_i)^2} \qquad 式(8\text{-}12)$$

对应的夹角余弦为:

$$d(\alpha, \beta) = \frac{\sum_{i=1}^{k} \alpha_i^2 \beta_i^2}{\sqrt{\sum_{i=1}^{k} \alpha_i^2 \sum_{i=1}^{p} \beta_i^2}} \qquad 式(8\text{-}13)$$

(4)根据对象距离进行聚类。

(5)决定类的个数,得出分类结果,画出聚类图。

实际聚类分析中常用的方法有层次聚类法与快速聚类法。其中,层次聚类方法是根据变量或者样本之间的相似程度进行聚类,其基本思想是:最开始将样品和变量各视为一类,根据类与类之间的距离或相似程度将最相似的类加以合并,再计算新类与其他类之间的相似程度,并选择最相似的类加以合并。这样每合并一次就减少一类,不断继续这一过程,直到所有样品(或变量)合并为一类为止。快速聚类也称 K-means 聚类,即由研究者或操作者自身指定相对应的类别数,逐步完成聚类分析。聚类中首先对原始数据进行相对应的初始分析,然后通过不断的调整,得到最终的分类结果。其与层次聚类的区别是:层次聚类会根据原始的数据产生不同的聚类次数,得出不同的聚类结果,而快速聚类则是根据用户的需求产生固定的聚类结果。快速聚类的一般步骤为:① 指定相应的聚类次数 K;② 分析 K 个初始类的中心点,确定中心点通常有两种方法,一种是软件根据原始数据的情况挑选出 K 个具有代表性的样本作为初始类的中心点,一种是用户自行指定中心点;③ 将距离最近的样本归为一类,逐步计算每个原始样本点到初始 K 个中心点的欧氏距离,按照样本点距离中心距离最短的原则进行分类,并形成 K 个分类;④ 重新确定 K 个类别中心点,在步骤③形成的 K 个分类中计算变量之间的平均值,将得到的均值点作为 K 个类别的新中心点;⑤ 重复迭代步骤③与④直到符合停止条件(迭代次数或类别中心点最大偏移度符合条件);⑥ 绘制聚类图。

8.3.2 贝叶斯网络法

贝叶斯网络是一个由有向无环的逻辑图和各节点条件概率表所构建的信息分析模型,其核心是对条件概率的求取和节点状态的分析。它结合人工智能、决策分析、概率统计学等方法对不确定性事物进行表达描述,利用先验信息对未知数据进行分析推理。贝叶斯网络能很好地处理现实中的不确定性推理问题,并可以利用不完善或不确定的数据信息完成推理分析。

在贝叶斯网络中,随机变量间的概率关系通过有向无环图(DAG)来表示。以图 8-6 为例,共有 a,b,c 三个节点和 l_1,l_2 两段有向弧,其中节点表示变量,有向弧表示变量间的联系。从图中可以看出,a,b 节点通过有向弧指向 c 节点,这表示 a,b 节点是 c 节点的父节点,c 节点则是 a,b 节点的子节点。由于图中 a,b 节点都没有上一层的父节点,因此称为根节点(底板事件),c 节点没有下一层的子节点,称为叶节点(顶上事件),除此之外的其他类型节点被称为中间节点。另外,为了更加直观地表示

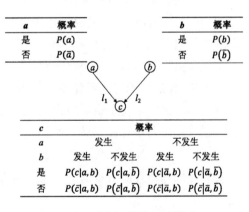

图 8-6 贝叶斯网络的图形描述

父节点和子节点间的概率联系,可制作如图 8-6 所示的节点条件概率表(CPT 表)。

贝叶斯网络构建的主要任务包括两部分:通过定性方法确定网络的拓扑结构和通过定量方法确定网络中各个节点因素的条件概率分布。目前主要的贝叶斯网络构建方式有两种:一种是依靠专家知识经验人工建模,即手动确定网络的拓扑结构和概率参数;另一种是借助大数据对贝叶斯网络进行深度学习训练得到网络的最终结构和概率参数。为了剔除人们固有经验的限制,贝叶斯网络一般运用机器学习来构建,其 DAG 图构建学习称为结构学习,CPT 表构建学习称为参数学习。

目前常用的结构学习方法有三类:基于评分搜索的方法;基于依赖分析的方法;混合方法。其中基于评分搜索的方法应用最为广泛,该方法通常由评分选择方法和评分函数两部

分组成,主要利用评分函数来判断网络结构的优劣,通过不断地调整各变量间的拓扑结构,最终找到评分最高的网络结构,其依据贝叶斯公式简化后的评分函数为:

$$score(X_i, \rho(x_i)) = \prod_{i=1}^{n}\prod_{j=1}^{q_i} \frac{(r_i-1)!}{(N_{ij}+r_i-1)!} N_{ij} \prod_{k=1}^{r_i} N_{ijk}! \quad 式(8-14)$$

其中:x_i 代表贝叶斯网络中的第 i 个节点;$\rho(x_i)$ 代表第 i 个节点的父节点;N_{ijk} 代表 k 状态父节点的数量;r_i 代表子节点状态数量;$score$ 为算法的评分公式。算法的具体优化步骤为从任一网络开始,依据预先确定的各节点顺序和每个节点所能连接的最大父节点数目,各节点都不断迭代选择得分最高的节点作为父节点,最终完成DAG图构建。

贝叶斯网络参数学习一般选用最大似然值估计方法,其基本思想是根据参数和数据集的似然程度来确定贝叶斯网络的条件概率参数。判断参数似然程度的指标称为似然函数:

$$L(\sigma \mid D, G) = \log P(D \mid \sigma, G) \quad 式(8-15)$$

进行参数学习时,选取使得每个贝叶斯网络节点对应的 $L(\sigma \mid D, G)$ 值最大的参数 σ^* 作为最优解,即每个节点最终的条件概率,整理得到贝叶斯网络的CPT表。

8.3.3 支持向量机

支持向量机(Support Vector Machine,SVM)是一类按监督学习方式对数据进行二元分类的广义线性分类器,其决策边界是对学习样本求解的最大边距超平面。方法的学习策略就是使数据集分类间隔最大化,其可形式化为一个求解凸二次规划的问题,也可等价于正则化合页损失函数的最小化问题,是求解凸二次规划的最优化算法。

SVM算法源于线性可分理论的最优分类面,其核心思想是在寻找出分类面的同时满足分类间隔最大。为了更好地说明最优分类超平面的概念,下面以一个简单的两类线性分类问题为例进行解释。假设有两类线性可分样本集 (x_i, y_i),$x_i \in R^n$,$y_i \in \{-1, +1\}$,$i=1, 2, 3, \cdots, N$。N 代表样本数量,n 代表样本维度,y_i 代表各样本分类后的类别属性;再假设样本分类线的方程为 $F = \omega^T x + b = 0$,该方程归一化后使该样本集中各数据点都满足:

$$y_i(\omega^T x_i + b) - 1 \geqslant 0 \quad 式(8-16)$$

在此条件下,样本分类线会与直线 F_1 和 F_2(穿过各类别样本中离分类县最近的点且平行于分类线的直线)的分类间隔 $\Delta = 2/\|\omega\|$ 最大,这个分类线 F 就称为该样本集的最优分类线,推广到高维空间中即最优分类超平面,F_1 和 F_2 上的训练样本点称为支持向量,其具体表示如图8-7所示。

其中,分类间隔最大等价于 $\|\omega\|^2$ 最小,其意义在于使VC维(对于任一给定函数集,函数集中的函数能够将 h 个数据样本按所有可能的 2^h 种方式分开,能处理的最大样本数目 h 就是该函数集的VC维)的上界最小,通过利用将VC维降低的方法使置信区间降低,从而满足机器学习中的SRM准则。因而,最优分类超平面就是SVM算法对分类问题求解出的置信区间最小化的超平面,它能在找出分类面的同时满足分类间隔最小。

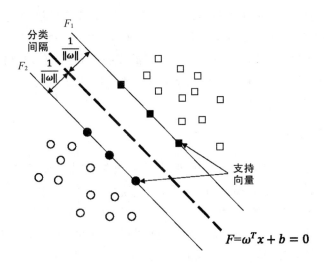

图 8-7　线性二分类样本条件下的最优分类线示意图

在现实应用中,大部分数据集都是非线性的,这会导致传统线性 SVM 算法在对其数据样本分类时无法求解出最优分类超平面,因此需要适当放宽分类线 F_1 和 F_2 对样本点的限制,允许少量样本点位于分类线之外。其中对于线性可分情况而言,它的最优分类超平面问题可以表示为如下的约束优化问题:

$$\min \varphi(\omega) = \frac{1}{2\|\omega\|^2} \qquad \text{式(8-17)}$$

在非线性不可分的条件下,可以通过引入松弛变量 μ,同时引入惩罚系数 c 对松弛变量约束,允许少数样本点位于分类线之外,其约束优化问题转变为:

$$\min \varphi(\omega, \mu_i) = \frac{1}{2\|\omega\|^2} + c\sum_{i=1}^{n} \mu_i \qquad \text{式(8-18)}$$

其中,惩罚系数 c 表示算法没有对样本进行正确分类时的惩罚程度,其大小反映了算法在错分样本和本身的复杂度中的偏好,通过这种方法可以去除少数异常样本点的影响。另外,样本维度较高,不好进行松弛变量引入时,通常的解决方法是将其转入高维空间求解,在更高维度的空间对其进行分类。而这种转入的方式需要设定恰当的函数,该函数被称为核函数,常见的核函数有线性核函数、高斯径向基核函数、多项式核函数、Sigmoid 核函数等。应用最广泛的是高斯径向基核函数:$H(x_i \cdot x_j) = \exp\left(-\frac{\|x_i - x_j\|}{2g^2}\right)$,简称 RBF 核函数,由于其在处理高维度和低维度数据中都具有良好的性能,所以使用频率较高。该核函数受 g 值影响较大,只要控制 g 值的大小就能控制算法学习优化的进程。

对核参数 g 和惩罚系数 c 而言,前者反映了核函数对样本数据进行转换后数据的分布程度,后者反映了 SVM 算法对样本错分率的容忍程度。通常来讲,当 g 远小于样本距离时,$H(x_i \cdot x_j)$ 的取值会趋于 0,造成算法对训练数据的过度拟合,使得支持向量机无法有效地处理未知样本数据;当 g 远大于样本距离时,$H(x_i \cdot x_j)$ 的取值会趋于 1,映射后的样本数据距离过近,造成算法对训练数据的欠学习,使得支持向量机分类准确率不高。而惩罚因子 c 越大,向量机训练学习的错分率越小,但是当 c 大于一定值后,其对支持向量机的影响会微乎其微。因此,要想获得分类性能良好的支持向量机,必须寻找最佳的参数对 c、g,从而使得支持向量机的性能达到最佳,SVM 算法应用的核心也在于此,现实中 SVM 算法的构建就是 c、g 的寻优过程。

8.3.4 人工神经网络

人工神经网络是机器学习中的一种模型,是一种模仿动物神经网络行为特征,进行分布式并行信息处理的算法数学模型,被广泛应用于股票预测、汇率预测、GDP 预测、人口预测、就业预测、劳动力迁移预测、工程、医学等领域。这种网络依靠系统的复杂程度,通过调整内部大量节点之间相互连接的关系,从而达到处理信息的目的。其模型结构由处理单元及称为链接的无向信号通道互连而成,如图 8-8 所示,这些处理单元具有局部内存,并可以完成局部操作。每个处理单元有一个单一的输出链接,这个输出可以根据需要被分支成希望个数的许多并行链接,且这些并行链接都输出相同的信号,即相应处理单元的信号,信号的大小不因分支的多少而变化。处理单元的输出信号可以是任何需要的数学模型,每个处理单元中进行的操作必须是完全局部的,这些处理单元就是人工神经元。

人工神经网络由八个方面的基本要素组成:处理单元、处理单元的激活状态、每个处理单元的输出函数、处理单元之间的链接模式、传递规则、把处理单元的输入及当前状态结合起来产生激活值的激活规则、通过经验修改链接强度的学习规则以及系统运行环境(样本集合)。基本要素的不同组合构成了各种各样的神经网络,目前已产生了上百种模型。实践中常用的神经网络模型主要

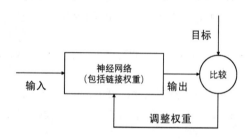

图 8-8 神经网络的基本模型

有:前馈神经网络(Feedforward Neural Network,FNN)、卷积神经网络(Convolutional Neural Network,CNN)、循环神经网络(Recurrent Neural Network,RNN)、深度信念网络(Deep Belief Netword,DBN)、生成对抗网络(Generative Adversarial Networks,GAN)。

其中,前馈神经网络 FNN 是一种最简单的神经网络,各神经元分层排列。每个神经元只与前一层的神经元相连,接收前一层的输出并输出给下一层,各层间没有反馈,是应用最广泛、发展最迅速的人工神经网络之一。其研究从 20 世纪 60 年代开始,理论研究和实际应用达到了很高的水平。

卷积神经网络 CNN 是一种具有局部连接,权重共享等特性的深层前馈神经网络。一般是由卷积层、汇聚层、全连接层交叉堆叠而成,使用反向传播算法进行训练。其有三个结构上的特征:局部连接,权重共享以及汇聚。这些特征使得卷积神经网络具有一定程度上的平移,缩放和旋转不变性,较前馈神经网络而言,其参数更少。

循环神经网络 RNN 是一类具有短期记忆能力的神经网络,在循环神经网络中,神经元不仅可以接受其他神经元的信息,还可以接受自身的信息,形成一个环路结构。其具有记

忆性、参数共享、图灵完备等特点，在对序列的非线性特征进行学习时具有一定优势。

深度信念网络 DBN 是一种深层的概率有向图模型，其图结构由多层节点构成，每层节点的内部没有链接，相邻两层的节点之间为全链接。网络的最底层为可观测的变量，其他层节点都为因变量。其作为一种深度学习模型目前已经很少使用，但其在深度学习发展过程中的贡献十分巨大，并且其理论基础为概率图模型，有非常好的解释性，依然是一种值得深入研究的模型。

生成对抗网络 GAN 是一种深度学习模型，是近年来复杂分布上无监督学习最具前景的方法之一。模型通过框架中（至少）两个模块：生成模型（Generative Model）和判别模型（Discriminative Model）的互相博弈学习来生成优秀的输出。其被广泛应用于超分辨率的图像识别、语义分割、文字生成、数据增强、信息检索/排序、统计预测等领域。

8.4 分析工具

按照信息工作的过程和流程出发，围绕信息分析大致可开展信息的收集、信息处理、信息分析以及信息的最终利用等工作。信息收集和处理是信息分析的准备工作，信息产品是信息分析的成果，信息利用是信息分析工作的价值实现和最终目的。信息分析工具可分为四大类：① 信息收集工具，如 Python 爬虫等，网络爬虫是一种按照一定的规则，根据网页的结构自动地爬取不同互联网站点（或软件）信息的程序或者脚本，当它运行时，它会按照预定的规则爬取相应站点的信息。② 统计分析工具，如 ETPel、SPSS、SAS 等，统计分析工具常常用于描述性统计、均值比较、一般线性模型、相关分析、回归分析、聚类分析、时间序列分析等。③ 信息处理工具，如 SATI、BibeTPel、Python、R 语言等，这其中 BibETPel、SATI 为专门的文献信息分析工具，可以对文献数据进行分析，此外还有词频分析软件 WordmithTools 和 GIS 等，有通用的信息分析工具 Python 和 R 语言等可对一般信息进行分析处理。④ 网络分析工具，如 CiteSpace、VOSviewer、Gephi 等，可以对文献信息进行网络分析与可视化呈现。此外，利用这些工具进行分析还需要通过 WoS、CNKI、CSSCI、搜索引擎等数据库和网络搜索工具获取数据和信息。

8.4.1 信息收集工具

信息收集是指通过各种方式获取所需要的信息。信息收集是信息得以利用的第一步，也是关键一步，信息收集工作直接关系到整个信息管理工作的质量。网络爬虫是信息收集的工具，从规模上来说，爬虫可以很小，小到不满十行代码就可以编写一个最简单的爬虫；也可以非常庞大，如我们都很熟悉的百度、谷歌搜索引擎，其实就是一个"巨型爬虫"，每时每刻都在爬取着互联网上大大小小网站的数据。从编程语言上来说，网络爬虫可以用任意一种可以发起 Web 请求的语言来编写，常见的爬虫编写语言有 Python、Java 等，而 Python 作为一种功能强大、语法简洁的编程语言，已经成为大部分爬虫编写者的首选。

1. Python 爬虫简介

为什么将从互联网上下载资源的程序称为"爬虫"呢？其实这是一个形象的比喻。整个互联网相当于一张用各种数据资源织成的大网,而从这张网上下载资源相当于为了获取资源,蜘蛛需要不断在这张数据网上爬行,所以形象地称这种程序为"爬虫"。由于这张数据网的每个节点都包含了相应的资源(网页、图像或其他类型的文件),而且这些节点之间都有着千丝万缕的联系,从一个节点可以通过这些联系(蛛丝)到达另外一个节点。因此,从理论上讲,只要爬虫沿着这些蛛丝不断爬取数据,就可以将整个互联网的数据都抓取下来。不过很多爬虫的任务并不是抓取整个互联网的数据(这种爬虫通常只用于搜索引擎),那么目前的爬虫有哪些分类呢?

爬虫,也叫网络爬虫或网络蜘蛛,主要的功能是下载 Internet 或局域网中的各种资源。如 html 静态页面图像文件、js 代码等。网络爬虫的主要目的是为其他系统提供数据源,如搜索引擎(Google、Baidu)等引入深度学习、数据分析、大数据、API 服务等。这些系统都属于不同的领域,而且都是异构的,所以肯定不能通过一种网络爬虫来为所有的这些系统提供服务,因此,在学习网络爬虫之前,先要了解网络爬虫的分类。

如果按抓取数据的范围选择分类,网络爬虫可以分为如下几类。

(1) 全网爬虫:用于抓取整个互联网的数据,主要用于搜索引擎(如 Google,Baidu 等)的数据源。

(2) 站内爬虫:与全网爬虫类似,只是用于抓取站内的网络资源。主要用于企业内部搜索引擎的数据源。

(3) 定向爬虫:这种爬虫的应用相当广泛,我们讨论的大多都是这种爬虫。这种爬虫只关心特定的数据,如网页中的 $PM_{2.5}$ 实时监测数据,商品的销售数据、用户评论等。抓取这些数据的目的五花八门,有的是为了加工整理,供自己的程序使用,有的是为了统计分析,得到一些有价值的结果。

按抓取的内容和方式可以将网络爬虫分为以下几类。

(1) 网页文本爬虫;

(2) 图像爬虫;

(3) js 爬虫;

(4) 异步数据爬虫(json、xml),主要抓取基于 AJAX 的系统的数据;

(5) 抓取其他数据的爬虫(如 word、ETPel、pdf 等)。

2. 爬虫抓取数据的方式和手段

爬虫可以抓取的网络资源类型非常多,但需要分析的数据大都是文本信息,其他的二进制文件(如图像、视频、音频等)都是作为最终抓取的节点而存在的,并不会继续往里面跟踪。而抓取下来的文本数据,通常需要分析文本的内容,如抓取的是 HTML 代码,需要对这些代码进行分析,找到感兴趣的内容,如果 HTML 代码中包含<a>节点,通常还需要将<a>节点的 href 属性值提取出来,这个属性值指定了另外一个 URL,然后继续抓取这个 URL 指定的资源。

在 Python 语言中有很多库可以实现从网络上下载资源的功能,如 urllib,request 等。可以利用这些库非常容易地向服务端发送 HTTP 请求,并接受服务端的响应。得到响应后,解析其中的响应体即可。

通常从网络上抓取的数据并不是按期望的格式组织的，因此，将这些数据下载后，就需要对其进行分析和提纯。

对 HTML 数据进行分析，Python 语言提供了多种选择。最直接的方式就是使用正则表达式，不过正则表达式对于分析复杂结构的 HTML 代码比较费劲，因此并不推荐使用这种方式对 HTML 代码进行分析。通常采用的方式是通过 CSS 选择器或 Xpath 对 HTML 代码进行分析。目前有很多库支持 CSS 选择器和 Xpath，例如 Beautiful Soup、pyquery、lxml 等，通过这些库，可以高效快速地从 HTML 代码中提取相关信息，如节点属性、文本值、URL 等。

分析完抓取到的数据后，最后一步就是将分析完的数据保存到本地，保存的方式多种多样，最简单的方式是保存为纯文本文件、XML 或 JSON 格式的文件，也可以保存到各种类型的数据库中，如 SQLite、MySQL、MongoDB 等。

8.4.2 统计分析工具

统计分析是指用适当的统计分析方法对收集来的大量数据进行分析，将它们加以汇总和理解并消化，以求最大化地开发数据的功能，发挥数据的作用。统计分析是为了提取有用信息和形成结论而对数据加以详细研究和概括总结的过程。ETPel 是基础的统计分析工具，但功能强大运用广泛，可以进行各种数据的处理、统计。SPSS 是一种功能较全，易学易用，支持二次开发且与其他软件兼容性较强的数据分析软件。SPSS 采用了模块化设计理念，除了包括基本统计分析功能外，还包括了多种拓展模块。SAS 系统不仅具备较强的数据存取、管理、分析和展示能力，而且和其他软件之间的兼容性较好。与 SPSS 不同的是，SAS 的使用一般通过用户编写 SAS 语言程序代码的形式完成。SAS 语言是一种相对简单的编程语言，有一定编程经验的用户易于掌握其基本思路和方法。

1. ETPel

1) ETPel 简介

ETPel 是微软办公套装软件的一个重要组成部分。它可以进行各种数据的处理，统计分析和辅助决策操作，广泛地应用于管理、统计财经、金融等众多领域。2016 版 ETPel 运行界面如图 8-9 所示。工作簿、工作表和单元格是 ETPel 信息分析中的基本组成元素。

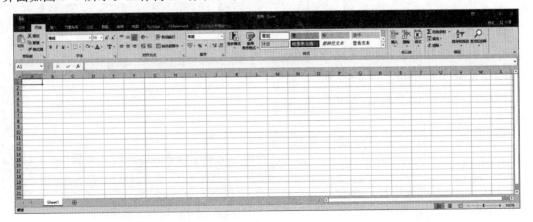

图 8-9　2016 版 ETPel 运行界面

2) ETPel 的基本功能

（1）各种表格制作。ETPel 提供了丰富的格式化命令，使用户可以轻松地制作出具有专业水平的各类表格，实现"所见即所得"。

（2）完成复杂运算。在 ETPel 中不但可以自己编制公式，而且可以使用系统提供的 40 多个函数进行复杂运算。系统提供的"自动求和"和"排序"按钮，可以在瞬间完成对表格的分类求和排序操作。

（3）多维数据表格处理。在 ETPel 中，单元格的相对引用和绝对引用极大地方便了公式的使用，特别是三维引用很好地完成了工作表与工作表之间及工作簿与工作簿之间的数据传递。

（4）数据库管理。在 ETPel 中提供了有关处理数据库的各种命令函数，使得 ETPel 具备了组织和管理大量数据的能力。

（5）自动建立图表功能。在 ETPel 中提供了约 10 种不同格式的图表，使用几个简单的按键操作，就可以制作出精美的图表，更加直观地表现出数据分布规律。

（6）与其他软件资源共享。在 ETPel 中提供了一个非常实用的与其他软件数据资源共享的操作功能，就是数据的导出、导入。这一功能使 ETPel 中数据与其他常用的数据库软件和系统格式数据相互置换，极大地方便了用户。

2. SPSS

1）SPSS 简介

SPSS 是目前世界上最著名的数据分析软件之一，SPSS 是"社会科学统计软件包"（Statistics Package for Social Science）的简称。1968 年，美国斯坦福大学 H.Nie 等三位大学生开发了最早的 SPSS 统计软件并于 1975 年在芝加哥成立了 SPSS 公司。SPSS 分析方法涵盖面广，用户操作使用方便，输出结果图文并茂，并且随着它的功能不断完善统计分析方法不断充实：大大提高了统计分析的工作效率。2009 年 7 月 28 日，IBM 公司宣布收购统计分析软件提供商 SPSS 公司，并将其更名为 IBM SPSS。迄今，SPSS 公司已有 40 余年的成长历史，拥有大量用户，分布在通信、医疗、银行、证券、保险、制造、商业、市场研究、科学教育等众多领域和行业，成为世界上应用最广泛的专业统计软件。SPSS 18.0 运行界面如图 8-10 所示。

个案、变量、样本和变量值是 SPSS 信息分析中的四个基本元素。

（1）个案，个案是指数据编辑窗口中数据表的一行，相当于数据库中的一条记录。

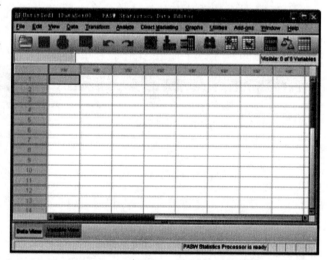

图 8-10　SPSS 18.0 运行界面

(2) 变量。变量是指数据编辑窗口中数据表的一列，相当于数据库中的一个"字段"。每个变量都有一个名字称为变量名，变量名是访问和分析变量的唯一标志。

(3) 样本。样本是具有共同属性的个案集合。

(4) 变量值。变量值是数据编辑窗口中的单元格的数值。变量值的操作在数据编辑窗口的"数据视图"中运行。

2) SPSS 的基本功能

SPSS 的基本功能包括数据管理、统计分析、图表分析和输出管理等，具体内容包括均值比较一般线性模型、相关分析、回归分析、聚类分析、主成分分析、时间序列分析和非参数检验等大类，每个类中还有多个统计方法。SPSS 设有专门的绘图系统，根据使用者的需要将给出的数据绘制成各种图形以满足用户的不同需求。

3) SPSS 的数据分析步骤

运用 SPSS 软件进行信息分析一般分为以下四个步骤：

(1) 准备阶段，按照 SPSS 的要求，准备数据文件，并在数据编辑窗口中定义 SPSS 数据的结构、录入和修改 SPSS 数据等。

(2) 预处理阶段，主要对准备分析用的数据进行必要的预处理。

(3) 分析阶段，选择合适的信息分析方法，对数据编辑窗口中的数据进行分析建模是这一阶段的核心任务。信息分析人员需要掌握各种数据分析方法的用途、计算方法、参数定义、优缺点及注意事项。

(4) 查阅和理解分析结果阶段，查阅并理解 SPSS 输出编辑窗口中的分析结果，明确其统计含义，并结合具体业务知识做出切合实际的解释。SPSS 输出结果与业务知识的关联是正确理解和应用 SPSS 分析结果的关键。

3. SAS

1) SAS 简介

SAS 系统不仅具备较强的数据存取、管理、分析和展示能力，而且与 DBMS（如 Oracle 和 DB2 等）和其他数据分析软件（如 SPSS 等）之间的兼容性较好。为了方便用户信息分析，SAS 软件以模块化设计方法的形式提供了数据分析和挖掘的算法和函数。用户可以通过 SQL 语言调用这些 SAS 模块中的过程步（类似于其他程序语言中的函数）的方法完成数据挖掘和分析任务，而不需要自己编写常用数据统计函数的源代码。表 8-3 给出了 SAS 系统的主要模块和功能。其中，最常用的模块有 BASE 和 STAT 两个：前者是 SAS 的核心，提供了数据管理、数据处理、报表生成和图形化显示的基本功能；后者则提供了各种统计功能，如方差分析、回归分析、多变量分析等，而且针对每个功能 SAS 又提供了不同的实现算法。

2) SAS 信息分析方法

SAS 中的信息分析主要通过编写代码形式完成。SAS 中除了关键字、标识符、运算符、变量、常量和表达式等编程语言的基本概念之外，比较常用的特殊方法有数据集的创建方法、数据集合的操作方法、变量操作、流程控制、SAS 数据集的输出控制、SAS 宏操作和 SQL 过程七种。

表 8-3　SAS 系统主要模块及功能

模块	功能
BASE	数据管理、数据处理、报表生成和图形化显示包
STAT	统计分析包
GRAPH	绘图包
QC	质量控制包
ETS	经济计量学和时间序列分析包
OR	运筹学包
IML	交互式矩阵程序设计语言包
INSIGHT	可视化数据探索
FSP	快速数据处理的交互式菜单系统包
AF	交互式全屏幕软件应用系统包
ASSIT	菜单驱动界面包

（1）数据集的创建方法

SAS 支持多种形式创建数据集常用的方法有两种：

① 直接输入，采用 Input 语句在系统环境中直接输入的方式创建 SAS 数据集。

② 导入外部文件中的数据，采用 LIBNAME、PASSTHROUGH、IMPORT 方式导入 TXT、CSV、ETPel、Access、SQL Sever、DB2 和 Oracle 等生成的数据集。

（2）数据集的操作方法

SAS 中的信息分析主要通过编写代码形式完成。SAS 中除了关键字、标识符、运算符、变量、常量和表达式等编程语言的基本概念之外，比较常用的特殊方式有数据集的创建方法、数据集合的操作方法、变量操作、流程控制、SAS 数据集的输出控制、SAS 宏操作和 SQL 过程七种：

① DATA 语句，用于创建 SAS 数据集；

② SET 语句，用于读取数据行纵向合并 SAS 数据集；

③ MERGE 语句，于横向合并多个 SAS 数据集；

④ PDATE 语句，用于更新 SAS 数据集；

⑤ MODIFY 语句，用于修改 SAS 数据集；

⑥ BY 语句，用于控制 SET、MERGE、MODIFY 和 UPDATE 语句，建立分组；

⑦ 变量；

⑧ PUT 语句，用于显示或输出数据行；

⑨ FILE 语句，设置当前 PUT 语句的输出文件；

⑩ INFILE 语句，用于设置 DATA 步中导入的外部文件。

SAS 语言中常用于数据集管理的过程步有：

① APPEND，用于把一个 SAS 数据集追加到另一个 SAS 数据集的后面；

② SORT,用于对数据集进行排序;

③ TRANSPOSE,用于对数据集进行转置操作;

④ CONTENTS,用于输出 SAS 逻辑库成员的描述信息;

⑤ DATASETS,用于管理 SAS 逻辑库成员。

(3) 变量操作

与其他程序语言相同,SAS 语言中也有变量,但是其定义方法和操作方法与一般程序语言有所区别。常用于 SAS 变量操作的语句有:

① ARRAY,用于定义一个数组;

② ASSIGNMENT,用于创建或修改变量;

③ DROP,用于规定在数据集中删除的变量;

④ KEEP,用于规定在数据集中保留的变量;

⑤ LENGTH,用于定义变量长度;

⑥ LABEL,用于定义变量标签;

⑦ RETAIN,用于定义可以在 PDV 中保留之前的变量值的变量;

⑧ SUM,用于累加变量或表达式。

(4) 流程控制

与其他程序语言类似,SAS 语言中也需要处理顺序、选择和循环逻辑。常用于 SAS 流程控制的语句有:

① DO 语句为循环语句;

② SELECT 语句为多项选择结构;

③ END 为退出 DO 或 SELECT 语句;

④ IF THEN/ELSE 语句,用于选择结构;

⑤ Go TO 语句,用于跳转结构;

⑥ RETURN 语句为跳回语句;

⑦ CONTINUE 语句,用于停止当前循环,执行下一次循环;

⑧ LEAVE,用于跳出 DO 循环或 SELECT 组,执行后面的 DATA 步。

(5) SAS 数据集的输出控制

SAS 语言中用于数据集的输出方式有两种:一种是输出在 SAS 系统内部的日志窗口、输出窗口或图形窗口;另一种是输出到其他文件系统中,如 ETPel、Access 或 Oracle 等。

① LOG 窗口、OUTPUT 窗口的输出控制,用于 PRINTTO 过程;

② OUTPUT 窗口、RESULT 窗口、GRAPH 窗口的输出控制,用于 ODS 输出控制。

(6) SAS 宏操作

与其他程序语言类似,SAS 语言中也支持宏操作,包括:

① 宏变量,一般采用"%let""%put"语句定义和显示宏变量,引用宏变量需要使用"&"符号。

② 宏程序,宏程序的定义采用"%macro"和"%mend",而宏函数的调用采用符号"%"。

③ 宏函数,可以采用"%+函数名"的形式调用 SAS 自带的宏函数,如%SYSFUNC、

%EVAL、%INDEX 和 %LENGTH 等。

④ 宏语句，可以采用"%＋语句名"的形式调用 SAS 的宏语句，如 %DO、%END、%GOTO 和 %LET 等。

(7) SQL 过程

SAS 语言通过 SQL 语言可以实现对关系型数据集的各种操作，包括创建、合并、更新、添加、删除以及创建索引、视图和宏变量等操作。因此，SQL 过程步是 SAS 编程中最常用的编程技术之一。

除了上述功能之外，SAS 分析师还经常调用 SAS 系统提供的数据统计分析函数、数学函数、字符串处理函数、日期函数和随机数函数等，用户可以在系统帮助文档中找到这些函数的用法和注意事项。

8.4.3　信息处理工具

SATI、Bibexcel 工具都是文献信息分析工具，可以对文献题录信息进行挖掘并可视化呈现。SATI 是免费、开源、共享的文献数据统计与分析的软件，Bibexcel 则可以方便地与 Pajek、Excel、SPSS 等软件进行数据交换。R 语言主要用于统计、绘图、报告和数据挖掘的编程语言与环境，它是一款免费开源的软件，具有强大的功能、扩展性和开源性，具有多种统计学及数据分析功能，能够在 Windows、Linux、macOS 等操作系统上运行，R 语言之所以强大，是因为它可以实现"即插即用"各种安装包，从而实现不同功能。Python 是一门跨平台、开源、免费的解释型高级动态通用编程语言，其应用领域并不局限于数据分析与挖掘。近 30 年来，Python 已经渗透到系统安全、科学计算可视化、数据爬取与大数据处理等领域。

1. SATI

1) SATI 简介

文献题录信息统计分析工具(Statistical Analysis Toolkit for Informetrics，SATI)旨在通过对期刊全文数据库题录信息的处理，利用一般计量分析、共现分析、聚类分析、多维尺度分析和社会网络分析等数据分析方法，挖掘和呈现出美妙的可视化数据结果。它是一款通过免费、共享软件功能及开源、增进代码实现的为学术研究提供期刊文献数据统计与分析的辅助工具。SATI 3.2 的运行界面如图 8-11 所示。

2) SATI 的基本功能

SATI 软件具有四大基本功能，其工作原理如图 8-12 所示。

(1) 数据格式转换：支持从 WoS、CNKI、CSSCI、万方、维普等数据库中导出的 TXT、HTML、EndNote、RefWorks 和 NoteExpress 等格式数据，并提供数据格式转换。

(2) 字段信息抽取：抽取题录中指定的字段信息并可选择存储为文本文档(包括自定义字段、关键词、主题词、作者、引文、机构、发表年、标题、期刊名、文献类型、摘要、URL 等字段)。

(3) 条目频次统计：根据抽取到的字段信息对条目内元素的频次进行统计和降序排列(包括自定义标识、关键词、主题词、作者、引文、机构、发表年、标题、期刊、文献类型等)。

(4) 共现矩阵构建：根据设定的共现矩阵行列数，将频次降序排列表中的相应数量条

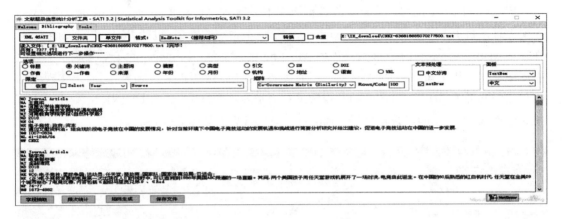

图 8-11　SATI3.2 运行界面

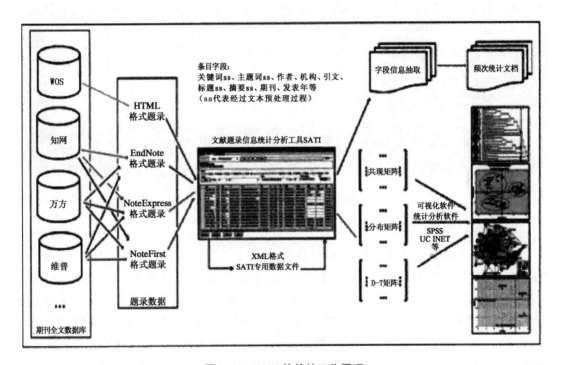

图 8-12　SATI 软件的工作原理

目元素作为矩阵知识单元进行运算，以构建知识单元共现矩阵（包括关键词共现矩阵、主题词共现矩阵、作者共现矩阵、引文共现矩阵、机构共现矩阵等）并生成 Excel 格式文档，进而可以基于此矩阵文档导入相关软件（如 UCINET、NetDraw 等可视化分析软件）生成共现网络知识图谱。

2. Bibexcel

Bibexcel 软件是 Olle Persson 开发的一款文献计量学工具。在 Bibexcel 软件中，用户可以完成大多数文献计量学分析工作，并且 Bibexcel 软件可以很方便地与其他软件进行数据交换。如 Pajek、Excel 和 SPSS 等。

Bibexcel 用于帮助用户分析文献数据或文本类型格式的数据,实现引文分析。Bibexcel 主要处理来自 ISI Web of Knowledge 数据库集成平台中的数据,包括 Web of Science 数据库、Derwent Innovation Index 数据库和 Medline 数据库等。Bibexcel 除了对来源于上述数据库中数据的相关知识单元(作者、关键词、参考文献等)做频次分析和排序外,还实现了知识单元的共现关系矩阵,将产生的共现数据存入 Excel 表格中,借助 UCINET、NetDraw 可视化软件,做进一步的可视化分析。Bibexcel 的运行界面如图 8-13 所示。

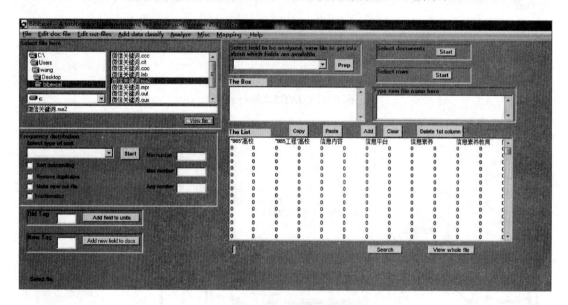

图 8-13　Bibexcel 的运行界面

3. Python

目前主流的数据分析语言有 3 种,分别为 Python、R 语言、MATLAB,其中,Python 具有丰富且强大的库,它常被称为胶水语言,能够把其他语言制作的各种模块(尤其是 C/C++)很轻松地连接在一起,是一门更易学、更严谨的程序设计语言。R 语言是用于统计分析,绘图的语言和操作环境。它属于 GNU 系统的一个自由、免费、源代码开放的软件。MATLAB 的作用是进行矩阵运算,绘制函数与数据,实现算法,创建用户界面和连接其他编程语言的程序等,主要应用于工程计算,控制设计,信号处理与通信,图像处理,信号检测,金融建模设计与分析等领域。

Python 是最受欢迎的主流程序语言。究其原因主要有以下几点:

(1) Python 是一种解释型编程语言,在数据分析的场景中,解释型语言的好处是不需要对代码进行编译链接,只需要编写好程序,就可直接运行,这样就可以避免解决编译链接过程中所出现的各种问题。同时,Python 语言语法和结构相对简单,便于专注于数据分析的新手快速掌握。

(2) Python 语言拥有与数据分析相关的大量开源库和分析框架,可直接使用,非常方便。另外,Python 不仅提供了数据处理的平台,而且它还能跟很多语言(C 和 Fortran)对接。

（3）Python其实不是只用于数据分析，它还有很多其他方面的用途。例如，Python是一门通用型的编程语言，它也可以作为脚本来使用，还能操作数据库，而且由于Django等框架的问世，Python近年来还可用于开发网络应用，这就使Python开发的数据分析项目完全可以与Web服务器兼容，从而可以整合到Web应用中。

4. R语言

R语言是一个具有强大统计分析与绘图功能的软件系统。最先由Ross Ihaka和Robert Gentleman共同开发，现在由R开发核心小组（R Development Core Team）维护，其是完全自愿、负责且具有奉献精神的全球性研究型社区，致力于将世界优秀的统计应用软件集成分享。与起源于贝尔实验室的S语言类似，R可看作S语言的一种实现形式，是一套开源的数据分析解决方案。对比其他流行的统计和绘图软件，如Microsoft Excel、SAS、SPSS、Stata以及Minitab，R具有很多优良的品质和特性。

（1）R语言开源意味着R是"免费的午餐"。比较而言，多数商业统计软件价格不菲，投入常常成千上万，例如SAS统计软件。

（2）R是一个全面的统计研究平台，提供各式各样的数据分析技术，几乎任何类型的数据分析工作皆可在R中完成。

（3）R囊括其他软件中尚不可用的、先进的统计计算例程，且新方法的更新速度以周来计算。

（4）R的绘图及可视化功能十分强大。如果希望复杂数据可视化，那么R拥有强大且全面的一系列可用功能。

（5）R可以轻松地从各种类型的数据源导入数据，包括文件、数据库管理系统、统计软件，乃至专门的数据仓库，都可以将数据输出并写入这些系统中。R也可以直接从网页、社交媒体网站和各种类型的在线数据服务中获取数据。

（6）R可以使用一种简单且直接的方式编写新的统计方法，易于扩展，并为快速编程实现新方法提供一套自然语言。R的功能可以被整合到其他语言编写的应用程序，包括C++、Java、Python、PHP、Pentaho SAS和SPSS，继续使用熟悉语言的同时还可以在应用程序中加入R的功能。

（7）R可运行于多种平台之上，包括Windows、UNIX和Mac OSX，R语言拥有各式各样的GUI（图形用户界面）工具，通过菜单和对话框提供相应的功能。

8.4.4 网络分析工具

视觉是人类获取信息和知识最重要的途径之一，从简单使用视觉信号到复杂的可视化技术应用有着长期的过程，完成这个重要转变的是计算机技术的发展和应用。目前，可视化技术包括科学计算可视化、数据可视化、信息可视化、知识可视化、知识域可视化或科学知识图谱等领域。科学知识图谱是以科学文献知识为对象，显示学科或领域的发展进程与结构关系的一种图形，具有"图"和"谱"的双重性质与特征。科学计量学、科学学、情报学和管理学等相关领域的实践探索表明，知识图谱作为一种有效的、综合的可视化分析方法和工具，被广泛应用并取得了较可靠的结论，被越来越多的学科所重视。通过知识图谱形象、定量、客观、真实地显示一个学科的结构、热点、演化与趋势,无疑为学科研究提供一种新的视角[1]-[6]。

1. CiteSpace

1) CiteSpace 简介

CiteSpace 是美国著名华裔学者陈超美应用 Java 语言开发的一个信息可视化软件,基于共现分析、共引分析理论和寻径网络算法对特定领域文献(集合)进行计量以探寻出学科领域演化的关键路径及其知识拐点(以关键论文为代表),并通过一系列可视化图谱的绘制来形成对学科演化潜在动力机制的分析和学科发展前沿的探测。CiteSpace 可以用来绘制科学和技术领域发展的知识图谱,直观地展现科学知识领域的信息全景,识别某一科学领域中的关键文献,研究热点和前沿方向,并且利用分时动态的可视化图谱展示科学知识的宏观结构及其发展脉络。大连理工大学 WISE 实验室的刘则渊教授曾用"四个一"对 CiteSpace 软件系统进行了概括:"一图展春秋;一览无余;一图胜万言;一目了然。"自 2004 年 9 月推出以来,CiteSpace 已得到国际科学计量学界相关研究机构和人员的广泛使用。CiteSpace 运行的功能界面和可视化界面如图 8-14 和图 8-15 所示。

2) CiteSpace 的重要术语

(1) Betweenness centrality:中介中心性。这是测度节点在网络中重要性的一个指标(此外还有度中心性、接近中心性等)。CiteSpace 中使用此指标来发现和衡量文献的重要性并用紫色圈对该类文献(或作者、期刊以及机构等)进行重点标注。

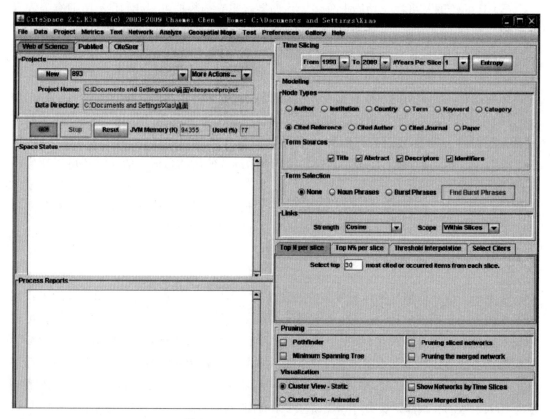

图 8-14　CiteSpace 运行的功能界面

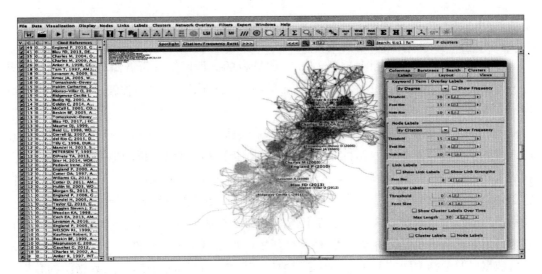

图 8-15　CiteSpace 运行的可视化界面

（2）Burst 检测：突发主题（或文献、作者以及期刊引证信息等）在 CiteSpace 中使用 Kleinberg.J 于 2002 年提出的算法进行检测。

（3）Citation tree-rings：引文年环。这代表着某篇文章的引文历史。引文年环的颜色代表相应的引文时间，一个年环的厚度与相应时间分区内引文的数量成正比。

（4）Thresholds：阈值。CiteSpace 中的引文数量（C）、共被引频次（CC）和共被引系数（CCV）三个参数按前中后三个时区分别设定阈值，其余的由线性内插值来决定。

3）CiteSpace 的主要功能

CiteSpace 界面中的 Node Types 有四种可供选择的节点类型，节点类型决定了使用 CiteSpace 进行可视化分析的目的，可分别生成对应的可视化图谱，提供聚类视图、时间线图和时区图三种视图方式。CiteSpace 的节点类型如图 8-16 所示。

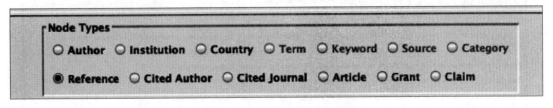

图 8-16　CiteSpace 的节点类型

（1）合作网络分析：选择"Author、Institution、Country"分别表示作者、机构和国家合作网络分析。

（2）共现分析：选择"Term、Keyword、Category"分别表示主题词、关键词和 WoS 数据中学科的共现分析。

（3）共被引分析：选择"Reference、Cited Author、Cited Journal"分别表示文献共被引分析、作者共被引分析和期刊共被引分析。

（4）耦合分析：选择 Article 表示文献耦合分析。

2. UCINET

1) UCINET 简介

UCINET 软件是由加州大学伊文(Irvine)分校的一群网络分析者编写的,目前由斯蒂芬·博加提(Stephen Borgatti)、马丁·埃弗里特(Martin Everett)和林顿·弗里曼(Linton Freeman)等人对其进行扩展和维护。

UCINET 网络分析集成软件包括一维与二维数据分析的 NetDraw,还有正在发展应用的三维展示分析软件 Mage 等,同时集成了 Pajek 用于大型网络分析的免费应用软件程序。利用 UCINET 软件可以读取文本文件及 KraskPlot、Pajek Negopy、VNA 等格式的文件。它能处理 32 767 个网络节点。当然,从实际操作来看,当节点数在 5 000~10 000 之间时一些程序的运行就会很慢。该软件包有很强的矩阵分析功能,如矩阵代数和多元统计分析。它是目前最流行的也是最容易上手,最适合新手的社会网络分析软件。该软件能够很好地分析数据以及数据之间的关联性。但是对数据文件格式有一定限制,一般数据源的数据都需要转换成要求的格式。

2) UCINET 的主要功能

UCINET 不仅包含大量的网络分析指标,如中心度、二方关系凝聚力测度、位置分析算法、派系分析、随机二方关系模型以及对网络假设进行检验的程序(包括 QAP 矩阵相关和回归、定类数据和连续数据的自相关检验等)等,还包括常见的多元统计分析工具,如多维量表、对应分析、因子分析、聚类分析、针对矩阵数据的多元回归等。此外,UCINET 还提供数据管理和转换工具,可以从图形程序转换为矩阵代数语言。

UCINET 具有多项功能,其主菜单包括"File、Data、Transform、Tools、Network"等八个子菜单。UCINET 主菜单界面如图 8-17 所示。

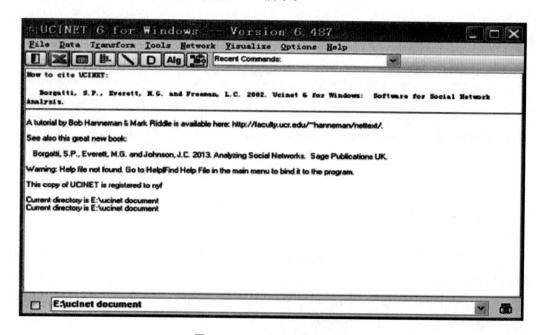

图 8-17　UCINET 主菜单界面

(1) File 菜单。该菜单主要是有关文件操作的命令如"Create New Folder"(创建新文件夹)、"Change Default Folder"(改变默认文件夹)、"Rename UCINET Dataset"、"Delete UCINET Dataset"(重命名和删除已有 UCINET 数据)、"Text Editor"(文本编辑器)。

(2) Data 菜单。该菜单包含一些处理 UCINET 数据的命令,它对数据文件进行编辑、输入、输出以及显示分析的结果等,具体功能可分为六大类:

第一类,Spreadsheets(UCINET 数据表编辑器),可用它直接输入和编辑数据,加入新的数据表,进行对称化处理,也可进行转置、二值化处理,或输入随机数据等。

第二类,数据的输入和输出等命令。具体包括:Random(创建随机数据)、Import via Spreadsheet(利用 spreadsheet 输入文件)该命令把 Excel 类型的文件转换为 UCINET 数据)、Import Text File(输入文本文件)、Export(输出文件)、CSS(输入认知社会结构类型的文件,其功能是把特定类型的数据转换为标准的网络数据)。

第三类,数据的展示及描述。Browse:数据矩阵浏览;Display:在计算机屏幕上展示 UCINET 数据库;Describe:对数据进行描述,并允许输入、输出、编辑标签,即将标签加入行、列或整个矩阵中。

第四类,数据的提取、移动、开包与合并。Extract:数据抽取;Remove:移除 UCINET 数据库;Unpack:对一个包含多种关系的矩阵数据进行开包处理,分成多个独立的矩阵数据文件并加以保存,从而便于对单个矩阵进行分析;Join:与 Unpack 的功能相反。

第五类,数据的排序、置换、转置、匹配等。Sort:按照一定标准对一个网络中各个点进行排序,使之对应于所指定的程序;Permute:按照研究人员自己指定的顺序对行和列同时进行置换;Transpose:对数据矩阵进行转置处理;Match Net and Attri,Datasets:对网络数据和属性数据进行匹配处理;Match Multiple Datasets:对多元网络数据进行匹配处理。

第六类,数据的其他操作。Attribute to Matrix:根据一个属性数据向量创建数据矩阵;Affiliations(2-mode to 1-mode):将 2-模网络(隶属数据)转换为 1-模网络数据;Subgraphs from Partitions:根据网络的分区情况抽取出子图;Partitions to Sets:根据行动者发生矩阵将一个分区指标向量转换成一个群体,并且根据群体展示分区情况;Creat Node Sets:创建点集,即在比较两个向量或者一个向量与一个数字的基础上,创建一个群体指标向量;Reshape:重新组织数据,使之成为规模不同的数据。

(3) Transform 菜单。该菜单包含一些把图和网络转换为其他类型的路径,分为三大类:

第一类包含两个命令 Block 和 Collapse。Block:把一个数据中的各个点进行分块,计算块密度(Block Densities)。Collapse:压缩,即将一个矩阵的多行或多列组合在一起。

第二类包含 10 个命令,主要针对矩阵的全部单元格数值进行分析,具体分析的内容包括如下:Dichotomize(二值化处理)、Symmetrize(按照一定标准,将数据矩阵对称化处理)、Normalize(按照一定标准,将矩阵的行、列或者整个矩阵进行标准化处理)、Match Marginals(按照边缘值进行标准化处理)、Recode(对矩阵重新编码)、Reverse(取相反数)、Diagonal(对角线命令)、Double(按照一定标准,对一个数据的各列进行双倍处理,处理后得到的矩阵的列数是原矩阵列数的二倍)、Rewire(按照某种标准重新处理矩阵,达到某种优化)、Matrix Operations(矩阵算法,针对矩阵进行各种计算)。

第三类包含 9 个命令,主要针对矩阵进行其他转换,具体分析的内容包含：Union(图的合并)、Time Stack(将在不同时间段得到的同一群行动者之间的关系矩阵合并在一起)、Intersection(取同一群行动者之间的多个关系矩阵的交集)、Bipartite(把一个二部图的发生阵转换为一个邻接阵)、Incidence(把一个邻接矩阵转换为一个长方形的点-线指标矩阵)、Line Graph(线图)、Multi Graph(多图,把一个多值图转换为一系列二值邻接矩阵)、Multiplex(可以从一个多元关系图中构建一个条丛图)、Semi Group(该程序根据图、有向图或者多元图来构造半群)。

(4) Tools 菜单。该菜单中包含被网络分析者经常使用的"技术工具"分析对象,主要是关系数据。这些工具命令分为如下三大类：

第一类,包含 Consensus Analysis(分析多个答题者在回答问题方面的一致性)、Cluster Analysis(对矩阵数据进行聚类分析)、Scaling/Decomposition(量表及分解)。

第二类,包含 Similarity(相似性分析)、Dissimilarity(相异性分析)、Univariate Stats(对一个矩阵中的值进行单变量统计分析)、Frequencies(对行或者列进行频次分析)、Testing Hypothesis(假设检验)、Matrix Algebra(矩阵代数分析)。

第三类,包含 Scatterplot(散点图)、Dendrogram(系统树图)和 Tree Diagram(树状图)。

(5) Network 菜单。该菜单包含一些基本的"网络分析技术",分为两大类：

第一类,包含 Cohesion(凝聚性分析)、Regions(计算并发现"成分")、Subgroups(子图分析,可用来计算各种类型的凝聚子群)、Paths(路径分析,分析各个点之间存在的路径)。

第二类,包含 Ego Networks(个体网分析)、Centrality(中心性分析)、Group Centrality(群体中心性分析)、Core/Periphery(核心/边缘分析)、Roles and Positions(角色和位置分析)。

(6) Visualize 菜单。该菜单包括三个选项：NetDraw、Mage 和 Pajek。选择其中一个选项会调出相应的绘画程序,对数据矩阵进行绘图处理,产生可视化图形。其自带的绘图软件 NetDraw 如图 8-18 所示。

(7) Options 菜单。该菜单包含一些可供选择的命令。

(8) Help 菜单。该菜单包含注册信息、帮助主题等五项内容。其中帮助主题最重要,单击它可以找到很多专业术语的含义以及在 UCINET 中的分析步骤。

3. Pajek

1) Pajek 简介

Pajek 软件是由 Vladimir Batagelj 和 Andrej Mrvar 共同编写的,可以免费提供给非商业用途的用户使用。Pajek 在斯洛文尼亚语中是蜘蛛的意思,该软件的标志(Logo)就是一只蜘蛛,暗示其具有网络绘制的功能。

2) Pajek 的设计目的

(1) 支持将大型网络分解成几个较小的网络,以便使用更有效的方法进一步处理。

(2) 向使用者提供一些强大的可视化操作工具。

(3) 执行分析大型网络的有效算法(Subquadratic)。

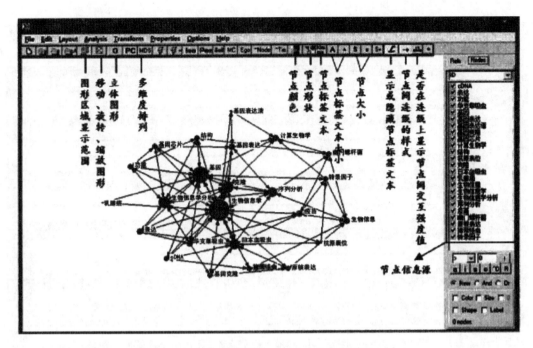

图 8-18 绘图软件 NetDraw 的功能界面

3）Pajek 的主要功能

（1）在一个网络中搜索类（组成、重要节点的邻居、核等）。

（2）获取属于同一类的节点并分别显示出或者反映出节点的连接关系（更具体的局域视角）。

（3）在类内收缩节点并显示类之间的关系（全局视角）。

（4）除普通网络（有向、无向、混合网络）外，Pajek 还支持多关系网络，2-mode 网络（二分/二值图——网络由两类异质节点构成）以及暂时性网络（动态图——网络随时间演化）。

4）Pajek 的数据结构

Pajek 分为主窗口（Main Window）和程序报告窗口（Report Window）两个部分。主窗口显示 Pajek 当前处理的对象和处理结果，这些对象和结果都是以各种文件的形式显示在主窗口中。报告窗口则主要显示对该复杂网络对象处理的相关信息。例如，计算总耗时，被处理复杂网络的节点数、边的条数等。如图 8-19 所示，从主窗口可见 Pajek 主要有六种数据结构：

（1）Network（网络）。它是 Pajek 最基本也是最重要的数据类型，包括整个复杂网络最基本的信息。例如，节点数、各节点的名称以及节点间各条边的连接情况及其权值等。

（2）Partition（分类）。用户可以根据复杂网络中各个节点的不同特性将其人为地分为若干个类，同样以某种特性作为参考标准（如节点度的大小、节点的名称、节点的形状等），Pajek 也可以自动将复杂网络中的各个节点按照用户指定的标准进行分类，这些分类的结果就输出为一个 Partition 的文件（其后缀名为.clu）。该文件以两列的形式表示处理结果，其中第一列为各节点的编号，第二列为对应的节点所属的类的编号。

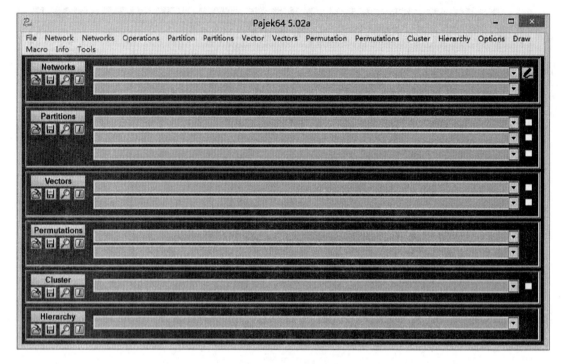

图 8-19　Pajek 的主窗口

（3）Permutation（排序）。它表示复杂网络中各节点的重新排序，可以由用户人为指定或者 Pajek 自动根据某种算法排序（如按度的大小排序、随机排序等）。在 Permutation 文件中会给出各节点新的排列顺序，其后缀名为.per。与 Partition 文件类似，需要注意的是，Permutation 文件中给出的是重新排序后各节点的序号，而不是各个序号所对应的节点。

（4）Cluster（类）。它表示复杂网络中具有某种相同特性的一类节点的集合。

（5）Hierarchy（层次）。它表示复杂网络中各个节点的层次关系，常用于家谱图的分析。其后缀名为.hie，这种层次结构类似于数据结构中的树。需要注意的是，在表示复杂网络层次结构的树中，节点的定义不同于复杂网络图中的节点。树中是将复杂网络中同一个类的所有节点视为一个节点，然后考虑这些类之间的层次关系。

（6）Vector（向量）。它以向量的形式为某些操作提供各节点所需的相关数据，也可以输出 Pajek 得到的相关处理结果。

5）Pajek 的主要特点

Pajek 的特点主要表现在三个方面：

（1）计算的快速性。Pajek 为用户提供了一整套快速有效的算法可用于分析大型的（节点数数以万计的）复杂网络。

（2）可视化。Pajek 为用户提供了一个非常人性化的可视化平台，只要在 Pajek 里执行 Draw→Networks 命令，就可以绘制网络图。而且用户可以根据需要自动或者手动调整网络图，从而允许用户从视觉的角度更加直观地分析复杂网络特性。其绘图界面如图 8-20 所示。

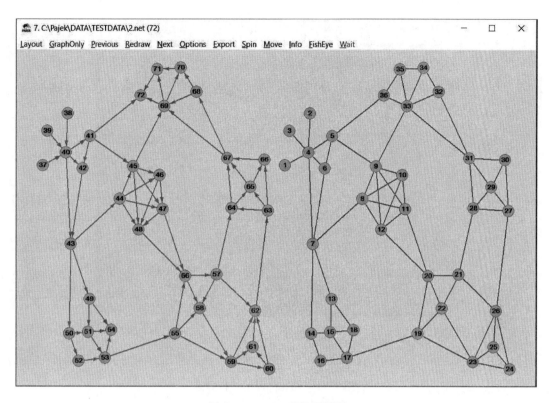

图 8-20　Pajek 的绘图界面

（3）抽象化。Pajek 还为分析复杂网络的全局结构提供了一种抽象的方法，有利于从全局的角度分析复杂网络的结构。而它提供的一整套算法，又可以方便地计算复杂网络结构的各个特性，使用户同时还可以具体地分析复杂网络中各个节点和各条边的特点。因此，Pajek 从具体和抽象两方面综合分析复杂网络为我们更好地理解复杂网络的结构特性提供了极其有效的工具。

4. VoSviewer

1) VoSviewer 简介

VoSviewer(VOS)是由 Van Eck 与 Waltman 共同研发的一款免费软件，专门用于构造和可视化文献计量图谱。它在图谱展现，尤其在聚类方面有独特优势。VOS 只支持基于距离的图谱，其可视化技术采用的是 VOS 绘图技术，该技术要求输入的是一个相似矩阵，因此原始矩阵先经过相关强度标准化算法转换为相似矩阵，然后 VOS 绘图技术创建一个二维图谱，项目之间的距离反映着两者之间的相似性、相似性高的两个项目之间距离很近。VOS 工具中用到了网络分析和概念分析，通过网络中节点的颜色、大小、聚类结果来揭示项目强度及其相互关系。

2) VoSviewer 的主要功能

VoSviewer 的主窗口包括五部分，分别实现数据处理、图谱生成、信息显示和图谱修饰等功能，如图 8-21 所示。

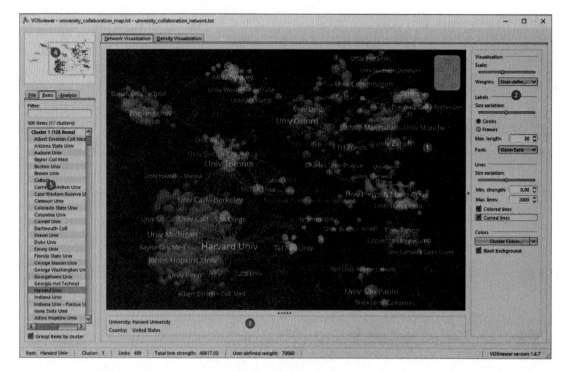

图 8-21　VoSviewer 的运行界面

(1) 主面板：显示选择区域的当前活动图谱，例如，网络可视化图、密度可视化图等。

(2) 选项面板：可设置参数调整主面板中的信息。

(3) 信息面板：显示当前活跃图谱的项目信息。

(4) 概述面板：在一个矩形框显示主面板中当前活跃的图谱。

(5) 操作面板：用来进行各种操作，如创建新图谱、打开或保存现有的图谱、截图。

5. Gephi

1) Gephi 简介

Gephi 是一款网络分析领域的数据可视化处理软件，其目标是成为数据可视化领域的"Photoshop"，主要用于各种网络和复杂系统，是动态和分层图的交互可视化与探测开源工具。Gephi 基于 Java 环境和 NetBeans 平台，使用 OpenGL 作为可视化引擎；作为开源软件允许开发者扩展和重复使用，通过它的 APLs，开发者可以编写自己感兴趣的插件创建新的功能。

2) Gephi 的主要功能

Gephi 提供概览、数据资料和预览三个主界面，如图 8-22 所示。

概览主界面中有五个高级编辑工具，如图 8-23 所示。

(1) 排序 (Ranking)：根据一些值对节点和标签进行归类和排序，并把排序以大小、颜色的形式应用到节点和标签上。可以使用自己的数据改变图形，也可以使用统计提供的数据改变图形。排序可以对节点和边做操作，节点中参与排序的项目包括节点颜色、节点大小、节点标签颜色和节点标签大小，边可以参与排序的项目包括边颜色、边标签颜色和边标签大小。

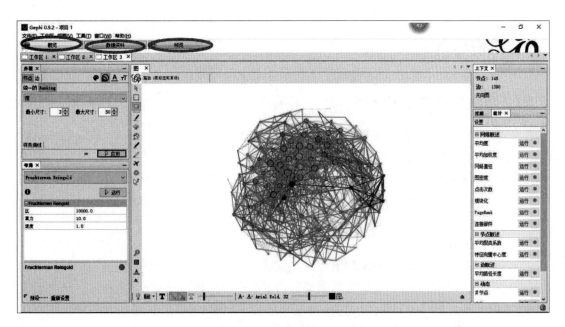

图 8-22　Gephi 的三个主界面

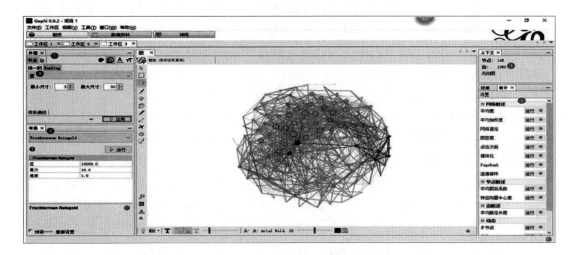

图 8-23　Gephi "概览"的五个高级编辑工具

（2）流程（布局）（Layout）：根据规则自动美化图形的功能，单独使用，可改变节点的外观。

（3）统计（Statistic）：根据内置的算法对节点和边的属性值做运算，并把运算结果存入节点和边的属性里面供分割和排名使用。它是服务型角色，可为排序和分割提供数据但不会使图形直接发生变化。统计排序与分割紧密相关，并且也与数据资料中的数据有关。对统计进行操作可以为排序的节点增加模块化的选项。

（4）分割（Partition）：把节点中值相同的节点归为一类并以不同的颜色区分。可以使用自己的数据改变图形，也可以使用统计提供的数据改变图形。

（5）滤波（Filters）：按照设定的方式筛选符合条件的节点或边。

8.5 情境导入

8.5.1 运用 SPSS 的分析案例

该案例由中国科学院成都文献情报中心和中国科学院大学合作完成,旨在通过文献计量方法分析数据挖掘在国内图书情报领域的应用现状。通过本案例认识统计分析工具 SPSS 的适用场景和实用性。更详细的内容请见郭婷、郑颖载于《情报科学》2015 年第 10 期的论文《数据挖掘在国内图书情报领域的应用现状分析:基于文献计量分析和共词分析》[7]。

1. 案例介绍

数据挖掘作为信息科学技术的重要新兴领域之一,近年来受到图书情报领域研究者的重视和关注。数据挖掘技术在情报学领域得到了广泛的应用与研究,但是具体的研究情况如何,有哪些研究的热点和重点?这些都是当前应该解答的问题,这对加大数据挖掘在图书情报领域的应用,促进图书情报领域的研究和发展有重要的现实意义。

该案例尝试以 CNKI 数据库中数据挖掘在图书情报领域的相关研究论文为基础,通过 SPSS 软件的聚类分析、因子分析以及多维尺度分析功能进行共词分析,将文献计量分析与共词分析相结合,探讨了国内图书情报领域对数据挖掘的研究现状,解释了数据挖掘在图书情报领域研究的热点和重点。

2. 数据分析

在 SPSS 软件中,将高频词相关矩阵利用主成分法、协方差矩阵与平均正交旋转方法进行因子分析,分析结果包括因子数与涵盖的信息量和各因子的成分(表 8-4)。从表 8-4 中可以看出,第一个因子主要解释了内容挖掘和结构挖掘;第二个因子主要解释了关联规则和 Apriori 算法;第三个因子解释了 Web 挖掘技术和文本挖掘;第四个因子主要解释了数字图书馆和个性化服务;第五个因子主要解释了竞争情报和情报学;第六个因子主要解释了高校图书馆的图书采购;第七个因子主要解释了信息服务、知识发现、WEB 和决策支持;第八个因子主要解释了图书馆和数据库;第九个因子主要解释了数据仓库和图书管理;第十个因子主要解释了信息服务和决策支持。

在 SPSS 软件中,将高频词相异矩阵采用系统聚类(Hierarchical Cluster),选择组内连接法(With-in-groups Linkage)和 Minkowski 距离进行聚类分析,得到高频词聚类树状图,可以得知,关键词大致可以聚为 6 类:第一类 K1,内容挖掘、结构挖掘、数字图书馆、个性化服务;第二类 K2,信息服务、WEB;第三类 K3,Web 数据挖掘、文本挖掘、信息资源和参考咨询;第四类 K4,数据库、图书管理、关联规则、Apriori 算法、图书流通、图书馆、信息检索;第五类 K5,高校图书馆、图书采购、聚类分析;第六类 K6,竞争情报、情报学、数据仓库、决策支持、知识发现、知识服务。

在 SPSS 软件中,将高频词相异矩阵采用多维尺度分析(Multidi-mensional Scaling),并选择"从数据创建距离"和"Euclidean"度量区间进行多维尺度分析,得到高频词多维尺度

表 8-4 因子成分表

	成分									
	1	2	3	4	5	6	7	8	9	10
数字图书馆	−0.012	−0.058	0.071	−0.47	0.343	−0.012	0.174	−0.201	−0.076	0.042
图书馆	−0.017	0.07	−0.014	−0.17	0.095	−0.112	−0.223	0.469	0.096	−0.184
关联规则	−0.021	0.495	0.254	0.097	0.087	0.023	0.034	0.044	−0.057	0.063
个性化服务	−0.016	0.003	0.066	−0.467	0.325	0.043	0.123	−0.078	0.001	−0.093
高校图书馆	−0.016	0.028	−0.071	−0.132	−0.246	0.521	0.036	−0.028	0.043	0.001
信息服务	−0.01	−0.029	−0.044	−0.111	−0.065	−0.159	−0.404	0.009	−0.166	0.357
Web数据挖掘	−0.016	−0.322	0.477	0.176	0.071	0.102	−0.06	0.016	0.17	−0.009
数据仓库	−0.016	−0.04	−0.207	0.123	0.16	−0.052	0.189	0.154	0.351	0.26
聚类分析	−0.014	0.027	−0.042	−0.006	−0.088	0.068	−0.023	0.042	−0.065	0.033
Apriori算法	−0.019	0.472	0.241	0.171	0.027	0.014	0.061	−0.111	0.046	0.024
知识发现	−0.016	−0.072	−0.055	0.049	−0.209	−0.226	0.39	0.033	−0.224	−0.104
竞争情报	−0.016	−0.047	−0.255	0.303	0.365	0.141	−0.084	−0.104	−0.136	−0.104
数据库	−0.015	0.021	−0.064	−0.005	−0.175	−0.24	−0.089	−0.385	0.231	−0.255
信息检索	−0.014	−0.058	0.001	0.046	−0.041	0.001	−0.043	0.047	0.203	0.064
文本挖掘	−0.017	−0.297	0.42	0.156	0.033	0.036	0.01	−0.021	−0.018	0.02
图书采购	−0.015	−0.01	−0.098	−0.097	−0.285	0.535	0.004	−0.031	0.025	−0.015
情报学	−0.016	−0.048	−0.259	0.305	0.368	0.14	−0.078	−0.1	−0.124	−0.094
WEB	−0.014	−0.022	−0.084	−0.099	−0.136	−0.18	−0.37	−0.233	−0.062	0.246
决策支持	−0.015	−0.039	−0.134	0.02	−0.054	−0.125	0.374	0.193	0.289	0.402
信息资源	−0.014	−0.078	0.04	0.041	−0.068	−0.035	−0.126	−0.008	−0.153	0.203
参考咨询	−0.015	−0.086	0.032	0.061	−0.127	−0.114	0.178	0.046	−0.321	−0.178
图书管理	−0.015	0.049	−0.044	0.032	−0.094	−0.15	−0.012	−0.312	0.401	−0.28
知识服务	−0.014	−0.03	−0.073	0.008	−0.146	−0.131	0.187	0.031	−0.32	−0.186
图书流通	−0.015	0.133	0.042	0.045	−0.005	−0.01	0.009	0.065	−0.222	0.183
内容挖掘	0.488	0.011	0.011	0.007	0.006	0.004	0.005	0.002	0.004	−0.003
结构挖掘	0.488	0.011	0.011	0.007	0.006	0.004	0.005	0.002	0.004	−0.003

图(图 8-24),可以看出,关键词大致被分为六组:第一类 K1,内容挖掘、结构挖掘、数字图书馆、个性化服务;第二类 K2,信息服务、WEB;第三类 K3,Web 数据挖掘、文本挖掘、信息资源和参考咨询;第四类 K4,数据库、图书管理、关联规则、Apriori 算法、图书流通、图书馆、信息检索;第五类 K5,高校图书馆、图书采购、聚类分析;第六类 K6,竞争情报、情报学、数据仓库、决策支持、知识发现、知识服务。

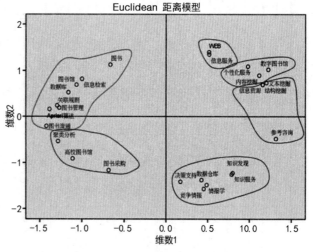

图 8-24　高频词多维尺度

3. 结论

利用 SPSS 软件对关键词矩阵进行了因子分析、聚类分析以及多维尺度分析,因子分析将相关性高的原始指标归类,聚类分析得到的关键词聚类结果与多维尺度分析得到的结果大致一致。当需要挖掘并归类某研究领域的研究现状与热点时,可使用 SPSS 软件对关键词矩阵进行因子分析、聚类分析以及多维尺度分析。

8.5.2　运用 VOSview 的分析案例

通过由东南大学图书馆学科服务部负责完成的一项专题情报分析,认识网络分析工具 VOSview 的适用场景和实用性。更详细的资料请见唐仁红载于《图书情报导刊》2020 年 11 期的论文《基于多角度文献计量的中美碳化硅 MOS 器件研究现状比较》[8]。

1. 研究背景与目的

美国已相继推出了"Power America""Grid 2030""ERI(美国电子复兴)"等计划,重点布局功率半导体器件及应用。"中国制造 2025"计划中也指出必须突破功率半导体核心技术,以促进"先进轨道交通装备""节能与新能源汽车""电力装备""航空航天装备"等国家十大关键领域的发展。基于 SiC 材料的金属-氧化物半导体场效应晶体管(Metal-Oxide-Semiconductor Field Effect Transistor,简称 MOSFET 或 MOS)具有导通电阻低、击穿电压高、开关速度快及热传导性好等优点,可简化功率电子系统的拓扑结构,减小系统损耗和体积,因而受到国内外学术界和产业界的高度关注。

中兴受罚、华为被禁事件给我们敲响了警钟,更加坚定了中国要走自主发展半导体元器件的道路。本案例利用 VOSviewer 可视化软件,对 Web of Science 核心合集收录的相关科研论文进行了情报分析。对比分析了中美两国 SiC 功率 MOS 器件的重点研究方向,厘清了中美在 SiC 功率 MOS 器件领域的具体差距及原因,为我国布局和发展第三代功率半导体器件提供思路。

2. 主要内容

以 Web of Science 核心合集作为科研论文文献数据检索来源,对 SiC 功率 MOS 器件的相关科研论文进行检索，检索表达式为：TS=(SiC or "silicon carbide") and TS=(MOS or "metal oxide semiconductor" or MOSFET or NMOS or PMOS or NMOSFET or PMOSFET)，在 Web of Science 核心合集数据库里共检索到 SiC 功率 MOS 器件相关科研论文 4 410 篇，其中美国公开发表的论文为 1 328 篇，中国公开发表的论文为 521 篇，检索时间为 2020 年 6 月 22 日。

利用 VOSviewer 可视化软件对中美科研论文进行聚类分析，以获取主要研究方向。如图 8-25 所示，筛选出 521 篇中国科研论文中的高频共现关键词 75 条，可聚类为 6 类，分别涉及 SiC MOS 器件及栅驱动方向、SiC MOS 器件可靠性方向、SiC MOS 器件仿真及模型方向、SiC MOS 器件界面质量方向、SiC MOS 器件性能参数优化方向，以及 SiC MOS 器件系统应用方向。如图 8-26 所示，筛选出 1 328 篇美国科研论文中的高频共现关键词 84 条，可聚类为 3 类，分别涉及 SiC MOS 器件及应用方向、SiC MOS 器件可靠性方向，以及 SiC MOS 器件界面质量方向。可以看出，美国科研论文重点研究方向相对集中。与美国相比，中国论文重点研究方向更加分散，不利于集中力量开展关键技术攻关，这也是我国 SiC 功率 MOS 器件领域发展缓慢的一个重要原因。

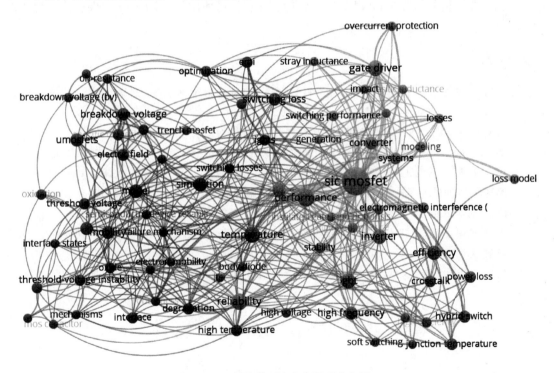

图 8-25　中国科研论文主要研究主题

3. 研究结论

中国总体研究更加偏重上层的 SiC 功率 MOS 器件及其电路系统应用，且研究方向比较分散；而美国总体研究更加偏重底层的 SiC 功率 MOS 器件物理及材料工艺制造，重点研究方向比较集中。我国应加强 SiC 功率 MOS 器件底层材料工艺制造方面的研究，并且在重点研究方向上应投入主要精力和力量，真正解决 SiC 功率 MOS 器件产业化的"卡脖子"问题。

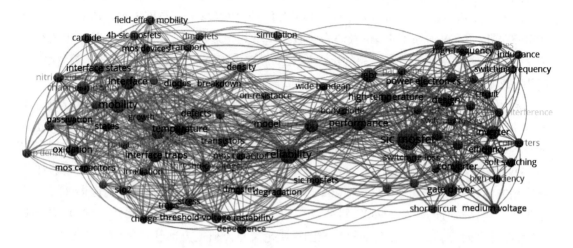

图 8-26　美国科研论文主要研究主题

当需要分析某研究主题领域的重点研究方向时,可使用 VOSviewer 软件进行可视化的聚类分析。

参考文献

［1］陈超美,陈悦,侯剑华,等.CiteSpaceⅡ:科学文献中新趋势与新动态的识别与可视化[J].情报学报,2009(3):401-421.

［2］宗乾进,沈洪洲.2009 年我国图书馆学研究热点和知识来源谱系[J].图书馆杂志,2011(6):13-19.

［3］秦长江.两种方法构建的作者共引知识图谱的比较研究[J].情报科学,2010(10):1558-1564.

［4］周春雷,王伟军,成江东.CNKI 输出文件在文献计量中的应用[J].图书情报工作,2007(7):124-126.

［5］廖胜姣,肖仙桃.科学知识图谱应用研究概述[J].情报理论与实践,2009(1):122-125.

［6］陈悦,刘则渊.悄然兴起的科学知识图谱[J].科学学研究,2005(2):149-154.

［7］郭婷,郑颖.数据挖掘在国内图书情报领域的应用现状分析:基于文献计量分析和共词分析[J].情报科学,2015,33(10):91-98.

［8］唐仁红.基于多角度文献计量的中美碳化硅 MOS 器件研究现状比较[J].图书情报导刊,2020,5(11):51-59.

第9章 学术成果写作与规范

学术成果是指对学科及其规律的论证方面所取得的成果,主要包括学术论著、专利、科技报告等。了解学术成果的各种形式,掌握不同类型学术成果的撰写要求与规范,是研究人员的基本素养。

9.1 学术论文

由于学术论文写作是学术写作的基础,因此本章首先从学术论文写作入手来讲解学术写作的要点及规范。

9.1.1 学术论文的界定

学术论文有时也被称为科学论文、研究论文,简称论文。我国国家技术监督局在1987年5月颁发的《科学技术报告、学位论文和学术论文的编写格式》(GB 7713—1987)文件中,对学术论文的定义如下:"是某一学术课题在实验性、理论性或观测性上具有新的科学研究成果或创新见解和知识的科学记录;或是某种已知原理应用于实际中取得新进展的科学总结,用以提供学术会议上宣读、交流或讨论;或在学术刊物上发表;或作其他用途的书面文件。"[1]定义中出现的"新的科学研究成果""创新见解""应用于实际中取得新进展",充分强调了学术论文是陈述原创性的研究,其内容应有所发现、有所发明、有所创造、有所前进,而不是重复、模仿、抄袭前人的工作。此外,由定义可知,论文通常发表在学术期刊和会议论文集上,而学位论文也是一种学术论文。

按写作目的,可将学术论文分为交流性论文和考核性论文。交流性论文,目的只在于专业工作者进行学术交流与探讨,发表各家之言,以显示各门学科发展的新态势、新成果,如期刊论文和会议论文;考核性论文,目的在于检验学术水平,如学位论文。

学位论文是作者提交的用于其获得学位的学术论文,分为学士论文、硕士论文、博士论文。《学位论文编写规则》(GB/T 7713.1—2007)指出:"学位论文是表明作者从事科学研究取得的创造性成果和创新见解,并以此为内容撰写的、作为提出申请授予相应的学位评审用的学术论文"[2]。因此,学位论文与其他学术论文一样须具有创新性,只是对于不同类型的学位论文,创新性要求的程度不同。根据《中华人民共和国学位条例暂行实施办法》的规定,三种学位论文各有相应的写作要求。

（1）学士论文

学士论文是在大学本科毕业前提交的学位论文，是考核学生的学识水平是否达到本学科学士水平的主要凭据。这种论文可以表明作者确已较好地掌握了本学科的基础理论、专门知识和基本技能，并具有从事科学研究或担任专业工作的初步能力。

（2）硕士论文

硕士论文是硕士研究生毕业前撰写的学位论文，是取得硕士学位的主要凭据。这种论文已进入专题研究的层次，撰写的论文应表明作者确已在本学科上掌握了坚实的基础理论和系统的专门知识，并对所研究的课题有新的见解，有从事科学研究或独立担负专业工作的能力。

（3）博士论文

博士论文是博士研究生毕业前提交的学术论文，是取得博士学位的主要凭据。这种论文应表明作者确已在本门学科上掌握了坚实宽广的基础理论和系统深入的专门知识，并具有独立从事科学研究的能力，能在本门学科领域中提出创造性的学术观点，具有较高的学术价值。

9.1.2　学术论文的结构

为了清楚有效地进行学术交流与传播，应用合理的论文结构是关键所在。任何类型的学术论文，其结构都可以分为前置部分、主体部分和结尾部分。前置部分即正文之前的部分，一般包括题名、作者、作者单位、摘要、关键词、分类号、目录、注释表（符号、变量、缩略词等专用术语）等。主体部分包括论文正文、注释、参考文献。结尾部分仅在有必要时撰写，包括索引、附录、致谢、作者简介、作者贡献声明等（正文逻辑关系图见图9-1）。

其中，正文是论文的主体和核心。这一部分直接表述科研成果。国内对正文的结构无具体规定。国家标准《科学技术报告、学位论文和学术论文的编写格式》中写道："主体部分的编写格式可由作者自定，但一般由引言（或绪论）开始，以结论或讨论结束。"在当前的写作实践中，理工社科类论文的正文格式趋于一致，一般包含引言或前言，方法、理论或模型的介绍，实验部分，结论等内容。其中实验部分往往缺乏清晰的层次，经常出现将实验过程、实验结果以及对结果的分析混在一起写的情况。国外在正文撰写方面形成了一些规范格式，对我们写出逻辑分明的学术论文很有借鉴意义。其中最常用的格式就是IMRD（Introduction，Methods，Research，Discussion），即引言、方法、结果和讨论。"方法"在更多情况下指的是"材料与方法"（Methods and Materials），前者是后者的简称。

IMRD格式可以用这样的问答形式给出：（问）研究的是什么问题？答案在正文的"Introduction"引言部分；（问）作者是如何研究这个问题的？答案在正文的"Methods"方法部分；（问）研究结果如何？答案在论文的"Results"结果部分；（问）这些研究结果有什么意义？答案在论文的"Discussion"讨论部分。显然，IMRD的这种简单格式符合逻辑，能够帮助作者组织和撰写论文。同时，这种格式也为审阅论文的编辑和最终读者提供了极大便利。

多年来，国际科学界讲授和推荐的论文结构都是IMRD。自1972年和1979年IMRD

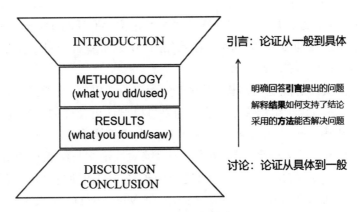

图 9-1　正文逻辑关系图

两次被美国国家标准协会指定为学术论文标准格式以来，IMRD 格式日渐成为学术期刊的标准论文格式，并且出现了 IMRD 的一些变体。如 Cell 等期刊把"方法"部分放到论文的最后一部分，还有些期刊则要求把"方法"部分中的很多细节内容放到图表的说明中。尽管出现了 IMRD 的一些变体结构，IMRD 还是因为其极强的逻辑性而得到越来越广泛的应用。

在撰写论文时，除了采用标准的 IMRD 格式论文外，同样也可以灵活运用 IMRD 结构。比如，采用了若干个方法做实验，并且都取得了相应的结果，就可以把论文中的"材料与方法"部分和"结果"部分合并成"实验及结果"（experimental）部分。有时如果实验结果很复杂或者结果间差异较大，可以把论文中的"结果"部分和"讨论"部分合并在一起。

1. 综述性论文

研究生阶段发表的第一篇论文往往是综述性论文，而学位论文的综述部分也可以看作是一篇综述性论文，因此本节首先讲解综述性论文的结构。从广义上来看，学术论文也可以是对前人工作总结的回顾及做出评价的综述性论文（reviews），其论文题目中往往含有"综述"、"评论"、"评述"或"述评"等字样。综述性论文的主要任务就是评论文献。但是，综述性论文绝非注释性的目录资料，而是对发表的文献给予批判性的评价，并基于文献工作给出重要结论。综述性论文虽然一般不包含原创性研究，但并非没有新意。事实上，优秀的综述性论文不仅全面、有条理地综合了前人的工作，还在此基础上提出了新的想法与理论，有时甚至会给出全新的研究范式。

显然，综述性论文是有学术价值的，与一般研究论文相比，综述性论文的篇幅通常较长，论文的主题相当广泛，综述中所涵盖的文献量较大，常常会有上百篇的文章，包括过去一段时间内比较有价值的研究。对于学生来说，一些课堂作业，课程论文，协助老师进行的一些研究课题，都会涉及文献综述问题。因此完全可以在此基础上撰写相应的综述性论文并发表，一举两得。撰写综述性论文非常有利于熟悉相关主题文献，研究历史及进展，培养对问题进行总结、归纳的能力，也能培养自己发现问题，找出有价值的研究课题的能力。

综述性论文的前置部分和结尾部分与期刊论文一致，参考下一节内容，主体部分与一般的学术论文不同，通常没有"材料与方法""结果"这样一些项目的写作格式。正文有可能完全是叙述性的，按讨论的问题逐层展开，有时文中也会包含定量统计数据。不过，有的综述性论文或多或少地采用 IMRD 格式；比如，正文中可能会有"方法"部分，讲述论文作者所采用的评论方法。将综述性论文看作特殊的研究性论文会有所帮助：充分扩展引言部分；删除材料与方法部分,除非文中要引入原始数据,或作者希望解释自己是如何遴选已发表文献的；删除结果部分；扩展结论部分。

由于综述性论文没有规定的结构,因此事先确定论文提纲,或者说设定论文小标题就显得十分重要。提纲有助于组织文章内容。如果可以设计出合理的小标题形成正文结构,将要综述的内容组织起来,那么综述性论文的总体框架就能确定下来,论文的各部分内容就能有机地整合起来。下文将会讲到,在格式上,综述性论文与组织得很好的其他学术论文中的文献综述部分没有太大区别。下面这个例子是由综述性论文的资深作者 Schacter 发表的综述性论文 The Cognitive Neuroscience of Memory Distortion（Neuron 44：149-160,2004）的子标题：

Introduction
Distinguishing between True and False Memories：The Sensory Reactivation Hypothesis
Neuroimaging of True and False Recognition
Electrophysiological Differences between True and False Recognition
Brain Regions that Support False Memories：Clues from Neuropsychology and Neuroimaging
False Recognition and Amnesic Patients
Neuroimaging of True and False Recognition
Monitoring and Reduction of False Memories：A Role for Prefrontal Cortex?
False Recognition and Frontal Lobe Damage
Neuroimaging of Frontal Function during True and False Recognition
ERP Evidence for a Late Frontal Component
Conclusion

由于在科技综述性论文和书籍方面的突出贡献,该作者于 2005 年获得了 National Academy of Sciences Award for Scientific Reviewing。在 National Academy of Sciences 的网站,人们可以查找历届获奖人员名单。如果想阅读自己研究领域的优秀综述性论文,可以通过该网站的获奖人员名字去查询他们所写的获奖综述性论文。

2. 期刊论文

期刊论文,即发表在学术期刊上的学术论文。需要注意的是,在学术期刊上发表的不一定都是学术论文,因为除了一般研究论文和综述性论文外,学术期刊还会刊登书评、译文、通讯、报道等非学术类文章。此类文章在科研评价、职称评定中,通常不作为学术研究成果。

学术期刊是我们发表学术论文最主要的途径。由于其传播周期短,容量大,能及时反映学科发展的最新动向和科学研究的最新成果,学术期刊被誉为"整个科学史上最成功的无处不在的科学情报载体"。学术期刊一般经过比较严格的评审,采用"同行评审"（Peer review）制度,即编辑部挑选和聘请学科专业中杰出的研究者担任特约编辑,由他们具体负责论文的评审工作。具体做法是,编辑将一篇收到的认为有可能出版的稿件送给文章所涉领域的专家即同行进行评审,这一过程一般经由电子邮件或网络审稿系统完成,通常一篇文章由一到三人审查,评审人(referees)将其评审意见反馈给编辑,编辑再将评审人的意见整理,转达给作者。大多数文章经过评审过程后可能有如下结果:

(1) 录用。

(2) 退改。分两种情况,一种是根据退改信中的意见进行修改后录用,一种是修改后再次进行评审,决定录用与否。

(3) 退稿。退稿原因可能是论文的学术水平没有达到该刊的录用标准,也可能是论文内容不符合该刊特色,建议改投他刊。

以上各种情况都会在编辑部的通知中注明。如果是退改的话,要注意退改期限,应该在此之前完成。如果在修改稿中所做的修改符合退改信中审稿意见的要求,或者作者能够解释清楚为什么退改信中审稿意见不对,那么修改稿可能被录用。退稿一般也会收到评审人的评阅意见,这些意见对于作者提高写作水平很有帮助,认真考虑这些建议并修改论文,同时也可以请教老师和同学,待论文修改或重新撰写的论文达到一定水平后再选择合适的期刊投稿。由此可见,期刊论文的发表有着严格的程序,同行评审制度在一定程度上保证了论文的学术水平和学术质量。尤其是越具有权威性的期刊,其同行评审制度执行得就越严格。

每一种期刊对于投稿的论文结构都有规定,一般在期刊或期刊编辑部网页上的"投稿须知"或"投稿指南"中有具体要求,在打算向某刊投稿之前一定要仔细阅读。一般来说,国内期刊论文的基本结构安排如下:

(1) 前置部分:① 中文题目;② 作者姓名;③ 作者单位名称及邮政编码;④ 中文摘要;⑤ 中文关键词;⑥ 中图分类号;⑦ 英文题目;⑧ 作者汉语拼音姓名;⑨ 作者单位英文名称;⑩ 英文摘要、英文关键词。

(2) 主体部分:正文;参考文献;

(3) 结尾部分:作者简介;通信作者邮箱;作者贡献声明。

学生在写期刊论文时可先按照以上通行的基本结构撰写,在决定投稿期刊后,再根据特定期刊对论文结构的具体要求进行调整。当然,越早决定投稿期刊越好,有些期刊在编辑部网页上提供了"论文模板"供作者下载,如果一开始就按照模板来撰写论文,既省时又省力。

3. 会议论文

顾名思义,会议论文是各类学会年会、研讨会、论坛等征集的论文,在会议等正式场合宣读,首次发表,用以公布或讨论研究成果的论文。一般正式的学术交流会议都会出版会议论文集,这样发表的论文可以作为职称评定等的考核内容。会议论文是发表学术论文的重要渠道,与期刊论文不同的是,前者重在反映最新的科研动态,因而会议论文报道的可以是阶段性的研究成果或初步研究成果。会议论文的结构与期刊论文基本相同,但一般内容完整性的要求相对低一些,字数也少一些。

会议征文一般都会要求论文紧密结合会议主题,论文内容未公开发表过。会议征文有可能直接向会议代表征集论文全文,也可能是先征集论文摘要,待程序委员会根据摘要的内容和质量,决定是否通知论文作者提供论文全文。大部分会议的程序委员会对论文的评审,特别是对论文摘要的评审都采取较宽容的标准,但仍然需要注意以下问题。

(1) 内容切题。论文的内容一定要在会议的议题规定范围之内,否则即使内容再好,也不会被录取。

(2) 限定篇幅。论文和摘要的字数要遵照会议要求,不能随意超出。

(3) 格式符合标准。严格按征文通知中所要求的论文格式提交。

(4) 语言。对于国际会议而言,如果提交的论文中语法错误太多,则无法被录用。目前由于该原因被筛选下来的论文占了相当大的比例。

4. 学位论文

学位论文是全面反映学位申请者的科学能力和学术水平的重要标志。文科硕士论文一般不少于 3 万字,文科博士论文一般不少于 10 万字。理工科、医科学位论文字数根据各专业实际情况确定。虽然在字数上的要求不同,但硕士论文和博士论文在格式上是基本一致的。根据我国 2006 年制定的《学位论文编写规则》,结合当前国内高校对学位论文结构的一般要求,学位论文的基本结构如图 9-2 所示。当然,学生在实际撰写学位论文之前一定要仔细阅读本校研究生院发布的学位论文编写格式规定。

如图 9-2 所示,学位论文比一般的学术论文多了一个附录部分,附录如有则必备,在主体部分之后,是对主题部分的补充。学位论文各部分的组成要素如下。

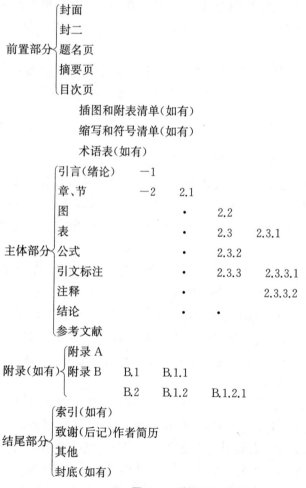

图 9-2 学位论文结构图

1) 前置部分

（1）封面

封面是学位论文的外表面,除了对论文起到装潢和保护的作用外,还提供相应的信息。学位论文封面应包含题名页的主要信息,如论文题名、论文作者等。其他信息由学位授予机构自行规定。如有的学校要求将校徽放在封面,对封面做统一的美化设计等。

（2）封二

封二内容可包括学位论文使用声明和版权声明及作者和导师签名等。随着我国电子化学位论文的发展,部分学位授予单位统一要求在学位论文中包括学位论文使用声明和版权声明,以及作者和导师签名等。《学位论文编写规则》对这部分的具体内容不做规定,但要求符合我国著作权相关的法律法规。

（3）题名页

题名页是对学位论文进行著录的重要依据,包括学位论文的全部书目信息。题名页单独成页,主要内容包括：中图分类号、学校代码、国际十进分类法（UDC）、密级、学位授予单位、题名和副题名、责任者、申请学位、学科专业、研究方向、论文提交日期、培养单位。

英文题名页是题名页的延伸,必要时可单独成页。英文题名页对促进我国学位论文国际交流具有重要意义,论文写作时应尽量单独成页,相关内容应完整、准确。

① 中图分类号

采用《中国图书馆分类法》(第 5 版)标注,如：中图分类号 G250.7。

② 学校代码

按照教育部批准的学校代码进行标注,如东南大学学校代码：10286。

③ UDC

按《国际十进分类法》进行标注。可登录 www.udcc.org,点击 outline 进行查询。

④ 密级

需保密的论文要注明密级及保密期限,密级按《文献保密等级代码与标识》(GB/T 7156—2003)标注。该标准将文献保密等级分为 5 级：公开级、限制级、秘密级、机密级和绝密级,保密期限递增。秘密级文献不超过 10 年,机密级文献不超过 20 年,绝密级文献不超过 30 年。公开级可不标识。国家保密文献的密级和保密期限的组成是：从左向右按密级、标志符、保密期限的顺序排列。国家保密文献的标志符为"★"。保密文献的标注如：秘密★5 年,机密★10 年,绝密★长期。各学校对涉密论文的归档与管理有具体规定,一般将限制级规定为内部文献。

⑤ 学位授予单位

指授予学位的机构,机构名称应采用规范全称。

⑥ 题名和副题名

题名以简明的词语恰当、准确地反映论文最重要的特定内容（一般不超过 25 个字）,应中英文对照。题名通常由名词性短语构成,应尽量避免使用不常用缩略词、首字母缩写字、字符、代号和公式等。如题名内容层次很多,难以简化时,可采用题名和副题名相结合的方法,其中副题名起补充、阐明题名的作用。

示例1：斑马鱼和人的造血相关基因以及表观遗传学调控基因——进化、表达谱和功能研究

示例2：阿片镇痛的调控机制研究：Delta型阿片肽受体转运的调控机理及功能

⑦ 责任者

责任者包括研究生姓名、指导教师姓名、职称等。如果指导教师一栏署名多于一人，一般第二导师应是经过研究生院审核批准作为第二导师的专家才能署名。

⑧ 申请学位

参照《中华人民共和国学位条例暂行实施办法》的规定，标注申请的学位类别和级别。学历博士、硕士的类别为：哲学、经济学、法学、教育学、文学、历史学、理学、工学、农学、医学、军事学、管理学。学位级别包括学士、硕士、博士。专业学位为工程硕士、工商管理硕士、公共管理硕士、艺术硕士、法律硕士、公共卫生硕士、临床医学硕士、建筑学硕士、风景园林硕士等。

⑨ 学科专业

参照国务院学位委员会颁布的《授予博士、硕士学位和培养研究生的学科、专业目录》进行标注。

⑩ 研究方向

指本学科专业范畴下的三级学科。

⑪ 论文提交日期

指论文上交到授予学位机构的日期。

⑫ 培养单位

指培养学位申请人的机构，机构名称应采用规范全称。

(4) 摘要页

摘要页是论文摘要及关键词、分类号等的总和，单独编页。中文摘要页在前，英文摘要页在后。摘要是对学位论文内容不加注释和评论的简短陈述，忠实反映论文全文。摘要应具有独立性和自含性，即不阅读论文的全文，就能获得必要的信息。摘要的内容应包含与论文等同量的主要信息，供读者确定有无必要阅读全文，也可供二次文献采用。摘要一般应说明研究工作目的、方法、结果和结论等，重点是结果和结论。硕士论文中文摘要字数为300～600字，外文摘要实词在300个左右。博士论文中文摘要一般在1 000～1 500字，英文摘要不宜超过1 000个实词。

关键词是学位论文的检索标志，是从学位论文中选取出来的用以表示全文主题内容信息款目的单词或术语。每篇论文选取3～8个关键词，用显著的字符另起一行，排在摘要的左下方。

(5) 目次页

学位论文应有目次页，排在论文主题部分之前，另起页。目次表是集中表示学位论文各类内容及所在位置的表格。目次表应放置在目次页中，其编排、设计可用软件自动生成。目次页有重要的使用价值，读者可依据目次有选择地阅读自己想要的信息。一般标注到三级标题，如：4.1.2。

(6) 插图和附表清单

论文中如果图表较多，可以分别列出清单并置于目次页之后。图的清单应有序号、图题和页码。表的清单应有序号、表题和页码。

(7) 缩写和符号清单、术语表

符号、标志、缩略语、首字母缩写、计量单位、术语等的注释说明，如需汇集，可集中置于图表清单之后，以便于论文阅读和迅速查出某符号的明确含义。

2) 主体部分

主体部分应从另页右页开始，每一章另起页。主体部分是学位论文的核心，不同学科专业对主体部分有不同的写作要求，但是，必须实事求是、客观真实、准备完备、合乎逻辑、层次分明、简练可读。

引言（绪论）作为论文的开端，应包括论文的研究背景、选题意义、国内外研究进展、研究目的、研究思路与内容安排，研究方法与流程等。文献综述可单独成章。学位论文为了反映出作者确已掌握了坚实的基础理论和系统的专门知识，具有开阔的科学视野，对研究方案做了充分论证，因此，有关历史回顾和前人工作的综合评述以及理论分析等，可以单独成章，用足够的文字叙述。

主体部分正文的结构可以参照 IMRD 格式。学位论文通常包括好几个章节，有时，这些章节同 IMRD 格式的学术论文中的各部分相对应：引言、方法、结果、讨论。如果学位设计了几个不同的研究主题，那么论文的中间部分可能会对各个不同主题各用一章来陈述。有时学位论文基本是由几篇已发表的学术论文组成的。

注释是为论文中的字、词或短语作进一步说明的文字。一般分散著录在页下（脚注），或集中著录在文后（尾注），或分散著录在文中。参考文献是正文中引用的具体文字来源的文献集合，其著录项目和格式遵照国家标准《信息与文献 参考文献著录规则》（GB/T 7714—2015）[3]的规定执行。所有被引用文献均要列入参考文献列表中，参考文献列表应置于正文后，并另起页。参考文献在正文中的引用位置用引文标注标识，可采用顺序编码制或著者-出版年制。有关注释、参考文献以及引文标注的内容参见 9.1.3 节。

3) 附录

附录作为主体部分的补充，并不是必需的。下列内容可以作为附录编于主体部分之后。

(1) 为了整篇论文材料的完整，但编于正文中又有损于编排的条理性和逻辑性，这一材料包括比正文更为详尽的信息、研究方法和技术更深入的叙述，对了解正文内容有用的补充信息等。

(2) 由于篇幅过大或取材于复制品而不便于编入正文中的材料。

(3) 不便于编入正文的罕见珍贵资料。

(4) 对一般读者并非必要阅读，但对本专业同行有参考价值的资料。

(5) 正文中未被引用但被阅读或具有补充信息的文献。

(6) 某些重要的原始数据、数字推导、结构图、统计表、计算机打印输出件等。

附录作为论文主体部分的补充，不是孤立存在的，它与学位论文的正文紧密相连。在正文写作时,当认为某些内容编为一个附录更合适,如正文内过分冗长的公式推导、过长的计算机程序清单等,可在原来要编写这些内容的位置上用一句话引出相关的附录,如"参见附录B"。

4) 结尾部分

(1) 索引(如有)

可以编排分类索引、关键词索引等,中文按汉语拼音字母顺序,英文按照英文字母顺序编排。

(2) 致谢(后记)

《学位论文编写规则》规定致谢放置在摘要页前,但很多学校的学位论文将致谢放置在结尾部分,有的放在作者简历之前,有的放在作者简介之后。无论放置在哪,致谢均需另起一页,对在论文科研活动中给予帮助的人或单位致以感谢。

(3) 作者简历

作者简历包括教育经历、工作经历、攻读学位期间发表的论文和完成的工作等。

(4) 其他

包括学位论文原创性声明等。

9.1.3　学术论文撰写规范

1. 拟定论文标题

标题是最恰当、最简练的词语的逻辑组合,高度概括论文最重要的特定内容,反映论文的主题。对于论文的所有潜在读者而言,论文标题都很重要。标题就像论文的商标,是一篇论文区别于其他论文的显著标记。标题的好坏直接影响论文的传播效果。好的标题能够起到启迪、提示和吸引读者的作用。因此,制定论文标题时,应该好好斟酌标题里的每一个字,力求简练、确切、鲜明。

(1) 简练。在能够清楚地表达意思的前提下,题名越短越好。题名应是一个短语,而非句子,题名中尽量不用标点符号。一般的学术论文,题名在20字以内为宜,学位论文的标题不宜超过25个字。尽量不用副标题。

(2) 确切。能恰如其分地反映研究的范围和深度、主要特征或内容属性。要突出本文的特点,即人无我有,人有我精。为便于检索,题名通常包含论文的主要关键词。标题不够确切,主要表现为过于空泛、笼统。如:"反应堆慢化剂的性能"。该标题就过于笼统,限定不明。慢化剂分为液态与固态,而液态慢化剂有水、重水等,固态的包括石墨、铍等,这里指哪一种?此外,究竟研究什么性能?是核性能,还是一般物理性能?最终确定的题名是"反应堆石墨慢化剂的核性能"。另外,还有标题过大,内容较小的情况。如:"自然灾害的预警与防治研究"。实际上,该文仅研究了泥石流的预防和治理问题。泥石流只是自然灾害的一种,显然原标题所反映的面很宽,而实际内容却仅是某一较窄的研究领域。可以改为:"泥石流的预警与防治"。

(3) 鲜明。即让人一目了然,不会产生歧义。应尽量避免使用数学、物理公式,化学结构式,最好不用未被公认的或不常见的缩略词、首字母缩写词、字符和代号。如:"35Ni-

15Cr 型铁基高温合金中铝、钛含量对高温长期性能和组织稳定性的影响"。该标题共 30 余字,冗长烦琐、重点不突出,使读者印象模糊,难以记忆和引证。

其他注意事项:

(1) 副标题。副标题起补充、说明的作用。主题名与副题名之间用分号或冒号分隔。国内一般强调仅在必要时使用,但国外使用副题名的较多。

(2) 英文标题。英文标题多采用短语形式,最常见的是名词短语,即题名通常由 1 个或几个名词加上其前置定语和(或)后置定语构成。题名中出现的一般有名词、形容词、介词、冠词和连接词。动词通常以其现在分词、过去分词或动名词形式出现。例如:

① The Frequent BryoPhytes in the Mountain Helanshan(贺兰山习见苔藓植物)

② Studying Direction of Moisture Motion in Unsaturated-soil by Using Thermodynamic Theory(用热力学理论研究非饱和土壤中水分运动的方向)

另外,近年来,英语题名趋向简洁,其中冠词可用可不用时均不用。例如,题名"The Effects of the Patient Age and Physician Training on the Choice and Dose of Antimelancholic Drugs",其中的 3 个定冠词 the 均可删除。

(3) 题名一般不用陈述句形式。原因有二:一是陈述句不够简练和醒目,重点不突出;二是陈述句易使题名具有判断式的语义。一旦作者使用这种断言式标题大胆宣布研究成果,却在论文的结论部分或其他部分以有所保留的试验性口吻来陈述研究成果,那么此标题就会显得轻率不妥,同时削弱了研究论文的分量。

(4) 何时拟定标题。撰写科技论文,首先应拟定题名。有了题名,就等于明确了中心,一切材料安排都要服务于这个中心,一切论述都要围绕这个中心。尚未确定题名就动手写文章,往往会出现观点不明确、重点不突出、逻辑性不强、材料零乱的缺点。但是题名也不是一成不变的,在写作过程中思路发生了变化,或又有了新的材料,则可重新修改题名。拟题时,应多拟出几个题名,然后根据论文内容和侧重点相互比较、反复推敲,最后定夺。

2. 撰写摘要

1) 摘要的重要性

摘要对于科学交流和论文审稿都非常重要。一方面,不管是直接阅读论文,还是通过计算机检索获取,很多读者都会在通读论文全文前阅读论文摘要,据此判断是否有必要阅读全文。另一方面,审稿人在看完摘要后会做出一个初步决定,这个初步决定一般都是对的,因为好的论文才有好的摘要,而糟糕的摘要也就预示着糟糕的论文。总之,如果摘要中每个字句都很有分量,这无疑会给审稿人留下深刻印象,对于读者更是如此。

2) 摘要的定义

摘要,也称文摘,可视为论文的微缩版本。摘要应该能简要概括论文各部分的内容:引言、材料与方法、结果、讨论。摘要是对一篇文章中所有信息的总结。国家标准 GB 6447—86《文摘编写规则》指出,摘要是"以提供文献内容梗概为目的,不加评论和补充解释,简明、确切地记述文献重要内容的短文"[4]。美国国家标准机构(American National Standards Institute)指出,好的摘要能让读者迅速而准确地获知文章的基本内容,从而让读者知道自己是否会对该文章感兴趣,并进而决定是否有必要通读全文。

3) 摘要的构成要素

摘要一般包括目的、方法、结果和结论(讨论)4个要素。

(1) 目的。指研究、研制、调查等的前提、目的和任务,所涉及的主题范围。

(2) 方法。指所采用的原理、理论、条件、对象、材料、工艺、结构、手段、装备和程序等。

(3) 结果。指实验、研究的结果、数据,被确定的关系,观察结果,取得的效果、性能等。

(4) 结论(讨论)。指对结果的分析、研究、比较、评价、应用、提出的问题、今后的课题、假设、启发、建议和预测等。

4) 摘要的写作要求

(1) 第三人称。摘要作为一种可供阅读和检索的独立使用的文体,应采用第三人称的写法,不使用"本文""作者""我们"等做主语。建议采用"对……进行了研究""报告了……现状""进行了……调查"等记述方法标明一次文献的性质和文献主题,使摘要便于检索性刊物直接采用。

(2) 篇幅简短。期刊论文、会议论文的中文摘要一般为200~300字,近年来也有期刊采用千字左右的长摘要。

(3) 内容精练。应集中论文的精华,概括论文的主要内容,那种过多介绍研究背景、缺少实质性内容的摘要,是不符合要求的。另外,摘要中绝不应该出现论文正文中没有的信息或结论。

(4) 结构完整。摘要应是一篇能够脱离原文而独立存在的短文,便于二次文献、检索系统收录。

(5) 格式规范。摘要一般是一段文字,有些期刊,尤其是医学期刊要求结构式摘要,这种摘要由几段组成,每一段都有一个标准化的小标题,如"目的""方法"等。

(6) 用语规范。尽量不使用非公知公用的符号和术语;不要简单重复题名、引言中已有的信息,不以罗列段落标题来代替摘要。除了极其特殊的情况,一般不要出现插图、表格和参考文献序号,不要用数学公式和化学结构式。

(7) 不加评论。不应与其他研究工作相互比较,不要自我标榜自己的研究成果。

(8) 最后写出。摘要通常是在论文定稿后,在对论文内容精心提炼、反复推敲之后撰写出来的。唯有这样,方能达到提供文献内容梗概的目的,起到准确记述文献内容的作用。

5) 英文摘要的撰写要求

(1) 篇幅。英文摘要应是中文摘要的转译,与中文摘要含有相等的信息量。不同的期刊对英文摘要字数的限制也不一样,作者最好认真阅读拟投稿期刊"作者须知"中的相关规定。通常以不超过180个实词为宜。

(2) 时态。摘要中很大一部分涉及已做的科研工作,这部分采用过去时态来写作。在说明研究目的、阐述研究内容时,采用一般现在时。

(3) 应尽量使用短句,因为长句容易导致语义不清;但要注意变换句式,避免单调和重复。

3. 确定关键词

1) 关键词的定义

所谓关键词是从文献中提炼出来,最能反映论文核心内容的名词或短语。关键词具有如下特性:一是从论文中提炼出来的,二是最能反映论文的主要内容,三是在同一篇论文中出现的频数最多,四是一般在论文的题名和摘要中都出现,五是可为编制主题索引和检索系统使用。可见,关键词既有检索作用,又有导读作用。读者看一篇文献时,未读全文,仅从关键词即可了解文献的主题,把握文献的要点。每篇论文通常选取3~8个词作为关键词,并另行排在摘要的左下方。为便于国际交流,应标注与中文对应的英文关键词。

2) 关键词的类型

(1) 主题词。指自然语言的规范化用语,指从《汉语主题词表》或其他专业性主题词表选取的规范词,如,生物医学类的论文就可以利用 MeSH 词表。由于每个词在词表中规定为单义词,具有唯一性和专指性,因此应尽量选主题词做关键词。词表中没有恰当的词汇时,可选用与其直接相关的几个主题词组配,或适当地运用自由词。

主题词的组配可以是交叉组配也可以是分面组配。交叉组配,即两个或两个以上具有概念交叉的主题词所进行的组配,其结果表示一个专指的概念。例如:模糊粗糙集＝粗糙集＋模糊集。分面组配,即一个表示事物的主题词与一个表示事物某个属性或某个方面的主题词所进行的组配,其结果表示一个专指的概念。例如:电子计算机稳定性＝电子计算机＋稳定性。

(2) 自由词。指主题词表中未收入的,从论文的题名、摘要、层次标题或结论中抽取出来的,能够反映该主题概念的自然语言的词或词组。自由词的选用原则:一是主题词中明显漏选;二是表达新学科、新理论等新出现的概念;三是词表中未收录的地区、人物、文献、产品及重要数据和名称。自由词应简练、明确。

3) 关键词的选取原则

(1) 关键词应该是名词或术语,形容词、动词、副词等不宜选作关键词。

(2) 尽量选择各主题词表中收录的规范词。

(3) 同义词、近义词不可并列为关键词。

(4) 有专用词就不用含义宽的词。如:用"管理心理学"不用"管理学、心理学";能用"构造地质学"就不用"地质学"。

(5) 不用无专业意义的通用词。如:研究、进展、理论、分析、特性等虚词。

(6) 英文的冠词、介词、连词以及一些缺乏检索意义的副词和名词也不能作为关键词。

(7) 复杂的有机化合物通常以基本结构名称作为关键词,化学分子式不能作为关键词。

(8) 关键词大多从题名中选取,但当个别题名中未提供足以反映主题的关键词时,则应从摘要或正文中选取。

(9) 中英文关键词应一一对应。

4) 关键词举例

一篇主题为"工程结构设计"的论文,从《汉语主题词表》中可查出"工程结构""结构""设计""结构设计"4个主题词。其中,"结构""设计"不是专指的,应予去除,故选"工程结构""结构设计"为宜。

4. 撰写正文

理工社科类学术论文的层次标志一般用阿拉伯数字连续标号。不同层次的数字之间用小圆点"."相隔,末位数字后面不加点号,如"1","1.1","1.1.1"等。编号与标题之间空1字距。学位论文的章也可以写成:第一章,节及节以下均用阿拉伯数字编排序号。文史类学术论文一般采用一、(一)、1、(1)、1)。

1) 撰写引言

(1) 引言及其作用

引言,也称前言、导言、导论、绪言、绪论等,是学术论文的开场白。有时,正文中并不特别写出"引言"这一标题,但在正文起始部分会有一小段文字,起着相同的作用。引言的作用是向读者交代本课题研究的来龙去脉,介绍研究背景和作者意图,为正文的展开做铺垫。论文若缺引言,其结构就会残缺不全,后面的内容就显得突兀和生硬。如果作者不能将待研究的问题陈述得合乎情理并清楚易懂,那么读者也不会对作者给出的问题解决方案感兴趣,因此在引言部分最重要的是要告诉读者为什么选择这个题材,为什么这个题材意义重大。

(2) 引言的内容

① 研究背景和目的。清楚简洁地陈述研究背景,说明作者开展此项研究工作的原因。对有关重要的文献进行综述,扼要说明前人或他人在该领域已经做了哪些工作,解决了什么问题,还有哪些问题待解决,本文打算解决什么问题。还要慎重选择放在引言中的参考文献,以便为读者提供最重要的背景信息。

② 研究方法。即介绍作者打算采取的方法和途径来解决提出的问题,无须展开叙述研究方法,只提到所采用方法的名称即可。必要时还应该指出采用该特定研究方法的原因。

③ 研究结果及意义。这是引言的高潮部分。扼要阐述本项研究可能或期待取得的主要成果,以及在理论或实践上的意义。

④ 其他。实验型论文还应简要说明工作场所、协作单位和工作期限等,以及正文用到的专业术语或专业化的缩略词。

引言不一定长,不能冲淡主题。上述四个方面只是引言的大致内容,并非要求面面俱到。不同性质的论文,其引言内容各有侧重。

(3) 引言撰写要求

① 应开门见山,起笔切题,不兜圈子,简明扼要地讲清课题研究的来龙去脉。

② 引言不应重述摘要和解释摘要。

③ 引言只是介绍论文,不要将本该在正文中交代的内容拿到引言中叙述,以免削弱引言的作用。

④ 引言要实事求是、客观公正地叙述,不应动辄使用"前人没有研究过""填补空白""首创""国际先进水平"之类词语,更不能贬低前人或他人的工作以突显本研究的创新性。究竟水平如何,读者自有公断,作者无须自我评价。

⑤ 除非极特殊情况,引言中不应出现插图和表格,也不要推导和证明数学公式。

2) 撰写材料与方法

(1) 材料与方法部分的目的

材料与方法部分的主要目的是描述实验方法,提供尽可能多的细节,以便具备一定能力的同行能重复论文所描述的实验,必要时,要解释为什么采用这种实验方法。另一个目的就是为读者提供足够的信息,以便判断论文实验方法是否合理,从而判断实验结果是否有效,并进而判断实验结果在什么范围内具有普遍意义。把这部分详细描述出来是非常重要的,因为对科研方法的首要要求就是科研结果可再现,要让读者认为论文结果可再现,就必须提供能让他人重复该实验所要采取的基本步骤。如果实验不能被重复,论文就偏离了科学轨道。

以理论论证为主要研究手段的论文,要将理论假说、理论分析的前提、使用的理论、采用的分析方法等交代清楚;由理论分析依据或方法来说明推导、证明过程;通过理论分析证明观点、学说或建立模型等。其目的也是便于读者判断该论文研究方法与过程的科学性、可靠性和适用性。

(2) 材料与方法部分的主要内容

① 材料。实验材料包括材料的技术指标,所使用的剂量、来源,使用的方法,有时甚至要在论文中列出所使用试剂的相关化学和物理特性。一般要在论文中避免使用材料的商用名称,最好使用通用名称或化学名称。但是,如果商用产品间存在一定区别,并且这些区别非常关键,就必须注明材料的商品名称和厂商名。对实验中采用的动物、植物和微生物,通常要用其属名、种名、类名来准确标记。这些材料的来源要列出来,这些材料的特性,如年龄、性别、遗传和生理状况等也要描述出来。对于实验仪器及设备,若是通用实验设备,则交代其名称和型号即可;若是自制设备,则应详细说明,并画出示意图。

② 方法。不一定要按时间顺序来描述实验方法。对于关系紧密的几种方法,放在一起描述更合适。例如,有一个试验即使是在研究阶段的后期才做的,在论文中这个试验方法还是应同作者采用的其他试验方法放在一起描述。

在介绍理论与方法时,应交代清楚哪些是已知的,哪些是本文提出的,哪些是经过作者改进的,对改进或创新部分应详细介绍。已有应用而尚未成为人们熟悉的新方法等应注明文献出处,并对其做简要介绍。

③ 实验。实验部分必须特别注意实验的设计,用最少的实验次数获得最优的实验参数组合。不能用未经设计筹划的大量经验性实验掩饰不足的理论分析能力。

实验部分写作力求准确,对于"怎样"和"多少"的问题都应该给出准确的回答,避免遗漏。比如,论文中详细描述了使用的蒸馏设备、过程和产物,却忘记说明蒸馏的原始材料或温度。

对数据做统计分析很有必要,不过应该突出和讨论的是数据而不是统计学知识。实际上使用常用的统计方法时没有必要详细叙述该方法;使用复杂的或不常用的统计方法时才需要做详细介绍或指出参考文献。数据分析既要肯定所取得的成果,也要说明本实验的可信度和再现性,客观地指出缺点,可能的误差,问题及教训。

3) 撰写结果

(1) 结果部分的作用

实验结果就是作者的科研工作所要贡献的新知识。论文的前面几部分(引言、材料与方法)告诉读者,作者为什么开展这项科研工作,以及作者是如何开展科研取得实验结果的;论文的后面部分(讨论)则告诉读者这些实验结果有什么意义。显然,论文全文都是因为结果部分的内容才得以立足。所以,结果部分务必要做到意思清楚。

(2) 结果部分的内容

结果部分通常有两方面的内容。首先,对所做实验给出总体描述,但不要重复描述材料与方法部分已经给出的实验细节,也不应该用于描述材料与方法部分遗漏的内容;其次,给出实验数据。

(3) 结果部分撰写要求

结果部分给出的数据应该都是有意义的,展示具有代表性的数据,而不是重复性的数据。结果部分如果只有几个数据,可以逐个给出这几个数据。如果数据很多,应该用表格或图片来给出这些数据。结果部分也可以指出实验结果不尽人意的地方,或是在一定实验条件下该实验未能产生预期的结果。而其他科研人员很有可能在别的实验条件下得到不同的实验结果。

4) 撰写讨论部分

(1) 讨论部分的内容

材料与方法部分同结果部分互相呼应;同理,引言部分与讨论部分相呼应。引言部分指出文献未解决的一个或几个问题;讨论部分应该指出论文的科研结果对解决这一个或几个问题提供了什么帮助,对这些问题给出合理解答。

讨论部分与结果部分相联系,讨论部分的主要目的就是揭示作者观察到的事实间的联系。如果实验结果很复杂或者结果间差异较大,可以把论文中的"结果"部分和"讨论"部分合并在一起。

讨论部分包含结论或结语。结论是对实验结果和各种数据材料经过综合分析和逻辑推理而形成的总体观点,是整个研究工作的结晶,是全篇论文的精髓。有时得不出明确的结论,可以写成结语。在结语中,作者可以提出建议、研究设想、仪器设备的改进意见、有待解决的问题等。

(2) 讨论部分的写作要求

① 尽量揭示结果部分说明的原理、关系和普遍性意义。

② 指出结果部分的特例或无法用关系描述的情况,说明尚未解决的问题。不要试图掩盖或规避不理想的数据。

③ 指出科研工作具有的理论意义和可能的实际应用价值。

④ 尽可能清楚、有条理地陈述结论。为结论部分的每个论点总结论据。正如资深科学家所说,"不要想当然地设想任何事情"。

5. 绘制图表

1) 何时使用图表

如果论文里只需要展示少量的实验数据,或者整个表格可以用文字简洁地表述出来,那么就应该用文字来描述。如果要用表格展示数据,切记不要把实验笔记上的所有数据都搬到论文中,因为论文中需要的仅仅是一些样本数据和关键数据。实验数字、简单计算的结果及不重要的数据列等都应该省略。

可以认为图是图形化的表格。不应该用表格来展示的数据同样也不能用图来表示。如果要在图和表间取其一,作者就需要考虑希望告诉读者的是准确的数值还是数据的变化趋势或形状。如果数据显示了明显的趋势,并且画成图也很有趣,那么应该采用图来展示数据,反之,采用表就足以展示数据。同样的数据同时用表和图来表示的情况很少。展示数据的一条重要规则就是:要么在文字中,要么在表格中,或者在图片中展示数据,不要用多种方式同时展示相同的数据。当然,可以对一些重要数据再次在正文中加以讨论。

2)图表设计规范

(1)图表应有"自明性",不阅读全文,就可理解图意。

(2)图表应用阿拉伯数字编排序号,插图较少时可按全文编排,如图1,表2。学位论文的图表可按章编排,章号与图表的流水号之间以居下小圆点"."或半角连字符"-"连接,如图3-1,图1.2,表2.3,表4-2。

(3)每一图应有简短确切的题名,连同图号置于图下。必要时,应将图上的符号、标记、代码以及实验条件等,用最简练的文字,横排于图题下方,作为图例说明。

(4)每一表应有简短确切的表题,连同标号置于表上。必要时,应将表中的符号、标记、代码以及需要说明的事项,以最简练的文字,横排于表题下,作为表注,也可以附注于表下。表内附注的序号通常用阿拉伯数字加右圆括号置于被标注对象的右上角,如:×××$^{1)}$ 不宜用星号" * ",以免与数学上共轭和物质转移的符号相混。

(5)图表标题与图表序号之间空一字距,左右居中排版。

(6)表的各栏均应标明"量(或测试项目)、标准规定符号、单位"。只有在无必要标注的情况下方可省略。表中的缩略词和符号,必须与正文中一致。

(7)表内同一栏的数字必须上下对齐。表内不宜用"同上"、"同左"、""""和类似词,应一律填入具体数字或文字。表内"空白"代表未测或无此项,"—"或"---"(因"-"可能与代表阴性反应相混)代表未发现,"0"代表实测结果确为零。

6. 致谢要求

1)致谢的对象

国家标准《科学技术报告、学位论文和学术论文的编写格式》(GB 7713—1987)明确规定,下列对象可以在正文后致谢:

(1)国家科学基金、资助研究工作的奖学金基金、合同单位、资助或支持的企业、组织或个人;

(2)协助完成研究工作和提供便利条件的组织或个人;

(3)在研究工作中提出建议和提供帮助的人;

(4)给予转载和引用权的资料、图片、文献、研究思想和设想的所有者;

(5)其他应感谢的组织或个人。

综上可见,作者的致谢对象可分为两类:一是在研究经费上给予支持或资助的机构、企业、组织或个人;二是在技术、条件、资料和信息等工作上给予支持和帮助的组织或个人。

据此可知,以下组织或个人应予致谢:参加过部分工作者,承担过某项测试任务者,对研究工作提出过技术协助或有益建议者,提供过实验材料、试样、加工样品或实验设备、仪器的组织或个人,在论文的撰写过程中曾帮助审阅、修改并给予指导的有关人员,帮助绘制插图、查找资料等有关人员。

2) 致谢的注意事项

(1) 切忌借致谢之名而列出一些未曾给予过实质性帮助的名家姓名,以抬高自己论文的身价。

(2) 如果要在致谢中提及某人,要先征得被感谢人的同意。明智的做法是把拟好的致谢给那些要感谢的人看。

(3) 感谢别人的想法或建议时,务必具体指明这些内容。致谢的措辞不应让人误以为被感谢人完全认同该论文中的所有观点。否则可能将被感谢人放到一个尴尬位置,因为读者很可能认为该人也要对整篇论文负责。

7. 参考文献著录

1) 引文、注释与参考文献

引文是指为撰写或编辑论著而引用的有关文献资料,通常附在论文、图书或每章、节之后,有时也以脚注、夹注的形式出现在正文中。引文最主要的作用有两点,一是给出论著的研究基础,表明科学研究的继承与发展,二是帮助读者查核、获取文献。因此,引文是学术论著的重要组成部分,对其进行规范的著录具有重要意义。引文的著录体现为两种形式——参考文献和注释中的引文注释。

注释也叫注解,是用简明的文字解释和说明文献中特定的部分,分释义性注释和引文注释两种。释义性注释包括题名注、作者注、文献注、术语注、论据注等。引文注释是对文中引用的作品所做的附加解释和说明,它与参考文献都有提供引文信息的作用,因此有必要明确二者各自的使用情况,以免在标注引文时无所适从。注释用圆括号排印在正文中叫"夹注"或"文中注";排印在页下,叫"页下注"或"脚注";排印在文后,叫"尾注"。

2006年10月1日实施的《中国学术期刊(光盘版)检索与评价数据规范》对注释和参考文献在功能和格式上做了如下区分:注释包括释义性注释和引文注释。释义性注释是对正文中某一特定内容的进一步解释或补充说明;引文注释包括各种不宜列入参考文献的文献信息,如:未公开发表的私人通信,档案资料,内部资料,书稿,古籍,仅有中介文献信息的"转引自"类文献,待发表文献,未公开发表的会议发言,以及参考文献的节略形式。注释用圆圈数字标注于文字的右上角(如 XXX①),注释内容置于当页地脚,形成脚注。

参考文献是撰写论文所引用的、已公开发表的文献资料,包括引文出处和观点出处。参考文献以文中出现的先后顺序编码,用方括号在正文中以上标形式标注(如[1] [1,3] [1-3])。参考文献条目列于文章末尾。同一作者的同一文献被多次引用时,只标注首次出现的序号,并在序号外著录引文页码(如 XXXX[4]56)。

可见,参考文献是标注引文的规范形式,凡是引用已发表的文献中的观点、数据和材料等,都要在文中予以标注,并在文末列出参考文献表。规范地著录参考文献有助于传承研究成果,评估学术水平,核实、获取文献,节约正文篇幅,避免由遗忘资料出处造成的抄袭,有助于培养学生形成严谨的治学风格。

2）参考文献著录基本原则

（1）不能引而不用

引而不用即"伪引"。有些作者不读文献原文而直接抄录别人的参考文献或现成的文献题录、索引。还有些作者并没有阅读过大量外文文献或一些高质量论文，但在参考文献表中故意列出这些文献以抬高自己。这些违规行为常常导致著录错误，以讹传讹，断章取义等现象。参考文献应是作者真正阅读过，且对自己研究的观点、材料、论据、统计数字等有启发和帮助的文献。

（2）不能用而不引

用而不引即"剽窃"。有的作者虽然在写作过程中阅读了大量文献，引用了别人的相关内容，但在其参考文献表中只随便列出几条。还有的作者因自己论文的创新性不够而对关键性文献不予标出。这些行为都是用而不引，严重违反了学术规范。当然，也有的是由写作中的遗漏、失误造成的。聪明的作者在撰写论著时，会及时在文中标注引用的文献，并记录下参考文献的各项著录内容，以免事后忘记了该处的引用，造成抄袭的严重后果，也免去了作者再花时间、精力重新搜索各个参考文献的题名、页码等著录细节的麻烦。

（3）不能不选而引

并非阅读过的所有文献都值得引用，只有那些对本文的撰写确有帮助，并且来源可靠的资料才可以作为参考文献。一方面，当搜集到某个专题的较多文献时，要善于选择，应选择引用那些最早、最新、最权威、最具代表性的参考文献，不要将相关度弱的文献或不典型的文献罗列到文章中壮色。另一方面，参考文献应以正式出版或审核过的文献（如学位论文）为主。引用网络资源应该选择权威机构、学校、著名学科网站等可靠的资料来源。如果实在需要引用未被审核过的资料，可以放在注释中说明。

（4）不能引而不述

有的作者虽然在文章里连续引用了一些文献，但这些文献与本课题研究是何关系、所引的文献之间有何联系、本人对引用的文献又有何评论等却鲜有提及。这种引而不述或引而不评的情形也属不妥。因此，对引用的文献要进行讨论、引申、评价，要使引文与所论述的主题融为一体，不能让人感觉是为引而引。

（5）不能引而不确

引文有两种形式。一是直接引用，即论文作者在行文过程中对原作中话语的直接引用。所引的内容可以是一段话、一句话，也可以是个别字词。这样的引文要加引号以作区别。二是间接引用，以释义或归纳的方法引述或转述原著者思想、概念、观点等，引文无需加引号。直接引用时若断章取义，间接引用时若篡改或歪曲原意，都是引而不确，侵犯了原作者的著作权。

（6）不能过度引用

常用的谚语，众所周知的观点、事实、常识、公论等，一般不需要注明出处。例如，"投我以桃，报之以李"，"学而时习之，不亦乐乎"等，都不需要标注。但是在某些情况下，如专门研究谚语、常识的时候，不注明便会产生误解，则要标注。[5]

（7）避免转引

参考文献应为原始文献和第一手资料，尽量避免转引。如确需转引二手资料，应在参考文献或注释中指明，并注明原始文献和转引文献，不能造成引用了第一手资料的错觉。

8. 作者贡献声明

合作的论文，需要标注每位作者的具体贡献。作者贡献声明对减少不规范署名和避免作者利益冲突有一定作用；是对署名作者的一种保护和尊重，促进科研成果贡献更加透明；有助于提醒署名作者在论文发表前再次确认论文的权责，对提高论文质量有间接效果；提供日后判断卓越科学贡献的奖励或惩罚学术不端的参考依据。示例为发表在 *Nature Genetics* 上的一篇文章的作者贡献声明。

Author contributions

Q.L., K.L. and B.Z. designed the study and wrote the manuscript. Q.L., K.L. and G.C. performed experiments and analyzed the data. W.G., G.C., G.P. and N.J. performed scRNA-seq and analyzed data. X.H., S.Y., Z.Q., Y.L., R.Y., W.P., L.Z., L.H., H.Z., W.Y., M.T., X.T., D.C., Y.N., S.H., T.R., Z.Q., H.H. and Y.A.Z. bred the mice, performed experiments or provided material, important suggestions and valuable comments. H.J. designed the study and provided valuable comments. B.Z. supervised the study and analyzed the data.

9.2　学术著作

学术著作是学术活动和研究成果的重要呈现载体，是学术发展所需要的重要信息资源。当前，有越来越多的项目、平台和其他机会可以让研究生参与到学术著作的撰写中来，这为研究生撰写学位论文提供了绝佳的前期训练。

9.2.1　学术著作的界定

在学术图书、学术著作、学术专著三者的概念中，学术图书是上位概念，学术著作、学术专著作为下位和再下位概念。学术图书是指内容涉及某学科或某专业领域，具有一定创新性，对专业学习、研究具有价值的图书，通常在书中有文献注释或参考文献，书后有索引。它包括学术著作、学术专著、学术论文汇编/论文集、会议录、大学及以上程度的教材、某学科百科全书等工具书、学术随笔等。学术著作是指以问题或专题为中心，具有创新性和逻辑性，能自圆其说的学术图书。它包括学术专著、学术进展评论、著作性研究指南、手册等。学术专著（Academic /Scholarly Monograph）是对某一学科或领域或某一专题进行较为集中、系统、全面、深入论述的著作。一般是对特定问题有独到见解，且大多自成体系的单著或合著的学术著作。它包括单本专著、多卷集专著、专著丛书等。例如《资本论》《中国近三百年学术史》《三联·哈佛燕京学术丛书》。与学术论文相比，学术专著的篇幅较大，内容所涉及的问题一般也较专深，更具专业性、系统性、全面性、深入性。其论述或论证具有广度和深度。撰写人一般是单独作者或几个作者，一般不会像学术论文那样一份成果作品的作者署名多到数十个。与一般学术著作相比，学术专著的创新层次较高，具有原创性。

然而，也有一些图书的形式和内容并不一致。从内容上看是学术著作或专著，从形式上看则是教科书；又有些书实际上是教材，却以学术著作或专著的形式出现。一般而言，由于学术专著发行量不大，效益不高，往往不易出版。如果将专著作为教材出版，则因其出版量大，影响广，对出版社和作者均有利，故能较快出版。[6]

9.2.2 著作方式的确定

1. 著作方式的种类

著作方式是指责任者生产文献的方法和形式。包括著（撰）、编、译、编著（写）、编纂、编译、节译、改编、主编、缩写、执笔、报告、口述、整理、辑、注、校、制定、提出等。著作方式不一，研究成果的内容、形式及其重要性也不相同。完整、准确地标注著作方式对于学术成果的评价，维护著作权，文献史的研究，净化学术环境等都具有重要意义。

著作方式的种类很多，下面仅介绍最常用的著作方式：著、编、编著、译和编译。

1) 著、编和编著

所谓著是指基于作者自己的观点、学识、研究成果及其思想感情而创作的作品，强调作者的独立思维和独到见解，言人之所不曾言，有开拓、创新之处。著有时也作"撰""写""作""述"等，是创造性思维活动的结果。其类型主要有文件、理论著作、通俗读物、科技报告、学术论文、随笔札记等。

中国传统对"著"极为重视。立言（著书立说）同立德、立功并称为"三不朽"。对中国学术文化做出了划时代贡献的孔子谦逊地说自己"述而不作"（《论语·述而》），意思是他只是阐述前人的学说而不敢轻言创作。孔子反对没有根底，没有源流随意创造的做法，所以他又说："盖有不知而作之者，我无是也。"（《论语·述而》）孔子的开创性的删定、整理工作应当说是著作，所以孟子推崇他说"孔子惧，作《春秋》"。司马迁在《史记·老子韩非列传》中说，"老子乃著书上下篇，言道德之意五千余言而去"，"（韩）非为人口吃，不能道说，而善著书"，在这里他正确使用了"著书"的本意。"著"的形式不拘一格，片语只言的汇集如《论语》和比较系统的《孟子》都属于"著"。古人的著作常常大量借用或引用前人或别人的作品来发挥自己的看法，《汉书》之于《史记》就是这种情况，但并不妨碍《汉书》成为可以同《史记》并列的名著。文化是在历代中外学者、思想家、科学家的著作的基础上积累、发展起来的。"著"应是继承前人的学术成果，见解独到，能把人类文化推向新高度，开拓新的认识领域的作品。[7]

所谓编，是指将已知的资料或现成的作品整理、加工成书。包括"编辑""编订""编定""选辑"等。编，原指古人用皮条或绳子把竹简编排起来，引申而有排比、整理、组织之意。在历史学中，编的主要任务是汇集丰富的历史知识，著的主要任务是阐发独到的历史见解，由此可见编和著在功能上有不同的侧重。然而古今中外，大量的作品更多地采取把编和著有机地结合起来的著作方式，即编著。

所谓编著，是将已有资料用新的体例加以改造，重新编排整理，既有自己撰写的内容，又有整理他人作品的材料，包括"编写""编纂"等。各学科的基本知识作品、普及性质的读物、以不同程度学生为对象的教科书，对某一范围的知识或材料广泛收集并按特定体例编排的工具书,会议录、丛书、文集等都属此列。这里特别提一下编纂。我国历史上的类书就是编纂的主要成果。[8]魏文帝曹丕命王象等编纂《皇览》始开类书之先河,并启发了日后历代封建王朝集中人力、大规模地编辑类书,以示文治之盛。唐宋时期的《艺文类聚》《初学记》《太平预览》《册府元龟》和明清之际的《永乐大典》《古今图书集成》《四库全书》等都是我国古代编纂著作之典范,为我国文化知识的传播和历史事实的考证起到了不可低估的作用。

《资治通鉴》中袭用了很多他人的作品,但因为是有鉴别、有选择地融汇大量史料,并提出了自己的见解,有独创的体例,所以它更多的是著作而不是编著。南宋李焘的《续资治通鉴长编》按《资治通鉴》体例记北宋史事,但它的目的在于收集、保存史料,内容性质不能与《资治通鉴》相比,故称其《长编》。《长编》也是有取舍的,并非单纯地堆砌史料,所以称其为编著。

编和编著是有区别的。编虽然是整理前人的成果,但是需要有方针、体例、中心,并不是简单的抄录,而是一门学问。现在人们在编辞书、百科全书、年鉴、名录等方面已经积累了丰富的经验。编著是在整理已有成果的基础上有所发挥。其工作要求编著者对于自己所从事的专业要有深入全面的理解,对于资料能分清主次,善于取舍,在文字表达上能做到叙述条理清晰,深入浅出,并从整理、叙述已有成果上表达作者自己的立场、观点。

2) 译和编译

所谓译是指由一种文字翻译成另一种文字,或由古汉语译成现代汉语。由于语言结构的不同,翻译过程近乎再创作。在我国古代,译通常指把某种外语或中国少数民族语言的作品翻译成汉语作品。许慎在《说文解字》中对译做过这样的解释:"译者,传译四夷之语者。"中国翻译印度的佛经有近两千年的历史,隋末至唐代是佛典翻译的繁荣鼎盛阶段,形成了"中国的佛教"。在西方罗马就是通过翻译接受希腊文化的。西方古典文化通过翻译传入阿拉伯之后,又从阿拉伯重新传入欧洲其他国家。中国近现代,翻译在介绍国外先进思想,促进学术发展方面起到了巨大作用。许多外国古典著作和各学科的代表著作都得到了比较系统的介绍,使不能直接阅读原书的读者单是从译本也可以取得某一学科的基本知识。译者不但要有相当高的外文理解力和中文表达力,还要对其所译文献的专业有比较深入的了解。译著可以是全译本也可以是节译本,为了外语学习者的方便和某种专业者的特殊用途,还会出版大量的中外文对照本。

所谓编译是指把一种或若干种外国的作品、文章或资料,根据读者的需要加以改编,是翻译和编写二者的有机结合。编译的形式多种多样,一种情况是按照需要对原书去芜存菁、起到提炼的作用,这样一部编译作品就可囊括一种或几种原著的精华。另一种情况是原书篇幅过大,编译者进行节译并整理,这比单纯的节译有系统,便于阅读。还有一种情况是原作过于艰深,编译者依据原书和有关的阐述作品加以综合整理而成,使原作阐述的论点通俗普及,供一般程度较低难以接受原作的读者阅读。编译原书不但要有一定的专业知识和相当的翻译水平,还要有善于鉴别、巧于剪裁的功力。[7]

2. 著作方式的标注

著作方式标注的总体要求是应该实事求是,即是标注撰(著)还是编、还是译、还是编著、编译,决不能混淆。不应片面为提高作品的档次,标注"较高"的著录方式。实际上,不能仅仅从著作方式简单地评判作品的高低,而应主要根据作品的内容价值来评价。高质量的工具书、教材,尽管是"编",但其价值应远高于一般"著"出来的论文或专著,优秀的译作也应如是观。集成、整合也是一种创新,至少包含创新的因素。2005年中国科学界决定对科普作品也设置国家奖,就充分说明学术界已认识到这一问题。因此,不应为了某些偏见而不规范标注著作方式。

著作方式标注有以下具体要求:

1) 编辑他人的作品不能写成"著"

学术活动中编与著不分的情况很常见。有些书籍在封面上印的是某某"著",然而实际上是材料的整理和编辑。稍好一点的,形式上是按章节编次,其实是论文汇编;比较差的,则是随手摘录一些材料,拼凑为文,连缀成书。这些情况的出现,有种种原因,但都跟编与著不分有关。这就不能不影响到学术研究的深入和学术水平的提高。要改变这种情况,一方面是要求广大学者明确编著的区别,另一方面是要树立踏踏实实、实事求是的学风。

还有一种情况与座谈和笔谈有关。有的学者出席学术座谈会,做了会议记录,回来后把他人的发言记录组织成文作为自己的作品发表;也有的编辑把各位专家学者围绕某一主题展开的笔谈成果,简单地组织排序就以编辑本人为第一责任者予以发表,以上这两种做法都是不恰当的。学者在座谈会上的发言是其本人的口述作品,每个人对自己的发言享有著作权;同样各位专家学者对自己在参加笔谈过程中产生的文字作品也拥有各自的著作权。根据《中华人民共和国著作权法》的有关规定,著作权人有"使用权和获得报酬权,即以复制、表演、播放、展览、发行、摄制电影、电视、录像或者改编、翻译、注释、编辑等方式使用作品的权利;以及许可他人以上述方式使用作品,并由此获得报酬的权利"。所以说,记录者和编辑者如果想使用他人作品,就必须得到原著作权人的许可,并应付给原著作权人相应的报酬。当然,根据著作权法,编辑、整理已有作品而产生的作品,其著作权由编辑人、整理人享有,"但行使著作权时,不得侵犯原作品的著作权",同时,"编辑作品中可以单独使用的作品的作者有权单独行使其著作权"。座谈、笔谈的记录者或编辑者一定要文中注明每一部分的原作者,说明自己只是承担了记录或编辑的工作,而不应堂而皇之地以著者自居或故意不标注著作方式而让读者误以为是其本人著述。

2) 翻译他人作品应忠实于原文,不能"译""编译"不分

根据《中华人民共和国著作权法实施细则》的规定:翻译,指将作品从一种语言文字转换成另一种语言文字。也就是说"译"这种著作方式仅是对语言文字的转换,应该保持出版物的原汁原味,而不应对原著的内容擅自改动或删除。如撮其主旨,有删减有改动则为编译。二者不可混淆。前美国国务卿、前第一夫人希拉里·克林顿的回忆录《亲历历史》的中译本事件就是因为"译"与"编译"不分造成的纠葛。

《亲历历史》在中国由译林出版社出版。这部描写希拉里中学时代以及8年白宫生活的回忆录在中国大陆地区发行后异常畅销。但是中译文却和原作内容有出入,涉及希拉里对中国的观点以及描述她中国之行的内容多处被改。出版这本回忆录的美国西蒙与舒斯特出版公司(Simon & Schuster Inc)表示,希拉里对中国方面的审查和删改感到震惊。他们援引希拉

里的话说:"他们删改我的书,就好像他们试图改变我本人一样。"西蒙与舒斯特出版公司要求译林出版社立即收回市场上的错误的版本,然后重新出版如实翻译的新版本,但译林出版社方面已表示,不会按照美方要求进行回收。根据译林出版社社长对此事的声明,译林社之所以擅自删改原著是为了让中国的读者更好地接受此书,并因为与盗版抢时间,译林社未及就技术处理一事征求西蒙与舒斯特出版公司的同意,这主要是为了维护三方利益,争取尽快出版。[9]

由此可知,现在中国的出版行业,不仅在履行国际版权公约,遵守国际惯例方面尚处在初级阶段,同时,正确理解"译""编译"等的概念方面存在不少问题。在本例中,原著被删的内容大约有 10 页,并且原著的作者认为该书被删节后已不能完全表达她的想法,"译"的本质在这里被曲解了。

那么编译外文作品是否就相对容易些呢?实则不然,编译就是将国外作者的作品根据自己的需要进行翻译和改编,买版权时,同时要买著作权和改编权,否则原作者和出版商都可以对引进的出版单位起诉。因此,"编译"操作起来不仅不简单,相反还更加复杂,现在国内大多数出版社都放弃了"编译",而是按作品的原样引进。然而,对于制假者来说,"编译"却是一个保护伞,读者会认为是从众多外文书中编译而来,其来源是否真实,不易被人察觉,版权贸易合同登记号也似乎有理由不刊登。2004 年 4 月,由机械工业出版社出版的《没有任何借口》明明是中国人自己编写的,却用了一个外国人的名字作为原著作者,用了一个中国人的名字做"编译",以误导读者认为此书是编译者在原作者的一个大部头著作中精选出来的一部分。就是这样一本不伦不类的伪书在半年的时间内销售了 200 多万册。这样的做法一是违反了《消费者权益保护法》,二是违反了《著作权法》。[10]

3) 译、编译的作品或文字不能作为"著"

目前不少论著或论著中的某些部分,实际上是译或编译过来的文字,但作者不标注原文作者,使读者误认为是作者自己"著"出来的文字,这是不规范的。如果一篇论文译或编译过来的文字占全文的很大比例,则这篇论文很难说是"著",标注译或编译更为恰当。

根据著作权法,翻译者享有其翻译作品的著作权,但其前提是必须得到原著作权人的许可使用权,并根据双方协商付给原著作人相应的报酬。而且,译者在行使其著作权时,不得侵犯原作品的著作权。译者应该在论著封面清楚地注明原作者,并表明自己是译者身份,以免误导读者。另外,一部原著可能有很多合法译者,每位译者只对自己的翻译作品享有著作权,无权干涉其他人对原著的合法使用。

4) 编辑他人作品应该得到授权,不能名编实抄

目前有些学者以编或编著的方式把一些学者的学术作品结集出书。正常的编著程序应该是编者事先征得作者的同意,取得相关授权,与作者签订合同后才能将他人的作品交付出版社结集出版(著作权法规定,作品发表后超过 50 年的则不需授权)。同时,编者和出版社应按照合同规定的价格向作者付稿酬并寄赠样书。精选好的作品编辑出版也是需要水平和精力的,对学术研究也是很有意义的事,但必须按照规范办。然而有些人私自将其他学者的文章结集出版,未与作者联系,也不支付稿酬。这里还分两种情况,一是这些编者在书中标出原作者的名字,明告世人,此文并非我写。这样,编者虽没有将他人作品直接归入自己名下作为自己的成果,却占有了别人的稿费,即图利不求名型。署原作者的名字也

绝不是想要维护原作者的署名权，而是因为这些作者名字响亮，印在书上会更好卖。这样的"编著"侵犯了原作者的合法权益，但称其为抄袭似乎又不大妥当，因为抄袭剽窃是将他人的作品当作自己的作品发表，也就是说，这种行为虽无抄袭之名，却有抄袭之实。另一种所谓的编者会偶尔"漏"署一些名字，或者干脆将原作者的名字全"漏"掉，在封面上只署上自己的名字，有时也不写明是编还是著，企图误导读者。与第一种情况不同，这些人是名副其实的抄袭，视他人成果为己出。

这种名编实抄法与一般的全篇搬用不同，挂着编选的名义抄袭更加安全。前一种图利的编选之作，发行量高，被发现的概率大，但很少被追究。因为各个被侵权者被引用的作品量都不多，有时候不过一两千字、两三千字而已。被侵权者发现了最多向出版社质问一二，如果出版方不予理会他们也没办法，很少为了几千字去打官司的。正因如此，搜罗汇编他人的研究成果，当作自己的研究所得，以获取职称等，被揭露的也不多。因为这些汇编的书发行量极小，只是作为评职称等之用，因此知道这种抄袭的人本就不多，会予以揭露的就更少了。[11]

9.2.3　学术著作的结构

学术著作的文本结构与学位论文相近，可参考 9.1.2 节的内容。事实上，一些优秀的博士论文经过修改、补充与扩展，最后出版成书的事例很多。

学术著作书籍结构的构成要素主要有封面（封面、封里、封底里、封底、腰封、勒口）、书脊、环衬页、扉页、版权页、目录页、前言页、章前页、内容页、插页、后记页等。其中，版权页载图书出版的历史性记录，主要印刷图书在版编目 CIP 数据及书籍的版权信息，通常印在扉页背面或正文的最后一页，包括书名、作者、编著者、译者、改编者、编辑、排版、装帧设计、出版者、发行者、印刷者、开本、字数、印张、版次、国际书号（ISBN）及版权声明等信息。前言页（或序、序言）说明编写书稿的指导思想和意图，介绍书稿的中心内容、特点、编写过程、读者范围、阅读方法和其他必要说明的情况。章前页（篇章页）是一种概括总结性页面，主要包括章节名称，又称为中扉页、隔页，篇章页一般仅出现在奇数页及单码页，如果出现在双码页，则移动到单码页，双码页留白。目录页载书籍的篇章名目，编列要与正文中的标题一致，主要起到内容索引的作用，一般位于版权页之后。目录页同样要位于单码页，即书籍折页右起。

学术著作的篇章结构在成书时体现在目录中，在撰写时体现在大纲中。著作篇章结构的布局非常重要，对于作者而言，它既是研究思路的表达，又是着手撰写正文的纲要，对于读者而言，它不仅起到目录索引的作用，而且可以引领读者的阅读，帮助读者抓住阅读重点。在初步确定著作的题名和初步搜集资料后，就应该着手拟一个撰写大纲。初步拟定的大纲至少要具体到二级标题。其过程是首先利用一级标题将整部著作划分为几个围绕题名而展开的论题，其次利用二级标题形成研究每个论题的逻辑线，并确保一级标题，即每章之间拥有通畅、明晰的逻辑关系，这一步可以借助思维导图、逻辑框架图等来完成。如此就初步形成了著作的篇章架构和研究路径。当然，如果著作的内容层次较为丰富，则需要将大纲拟定到三级标题。在不断搜集资料和撰写正文的过程中，可以随时调整二级和三级标题，但一级标题的调整需要与题名的修订一同考虑。

9.2.4 学术著作的写作要点

学术著作写作流程包括确定选题，拟定题名，搜集写作资料，梳理主要论点，拟定撰写大纲，进一步搜集资料，撰写初稿，多轮修改，定稿预备出版。其中的写作要点如下。

1. 题名宜小不宜大

学术著作的题名大小与可获得的资料多少密切相关。有多少资料就做多大题目。初拟著作题名时定小一点为宜，避免因题名宽泛造成论述失焦，难以开展深入地研究与探讨。

2. 标题风格一致

学术著作的各级标题要和它所覆盖的内容相符，能够较为确切地概括或描述相应内容；用词严谨、准确、简洁、客观，全书标题风格要一致；全书同一层级的标题字数差异尽量不要太大。

3. 章节划分得当

核心章节每一章的体量应大致均衡，阅读耗时相近。若有体量非常突出的章节，应考虑将其进一步分成两章或者三章，一方面便于作者更有针对性、更详细地论述，另一方面易于读者阅读、消化，提高阅读体验。

4. 内容详略得当

一本书的容量有限，花太多篇幅写太基础的内容，甚至教材里也有的知识，势必对自己原创性的核心内容造成影响，导致核心篇幅缩水，研究深度受限。

5. 善用图表

能用图表表述的内容就用图表，以文字为辅说明其中的特别之处。在设计上科学清晰的图表更直观、更具说服力，也会让著作更干净有力，让读者能一目了然，且避免了文字描述相同内容时难以避免的重复语句。

9.3 科技报告

科技报告是国家基础性、战略性科技资源，承载了我国各级各类科技计划项目成果，其内容包含大量专利、商标、动植物新品种、技术诀窍、计算机软件著作权、新产品或新工艺设计图等类型的知识信息，这些信息往往具有开创性、突破性，属于我国拥有自主知识产权的创新成果。同时，科技报告也是为科技工作者提供有关信息，提高科技成果使用效益，促进并支撑协同创新，进而促进经济社会发展的重要科技成果形式。

世界上的一些主要发达国家都陆续建立了国家科技报告制度，其中最著名的是美国的国家科技四大报告体系：国防部 AD 报告、商务部 PB 报告、航空航天局 NASA 报告和能源部 DOE 报告。我国于 20 世纪 80 年代首先在国防领域实行了国家科技报告制度。2012 年 9 月，中共中央、国务院印发了《关于深化科技体制改革加快国家创新体系建设的意见》，明确提出建立国家科技报告制度的任务。2014 年 8 月 31 日，国务院办公厅转发科技部《关于加快建立国家科技报告制度的指导意见》，奠定了建立和实施国家科技报告制度的支柱和基础。2014 年 3 月 1 日，"国家科技报告服务系统"在网上正式开通运行。这一重要举措的实施,标志着中国科技体制改革在建立国家科技报告制度、促进科技资源开放方面取得了实质性进展。2015年9月24日,中共中央办公厅和国务院办公厅印发《深化科技体制改革实施方案》,提出"全面实行国家科技报告制度,建立科技报告共享服务机制,将科技报告呈交和共享情况作为对项目承担单位后续支持的依据"。2016年8月10日,国务院发布《国务院关于印发"十三五"国家科技创新规划的通知》,指出"建立统一的国家科技管理信息系统,对科技计划实行全流程痕迹管理。全面实行国家科技报告制度,建立科技报告共享服务机制,将科技报告呈交和共享情况作为对项目承担单位后续支持的依据"。

9.3.1 科技报告的界定

科技报告全称科学技术报告。我国国家标准《科技报告编写规则》(GB/T 7713.3—2014)将科技报告定义为:是进行科研活动的组织或个人描述其从事的研究、设计、工程、试验和鉴定等活动的进展或结果,或描述一个科学或技术问题的现状和发展的文献。科技报告中包含丰富的信息,可以包括正反两方面的结果和经验,用于解释、应用或重复科研活动的结果或方法。科技报告的主要目的在于积累、交流、传播科学技术研究与实践的结果,并提出有关的行动建议。[12]

由政府部门立项并利用国家财政全额或部分经费资助的,由政府科研机构、科研管理部门以及其他承包单位或合同单位承担的科研项目所产生的科技报告,政府部门一般会强制科研项目承担单位呈缴,并指定政府科技信息管理部门印刷和收藏,这类科技报告往往被称为政府科技报告。本书所说的科技报告,一般是指专门针对政府出资的科研、技术项目所产生的政府科技报告。根据项目的大小,一个项目一般可形成几份到几十份,甚至几百上千份科技报告。

总之,科技报告是按照标准规范撰写、由国家采取一定的行政手段强制形成的特种文献,是国家重要的战略资源。科技报告应该由承担国家科技项目的科研人员进行撰写,由科研人员所在法人单位负责审核。项目承担人员应该在研发实施和转移、转化阶段提交科技报告。

9.3.2 科技报告与科技论文的差异

与科技论文相比,科技报告具有如下特征:① 科技论文属于正式出版物,而科技报告是灰色文献,属于非正式出版物;② 科技报告的内容覆盖广泛,篇幅长短不受限制,同时具有技术内容审查意见;③ 科技报告是可带有密级的技术文件,有些部分属于不公开发表的内容,或敏感,或保密,或二者兼而有之。科技报告可以借阅,但读者范围根据密级进行限制。

具体来说,科技论文等公开文献对刊载的学术论文内容的独创性有严格要求,内容必须是在理论性、实验性或观测性上具有科学创新见解,或者是已知原理应用于实际中取得的新进展、新发现,需要经过专家评议。同时受到载文数量和篇幅的限制,期刊论文的内容选择、文章长短、编排格式都严格控制。因此,在大量的科学研究结果中,只有小部分具有创新性的最终研究成果能够在公开出版物上发表,而且由于刊载的论文篇幅有限,只能以阐述作者的科学见解和研究结果为目的,大部分的研究结果,特别是中间结果,由于保密受限等原因,无法公开发表。这部分未发表的科研结果也具有较高的科研参考价值,是一笔巨大的知识财富，需要通过有效的手段和渠道进行完整的记载和保存，以便他人借鉴和利用。

而科技报告在此方面正好可以发挥巨大作用。科技报告可以全面、完整和翔实地记载和描述科学研究和技术开发活动中任何调研、试验、设计、研制、开发、生产等方面的过程和结果，并包括大量的图表及原始数据。科技报告涉及的研究问题可大可小、可深可浅，即使是非常专门或细节的研究，也可作为科技报告的内容，目的是记录和保存科研活动中一切有价值的结果。相比已在公开文献上发表的研究成果，科技报告记录和描述得更加翔实。

科技报告与科技论文等公开文献所涉及内容的密级也存在很大不同。公开文献的内容一般不会涉及国家秘密、技术诀窍、关键技术和数据等，内容以基础理论和公共知识的研究为主，涉及技术秘密或细节时都会尽量回避和笼统论述。科技报告具有严格的密级划分，使用范围限制和安全管理制度有助于打消科技人员的顾虑，在科技报告中详细撰写技术细节。总之，在众多的科技信息资源中，科技报告是唯一能够完整、系统地记录整个科研过程中的技术细节，并能永久保存、供后人查阅使用的科技文献形式。

9.3.3 科技报告的类型

科技项目的全生命周期分为科研立项，项目研发实施，成果转移、转化三大阶段，在不同的阶段会产出不同的科研成果和文字材料，形成不同类型的科技报告。在科研立项阶段，科研人员将提交申报书和合同书等材料，它们属于科研档案，不纳入科技报告范畴。在研发实施阶段，项目承担人员一般需要提交以下四种类型的科技报告。① 专题技术报告包括试验/实验报告、分析/研究报告、工程/生产/运行报告和评价/评估/测试报告，其中试验/实验报告提交各种数据及分析结论，分析/研究报告提交某项课题的研究经过与成果，成果包括论文(报告)和专有技术，公开发表的论文和专利属于科研产出，但不纳入科技报告范畴。工程/生产/运行报告描述工程类、科技产品类以及科学仪器、设备、设施类科技项目的设计和建设开发的过程、进展以及关键技术、生产原料、材料方法、技术状态、维修维护等。② 技术进展报告要根据技术节点提交研发过程中的技术进展、结果以及时间节点报告。③ 最终技术报告要提交技术最终完成情况报告。④ 组织管理报告即最终合同报告，反映最终课题任务完成情况。在成果转移、转化阶段，项目承担人员需要提交市场/检验/评估报告以及工程/生产报告。市场/检验/评估报告要提交描述产品的生产运营成本、经济可行性、市场前景等相关科技报告。

在实际工作中，很多科技报告是上述几种类型报告的混合体，例如美国政府科技报告中有许多技术进展报告，其提交形式是季度报告或年度报告，而内容实际上是对某一具体科学技术问题的研究，相当于是研究报告。

此外，根据科技报告的密级，可将科技报告划分为公开科技报告、解密科技报告、非保密受限制科技报告、保密科技报告等。[13]

9.3.4 科技报告的结构

科技报告一般包括前置部分、正文部分和结尾部分。各部分的具体构成要素见表9-1。[14]

表 9-1 科技报告构成要素

组成		状态	功能
前置部分	封面	必备	提供密级、报告编号、题名、作者、完成单位、完成日期等信息
	封二	可选	可提供版权、权限等信息
	题名页	可选	提供封面上的信息以及项目号、项目资助机构信息、发行限制信息等
	辑要页	必备	集成封面信息和摘要、关键词、项目数据、审核人等信息,可代替题名页
正文部分	序或前言	可选	作者或他人对报告基本特征的简介等
	致谢	可选	对研究实施或报告编写等工作给予帮助的组织和个人应表示感谢
	摘要页	可选	简述研究的目的、方法、结果和结论等
	目次	必备	描述报告的整体结构,便于快速定位信息
	插图和附表清单	图表较多时使用	描述报告的结构,便于快速定位信息
	符号和缩略语说明	符号等较多时使用	便于阅读和把握报告内容
	引言部分	可选	简要说明研究背景、现状、目的、范围、意义等,可分章节论述
	主体部分	必备	完整描述研究对象、基本理论、实(试)验方法、参数选择、工艺、配方、程序、实验数据、研究发现、结果分析等,分章节论述
	结论部分	必备	最终的、总体的结论
	建议部分	可选	未来的行动建议、解决途径等
	参考文献	有参考文献时使用	
结尾部分	附录	有附录信息时使用	内容可包括:编入正文不合适但对保证正文的完整性又是必需的材料;对一般读者并非必要但对同行具有参考价值的材料;正文中未被引用但具有补充参考价值的参考书目;某些重要的原始数据、数学推导、计算程序、图、表、设备等的详细描述等
	索引	可选	
	发行列表	发行控制时使用	提供科技报告接收机构或个人的完整通信地址等相关信息
	封底	可选	

以下仅对科技报告撰写中较为独特的部分进行讲解,其他部分可参考 9.1 和 9.3 节。

(1) 科技报告密级,由科技报告撰写单位按照国家有关保密规定提出,并按照 GB/T 30534 的要求进行标识。科技报告密级应置于封面显著位置,一般宜置于印刷版科技报告页面的右上角,电子版科技报告物理载体或首屏的显著位置。

(2) 科技报告编号,由科技报告管理机构分配。由于不同的管理机构通常会分配不同的报告编号,一份科技报告可能会有多个编号。科技报告编号按照 GB/T 15416 的要求进行标识。科技报告编号应置于显著位置,一般宜置于印刷版科技报告页面的左上角,电子版科技报告物理载体或首屏的显著位置。如空间允许,也可置于书脊。多卷、册、篇科技报告编号的位置应一致。

(3) 辑要页,集中描述科技报告的基本特征,提供加工、检索科技报告所需要的所有相关书目数据,包括封面、题名页上的元数据信息以及摘要、关键词、科技报告总页数等元数据信息。

(4) 序或前言,一般是作者或他人对报告基本特征的简介,如说明研究工作缘起、背景、主旨、目的、意义、编写体例,以及资助、支持、协作经过等。这些内容也可在正文部分引言中说明。序或前言宜另起一页,置于辑要页之后。

(5) 索引,应包括某一特定主题及其在报告中出现的位置信息,例如页码、章节编号或超文本链接等。可根据需要编制分类索引、著者索引、关键词索引等。

科技报告封面模板、题名页、辑要页示例及正文部分编排示例请见 GB/T 7713.3—2014 附录。

9.4 参考文献规范

文献引用规范实际是指引文规范,是关于文献引用内容、引文标注及著录的规则及要求。现行的行业标准《学术出版规范·引文》[10](CY/T 122—2015,国家新闻出版广电总局 2015 年 1 月 29 日发布,2015 年 1 月 29 日起实施)规定了学术出版中引文的基本要求,适用于学术专著的出版,期刊、研究报告、论文等其他文献可参照使用。研究生阶段相关论文引用的可参考此规范操作,如学校另有学位论文写作规范等以学校规定执行。

9.4.1 文献引用规范

学术研究不同于小说或者艺术创作,不得随意编造,凭空生成;几乎所有的学术研究成果必定是在前人或者他人已有的成果之上经过不断提高获得的。合理引用他人的学术思想、理论、成果和数据,既体现研究的继承性和发展性,反映学术研究的起点和基础,也是对他人劳动的尊重,更能使学术研究更加严肃,使之言之有据,更加可信。归纳起来,引用具有以下作用:

(1) 引用有利于研究传承。科学研究是在前人的基础上进行的,通过引用可以更好地理解知识的迭代过程,梳理研究成果为一个有机的链条,更好地体现学术发展脉络。

(2) 引用使观点有证可寻。引用可以为研究提供有力的理论支撑,方便读者及相关科研人员查阅和检索相应的信息,提高学术论著的理论水平和学术价值。

(3) 引用对他人成果的尊重。如果我们在论文中引用了别人的学术观点、材料、数据等,都需要列出来,这是对他人的尊重。没有标注出处,则会被认为是抄袭、剽窃行为等学术不端行为。

(4) 规范引用有利于出版。规范引用文献是论文、著作发表的重要前提之一,不符合引用规范的学术成果将很难被出版。

1. 引文使用要求

2004年教育部发布的《高等学校哲学社会科学研究学术规范(试行)》对学术引文规范的通知如下:

(七) 引文应以原始文献和第一手资料为原则。凡引用他人观点、方案、资料、数据等,无论曾否发表,无论是纸质或电子版,均应详加注释。凡转引文献资料,应如实说明。

(八) 学术论著应合理使用引文。对已有学术成果的介绍、评论、引用和注释,应力求客观、公允、准确。

伪注,伪造、篡改文献和数据等,均属学术不端行为。

2. 引用方式

根据文献引用的基本方式,可以把引文分为以下几种类型:

(1) 直接引用与间接引用。

直接引用是指直接引用别人成果的某些字段,它直接解决文献需要的问题,对文献起到可见的支持作用,是典型的实质性引用。当引用关键词、原文时,需加引号,使引用的内容与文章融为一体(如:伯尔曼在《法律与宗教》[1]中说"法律必须被信仰,否则它将形同虚设");若原文较长时可以单独起一段。

间接引用是指吸收了别人的成果,但用自己的语句为表达。当需要突出作者的工作时,那么以作者的姓名为引用主语,对主要内容进行归纳(如:伯尔曼[1]曾说法律如果不被信仰,就是形同虚设);而当需要突出方法、观点、事件等事实性内容时,那么应以这些事实性内容为主语(如:没有信仰的法律将退化成为僵死的教条,而没有法律的信仰却将蜕变成为狂信,法律如果不被信仰,就是形同虚设[1])。

(2) 转引与自引

转引是指自己未阅读原始文献,只根据二手资料、译文或他人引用的资料加以引用。转引往往缺乏对原始文献全面而系统的理解,且多人多次转引还有可能导致数据错误等,因此应尽量避免转引,尽可能查阅一手资料。

自引是指著者引用自己已发表的著作或与他人合著的著作,有作者自引、期刊自引、机构自引等。正常的自引可以考察各国、各地域、各学科、各期刊、各著者的研究连续性、积累性和研究水平,有其合理性。但人为过度自引则是失范行业,过度自引是指不必引而偏要引用,应避免这种行为。

(3) 漏引和伪引

漏引是指引用了别人成果的某些字、句、段,但未在参考文献中注明,或虽列出参考文献,但在行文中未明确注明哪些是别人的,哪些是自己的。

伪引是指并未引用别人的成果,但却将成果列在参考文献中。目前有些作者为了增加引文数量或是应付检查,直接照抄现成的书目,也不注明出处,即是伪引。

9.4.2 文献著录规则

所谓著录即是描述或记录。文献著录规则是指按一定的标准将参考文献的各个项目记录下来的过程。文献著录规范统一,对读者、编者、评审者等准确迅速地查找文献线索有很大帮助,这也是学术研究严谨性、科学性的体现。在国内使用、出版的学术成果对参考文献的著录可以参考现行国家推荐标准《信息与文献 参考文献著录规则》[11](GB/T 7714—2015,中华人民共和国国家标准化管理委员会,2015 年中国标准化出版社出版),它规定了各类型出版物中文后参考文献的著录项目、著录顺序、符号以及著录的格式等。该标准在著录项目的设置、著录格式的确定、参考文献的著录以及参考文献表的组织等方面参照 ISO 690《文献工作文后参考文献内容、形式与结构》和 ISO 690—2《信息与文献参考文献第 2 部分:电子文献部分》两项国际标准。但这两项国际标准目前已废止,现行的国际标准为 ISO 690:2021《信息和文档-参考信息资源书目参考和引文的指南》[12]。在国际上使用、出版的学术成果对参考文献的著录可参考 ISO 690:2021 或其他符合要求的著录规则,如 APA Style(American Psychological Association)、MLA Style(Modern Language Association)、CMS Style(Chicago Manual of Style)等。

每篇被引用的文献都需要包含三部分的内容:正文中对引用文献内容的介绍、文后被引用文献形成的参考文献列表、正文中对引用文献的标注(文献内容的介绍与文后参考文献列表之间的对应关系)。其中,正文中对引用文献内容的介绍已在前文文献引用规范中有所涉及,这里将重点说明按照 GB/T 7714—2015 的要求如何形成正确的参考文献列表以及正文中对引用文献的标注。

1. 参考文献列表的排序

根据国家标准,文后被引文献形成的参考文献列表可以按顺序编码制排序,也可以按著者-出版年制组织。顺序编码制即参考文献表中的各篇文献按在正文部分标注的序号依次列出。著者-出版年制即参考文献表中的各篇文献首先按文种集中,然后按著者字顺和出版年排列,文种可分为中文、日文、西文、俄文和其他文种五部分,中文可按笔画、笔顺或汉语拼音字顺排列,示例如下:

[1] BAKER S K, JACKSON M E. The future of resource sharing [M]. New York:The Haworth Pres5, 1995.

[2] CHERNIK B E. Introduction to library services for library technicians [M]. Littleton, Colo.:Libraries Unlimited, Inc., 1982.

[3] 尼葛洛庞帝.数字化生存[M].胡泳,范海燕,译.海口:海南出版社,1996.

[4] 汪冰.电子图书馆理论与实践研究[M].北京:北京图书馆出版社,1997:16.

[5] 杨宗英.电子图书馆的现实模型[J].中国图书馆学报,1996(2):24-29.

在我国顺序编码制较为常用,具体要求有:

(1) 按正文中引用的文献出现的先后顺序连续编码,将序号置于方括号中。

(2) 同一处引用多篇文献时,应将各篇文献的序号在方括号内全部列出,各序号间用",",如遇连续序号,起讫序号间用短横线连接。

示例:裴伟[52,83]提出……莫拉德对稳定区的节理格式的研究[255-256]……

(3) 多次引用同一著者的同一文献时,只编 1 个号,引文页码放在"[ ]"外,文献表中不再重复著录页码。

示例：张德[4]15-17……；张德[4]25-27……

2. 参考文献列表的著录

参考文献列表的著录原则上要求用文献本身的文字著录，每一篇文献的具体信息（作者姓名、出版年、标题、刊物名、卷期和页码信息等）的格式不能随意，需要参照指定的标准格式处理。专著、科技报告、学位论文、专利等可依据书名页、封面等主要信息源著录各个项目。针对不同文献类型的引文其参考文献表的著录规则也是不一样的。下面说明几种主要文献类型的著录格式。

（1）专著

主要责任者.题名：其他题名信息［文献类型标识/文献载体标识］.其他责任者.版本项.出版地：出版者，出版年：引文页码［引用日期］.获取和访问路径.数字对象唯一标识符.

示例

[1] 哈里森,沃尔德伦.经济数学与金融数学[M].谢远涛,译.北京：中国人民大学出版社,2012：235-236.

[2] 杨保军.新闻道德论[D/OL].北京：中国人民大学出版社,2010[2012-11-01]. http://apabi.lib.pku.cn/usp/pku/pub.mvc? pid = book.detail&metaid = m.20101104-BPO-889-1023&cult=CN.

（2）专著中的析出文献

析出文献主要责任者.析出文献题名［文献类型标识/文献载体标识］.析出文献其他责任者//专著主要责任者.专著题名：其他题名信息.版本项.出版地：出版者,出版年：析出文献的页码［引用日期］.获取和访问路径.数字对象唯一标识符.

示例：

[1] 白书农.植物开花研究[M]//李承林.植物科学进展.北京：高等教育出版社,1998：146-163.

[2] WEINSTEIN L, SWERTZ M N. Pathogenic properties of invading microorganism [M]//SODEMAN W A, Jr, SODEMAN W A. Pathologic physiology: mechanisms of disease. Philadelphia: Saunders,1974：745-772.

（3）连续出版物（期刊、报纸）中的析出文献

析出文献主要责任者.析出文献题名［文献类型标识/文献载体标识］.连续出版物题名：其他题名信息,年,卷（期）：页码［引用日期］.获取和访问路径.数字对象唯一标识符.

示例：

[1] 张娇,薛汝增,陈永锋.获得性大泡性表皮松解症[J].皮肤性病诊疗学杂志,2016,23(4)：219-220.

[2] KANAMORI H. Shaking without quaking[J].Science,1998,279 (5359)：2063.

（4）专利文献

专利申请者或所有者.专利题名：专利号［文献类型标识/文献载体标识］.公告日期或公

开日期[引用日期].获取和访问路径.数字对象唯一标识符.

示例：

[1] 邓一刚.全智能节电器：200610171314.3[P]. 2006-12-13.

[2] TACHIBANA R，SHIMIZU S，KOBAYSHI S，et al. Electronic watermarking method and system：US6915001[P/OL]. 2005-07-05[2013-11-11]. http：//www.google.co.in/patents/US6915001.

（5）电子文献

凡属电子专著、电子专著中的析出文献、电子连续出版物、电子连续出版物中的析出文献以及电子专利著录项目与著录格式按前面有关规则处理，除此之外的电子资源根据本规则著录。

主要责任者. 题名：其他题名信息[文献类型标识/文献载体标识].出版地：出版者，出版年：引文页码（更新或修改日期）[引用日期].获取和访问路径.数字对象唯一标识符.

示例：

[1] 萧钰.出版业信息化迈入快车道[EB/OL]. (2012-12-19)[2002-04-15]. http://www.creader.com/news/20011219/200112190019.html.

[2] Online Computer Library Center, Inc. History of OCLC[EB/OL].[2000-01-08]. http：www.oclc.org/about/history/default.htm.

专著和博士学位论文一般篇幅较长，将参考文献全部列在书末或文后，可能导致翻阅不便。鉴于这种情况，可在每个章节后列出这一章节的参考文献，也可在每页用脚注或文中注的方式注出本页的参考文献。

另附不同文献类型标识代码如下：

1. 常用文献类型用单字母标识，具体如下：

（1）期刊[J](journal)

（2）专著[M](monograph)

（3）论文集[C](collected papers)

（4）学位论文[D](dissertation)

（5）专利[P](patent)

（6）技术标准[S](standardization)

（7）报纸[N](newspaper article)

（8）科技报告[R](report)

2. 电子文献载体类型用双字母标识，具体如下：

（1）磁带[MT](magnetic tape)

（2）磁盘[DK](disk)

（3）光盘[CD](CD-ROM)

（4）联机网络[OL](online)

3. 电子文献载体类型的参考文献类型标识方法为：[文献类型标识/载体类型标识]。

例如：

(1) 联机网上数据库[DB/OL](data base online)

(2) 磁带数据库[DB/MT](data base on magnetic tape)

(3) 光盘图书[M/CD](monograph on CD-ROM)

(4) 磁盘软件[CP/DK](computer program on disk)

(5) 网上期刊[J/OL](serial online)

(6) 网上电子公告[EB/OL](electronic bulletin board online)

9.5 情境导入

以一篇论文为例，展示出这篇文章从预印本平台上第一版（V1）到修改好的第二版（V2），再到经同行评审后正式发表为期刊论文，及正式发表后的作者更正版本的论文演变过程，比对不同版本的修改标识，揭示学术研究和写作过程的不断改进与完善。

以下为各版本情况：

(1) 第一版（medRxiv 预印本 V1 版），文章标题 Immune Cell Profiling of COVID-19 Patients in the recovery stage by Single-cell sequencing，medRxiv preprint doi：https://doi.org/10.1101/2020.03.23.20039362；this version posted March 27, 2020. This preprint was not certified by peer review. https://www.medrxiv.org/content/10.1101/2020.03.23.20039362v1

(2) 第二版（medRxiv 预印本 V2 版），文章标题 Immune Cell Profiling of COVID-19 Patients in the Recovery Stage by Single-Cell Sequencing，medRxiv preprint doi：https://doi.org/10.1101/2020.03.23.20039362；this version posted March 31, 2020. This preprint was not certified by peer review. https://www.medrxiv.org/content/10.1101/2020.03.23.20039362v2

(3) 经同行评审后发表的期刊论文，被 Web of Science 和 Scopus 数据库收录，文章标题 Immune cell profiling of COVID-19 patients in the recovery stage by single-cell sequencing，https://doi.org/10.1038/s41421-020-0168-9，Cell Discovery，2020 年，第 6 卷，第 1 期，文献号：31。Article number：31（2020）。在 scopus 数据库中显示，文献类型为 Article，Published：04 May 2020。

(4) 经同行评审后发表的期刊论文勘误，Author Correction：Immune cell profiling of COVID-19 patients in the recovery stage by single-cell sequencing，https://doi.org/10.1038/s41421-020-00187-5，Cell Discovery volume 6，Article number：41（2020），An Author Correction to this article was published on 20 June 2020。在 scopus 数据库中显示，文献类型为 Correction。

以下为各版的修改情况：

(1) medRxiv 预印本 V2 版和 medRxiv 预印本 V1 版相比，修改变化如下：

① V2 版的文摘部分做了修改，更新了疫情新增人数数据。具体如图 9-3 所示。

Abstract

COVID-19 caused by SARS-CoV-2 has recently affected over 200,000 people and killed more than 8000. Immune system dysregulation such as lymphopenia and inflammatory cytokine storm has been

注：V1 版文摘

Abstract

COVID-19, caused by SARS-CoV-2, has recently affected over 300,000 people and killed more than 10,000. The manner in which the key immune cell subsets change and their states during the course

注：V2 版文摘

图 9-3　V1 版和 V2 版文摘

② "图 4"进行了调整，图不变但修改了描述，具体如图 9-4 所示。

Figure 4. Characterization of T and NK cell responses in the blood of recovered COVID-19 patients.
A. Ten sub-clusters of NK&T lymphocytes were identified. The UMAP plot shows the clustering of T and NK cells.
B. The UAMP plot showing subtype-specific marker genes of NK&T cells including *CD4, CD8A, NCAM1, CCR7, GZMK, GNLY, MKI67, FCGR3A* and *IL-1β*.
C. The bar plot shows the percentages of four sub-clusters of NK&T cells, four sub-clusters of CD4$^+$ T cells and three sub-clusters of CD4$^+$ T cells among HCs, ERS and LRS patients, respectively.
D. The heatmap of CD4$^+$T cells showing the DEGs between COVID-19 patients and HCs.
E. The volcano plot shows the DEGs of CD8$^+$ T cells between COVID-19 patients and HCs.
F. The GO BP enrichment analysis of DEGs of CD4$^+$T cells upregulated in COVID-19 patients.
G. The UAMP shows TCR clone in ERS and LRS.

H. The volcano plot shows the DEGs of Pro-T cells and CD8+ T cells between COVID-19 patients and HCs.
I. The pie plot shows TCR clone difference across HCs, ERS and LRS patients.

注：V1 版图 4
H. 火山图显示了新冠病毒-19 患者和 HCs 之间的前 T 细胞和 CD8＋T 细胞的 DEGs。
I. 饼图显示 HCs、ERS 和 LRS 患者的 TCR 克隆差异。

Figure 4. Characterization of T and NK cell responses in the blood of recovered COVID-19 patients
A. Ten sub-clusters of NKT lymphocytes were identified. The UMAP plot shows the clustering of T and NK cells.
B. UAMP plot showing subtype-specific marker genes of NKT cells including *CD4, CD8A, NCAM1, CCR7, GZMK, GNLY, MKI67, FCGR3A,* and *IL-1β*.
C. The bar plot shows the percentages of four sub-clusters of NKT cells, four sub-clusters of CD4$^+$ T cells, and three sub-clusters of CD4$^+$ T cells among the HCs and the ERS and LRS patients.
D. Heatmap of CD4$^+$T cells showing the DEGs between the COVID-19 patients and HCs.
E. The volcano plot shows the DEGs of CD8$^+$ T cells between the COVID-19 patients and HCs.
F. GO BP enrichment analysis of the DEGs of CD4$^+$ T cells upregulated in the COVID-19 patients.
G. The pie plot shows the TCR clone differences across the HCs and the ERS and LRS patients.

H. UAMP shows expanded TCR clones (n≥2) in the ERS and LRS patients.
I. The volcano plot shows the DEGs of CD8$^+$ CTLs between the COVID-19 ERS group and HCs.

注：V2 版图 4
H.UAMP 显示扩展的 TCR 克隆(n≥2) 在 ERS 和 LRS 患者中。
I.火山图显示了新冠病毒-19 ERS 组和 HCs 之间 CD8＋CTL 的浓度。

图 9-4　V1 版和 V2 版图 4

③ 图 6 进行了调整，图片没变只是修改了描述，如图 9-5 所示。

Figure 6. Expanded BCR clones and biased usage of VDJ genes observed in COVID-19 patients.
A. The UMAP plot shows the B cell expansion status in HCs, ERS and LRS COVID-19 patients.
B. The bar plots show clonal expansion status of B cells in peripheral blood from each individual sample.
C. The bar plots show the clonal expansion status of B cells in peripheral blood of HCs, ERS and LRS COVID-19 patients.
D. The volcano plot shows the DEGs of ERS and LRS patients vs. HCs in B cells.
E. The bar plots show specific B cell clonal expansion.
F. The heatmap of specific BCR clonal expansion.

注：V1 版图 6
F. 特定 BCR 克隆扩展的热图。

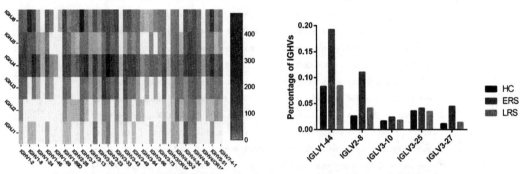

Figure 6. Expanded BCR clones and biased usage of VDJ genes observed in the COVID-19 patients
A. The UMAP plot shows the B cell expansion status in the HCs and the ERS and LRS COVID-19 patients.
B. The bar plots show the clonal expansion status of B cells in peripheral blood from each individual sample.
C. The bar plots show the percentages of maximum clones of B cells in the peripheral blood of the HCs and the ERS and LRS COVID-19 patients.
D. The volcano plot shows the DEGs of expanded vs. non-expanded B cells in ERS and LRS patients.
E. The bar plots show specific IGHV, IGKV, IGLV usage in the HCs and the ERS and LRS COVID-19 patients.
F. Heat map showing IGH rearrangements in peripheral blood samples from ERS group.

注：V2 版图 6
F. 热图显示 ERS 组外周血样本中 IGH 重排。

图 9-5　V1 版和 V2 版图 6

（2）经同行评审正式出版期刊论文和 medRxiv 预印本 V2 版相比，修改变化如下：
① 作者增加了 Liwei Dong，如图 9-6 所示。

Immune Cell Profiling of COVID-19 Patients in the Recovery Stage by Single-Cell Sequencing

Wen Wen[1]*; Wenru Su[2]*; Hao Tang[3,5]*; Wenqing Le[4]*; Xiaopeng Zhang[6]*; Yingfeng Zheng[2]*; Xiuxing Liu[2]; Lihui Xie[2]; Jianmin Li[5]; Jinguo Ye[2]; Xiuliang Cui[1]; Yushan Miao[3]; Depeng Wang[7]; Jiantao Dong[8]; Chuanle Xiao[2]*#; Wei Chen[6#]; Hongyang Wang[1,9,10#]

注：预印本 V2 版作者

> ARTICLE Open Access
>
> # Immune cell profiling of COVID-19 patients in the recovery stage by single-cell sequencing
>
> Wen Wen[1], Wenru Su[2], Hao Tang[3,4], Wenqing Le[5], Xiaopeng Zhang[6], Yingfeng Zheng[2], Xiuxing Liu[2], Lihui Xie[2], Jianmin Li[6], Jinguo Ye[2], Liwei Dong[1], Xiuliang Cui[1], Yushan Miao[3], Depeng Wang[7], Jiantao Dong[8], Chuanle Xiao[2], Wei Chen[6] and Hongyang Wang[1,9,10]

注：经同行评审正式出版期刊论文作者

图 9-6 正式出版与预印本 V2 版作者

② 文摘部分发生了变化：更新了新冠肺炎死亡和感染人数，并且修正、优化了描述，如图 9-7 所示。

> **Abstract**
>
> COVID-19, caused by SARS-CoV-2, has recently affected over 300,000 people and killed more than 10,000. The manner in which the key immune cell subsets change and their states during the course of COVID-19 remain unclear. Here, we applied single-cell technology to comprehensively characterize transcriptional changes in peripheral blood mononuclear cells during the recovery stage of COVID-19. Compared with healthy controls, in patients in the early recovery stage (ERS) of COVID-19, T cells decreased remarkably, whereas monocytes increased. A detailed analysis of the monocytes revealed that there was an increased ratio of classical $CD14^{++}$ monocytes with high inflammatory gene expression as well as a greater abundance of $CD14^{++}IL1B^{+}$ monocytes in the ERS. $CD4^{+}$ and $CD8^{+}$ T cells decreased significantly and expressed high levels of inflammatory genes in the ERS. Among the B cells, the plasma cells increased remarkably, whereas the naïve B cells decreased. Our study identified several novel B cell-receptor (BCR) changes, such as IGHV3-23 and IGHV3-7, and confirmed isotypes (IGHV3-15, IGHV3-30, and IGKV3-11) previously used for virus vaccine development. The strongest pairing frequencies, IGHV3-23-IGHJ4, indicated a monoclonal state associated with SARS-CoV-2 specificity. Furthermore, integrated analysis predicted that IL-1β and M-CSF may be novel candidate target genes for inflammatory storm and that TNFSF13, IL-18, IL-2 and IL-4 may be beneficial for the recovery of COVID-19 patients. Our study provides the first evidence of an inflammatory immune signature in the ERS, suggesting that COVID-19 patients are still vulnerable after hospital discharge. Our identification of novel BCR signaling may lead to the development of vaccines and antibodies for the treatment of COVID-19.

注：V2 版文摘

> **Abstract**
>
> COVID-19, caused by SARS-CoV-2, has recently affected over 1,200,000 people and killed more than 60,000. The key immune cell subsets change and their states during the course of COVID-19 remain unclear. We sought to comprehensively characterize the transcriptional changes in peripheral blood mononuclear cells during the recovery stage of COVID-19 by single-cell RNA sequencing technique. It was found that T cells decreased remarkably, whereas monocytes increased in patients in the early recovery stage (ERS) of COVID-19. There was an increased ratio of classical $CD14^{++}$ monocytes with high inflammatory gene expression as well as a greater abundance of $CD14^{++}IL1\beta^{+}$ monocytes in the ERS. $CD4^{+}$ T cells and $CD8^{+}$ T cells decreased significantly and expressed high levels of inflammatory genes in the ERS. Among the B cells, the plasma cells increased remarkably, whereas the naïve B cells decreased. Several novel B cell-receptor (BCR) changes were identified, such as IGHV3-23 and IGHV3-7, and isotypes (IGHV3-15, IGHV3-30, and IGKV3-11) previously used for virus vaccine development were confirmed. The strongest pairing frequencies, IGHV3-23-IGHJ4, indicated a monoclonal state associated with SARS-CoV-2 specificity, which had not been reported yet. Furthermore, integrated analysis predicted that IL-1β and M-CSF may be novel candidate target genes for inflammatory storm and that TNFSF13, IL-18, IL-2, and IL-4 may be beneficial for the recovery of COVID-19 patients. Our study provides the first evidence of an inflammatory immune signature in the ERS, suggesting COVID-19 patients are still vulnerable after hospital discharge. Identification of novel BCR signaling may lead to the development of vaccines and antibodies for the treatment of COVID-19.

注：期刊论文文摘

图 9-7 V2 版和期刊论文文摘

③ 讨论部分进行了修正，见图9-8。

Interaction between immune cells may help expedite or defer recovery from COVID-19 infection. Our cell-to-cell prediction analysis utilizing scRNA-seq data indicated that, in ERS patients, B cell-derived IL-6, T cell-derived CSF1 (M-CSF), and CSF2 (GM-CSF) may promote monocyte proliferation and activation. As a result, monocytes may produce a larger number of inflammatory

medRxiv preprint doi: https://doi.org/10.1101/2020.03.23.20039362; this version posted March 31, 2020. The copyright holder for this preprint (which was not certified by peer review) is the author/funder, who has granted medRxiv a license to display the preprint in perpetuity. All rights reserved. No reuse allowed without permission.

mediators, including IL-1β and IL-6, contributing to inflammatory storm. In LRS patients, both DCs-derived TNFSF13 and IL-18 and T cell-derived IL-2, IL-4 may promote B cell survival, proliferation, and differentiation. Consequently, B cells produce numerous SARS-COV-2-specific antibodies to clear viruses.

In conclusion, our study provides the first immune atlas of patients who have recovered from COVID-19 and identifies adaptive immune dysregulation after discharge. The clonal expansion of both T and B cells indicates that the immune system has gradually recovered; however, the sustained hyper-inflammatory response for more than 7 days after discharge suggests the need for medical observation after patients are discharged from hospital. Longitudinal studies of recovered patients in a larger cohort might help to understand the consequences of the disease. The novel BCRs identified in our study may advance our understanding of B cell mechanisms and have potential clinical utility in COVID-19 immunotherapies.

注：V2版讨论部分

Interaction between immune cells may help expedite or defer recovery from COVID-19 infection. Our cell-to-cell prediction analysis utilizing scRNA-seq data indicated that, in ERS patients, B cell-derived IL-6, T cell-derived CSF1 (M-CSF), and CSF2 (GM-CSF) may promote monocyte proliferation and activation. As a result, monocytes may produce a larger number of inflammatory mediators, including IL-1β and IL-6, contributing to inflammatory storm. In LRS patients, both DCs-derived TNFSF13 and IL-18 and T cell-derived IL-2, IL-4 may promote B cell survival, proliferation, and differentiation. Consequently, B cells produce numerous SARS-COV-2-specific antibodies to clear viruses, which is in agreement with the research of Zhou Y, et al.[44] who reported CD4+ T cells are activated into T-helper (Th) 1 cells and generate GM-CSF etc. to induced inflammatory $CD14^+CD16^+$ monocytes with high expression of IL-6 and accelerates the inflammation after 2019-nCoV infection.

The immune system comprises a network of cells, tissues and organs that mediate host defense against pathogens. Immune cells can be classified into distinct types based on specific surface markers with the aid of flow cytometry and microscopy. However, not all immune cell types can be completely addressed by a separate analysis of phenotypic markers, as many markers are expressed by multiple cell lineages or are regulated differently during inflammation. In recent years, sequencing technology has been widely used in biological research. On this base, scRNA-seq is used in immunological research to seek to address previously unrecognized cellular heterogeneity, and to reveal key pathways in gene regulatory networks that predict immune function[45]. In the present study, we applied single-cell technology to comprehensively characterize transcriptional changes in peripheral blood mononuclear cells during the recovery stage of COVID-19. scRNA-seq is a powerful tool to identify novel cell subsets during disease progression. In our study, $CD14^+IL1β$ subpopulation was mapped using this method, which uncovered the originator cells in ERS patients. In conclusion, our study provided the first immune atlas of patients who have recovered from COVID-19 and identified adaptive immune dysregulation after discharge. The clonal expansion of both T and B cells indicated that the immune system has gradually recovered; however, the sustained hyper-inflammatory response for more than 7 days after discharge suggested the need for medical observation after patients are discharged from hospital. Longitudinal studies of recovered patients in a larger cohort might help to understand the consequences of the disease. The novel BCRs identified in our study may advance our understanding of B cell mechanisms and have potential clinical utility in COVID-19 immunotherapies.

注：期刊论文讨论部分

图9-8　V2版和期刊论文讨论部分

④ 论文整体格式和排版不一样，正式版按期刊要求的格式及规范进行了调整。

（3）期刊论文勘误本相比原始版，指出勘误在于数据的有效性做了更新，具体勘误如下：

Following publication of the original article1, an error was identified in the Data availability section. The accession number of the dataset was updated. The corrected Data availability appears below：

The raw sequence data reported in this paper has been deposited in the Genome Sequence Archive (Genomics, Proteomics & Bioinformatics 2017) in National Genomics Data Center (Nucleic Acids Res 2020), Beijing Institute of Genomics (China National Center for Bioinformation), Chinese Academy of Sciences, under Project Accession No. PRJCA002413 (GSA Accession No. CRA002497) that are publicly accessible at https：//bigd.big.ac.cn/gsa.

参考文献

［1］国家标准化管理委员会科学技术报告、学位论文和学术论文的编写格式：GB/T 7713—1987［S］.北京：中国标准出版社,1987.

［2］学位论文编写规则：GB/T 7713.1—2006［S］.北京：中国标准出版社,2006.

［3］信息与文献 参考文献著录规则：GB/T 7714—2015［S］.北京：中国标准出版社,2015.

［4］文摘编写规则：GB/T 6447—1986［S］.北京：中国标准出版社,1986.

［5］叶继元.学术规范通论［M］.2版.上海：华东师范大学出版社,2017：194-196.

［6］叶继元.学术图书、学术著作、学术专著概念辨析［J］.中国图书馆学报,2016,42(1)：21-29.

［7］中国大百科全书总编辑委员会《新闻出版》编辑委员会.中国大百科全书：新闻出版［M］.北京：中国大百科全书出版社,1992：46,440,549-550.

［8］倪波,张志强.文献学导论［M］.贵州：贵州科技出版社,2000：120-127.

［9］昝爱宗. 译林出版社吃了一碗"亲历希拉里"的夹生饭［EB/OL］.(2003-09-27)［2004-12-12］. http://bbs2.sina.com.cn/cgi-bin/forumadm/souladm/viewsoul.pl? forumid=691&postid=884025.

［10］温新红.伪书：图书界的"假冒名牌"［N］.科学时报,2004-12-02(B1).

［11］杨守建.中国学术腐败批判［M］.天津：天津人民出版社,2001：61-63,120-121.

［12］科技报告编写规则：GB/T 7713.3—2014［S］.北京：中国标准出版社,2014.

［13］贺德方,曾建勋.科技报告体系构建研究［M］.北京：科技文献出版社,2019：4-5,10-12.

［14］张爱霞,杜薇薇,周杰,等.国家标准"科技报告编写规则"修订版浅析［J］.中国科技资源导刊,2016,48(5)：76-80.

第10章 学术交流与合作

10.1 论文投稿

论文是学术研究成果最常见的表现形式,投稿论文时不仅要考虑选择合适的期刊,而且还要注意遵守学术共同体内的规范与惯例。本节将介绍学术署名规范、确定投稿期刊的方法、选择投稿途径的技巧、投稿信的撰写要点以及学术投稿规范。

10.1.1 学术署名规范

学术署名,是指遵循学术惯例和要求,为已完成的学术成果署上对其做出实质性贡献的人员姓名的行为。署名的意义不仅在于表明作者对论文享有著作权,表示作者对文献的知识内容负有法律上、政治上、科学上、技术上和道义上的直接责任,而且在于它可以作为文献检索和查阅的线索,也便于读者通过署名中的通信方式与作者联系,促进学术交流。

1. 署名资格

《科学技术报告、学位论文和学术论文的编写格式》(GB 7713—1987)规定:"在封面和题名页上,或学术论文的正文前署名的个人作者,只限于那些对于选定研究课题和制订研究方案并做出主要贡献以及参加撰写论文并能对论文负责的人,按其贡献大小排列名次。至于参加部分工作的合作者、按研究计划分工负责具体小项的工作者、某一项测试的承担者,以及接受委托进行分析检验和观察的辅助人员等,均不列入。这些人可以作为参加工作的人员一一列入致谢部分,或排于脚注。"

署名是一件严肃的事情,学术成果应尽量署真名,并严格按照实际情况来署名。遗漏作者、假冒署名、署名转让、署名赠予、挂名/搭车署名、强制性署名、混淆署名与致谢等都属于署名失范现象,同时也是严重的学术不端行为。

每一位署名作者都对学术成果的署名和发表情况具有知情权,并认可论文的基本学术观点。如作者身兼两个或以上机构或发生了单位变更,可以将这些机构均列为自身单位,但如果期刊方面只允许列出一个单位,则应以完成论文相关工作的主要机构为准。[1]

因此,署名作者仅限于对论文报道的科研工作做出主要贡献的人或单位,学术论文最重要的特点就是它的原创性,那么主要贡献就是指同论文的原创性直接相关的新知识和新概念。不管是导师还是同学、同事,如果没有密切参与某项科研工作,就不应该提出将名字列在报道该科研工作的论文的作者名单上,也不应该允许自己的名字随便列在论文作者名单上。论文作者应该是能对论文里报道的研究成果承担责任的人。对于论文的形成提供帮助,但不具备作者资格的人或单位可列在论文的致谢或注释中。

另外,每篇期刊论文或会议论文都设有通信作者,通信作者指负责论文发表前后通信事宜的作者。若读者想就某个问题与作者商榷、求教或质疑,则可以直接与通信作者联系。如果论文只有一位作者,则该作者即为通信作者。如果是导师与研究生合作的成果,通常有两种情况:① 由于研究生毕业后的去向无法确定,因此一般由导师作为通信作者;② 第一作者作为通信作者,因为第一作者对论文负有主要贡献,对文章和实验的细节最清楚,可以给读者更有深度的回答。

2. 署名顺序

尽管《著作权法》并未对两人以上合作创作的作品署名做出详细规定,但在学术研究的领域中,作者署名的排序应体现作者对作品的贡献程度(部分另有惯例的学科例外),不可擅自僭越署名。若署名不按照贡献大小排序,则需要作者共同讨论决定,并在成果中特别说明。

论文的第一作者即为主要作者,必须是对学术研究做出最大贡献的责任人,其姓名署在首位。第二作者被视为主要协助人,第三作者的贡献可能与第二作者贡献相当,但更可能是比第二作者的贡献小,以此类推。

通信作者,顾名思义,理应承担与论文相关的对外联系工作。多数时候,论文的第一作者和通信作者是同一个人,但若通信作者另有其人,则其署名普遍列于所有作者的最后。按照惯例,通信作者往往是论文背后的课题总负责人,或是论文的主要指导者。对于在读硕士生和博士生而言,其发表论文的通信作者则由其导师担任。[2]

少数情况下,一篇论文可能存在并列第一作者或并列通信作者的署名情况,作者需要对此进行特别说明。但是需要注意的是,许多机构并不认可并列作者的情况,就会以默认的先后排序为准,仅取排在第一位的作者进行认定。

至于贡献大小的评判,通常情况下由研究团队自行协商得出即可,但由于没有具体的评判标准,排序的过程往往会受到当事人主观因素的影响。因此,一些机构要求论文投稿时需附上"作者贡献声明(Author Contribution Statement)",标明每位署名作者的具体贡献,并由该作者亲笔签名。

3. 署名形式及单位标注

(1) 中文姓名译为英文时用汉语拼音,按照姓前名后的原则,姓、名均用全名,不宜用缩写。姓与名的第一个字母大写,名用双中文字时两个字的拼音之间可以不用短划线,但容易引起歧义时必须用短划线。例如:

"冯长根"译为"Feng Changgen"或"Feng Chang-gen",而"冯长安"则必须译为"Feng Chang-an"。

(2) 中国历史人物已有公认译名的,均应予保留。例如:

孙中山(孙逸仙)译为 Sun Yet-sen,不译成 Sun Zhong-shan 等。

(3) 中国大陆以外的华人姓名拼写尊重原译名,先名后姓,拼写与汉语拼音不同。

例如：

    杨振宁 Chen-Ning Yang　张理 Lee Chang

（4）外国作者的姓名写法遵从国际惯例。

（5）署名时须注明作者的工作单位，包括单位全称、所在省市名及邮政编码，以便于联系。单位名称与省市名之间以逗号或空格分隔，整个数据项用圆括号括起。例如：

    （中国科学技术大学数学力学系，安徽合肥 230001）

    （中国科学院力学研究所，北京 100080）

（6）作者工作单位宜直接排印在作者姓名之下。如注于地脚或文末，应以"作者单位："或"[作者单位]"作为标识。英文文章和英文摘要中的作者工作单位还应在省市名及邮编之后加列国名，其间以逗号","分隔。例如：

    （Institute of Nuclear Energy Technology, Tsinghua University, Beijing 100084, China）

（7）不同工作单位的作者，应在姓名右上角加注不同的阿拉伯数字序号，并在其工作单位名称之前加与作者姓名序号相同的数字，各工作单位之间连排时以分号";"隔开。例如：

    韩英铎[1]，王仲鸿[1]，林孔兴[2]，相永康[2]，黄其励[3]，蒋建民[3]

    （1.清华大学电机工程与应用电子技术系，北京 100084；2.华中电力集团公司，湖北武汉 430027；3.东北电力集团公司，辽宁沈阳 110006）

另外，由于中国姓名的顺序与大多数西方国家不同，在英文语境下也存在着两种均可通行的署名顺序（如：李华可以写作 Hua Li，也可以写作 Li Hua）。但在实际情况中，向英文期刊投稿时，期刊编辑并不一定能够准确领会中国作者姓名的写法。目前关于在学术界应当使用哪种顺序也没有统一的定论。因此，在实际投稿时应以该期刊的具体要求的姓名写法为准，若是期刊编辑部没有明确要求，则最稳妥的方式是按照姓在前名在后、中间以逗号分隔（如：Li, Hua）的形式提交，以免造成混淆。

10.1.2　确定投稿期刊

通常情况下，在论文完成后，下一步需要做的就是选择与论文研究方向相符的可投稿期刊。由于目前的学术出版界普遍不允许一稿多投或一稿多发，因此在选择投稿期刊时一定要慎重，要通过有权威性的网站确认期刊信息，避免被非法期刊网站蒙骗。

选择投稿期刊需考虑的因素应包括：论文主题是否符合期刊征稿的范围、期刊出版频率与审稿周期、期刊的载文量、引证指标（如影响因子、总被引频次、篇均被引频次）、期刊声誉及同行评价等。另外，由于现在发行的期刊不计其数，如果对投稿期刊有着较高的要求，便可以直接将考虑范围缩小到核心期刊上。

根据文献计量学中的布拉德福定律，学术界存在着一种核心期刊效应，即每个学科领域中的专业论文通常会有很大一部分都集中在很小一部分期刊上，这部分期刊即可被笼统地称为"核心期刊"。而现在常说的核心期刊，一般是指那些已有的核心期刊遴选体系所评选出来的期刊，通常是根据期刊在某学科的发文量、被摘量、被引量、影响因子等定量评价指标以及学术水平、影响力等定性因素综合评定。

很多时候,在核心期刊的发文情况是衡量一位研究者学术水平的重要参考评价指标之一。在条件允许的情况下,最好优先选择核心期刊进行投稿。

根据学科领域和主持单位的不同,国内外有多种不同的核心期刊遴选体系。在选择投稿期刊时,可以通过参考这些核心期刊报告工具,按照学科类别和影响力来挑选合适的刊物。

1. 中文核心期刊

目前,国内最具影响力的核心期刊遴选体系有:中国科学引文数据库(Chinese Science Citation Database,CSCD)、南京大学《中文社会科学引文索引》(Chinese Social Sciences Citation Index,CSSCI,又称南大核心)、北京大学图书馆《中文核心期刊要目总览》(A Guide to the Core Journal of China,又称北大核心)等。

CSCD(即中国科学引文数据库)创建于1989年,收录我国数学、物理、化学、天文学、地学、生物学、农林科学、医药卫生、工程技术、环境科学和管理科学等领域出版的中英文科技核心期刊和优秀期刊千余种,是我国第一个引文数据库,并可通过Web of Science平台进行跨库检索。CSCD来源期刊每两年进行一次遴选更新,详细列表可在其官方网站的"来源期刊浏览"栏目按字母顺序或检索查看。

CSSCI(即中文社会科学引文索引,又称南大核心)是由南京大学投资建设、南京大学中国社会科学研究评价中心开发研制的人文社会科学引文数据库,用来检索中文人文社会科学领域的论文收录和被引用情况,目前收录包括法学、管理学、经济学、历史学、政治学等在内的25大类的500多种学术期刊,每两年进行一次遴选更新。来源期刊目录可通过南京大学中国社会科学研究评价中心官方网站"产品中心"栏目查看,也可以通过CSSCI数据库首页的"期刊导航"处按学科浏览。

北大核心(即中文核心期刊要目总览),是由北京大学图书馆主持的中文核心期刊评价研究项目成果,每3年更新研究和编制出版一次。其2020年版共载74个学科的核心期刊表,按《中国图书馆分类法》(第五版)类目系列分为七编:第一编,哲学、社会学、政治、法律;第二编,经济;第三编,文化、教育、历史;第四编,自然科学;第五编,医药、卫生;第六编,农业科学;第七编,工业技术。收录期刊表可在其官网查看。

收录了较为全面的中文学术期刊信息的权威网站包括:知网的出版来源导航(https://navi.cnki.net/knavi/)、万方的中国学术期刊数据库(https://c.wanfangdata.com.cn/periodical)和维普的中文期刊服务平台期刊导航(http://qikan.cqvip.com/Qikan/Journal/JournalGuid)。这几个网站都可按照学科分类查看期刊,可查询期刊的基本信息、出版信息、被核心期刊体系或数据库收录的情况,也可以直接通过期刊页面前往该期刊的官方网站查阅其征文启事和投稿要求。

2. 外文核心期刊

外文核心期刊,主要是英文的核心期刊,通常以学术界耳熟能详的几大引文索引作为标准。其中最为知名的索引数据库包括:

① SCI(Science Citation Index,科学引文索引)及SCI-E(SCI-Expanded,即SCI扩展版)

② SSCI(Social Sciences Citation Index,社会科学引文索引)

③ A&HCI(Arts & Humanities Citation Index,艺术与人文引文索引)

④ EI(Engineering Index,工程索引)

以上索引除 EI 是被爱思唯尔(Elsevier)的 Engineering Village 数据库收录外,其余三个引文索引均被 Web of Science 核心合集所收录,并可通过由科睿唯安(Clarivate)公司推出的 Journal Citation Reports(JCR,即期刊引证报告)分析工具,按照收录索引或学科类别进行查阅和检索。JCR 同时提供期刊的影响因子、分区、被引量等一系列统计和计量数据,供学者进行筛选和参考。

值得一提的是,JCR 还提供自动匹配投稿期刊的算法服务。在其主页上选择"Match my manuscript",算法即可根据选定的学科领域和论文的关键内容推荐合适的期刊。类似的工具还有爱思唯尔的 Journal Finder、斯普林格的 Journal Suggester 等,这些工具都在一定程度上可作为选择期刊的参考依据。

10.1.3 选择投稿途径

在确定了准备投稿的期刊之后,接下来就需要选择期刊的投稿途径。现在,除了少数期刊可能仍需要投稿人以邮件的形式投递纸质稿件,绝大多数期刊都已实现了电子文件的线上投递,而线上投递通常包括通过电子邮件和在线系统投稿的两种形式。具体投稿方式应以期刊编辑部的官方要求为准,依照投稿须知操作即可。

获得期刊投稿信息的途径一般包括以下几种:① 从最新一期的期刊目录页查看;② 通过知网、万方、维普等期刊论文数据库查找;③ 利用核心期刊目录等参考工具书查询;④ 使用搜索引擎检索。

然而,由于非法期刊诈骗事件频出,若直接使用百度、搜狗等非专业搜索引擎或来源不明的第三方网站检索,可能会被虚假期刊网站混淆视听。因此,在选择投稿途径时也最好通过知网、万方、维普等权威网站的期刊导航,直接查询或转到期刊的官方网站查看投稿信息,抑或直接通过印刷版期刊上刊登的编辑部联系方式取得咨询。

至于通过期刊论文数据库查找的方法,以中国知网的期刊导航为例,知网一般并不直接在其页面上提供期刊投稿的相关信息,但可以通过在其论文版块下载最新一期的原版目录页,以此查看编辑部的联系方式和期刊官方网站。另外,如果某一期刊在知网开通了协同期刊采编平台,作者也可以直接点击期刊页面右上方的"投稿"按钮,访问该期刊在知网使用的统一投稿系统。

向外文期刊投稿时,也需要访问其官方网站查阅说明,最好在开始撰写英文稿件前就事先确认期刊的相关信息和要求。由于 JCR 的期刊页面并不会提供其官方网站,因而作者在确定某一期刊后需自行到其他网站检索。例如,可以使用 ExLibris 中外文核心期刊查询系统,也可以使用另一家公司爱思唯尔(Elsevier)的 Scopus 数据库,通过期刊详情页面的"Source Homepage"超链接转到该期刊的官方主页。如实在无法通过这种方式找到期刊的官方网站,则也可以借助谷歌等搜索引擎检索该期刊或其出版商网站,并务必确认期刊刊名和出版商等信息准确无误。

10.1.4 Cover Letter 的撰写

在向外文期刊投稿时,许多期刊会要求作者随稿件提交一份投稿信(cover letter),让编辑能够在第一时间了解稿件的主要内容和优势。期刊面向作者的征稿说明(Instructions for Authors, IFAs)中通常会写明是否要求作者提交投稿信,同时作者也需确认期刊编辑部对投稿信内容是否有特殊要求。例如,有的期刊要求推荐几位审稿人并附其联系方式;有的期刊可能会要求投稿信中包含一份论文列表,列出每一位作者已被其他期刊接收或考虑接收的论文。

著名的国际学术出版集团泰勒-弗朗西斯(Taylor & Francis)在其作者服务网站中总结了一封投稿信应该包含的要点:① 期刊编辑姓名(一般可在期刊网站上查到);② 稿件标题;③ 投稿期刊刊名;④ 关于该稿件不存在一稿多投或一稿多发的声明;⑤ 关于该稿件研究内容的简要描述,以及为什么你觉得期刊读者会对此感兴趣;⑥ 你和其他所有合著者的联系方式;⑦ 关于该研究不存在利益冲突(competing interests)的声明。如投稿期刊还有其他的具体要求,则也需要将其写进投稿信中。[3]

同时,网站上还列出了写投稿信时应该注意的问题:① 不要直接将稿件摘要复制到投稿信中,而是用自己的语言解释研究的意义、解决的问题,以及为什么这篇稿件适合该期刊;② 不要过多使用术语或缩略语,保持语言直截了当、易于阅读;③ 避免过多的细节,将投稿信的篇幅限制在一页以内;④ 避免任何拼写和语法错误。

斯普林格(Springer)出版社则对投稿信的行文结构提出了一些更为具体的建议:① 第一段:包括稿件的标题和类型(如研究、综述、案例研究),然后简要说明研究背景、研究问题和动机;② 第二段:简明扼要地解释所做的事、主要的发现以及它们的重要性;③ 第三段:说明为什么该期刊的读者会对这项工作感兴趣;④ 最后声明自己遵守期刊的特定要求(如道德标准)并标注通信作者。[4]

以这些要点和建议为行文结构参考的同时,通过必应国际版、谷歌等搜索引擎还可以检索到大量的投稿信范例和模板(cover letter examples/templates)作为措辞和句法的参照。以下是一篇投稿信通用模板范例(省略了署名部分的身份信息和联系方式)[3]:

Dear Dr. Editor,

We wish to submit an original research article entitled XXXX for consideration by Journal ABC.

We confirm that this work is original and has not been published elsewhere, nor is it currently under consideration for publication elsewhere.

In this paper, we show that [...] This is significant because [...]

Because of [...], we believe that the findings presented in our paper will appeal to the specific scientists who subscribe to Journal ABC. [...]

We have no conflicts of interest to disclose.

All authors have approved the manuscript and agree with its submission to Journal ABC.

Please address all concerning this manuscript to me at author@email.com.

Thank you for your consideration of this manuscript.

Sincerely,

Dr. Author

10.1.5　投稿规范

学术论文的投稿也有必须遵守的投稿规范。一般而言,一篇论文同一时间只能投给一家期刊。论文投稿成功后,首先会由期刊编辑进行评估,如果编辑认为这篇论文符合他们征稿的基本要求,则会进入接下来的同行评议的审稿流程。如果审稿人确定对论文有兴趣,则会与作者进一步沟通,视情况提出修改意见,直到敲定论文的终稿后再最终刊登。

期刊论文审稿与发表的周期较长,一些论文作者难免会感到急切,但是正因为如此,作者在投稿时就更需要注意投稿规范,避免在无意中做出违背科研诚信的行为。

1. 一稿多投

根据国家新闻出版署《学术出版规范——期刊学术不端行为界定》(CY/T174—2019)的定义:一稿多投是指将同一篇论文或只有微小差别的多篇论文投给两个及以上期刊,或者在约定期限内再转投其他期刊的行为。也就是说,在首次投稿的约定回复期内,或者在未接到期刊确认退稿的正式通知前,将论文再投给其他期刊的行为都会被界定为学术不端行为。

2. 一稿多发

一稿多发又称重复发表(duplicate publication)、多余发表(redundant publication),是指在未做相应说明的情况下重复发表自己(或自己作为作者之一)已经发表文献中内容的行为。一般而言,以下情况不会被界定为一稿多发:①作者已与首次发表和再次发表的两种期刊达成一致;②在专业学术会议上做过口头报告,或者以摘要或会议板报形式报道过的研究结果;③对首次发表的内容充实了50%以上数据的论文(需对已发表论文进行引用和注明);④有关学术会议或科学发现的新闻报道(仅限简单的内容描述)。[1]

3. 二次发表

二次发表(secondary publication),又称再次发表。与一稿多发不同,二次发表通常用于形容合理的、受到认可的出版情况,主要是指受众不同,且得到了两方期刊编辑允许的发表。

与此相关的最常见的一种情况就是使用两种不同语言的发表。事实上,学术界关于这一点仍有争议:有些学者认为这也是重复发表的一种,属于学术不端行为;但是也有学者认为论文分别以中英文一稿两投并不存在侵权问题,且这样更加有利于学术成果的传播。

国际医学杂志编辑委员会(ICMJE)在其《关于医学期刊学术著作的实施、报告、编辑、出版的规范建议》[5](简称《规范建议》)中称:"再次发表已在其他期刊上发表或已在线发表的资料,可能是正当的和有益的,尤其是意在向尽可能广泛的读者传播重要的信息(如以同一种或不同语言发表由政府机构和专业组织制定的指南)。"但是,《规范建议》也提出,正当的"出于各种其他原因的再次发表",首先应征得首次和再次发表的期刊编辑的同意,同时再次发表的文章应满足尊重首次发表的优先权、如实地反映首次发表版本中的数据和解释、在论文中标明是再次发表等条件。

总而言之,使用另一种语言再次发表的情况相对特殊,应以发表期刊的实际情况为准。

4. 投稿前咨询

一稿多投和一稿多发属于必须避免的学术不端行为,但由于期刊审稿周期一般较长,也会造成许多论文作者的不便。因此,一些期刊采用了接受投稿前咨询(presubmission enquiry)的方式,在一定程度上减少双方的时间损失。

以著名期刊 *Nature* 为例,其官网为作者提供可选的投稿前咨询服务,作者需按其指定的格式编写一份稿件概要,同时列出所引用的参考文献,通过其在线系统提交。投稿前咨询不需要作者提供全文,并不能完全保证评估的可靠性,但是作者通常可以在两个工作日内收到回复。即使稿件在投稿前咨询中被否定,作者也仍然可以根据自身意愿决定是否正式投稿。[6]

投稿前咨询可以同时向多家期刊编辑部提交,快速检测论文的研究方向是否与期刊相符。正式投稿前,可在期刊官网确认其编辑部是否提供该项服务。

10.2 学术会议

学术会议是学者们交流与学习的平台,参加学术会议不仅有助于了解领域学术前沿、分享自身研究成果,而且还是发展人际关系的大好机会。本节将介绍学术会议的基本类型、常见模块以及学术会议投稿的方法与技巧。

10.2.1 学术会议基本类型

依据不同的分类标准,学术会议的类型可以有多种角度的划分。例如:根据会议规模划分为大型、中型、小型会议;根据学科范围划分为专业学术会议、综合学术会议;根据参加国别划分为国内学术会议、双边学术会议、国际学术会议;根据参加形式划分为传统学术会议、线上学术会议等。

国际学术会议虽然大多可以统称为"会议(conference)",但在实际情况中,根据会议形式的不同,具体使用的英文单词也会有所不同。常见的学术会议有以下几种类型(部分类型也可能作为模块在更大型的会议中出现):

1. 一般会议(conference)

即一般性的会议,旨在围绕着一个特定的主题进行讨论、解决问题和协商。Conference 也可以用于通俗地称呼其他种类的会议,使用范围最广。根据国际专业会议组织者协会(IAPCO)《会议术语词典》[7]中的解释,使用这一英文单词的会议通常较为正式且有一定的规模,但是其规模一般比大会(congress)小。

2. 大会(congress)

大会是指参与者人数成千上万的大型会议,通常围绕着一个特定的主题召开。其召开频率一般是事先确定的,如固定每一年或几年举办一次。一场大会通常会持续数天,并由多个同步进行的分会议组成。

3. 专题会议（symposium）

专题会议的主要形式是研讨而非讲座，因此规模较小。会议专注于某个具体领域下的特定主题进行讨论，与会者通常多是来自同一个研究领域的专家，会议中也会包含一些报告和演示。

4. 研习会（seminar）

研习会是以训练或专门学习为目的而举办的小型会议，在一定程度上与讲座相似，围绕着某个专题，由专家进行主讲，并带领与会者通过学习、提问和讨论获得提升。

5. 讨论会（colloquium）

讨论会是以讨论为主的非正式不定期会议，整体主题大多较为宽泛。讨论会通常会在报告人对其研究进行演讲后，由与会者就这一话题展开进一步的讨论。讨论会可能由多个研讨会（workshop）组成。

6. 研讨会（workshop）

研讨会通常是由一人或一个团队进行主讲的小型互动性会议，主题更加具体明确，参与者会在主讲人作报告后对该方向进行讨论。研讨会也是一般学术会议中的常见模块。

7. 圆桌会议（round table）

圆桌会议指的是由一群专家在不分席次的平等条件下进行互动型讨论的会议，其典故取自英国亚瑟王与圆桌骑士的传说。为了体现与会者地位的平等，会议通常围绕着一张圆桌或环形的席位举行。圆桌会议可以是非公开的会议，也可以是在听众面前的公开讨论。

10.2.2 学术会议常见模块

一个具有一定规模的会议通常都会由附属的会议模块（sessions）组成。很多时候，大型学术会议会在同一时间段安排多个模块或多场小型会议平行进行。学术会议中的常见模块有以下几种：

1. 全体会议（plenary session）

顾名思义，全体会议即是鼓励全体与会代表参加的会议模块，通常可能包含一个主旨会议、多个分组会议或报告演示等。

2. 主旨会议（keynote session）

主旨会议有时也称主旨演讲，通常由会议的中心人物围绕着会议的核心议题展开，其目的是为整个会议定下基调。

3. 小组会议（panel session）

小组会议通常涉及多名小组成员的现场互动，以成员间的报告、讨论、辩论或与观众问答的形式展开，其目的是引起专家们对某个主题的观点交流。

4. 口头报告（oral session）

在会议的口头报告模块中，通常会有多名报告人分别对其主题相同的独立论文进行演讲。每个演讲者都有一定的发言时间（多为 10 分钟左右），且每轮演讲后都会留有一段时间与观众进行问答。

5. 海报发表（poster session）

在会议的海报发表模块中，通常会有多名报告人所制作的实体或数字学术海报（又称学术墙报、学术展板）在同一时间展出。这一模块中通常不会像口头报告一样专门对报告人的演讲时间进行限制，观众可以自由地观看海报并与报告人进行详尽交流与探讨。

6. 研讨会（workshops）

研讨会作为会议的附属模块时，通常包括数个小型的专题研讨会。在论文的投稿与审稿方面，研讨会也一般独立于主会，向研讨会的投稿不一定会被正式算为学术会议投稿。

10.2.3 学术会议投稿

有别于向期刊投稿，向学术会议投稿不仅需要提交稿件，而且还需要为一场可能到来的会议报告做好充分准备。不少会议组织方也会专门出版会议论文集（proceedings），以期刊或图书的形式收录与会者提交的会议论文摘要或全文。

如要获取各种会议的信息，除了询问自己的导师或前辈外，还可以关注相关专业学会的信息，或是借助于各类在线会议信息平台。查找国内学术会议，可以使用中国学术会议在线（http://meeting.edu.cn）、中国学术会议网（http://conf.cnki.net/）。查找国际学术会议，可以使用谷歌搜索引擎或 All Conferences（http://www.allconferences.com/）、PaperCrowd（https://www.papercrowd.com/）等综合性学术会议信息平台。无论以哪种形式查找会议，都应该注意甄别会议的真实性和可靠性，比如可以尝试在各类论文数据库中检索某一会议过去出版的论文集。

有关投稿的具体事项，则需要关注学术会议的征稿启事（call for papers）。征稿启事中包含对于稿件的详细要求、提交时所需的模板、截止日期等信息。多数会议第一步只要求作者提交论文摘要，在通过后再提交全文；有些会议则允许作者直接提交海报，并附上扩展摘要和参考文献。提交稿件时，同时需选择作者意愿参加的模块（常见的是口头报告或海报发表）。另外，在投稿时还需注意会议组织方声明的版权条件和会议论文出版计划，以免产生不必要的误解和纠纷。

学术会议的审稿周期通常较短，并不像期刊那样有严格的同行评议流程。在稿件被确认录用后，作者还需签署版权声明，若需参加会议则还要进行注册。向学术会议投稿的内容通常包括以下几种：

1. 会议论文摘要（abstract）

对于第一步只需要提交摘要的会议来说，会议论文摘要有别于一般的期刊论文摘要，它可以在保证内容简明的前提下有更长的篇幅，用来突出重点、吸引读者。会议摘要不仅要说明作者的研究问题、目的、方法、结果和结论，还应该介绍研究背景和动机，阐述这一研究如何符合会议主题。如果没有特别要求，会议论文摘要的字数控制在300～500词为宜。

2. 会议论文（paper）

这里所说的会议论文指的是书面形式的正式论文，可以被分为长论文（long paper/full paper）和短论文（short paper）。通常在会议的征稿要求中，长论文和短论文的不同只在于二者的篇幅，对短论文的页数要求可能只有长论文的一半。然而在实际情况中，会议方时常建议长论文能够像期刊论文一样较为系统地反映完整的研究成果,而短论文可以聚焦于相对更小的研究范围,但在结构上也要像长论文一样尽可能完整。

3. 学术海报(poster)

与论文常见的逻辑结构类似,学术海报通常需要包括以下部分:标题及作者信息、引言、研究材料和方法、结果、结论、参考文献,这些板块需要以类似报纸或板报的形式排进指定尺寸的文件中。海报不需要摘要,参考文献也可以只列出最关键的几篇,但如果有重要的图表,也最好放到海报上。但是由于一张海报的篇幅有限,每个主体部分的语句都应该尽可能精简地突出研究要点,以 100 个左右的英文单词为宜。会议主办机构可能会要求投稿人使用特定的模板,互联网上也可以检索到大量的海报模板供人参考使用。

4. 会议报告(presentation)

尽管会议报告的初步提交方式通常也是论文或论文摘要,但是从通常角度来说,在会议中进行的口头报告实际也属于学术会议投稿的一部分。会议报告的形式与一般的报告展示基本相同,都是搭配 PowerPoint 演示文稿进行的口头演讲,报告时长多为 15~20 分钟。报告人应该事先准备好演讲稿,严格控制报告的时间,详略得当地展示自己的研究成果。演讲稿不是论文的简单总结,它只需要在有限的时间内体现出论文的重点,并用几个例子支撑这些要点。报告后基本都会有提问交流的环节,因此报告人更要做好充分的准备,预先对可能出现的问题加以练习,并抱以谦虚的态度听取同行的意见和建议。

10.3 学术社交网络

学术社交网络是为科研工作者专门定制的社交网络平台,既保留了普通社交网络的特性,又满足了科研工作者的专门需求,能够支持和促进研究者在研究过程中的各项活动。本节将介绍学术社交的形式、常见的个人学术档案工具以及学术社交平台。

10.3.1 学术社交

近年来,信息技术的发展和互联网信息的增长极大地推动了线上线下的学术交流与合作。学术社交的场合已不仅限于传统的访问、会议、报告等面对面的活动,视频通信、电子邮件、社交媒体、讨论组等网络媒介已经让跨越时空限制的低成本交流成为可能,极大程度地方便了各种正式与非正式的学术社交。

基于网络的学术社交可以有多种形式。例如:使用电子邮件、网络电话、视频会议间等线上通信方式,建立自己的学术博客或个人网站、注册大众社交网络平台账号、利用已有的学术社交平台进行交流。

学术博客的出现时间较早,是学术工作者利用博客这种网站形式,作为信息主体发布各种教学、科研信息进行非正式学术交流的平台。博客的版面及文章体裁自由,便于学者组织和展示自己的研究内容。然而,国内的科学网博客尚有一定的注册门槛,而国际上几乎没有被广泛使用的专门的学术博客社区,各种学术博客大多分散在不同的博客社区或个人建立的网站上,其专业性社交的网络化程度相对较低。

与相对分散的个人网站相比,近些年兴起的社交网络服务平台增强了用户之间的关联性。面向大众的普通社交媒体(如 Facebook、Twitter)虽然也受到科研工作者的欢迎,但是它们并没有专门考虑科研工作者在学习和研究过程中的实际交流需求。因此,ResearchGate、Academia.edu 等专为科研工作者设计的学术社交网络(Academic Social Networking)平台应运而生。学术社交网络是基于 Web 2.0 平台搭建的典型网络环境下的非正式交流平台,在保持了普通社交网络优点的同时,它也兼顾了科研工作者的特殊需求。科研工作者们在学术社交网络上可以进行合作交流、参与同行评议、分享自己研究成果甚至共享研究原始数据。可以说,学术社交网络正在逐步地改变着我们的科研方式。[8]

需要注意的是,可以分享研究成果的学术社交平台一般都是开放获取的模式,因此作者在使用平台上传自己的论文前,必须确认自己已经或将要出版的论文能否在互联网上公开发表,以免造成不必要的版权纠纷。

10.3.2 个人学术档案

在信息爆炸的时代,建立个人学术档案是在网络上归纳自己研究成果的最好方式。现存的学术数据库并不都能准确区分其作者信息,数据库中的档案如不经过手动维护,往往会出现各种混淆和纰漏。尤其是中国学者的姓名被转变为英文后更易重名,同名学者的论文在数据库中被当作相同作者而混在一起的事件屡见不鲜。因此,科研工作者更应该建立和维护个人学术档案,它不仅可以认领和展示研究成果,还能方便同行追踪自己的研究动态,通过档案中留下的联系方式促进直接交流,扩大自身的学术影响力。

1. ORCID(https://orcid.org/)

ORCID 的全称是 Open Researcher and Contributor ID(开放学者身份标识),它被称作科研工作者的"全球学术身份证"。科研工作者可以免费注册其唯一且可持续的 ORCID 身份识别码,并可以通过填写或修改专业信息、关联研究成果和其他的研究人员 ID(如 Scopus、Web of Science ResearcherID、LinkedIn)来建立个人学术档案。目前,已有许多国外的学术期刊要求作者在投稿时提供其 ORCID 号,Scopus 等数据库也将 ORCID 作为其作者档案中的基本标识信息。

2. Scopus 学者档案

Scopus 学者档案是 Scopus 数据库通过匹配算法自动生成的作者在其收录范围内的出版活动记录,具体内容包括作者姓名、机构、学科领域及其出版物信息、被引情况、合作者等。Scopus 学者档案不允许作者自行编辑记录,但由于算法自动生成的记录可能产生谬误,Scopus 支持作者申请更正个人档案以提升数据准确性,包括添加或移除文献、修正常用名或更新机构、合并重复作者记录。

3. Publons(https://publons.com/)

Publons 是科睿唯安(Clarivate)旗下 Web of Science(WOS)团队的产品,是一个可以公开认可同行评议贡献并对个人数据进行仪表板分析的平台,可供研究人员管理、跟踪、评估和展示自己的研究成果。Publons 还可以直接同步作者在 WOS 收录文献的引用情况和相关指标,还可以添加自身参与的同行评审和期刊编辑记录。科研工作者可以通过注册 Publons

以获取WOS Researcher ID,并通过其Publons账户认领WOS作者记录的所有权。

4. 谷歌学术（https：//scholar.google.com/）

谷歌学术（Google Scholar）作为一个泛用的学术搜索引擎,其学者的个人学术档案往往具有更高的曝光度。学者可以采用自动或手动的方式将其发表的文章和引用数据连接到自己的谷歌学术档案,也可以自行添加其感兴趣的领域作为标签,便于同行检索和追踪。

10.3.3　学术社交平台

学者可以建立自己的独立学术博客,也可以通过国内外常用的大众社交网络平台（如微博、微信、Facebook、Twitter）的个人账号及时更新其研究动态,发布作品出版信息或开放获取全文,与其他学者或媒体分享研究成果,增加自己研究的曝光度。同时,国内外还有专门面向学术界建立的网络社交平台,以下分别列举用户活跃度最高的几个站点：

1. 科学网（http：//blog.sciencenet.cn/）

科学网由中国科学院、中国工程院、国家自然科学基金委员会和中国科学技术协会主管,由中科院所属的中国科学报社主办。作为全球最大的中文科学社区,科学网致力于全方位服务华人科学与高等教育界,以网络社区为基础构建起面向全球华人科学家的网络新媒体,促进科技创新和学术交流。科学网上的社交主要集中在它的博客平台上,虽然科学网对用户注册没有太多限制,但是开通其博客权限却有一定的学历门槛,需要经管理员审核通过后方可开通。

2. 小木虫（http：//muchong.com/）

小木虫是独立、纯学术、非经营性的免费论坛,致力于打造国内学术研究互动社区,为中国学术研究提供免费动力,倡导学术的交流与共享。小木虫论坛的内容涵盖化学化工、生物医药、物理、材料、地理、食品、理工、信息、经管等学科,除此之外还有基金申请、专利标准、留学出国、考研考博、论文投稿、学术求助等实用内容。其实际用户群体多为硕士及博士研究生。

3. ResearchGate（https：//www.researchgate.net/）

ResearchGate是一个面向学术界的科研社交网络服务网站。科研工作者不仅可以把它当作一个开放获取的平台,分享其出版作品、研究动态及成果,也可以发挥它学术社区的功能,与其他用户交流互动,了解研究进展,获取同行评价,在学科或主题社区中发布讨论和问答。除此之外,ResearchGate还支持用户发布学术招聘或求职信息,通过设置研究领域、学历、机构、地理位置等字段进行检索以筛选合适的候选人。

4. Academia.edu

Academia.edu是一个以开放获取为中心理念的学术性社交网站。科研工作者可以分享自己的研究成果或阅读他人的论文,查看算法推送的相关文献,跟踪研究领域最新进展,在网站上进行同行评议。同时,网站还支持用户关注其他作者动态,以及查看自己的档案或作品的统计数据和过往阅读者的信息。

5. Mendeley（https：//www.mendeley.com/）

Mendeley在作为一个学术社交网络社区之前,还是一款免费的参考文献管理软件。其网站功能与以上平台的论文分享模块类似,可以建立个人数字图书馆,分门别类地展示自己的学术成果。用户也可以创建不同开放权限的主题讨论组，与不同的人分享自己的文献图书馆。

10.4 情境导入

以投稿物理学科 SCI 期刊论文为例，首先打开 Journal Citation Reports 的网站，选择"Browse journals"，并在 Filter 中设置条件进行过滤：根据需要，在 Categories 中勾选"Physics，Multidisciplinary"，同时设定 Citation Indexes 为"Science Citation Index Expanded（SCIE）"。筛选结果如图 10-1 所示。

如果想要查看更多期刊评价指标（如近 5 年影响因子、被引率等），可以通过结果列表右上角的"Indicators"或"Customize"进行选择。

在结果中比较查看后，确定准备进一步了解的期刊 Physical Review Letters。打开 Scopus 数据库，在来源出版物中检索该期刊，通过期刊页面中的"Source Homepage"跳转至

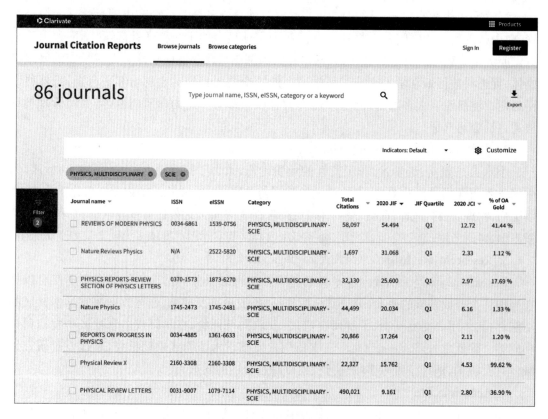

图 10-1　JCR 期刊浏览页面

该期刊官方网站。如图 10-2 所示。

跳转到官方网站后，通常需要查看该期刊的基本信息（About）、编辑委员会成员（Staff/Editorial Board）和投稿须知（Guide/Instructions/Information for Authors）。Physical Review Letters 的投稿须知即在菜单中的"Authors"目录下，内含对稿件内容、格式排版等方面的要求和对提交方式、审稿流程、出版信息等内容的详细说明，如图 10-3 所示。

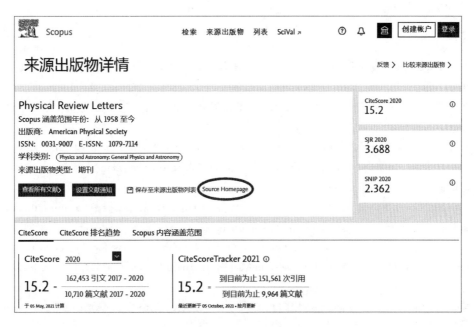

图 10-2　Scopus 期刊简介页面

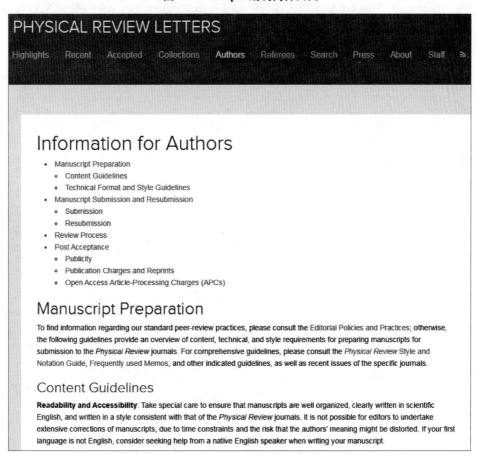

图 10-3　期刊投稿需知页面

参考文献

[1] 中国科学院科研道德委员会. 关于在学术论文署名中常见问题或错误的诚信提醒[EB/OL]. (2018-04-24)[2021-10-03]. http://www.cas.cn/jh/201804/t20180424_4643181.shtml.

[2] 韦家朝. 对学术论文标识"通讯作者"的反思：兼谈署名的规范化[J]. 广西民族师范学院学报,2013, 30(3)：146-150.

[3] Taylor, Francis. How to write a cover letter for journal article submission[EB/OL]. [2021-10-03]. https://authorservices.taylorandfrancis.com/publishing-your-research/making-your-submission/writing-a-journal-article-cover-letter.

[4] Springer. Cover letters[EB/OL]. [2021-10-03]. https://www.springer.com/gp/authors-editors/authorandreviewertutorials/submitting-to-a-journal-and-peer-review/cover-letters/10285574.

[5] International Committee of Medical Journal Editors. Recommendations for the conduct, reporting, editing, and publication of scholarly work in Medical Journals[EB/OL]. [2021-10-10]. http://www.icmje.org/icmje-recommendations.pdf.

[6] Nature. Presubmission enquiries[EB/OL]. [2021-10-10]. https://www.nature.com/nature/for-authors/presub.

[7] The International Association of Professional Conference. Terminology search[DB/OL]. [2021-10-12]. https://www.iapco.org/publications/on-line-dictionary/dictionary.

[8] 贾新露,王曰芬. 学术社交网络的概念、特点及研究热点[J]. 图书馆学研究,2016(5)：7-13.

第11章 科学数据管理

大数据时代,数据密集型科研范式兴起,科学数据在科学研究中的地位日益增强,其促进科技创新和推动社会进步的显著作用也越来越被认可。国内外纷纷成立了专门的科学数据管理机构,也发布了多项基金、期刊政策、数据管理指南等,以提高科学数据的价值和使用价值,加速科研产出。

目前,国内外对科学数据与科研数据、研究数据的概念与区别尚未有统一意见,本书主要采用科学数据的提法,英文名称为 Research Data 或 Scientific Data。世界经济合作与发展组织(Organization for Economic Co-operation and Development,OECD)于 2007 年 4 月发布的《OECD 关于公共资助的研究数据获取的原则与指南》中的定义,认为:科学数据是事实记录,如数值、文本记录、图像和音像,是科学研究的主要来源,并被科学界普遍认为是验证研究结果的必要数据。科学数据集构成了被研究对象系统的、部分的表述。但不包括实验记录、初步分析、论文草稿、研究计划、同行评议、个人与同行以及实物(如实验样本、细菌菌株、实验动物)的交流。相比科学数据,这些内容或研究结果的获取更受主观影响。[1] 美国国立卫生研究院(National Institutes of Health,NIH)在其数据共享政策中定义科学数据为:记录科学界普遍接受并在必要时用来验证研究成果的真实的素材。[2] 我国国务院办公厅印发的《科学数据管理办法》中称科学数据主要包括在自然科学、工程技术科学等领域,通过基础研究、应用研究、试验开发等产生的数据,以及通过观测监测、考察调查、检验检测等方式取得并用于科学研究活动的原始数据及其衍生数据。[3]

总之,对科学数据的认识大体可分为广义和狭义两个方面。从狭义上讲,科学数据就是科学研究中通过观察、实验、调查等方式直接产生的原始数据。从广义上讲,科学数据是科学研究中产生的所有原始基础数据和各种衍生数据资料,包括一切结构化与非结构化的具有研究参考价值的数据产品、调研记录、表格等。

(1) 按创建方式

科学数据主要来自调查观测、科学实验、仿真建模等,可以是调研结果、观察记录,如调查数据、取样数据、影像学数据;也可以是实验数据,如计算机编码、文档或日志等。

(2) 按统计学方法

定性数据和定量数据。定性数据包括文字、图像、音频、视频等;定量数据主要为数值数据。

(3) 按数据来源

原始数据和二次数据。原始数据就是研究者本人收集或生产的数据，也就是第一手数据；二次数据就是别人创建的数据，并将这些数据进行加工处理后公布的数据，是间接来源数据。

11.1 关于科学数据的管理

关于科学数据管理，国外有 Digital Curation，Data Curation，Data Management 等多种表达，国内有数据策展、数据监管、数据管理、数据监护等翻译。

学者们对科学数据管理的探讨始于 2005 年 9 月在英国巴斯举行的以 Digital Curation 为主题的第一届国际会议。该次会议的主办方英国数据管理中心（Digital Curation Centre，DCC）提出了其操作性的定义：Digital Curation 是为了目前和未来的再次利用而对可靠的数字信息进行维护和增值的活动。现 DCC 更为完整的表述为：数字数据管理是指贯穿于科研数据整个生命周期循环的维护、保存和增值过程，可以帮助研究者提升利用科学数据的技能，促进科学数据有效共享。美国伊利诺伊大学 iSchool 学者认为，Data Curation 是对学术、科学和教育带来益处的，贯穿数据生命周期的主动性和持续性的数据管理活动，包括数据评价和选择、组织与表达、获取与利用。[4]

国内学者认为科学数据管理是指对科研工作者在科学研究活动中产生的科学数据进行统筹协调、科学配置、整合管理，涉及对各类型科学数据进行采集、分类、标准化、发布及共享，以形成管理科学数据的理念、政策、规范、环境、措施与体系，发挥科学研究数据资源的最大效益。[5]

简言之，科学数据管理就是围绕科学数据的获取、组织、保存、共享、分析、利用等数据生命周期而开展的持续性管理活动。

11.1.1 科学数据管理系统

无论是 *Science*，还是 *Nature* 杂志都鼓励作者提供"裸数据"，*Science* 已经搭建 SOM（Supporting Online Material）系统，这一系统支持作者呈现已发表研究成果所依据的相关数据，并确保外界可获取。*Nature* 专门给出了一个针对不同学科或研究领域的数据仓储（Data Repository）列表，其中生物科学领域的有 GenBank、NCBI Assembly、NCBI Trace Archive 等[6]；如基因芯片数据可以存储到英国欧洲生物信息学研究所（European Bioinformatics Institute，EBI）的 ArrayExpress 数据库或美国国家生物技术信息中心（National Center for Biotechnology Information，NCBI）的基因表达综合数据库 GEO；基因序列数据可以存储到欧洲分子生物学实验室（European Molecular Biology Laboratory，EMBL）或日本 DNA 数据库（DNA Data Bank of Japan，DDBJ）。此外，还有 ENA（核酸序列数据库）、Ensembl（基因组数据库）、UniProtKB（蛋白质序列数据库）、InterPro（蛋白质家族/域/蛋白指纹数据库）等。如果某一研究领域目前尚未建立起公认的数据仓储库，那么可以将相关的研究数据上载到通用的仓储库系统 Figshare 或 Data Dryad 系统。Figshare 是一个科学数据管理平台，提供研究数据的上传，存储和公开分享服务。Dryad 系统是目前全球通用的数据仓储库系统,提供免费的提交集成服务。Dryad 数字仓储能够实现将数据存储过程与学术论文出版结合,提供数据的更新保存以及免费使用、引用服务。这两个通用科学数据平台都支持学术同行评议。除了上述数据仓储库之外,美国科学公共图书馆 PLoS(The Public Library of Science)也为医学研究人员提供数据管理服务。[7]

2007 年美国国立卫生研究院(NIH)就资助建立了电子化病历与基因组学网络系统(Electronic Medical Records and Genomics,eMERGE)[8];著名的 ENCODE 项目(Encyclopedia of DNA Elements,人类基因组 DNA 元件百科全书计划)时间跨度 10 年,研究过程中积累了丰富的数据资源,共产生了 1 640 个数据集;而通过 ENCODE 项目门户网站[9],研究者可免费获取相关的研究数据。ENCODE 为此专门建立了数据协调中心(Data Coordinating Center)和数据分析中心(Data Analysis Center),并为此开发了一种有创新意义的数据挖掘程序"线程"(Thread),也称"主题线程"(Themed Thread)。"线程"能够以一种发现多篇论文中共同主题的整合检索方式,全面了解和把握某一研究专题或领域。[10] 2013 年全球基因组学与卫生联盟(Global Alliance for Genomics and Health,GA4GH)成立,并制定了《基因组学与健康相关数据责任共享框架》,在这一框架下,临床医生及医学科研人员可以共享临床数据与医疗档案。换言之,GA4GH 正在成为面向遗传性肿瘤检测的数据服务平台。[11]

2012 年 NIH 开发的 ClinVar 数据库在医学数据的关联分析方面迈出了重要的一步。ClinVar 数据库整合了十多个不同类型数据库、通过标准的命名法来描述疾病,要求将每个变异甄别分类为不同的临床类别:良性的、有可能是良性的、可能的致病性、致病性或不确定性的意义;进而将变异、临床表型、实证数据以及功能注解与分析等 4 个方面的信息,通过专家评审,逐步建立起一个标准的、可信的、稳定的遗传变异—临床表型相关的数据库,以促进临床医生对基因型与医学临床表型之间关系的深度研究。随着 ClinVar 数据库的逐步成熟,相应的数据分析模型、工具和应用也在不断深入。斯坦福大学开发出了一款基于 ClinVar 数据库的在线工具 Path-Scan,用以帮助临床医生和研究者对各种变异进行统计分析,并对变异进行临床解释。[12]

11.1.2 科学数据管理生命周期

科学数据无论是以何种格式、载体存在,都可以映射到具有一定规律的循环过程中。但科学数据不同于信息资源"价值老化"的生命周期衰变规律,其生命周期与科学研究工作流程联系紧密,并且会受到研究方法、工具、手段的影响。[5] 科学数据生命周期与科研生命周期密切相关,每个科研项目从立项到归档的各个阶段都会产生若干初始数据、中间数据、最终数据以及相关再利用数据产品等。正确认识和把握科学数据生命周期各个阶段的规律和特征,是实现科学数据管理的重要基础和前提。

目前国外已有研究者和机构提出多种数据生命周期理论模型,代表性模型如下:

1. 英国 DCC 数据生命周期管理模型

英国数据管理中心(DCC)数据生命周期[4]包括外维和内维两个维度(见图 11-1)。外维是科研数据生命周期的整体概貌,分为数据创建或搜集、数据评估与选择、数据处理、数

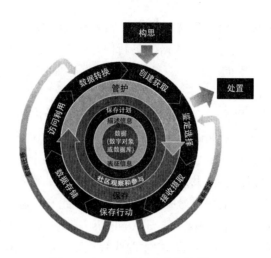

图 11-1 DCC 数据生命周期模型

据保存、数据存档、数据访问与再利用、数据转换 7 个环节。外维是一个动态化双向过程,由概念化起步,历经上述 7 个环节,以及处理、再评估、迁移等步骤。概念化是指对数据搜集方法与存储选择的构思与规划。

内维模型是数据生命周期的内涵,包含 5 个层次,由里向外,层层递进。

第一层是数据,即数字对象和数据库。数据是以二进制数字形式存在的任何信息,位居生命周期的核心。数字对象既包括简单数字对象,如文本文件、图片文件、声音文件及其相关的标识符和元数据等,也包括复杂数字对象,如网站等一些其他的数字对象的组合。数据库则是指存储在计算机系统中的记录或数据的结构化集合。

第二层是数据描述和表达,使用适当的元数据标准,合理划分管理型、描述性、技术型、应用型和保存型 5 种元数据类型,确保元数据足够的描述和控制,便于数据的长期保存。搜集和分配数据蕴含信息需要充分理解和表达数字材料及相关的元数据。

第三层是制定数据存储计划,该计划贯穿于数据生命周期的全过程,包括数据保存计划的经营和管理。

第四层是学术交流与传播,实时跟踪与监控学术交流活动过程,积极参与标准共享、工具与软件的开发过程。

第五层是数据监管与存储,并且采取经营与管理措施,促进在整个数据生命周期过程中的数据监管与存储。

2. 美国 DataONE 数据生命周期模型

地球数据观测网(Data Observation Network for Earth,简称 DataONE 项目)是由美国国家科学基金会(National Science Foundation,NSF)资助的,通过分布式架构和可持续的网络基础设施建设,支持地球和环境数据被科研人员和社会公众更好地获取访问。

DataONE 数据生命周期包括 8 个基本流程[13](见图 11-2)。① 计划:就是创建一个数据管理计划,描述数据,以及说明在整个生命周期中如何管理和访问数据。② 收集:通过手动、传感器或其他仪器观测数据,并将其转换为数字形式。③ 确认:通过检查和核对确保数据的质量。④ 描述:使用适当的元数据标准对数据进行准确、充分地描述。⑤ 保存:

将数据提交到数据中心进行适当的长期存档。⑥ 发现：查找和获取可能有用的数据，以及与数据（元数据）有关的信息。⑦ 整合：将不同来源的数据进行整合，形成一个易于分析的同类型数据集。⑧ 分析：分析数据。

数据生命周期阐明了从研究活动开始到结束的各个阶段对数据进行的有效管理，但在科学研究实践中，并不一定要遵循一个连续的循环。有些科研活动可能只涉及数据生命周期的一部分，例如，涉及元数据的项目可能侧重发现、整合和分析步骤，而侧重原始数据收集和分析的项目可能会跳过发现和整合步骤。此外，有些项目可能不一定完全遵循

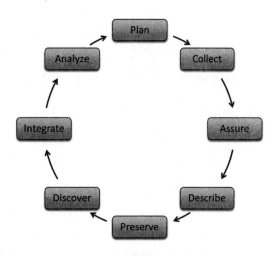

图 11-2　DataONE 数据生命周期模型

如图描述的线性路径，可能需要多个循环的复杂路径，在现有数据的发现、整合、分析过程中可能会产生新的数据。

11.1.3　科学数据管理计划

数据管理计划（Data Management Plan，DMP）是科研人员撰写的书面文档，描述科研项目进行过程中预期获取或生成的数据，如何管理、描述、分析和存储这些数据，以及项目结束后将使用什么机制来共享和保存数据。[14]

大数据时代，国外越来越多的科研机构、基金会要求科研人员在申请项目时要提交一份详细的 DMP。DMP 鼓励科研人员在项目开始前就考虑数据的生命周期，对数据概况、数据组织、元数据方案、数据保存与共享、数据利用以及伦理与法律等相关事项都进行了清晰的说明。DMP 有助于提高数据管理的透明度，协助项目组成员之间的数据共享与合作；有助于项目负责人在立项之初了解数据管理政策，数据风险与版权法律规定，合理有序地开展科学研究；确保了科学数据的长期保存和共享，有利于数据的再利用，提高科学研究的影响力，以及促进相关科学研究的发展。国外政府部门、科研院所、基金会、高校等科研资助机构陆续出台了一系列 DMP 政策文件。代表性政策如表 11-1 所示。[15]

表 11-1　国外主要科研资助机构数据管理计划政策一览

机构名称	政策名称	政策发布时间
美国国家科学基金会（NSF）	数据管理计划	2011 年 1 月发布
美国地质勘探局（USGS）	数据管理计划要点检查表	2015 年 3 月更新
美国人文基金会（NEH）	NEH 数字人文办公室数据管理计划	2014 年 7 月发布
美国校际政治与社会研究联盟（ICPSR）	高校数据管理计划指南	2013 年 6 月发布

（续表）

机构名称	政策名称	政策发布时间
英国经济与社会研究理事会（ESRC）	数据管理计划：同行评议人员指南	2012年10月发布
澳大利亚国家数据服务合作中心（ANDS）	数据管理计划	2011年8月发布
荷兰数据归档与网络服务协会（DNAS）	科研数据管理计划	2012年4月发布
哥伦比亚大学（COLUMBIA）	数据管理计划检查表	2014年4月发布
根特大学（RUG）	数据管理计划	2015年2月发布
剑桥大学（CAMB）	创建数据管理计划：确定计划内容	2010年10月发布
康奈尔大学（CORNELL）	数据管理计划撰写指南	2013年5月发布
莫纳什大学（MU）	科研数据计划检查表	2009年8月发布
纽卡斯尔大学（NCL）	数据管理检查表	2011年6月发布
悉尼大学（USYD）	科研数据管理计划检查表	2012年7月发布

英国数据管理中心（DCC）综合英国各基金会的要求和实践经验，从2009年开始发布DMP的内容建议清单，目前2013年的第4版列举了DMP的8项主要内容清单[16]，如表11-2所示。

表11-2　DCC数据管理计划清单第4版

DCC清单	DCC指引或需要考虑的问题
管理的数据	科研项目名称、内容简述、收集或创建数据的目的、项目成员、联系方式、DMP第一版和最后更新时间，DMP资助者或所属机构的数据管理政策等
数据收集	预计产生的数据类型与格式、数据收集/创建方式和标准、如何控制数据质量
文档和元数据	使用的元数据标准，对数据进行清晰的描述以及注释
伦理与法律	是否获得数据保存与共享同意、数据的匿名化，敏感资料的存储与保存
存储与备份	科研过程中的数据备份频率、位置与份数
数据的选择与保存	因为法律合同或监管必须保留或销毁的数据、其他需要保存的数据、数据再利用的价值、数据保存时间
数据共享	数据共享的时间、方式和对象
责任者与资源	各项数据管理活动的负责人与职责内容、需要的软硬件以及技术专家等资源

美国校际政治与社会研究联盟（Inter-University Consortium for Political and Social Research，ICPSR）比较了包括Australia National University（ANU）、Australian National Data Service（ANDS）、Digital Curation Centre（DCC）、Finnish Social Science Data Archive（FSSDA）、Massachusetts Institute of Technology（MIT）、National Science Foundation

Directorate for Engineering(NSF Eng)等重要研究机构的 DMP 建议内容,提出了 DMP 的 17 个核心元素[17],如表 11-3 所示。

表 11-3　ICPSR 数据管理计划元素

元素	说明
数据描述	描述将要生成或收集的数据的性质、范围和规模
现有数据	对与项目有关的现有数据进行调查,并讨论是否以及如何整合这些数据
格式	说明预计生成、维护和获取的数据的格式,包括这些格式在程序和存档上的合理性
元数据	对生成的数据进行元数据描述,并说明使用的元数据标准
存储与备份	数据的存储方法和备份程序,包括用于有效保存和存储科学数据的物理和网络资源以及设施
安全	说明信息(包括机密信息)的技术和程序保护以及如何执行许可、限制和禁令
职责	研究项目中负责数据管理的个人责任者姓名
知识产权	拥有数据知识产权的实体或个人,以及必要时如何保护知识产权;应注意任何版权限制(例如,受版权保护的数据收集工具)
获取与分享	数据共享方式的描述,包括访问程序、禁令期、传播技术机制以及访问是开放还是仅授予特定用户组;还应提供数据共享和发布的时间表
用户	数据的潜在二级用户
选择与保留期	对如何选择数据进行存档、数据将保留多长时间以及未来最终过渡或终止数据收集的计划的描述
归档与保存	为长期存档和保存数据而制定或设想的程序,包括在预期存档实体不存在时的数据继承计划
伦理与隐私	讨论如何处理知情同意以及如何保护隐私,包括可能需要保护参与者机密的任何特殊安排,以及可能出现的其他伦理问题
预算	为归档准备的数据和文档的成本以及这些成本的支付方式,可能包括对资金的请求
数据组织	在项目过程中如何管理数据,包括版本控制、命名约定等信息
质量保证	项目期间确保数据质量的程序
法律要求	列出所有相关联邦或资助者对数据管理和数据共享的要求

目前科研领域被用于数据管理计划的常用工具有:

1. DMPonline

英国 DCC 的免费数据管理计划工具,基于与加州数字图书馆合作管理的开源 DMPRoadmap 代码库,于 2010 年推出,旨在帮助研究人员创建、评价和共享数据管理计划,网址为:https://dmponline.dcc.ac.uk/(图 11-3)。

DMPonline 中包含了大量英国基金会和大学等资助者的模板以及实践指南。研究人员可以根据需要在线创建 DMP,每个填写流程都提供了详细的指导信息及链接,每年还会开设两门关于 DMPonline 的使用培训课程。用户可以设置计划的共享权限,开发团队也会

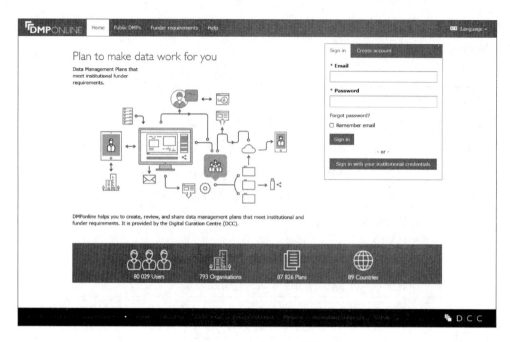

图 11-3　DMPonline 主页

定期了解用户需求,定制模板。

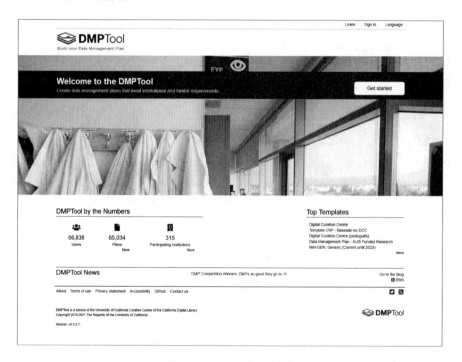

图 11-4　DMPTool 主页

2. DMPTool

免费开源在线应用程序,由美国加州数字图书馆(California Digital Library,CDL)所属加州大学数据管理中心(University of California Curation Center，UC3)提供服务。2011年10月发布第一版，2014年发布第二版，以帮助研究人员创建数据管理计划，网址为：https://dmptool.org/(图11-4)。

DMPTool提供了点击向导来创建符合资助者要求的数据管理计划，包含了资助网站的链接、帮助文本及数据管理的最佳实践案例资源。

此外，法国(DMP OPIDOR)和加拿大(DMP助手)的高校也开发了适用于本国数据政策的数据管理软件，同时可以协助编制数据管理计划。部分高校如哈佛大学(Dataverse)、新加坡南洋理工大学(RIMS)、新南威尔士大学(ResData)、昆士兰大学(UQ Research Data Manager)、悉尼大学(Dash R)为本校研究人员开发了适用于本校政策要求的工具。[18]

11.2 科学数据知识库

科学数据的长期存储和可持续访问需要依赖可靠的信息基础设施，许多国家及国际组织或科研机构纷纷建立了科学数据知识库(Research Data Repositories，RDR)，以支持科学数据保存与共享。科学数据知识库也称为数据仓储，数据资源库或数据存储库等。

国外科学数据知识库建设较早，数量也比较多，如：全球性数据仓储Re3data.org、美国Dryad、Genbank、美国校际政治与社会研究联盟数据档案(ICPSR)；以及高校独立或联盟建设的，如：康奈尔大学图书馆的DataStaR、斯坦福大学图书馆的数字知识库(Stanford Digital Repository)、澳大利亚数据存储(Auatralian Data Archive，ADA)、荷兰4TU.ResearchData等。

我国科技部在2003年启动"科学数据共享工程"，在医药、公共卫生、地球科学、生态环境、水利等科学领域开展数据管理的实践，到2020年底建成六大领域、涵盖300个数据库、超过40个国家级数据中心，如：国家气象科学数据共享服务平台、国家人口与健康科学数据共享服务平台、国家地球系统科学数据共享服务平台、国家地震科学数据共享中心、国家农业科学数据共享中心等。部分高校也建立了科学数据共享平台，如：中国国家调查数据库CNSDA(中国人民大学中国调查与数据中心)、高校科学数据共享平台(武汉大学图书馆)、北京大学开放研究数据平台(北京大学图书馆)、复旦大学社会科学数据平台(复旦大学社会科学数据研究中心)等。

11.2.1 国外科学数据知识库

1. Re3data.org

Re3data.org是在全球范围内覆盖不同研究学科科学数据仓储的注册系统，参考欧洲委员会、美国NSF等资助机构及Nature科学数据等出版商的数据管理共享方针政策，通过登记科学数据仓储(RDR)的一般描述性、责任机构、法律政策、技术四类信息，提供RDR索引，支持科学数据的管理、存储、访问和使用，帮助科研人员、科研资助组织、图书馆和出版商等遴选合适的知识库，存储与重用科学数据。Re3data前身是在德国研究基金资助下德国地球科学研究中心(Helmholtz-Centre Potsdam — German Research Centre for

Geosciences，GFZ)、柏林洪堡大学与德国卡尔斯鲁厄理工学院联合创建的 Re3data，后与 Databib、DataCite 合并，共同促进科学数据的共享，是目前全球规模最大、信息最全的科学数据仓储的索引。[19]

Re3data.org 网址为：https://www.re3data.org/(图 11-5)。用户可以输入关键词检索数据，也可以按数据主题、数据类型、国家/地区等信息浏览数据。

图 11-5　re3data.org 主页

2. Dryad

Dryad 由美国国家科学基金会(NSF)于 2008 年资助建立，收录了医学、生物学、生态学的开放数据。Dryad 是非营利性会员制组织，会员资格开放给所有利益相关机构，其中包括杂志、出版商、研究机构、图书馆和资助机构等，旨在促进科学数据的发现、自由再利用和引用。网址为：https://datadryad.org/(图 11-6)。

Dryad 与 TreeBASE、GenBank、DataONE 结成合作伙伴，相互之间可以进行数据交换。其服务特点包括[20]：① 支持灵活多样的数据格式、简单的提交模式和多层次的安全访问控制；② 支持与期刊论文和特定数据知识库(如 GenBank)的数据关联；③ 为数据对象分配 DOI 标识，便于数据引用；④ 提供人机两种数据索引及检索接口，提升数据的可见性；⑤ 数据内容可以自由下载和重用；⑥ 全程监护数据文件与元数据，保证数据的有效性；⑦ 提交者可以自由更新数据文件；⑧ 与 CLOCKSS 合作进行数据长期保存，可迁移数据格式到最新版本,保证数据可无限期访问。

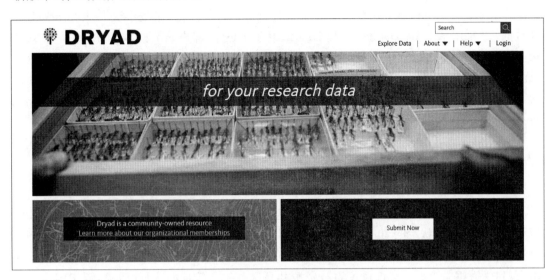

图 11-6　Dryad 主页

3. GenBank

GenBank 是由美国国家生物技术信息中心(NCBI)管理和维护的综合性公共核酸序列数据库,收录了所有已知的核酸序列和蛋白质序列,以及相关的文献和生物学注释。网址为:https://www.ncbi.nlm.nih.gov/genbank(图 11-7)。

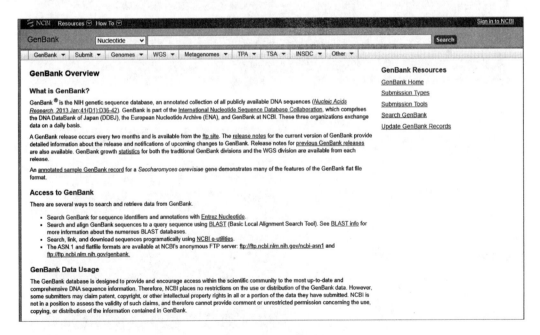

图 11-7　GenBank 主页

作为国际核苷酸序列数据库协作组织的重要成员之一,为保证数据的覆盖面,GenBank

与该组织的其他两个成员日本 DNA 数据银行和欧洲分子生物实验室建立了相互交换数据的合作关系。GenBank 服务特点[20]：① 采用序列标识符及标注元数据信息检索 GenBank 序列数据；② 采用基于 Web 的提交工具 BankIt、基于 FTP 的客户端工具 Sequin；③ 采用 NCBI 程序组件接口检索、连接、下载序列数据，提供专门的检索工具 Nucleotide；④ 采用 BLAST（基础的本地比对检索工具）比对查询 GenBank 序列数据；⑤ 对提交的序列数据类型及内容组成有专门的格式要求；⑥ 提交者随时可更新修正序列数据；⑦ 提交者可指定序列数据的发布共享的时间；⑧ 提交者可因版权、专利等提出保护要求，可不提供公共访问路径。

11.2.2 我国科学数据知识库

1. 国家人口健康科学数据中心

国家人口健康科学数据中心（National Population Health Data Center，NPHDC）是国家科技部和财政部认定的 20 个国家科学数据中心之一，属于国家科技基础条件平台下的国家科技资源共享服务平台，主管部门是国家卫生健康委，依托中国医学科学院建设。按照国家《科学数据管理办法》和《国家科技资源共享服务平台管理办法》的要求，承担国家人口健康领域科学数据整合汇交、审核、加工、保存、挖掘、认证和共享服务任务，保障人口健康领域科学数据的长期保存和持续管理。网址为：https://www.ncmi.cn（图 11-8）。

图 11-8　国家人口健康科学数据中心主页

人口健康数据中心于 2003 年作为科技部科学数据共享工程重大项目立项，2004 年 4 月正式启动，2010 年通过科技部和财政部认定转为运行服务，面向全社会开放，提供数据资源支撑和共享服务。经过近二十年的发展，已集成涉及生物医学、基础医学、临床医学、药学、公共卫生、中医药学、人口与生殖健康等多方面的科学数据资源，还建立了十余项特色专题服务。其中新型冠状病毒肺炎数据共享系统涵盖了大量丰富的新型冠状病毒肺炎相关的科学数据、研究文献、疫情报告、防疫指南、标准规范、政策法规、防护知识以及媒体资源。

国家人口健康科学数据中心数据仓储（Population Health Data Archive，PHDA）由中国医学科学院医学信息研究所负责研发运维，负责为不同层次用户提供人口健康领域科学数据的在线汇交、认证、保存、开放共享等全方位服务，为注册的科学数据分配 CSTR 科技资源标识和 DOI 标识。

2019 年，PHDA 被 re3data.org 和 FAIR sharing 数据仓储目录收录。2021 年，PHDA 通过 Core Trust Seal 全球核心可信存储库国际认证，表明 PHDA 的数据汇聚、规范管理、可信存储、权益保护、长期保存和持续服务能力等得到国际性认可，能够接收人口健康领域在国际期刊发表论文的相关科学数据，是我国人口健康科学数据中心国际化能力提升的充分体现。

2. 北京大学开放研究数据平台

北京大学开放研究数据平台由北京大学图书馆、国家自然科学基金-北京大学管理科学数据中心、北京大学科研部、北京大学社科部联合主办和推出。平台以"规范产权保护"为基础，以"倡导开放科学（Open Science）"为宗旨，鼓励研究数据的发布（publish）、发现（discover）、再利用（reuse）和再生产（reproduce），促进研究数据引用（citation）的实践和计量，并探索数据长期保存（preservation），培育和实现跨学科的协同创新。网址为：https://opendata.pku.edu.cn（图 11-9）。

平台为研究者提供研究数据的管理、发布和存储服务，鼓励研究者开放和共享数据；为数据用户提供研究数据的浏览、检索和下载等服务，促进研究数据的传播、重用和规范引用。平台还加入针对性的数据支持功能，最大限度地提升用户体验，包括：数据在线浏览和统计分析、数据在线格式转换和子集拆分、数据可视化展示、数据变量搜索、数据关联出版物链接等功能。用户实名注册后，可以下载开放数据，或站内申请使用受限数据。

平台的特色功能如下：完整的数据提交、管理和发布功能；DOI 永久标识符、规范的数据引用；灵活的访问控制、请求与审核机制；规范的版权保护、实名学术社区；版本存档、下载统计和跟踪；数据检索、浏览、授权下载和评论；数据在线分析和可视化、数字指纹；国际化平台、双语展示界面。

截至目前，平台已经收录了北京大学中国调查数据资料库（包括中国家庭追踪调查、中国健康与养老追踪调查、北京社会经济发展年度调查等）、北京大学健康老龄与发展研究中心、北京大学可视化与可视分析研究组、北京大学生命科学学院生物信息学中心等跨学科的开放数据。

平台不仅面向北大师生，也面向全国和国外，收录国内和国外、学界和非学界相关组织

图 11-9　北京大学开放研究数据平台

的优质科研数据。除了鼓励研究者自行提交之外,平台有针对性地向国内外学者或科研机构征集研究数据(以调查类数据为主),对数据进行管理或加工后,免费共享给数据使用者。所征集数据的机构或个人本着自愿的原则,认同平台的有关规定,和平台签署"数据资源共享合作协议"。

11.3　科学数据出版

数字时代的数据出版(Data Publication)是指在互联网上公开数据,并且支持除数据提供者之外的研究人员或者组织机构下载、分析、再利用以及引用数据。从广义上讲,任何将数据上传到互联网或者数据库并支持开放获取的行为都可以称之为"数据出版"。对科学数据而言,数据出版是指数据达到可引用和追溯的状态,核心内容是为数据引用提供标准的数据引用格式和永久访问地址。[21]

数据出版的作用一方面在于其推动数据开放共享,促进整个学术出版和科学研究的发展。另一方面,数据出版在数据开放共享的基础上,重点解决了数据知识产权的问题,保障科学数据的质量,提高数据重用的价值。此外,数据出版显然也能够为公众提供更多获取、利用科学数据的平等机会,创造社会价值。[22]

11.3.1　数据出版的模式

数据出版模式,又被称为数据出版途径、形态、机制、路径等,现有研究主要从数据出版客体和数据出版主体两个不同视角对数据出版模式进行划分和归纳。可以总结为三种模式[22]：

（1）独立数据出版，该模式将数据作为独立的信息对象提交到开放存取数据知识库。

（2）作为论文关联和辅助资料的数据出版，数据往往作为论文的附件、附录而出版或存储到期刊指定的数据仓储并建立论文和数据的关联。

（3）数据论文出版，将科学数据作为一种文本文献进行出版，包括发表在专门数据期刊的数据论文和综合性期刊的数据论文。

1. 数据论文

数据论文是正式的学术论文，目前在国内外相关研究中被广泛引用和借鉴的是学者 Chavan 的定义[23]，认为数据论文主要内容不是科学假设或是基于数据对假设的论证，而是对数据集的描述，主要包括：是什么（what）、在哪里（where）、为什么（why）、如何（how）、是谁（who）几方面内容。出版目标主要有：其一，提供一个能为出版者（包括数据提供者和管理者）带来学术认可的、可引用的期刊出版物；其二，以一个结构化的、用户可读的格式描述数据；其三，引起学术界对数据的关注与重视。数据论文的另一个重要特征，即数据论文应与其描述的、公开发布的数据集相关联，其链接（可以是 URL，但最好是 DOI）应在数据论文中体现。此外，数据论文一旦发表，描述仓储库中数据集的元数据也应包含数据论文的详细目录信息。

2. 数据期刊

数据期刊是在科学数据共享环境下发展起来的，属于学术期刊的一种特殊类型。从出版内容上看，数据期刊可以有两种模式：一种专门出版数据论文，且只有数据论文；另一种是混合型期刊，部分版面出版数据论文。数据期刊集中了数据仓储和期刊的优势，既能确保数据具有最大程度的开放性，又在元数据模式基础上补充了详细的数据描述。而且，遵循传统学术期刊集成的出版标准和学术规范，拥有更为完善的数据审核机制，使得科学数据更具发现性、可信性、引用性和重用性。[24]

近年来，出版商、期刊、科研资助机构等都支持推广数据论文，国际上已经有数百种出版数据论文的数据期刊。1999 年美国生态学会（ESA）出版的学术期刊 *Ecology* 首次刊发数据论文，2001、2003、2008 年开放获取出版商 Biomed Central 先后创办了 *BMC Plant Biology Human Genomics* 和 *BMC Research Notes* 三种数据期刊，2008 年 Pensoft 创办了 *ZooKeys*，但这五种均为混合数据期刊，只是将"数据论文"作为一个子栏目；2009 年 Copernicus 创办了一本纯数据期刊 *Earth System Science Data*，自此每年都有新的数据期刊创立。

从 2012 年开始，国际上数据期刊呈现飞速发展态势。[25] 国际大型出版商推出的一些有影响力的国际数据期刊还有：Elsevier 旗下的 *Data in Brief*（全学科）、Spring Nature 旗下的 *Scientific Data*（全学科）、Ubiquity 旗下的 *Journal of Open Psychology Data*（心理学）、Ecological Society of America 旗下的 *Ecology* 以及机器人学领域顶级期刊 *International Journal of Robotics Research* 也开设了数据论文板块，并发布了相关数据出版政策和投稿指南。

我国数据期刊出版起步较晚,第一本数据期刊是 2014 年中科院地理科学与资源研究所发行的《地理学报增刊》,该刊介绍有重要共享价值的科研数据,同时配合《全球变化科学研究数据注册与出版系统》的运行。2016 年,中科院计算机网络信息中心创办了《中国科学数据》,该刊是目前中国唯一的专门面向多学科领域科学数据出版的学术期刊。2017 年,中科院地理科学与资源研究所创办了《全球变化数据学报》;国际数字地球学会、中国科学院空天信息创新研究院、中国科学院 A 类战略性先导科技专项"地球大数据科学工程"共同创办了 Big Earth Data。此外,生物学、遥感和情报学等领域享有较高声誉的学术期刊也陆续设置了数据论文专栏。[26]

总的来说,我国的数据出版仍在积极探索阶段,数据期刊数量还很少,很多期刊在数据存储、同行评议和作者权益等政策上未提供详细说明。数据出版作为新兴的出版模式,虽然已开始了较大规模的实践,但在技术、工具以及数据质量控制等方面仍需更多的研究,以求更好地发挥数据期刊的优势,推动科学进步。

11.3.2 数据引用原则与标准

数据引用(Data Citation)[27]是指类似于研究人员通常为印本资源提供书目参考的方式提供数据参考的做法。数据引用通常作为一个数据定位或参考机制,可以通过其直接而明确地链接到所使用的精确数据。因此,对于读者定位并获取数据提供便利,增加数据重用性和共享能力;还能够增加数据生产者和数据中心的认可度,类似于期刊的引文率,数据引用情况亦可以作为评价数据提供者和数据中心认可度的依据,为数据之后的使用提供一定的鼓励作用,并能追踪数据的影响,减小数据被剽窃的风险。此外,数据引用也有利于科学研究过程的验证,通过数据引用获取研究过程的原始数据集,按照研究过程实施,可以重现研究过程,验证科学研究的结果。

相比于论文的引用,科学数据集的引用要复杂得多,一个数据集可能是某个大数据集合的一个子集,同时又可以由很多文件组成,每个文件又包含很多的表格,因此每个数据集都包含很多数据点;且数据仓储对于科学数据的保存往往涉及不同维度,例如按照时间维度,要求提供数据集的不同版本。不仅如此,数据仓储提供的数据的使用级别也可能存在不同,有些是完全公开,有些则有许可条款协议允许的条件限制。故此,规范化的数据引用成为学术界越来越重视的问题。2012 年底,汤森路透正式推出数据引文索引(Data Citation Index^{TM},DCI,访问地址为:http://webofknowledge/DCI)数据库。DataCite 的成立,在某种层面上,已经承认并保障科研数据在科学交流体系中的地位以及科研人员的权利。[28]将科学数据与众多强大的研究发现工具连接了起来,使研究人员能够快速和轻松识别、获取最相关的数据。

DCI 能够提供:

(1) 有助于研究可发现的、可引用的、并可链接至原始研究文献的数据研究;

(2) 来自全球高质量数据知识库的近 710 万条记录;

(3) 依据描述性的元数据建立起来的科学数据记录,用以创建针对数据研究的书目记录和被引参考文献;

(4) 面向学术界用以推动科学数据的标准引用格式。

利用 DCI,能够:

(1) 方便地获取科学数据,提供全面的研究成果;

(2) 发现并通过引用的方式向科学数据提供者表示尊重,数据提供可借此获得创建科学数据的相应荣誉;

(3) 通过了解科学数据所支持的学术研究的影响力,准确锁定原始研究;

(4) 衡量在特定学科领域里科学数据的贡献,并识别潜在合作者。

英国数据管理中心(DCC)2015 年发布了"数据引用指南文件",2012 年我国基础科学数据共享网也提出《科学数据引用规范》,该规范规定了科学数据引用的语义和语法规则,包括引用元素,指出对科学数据的引用包括:作者、名称、发布机构、发布年份、传播机构、传播时间、唯一标识符和解析地址共 8 个必选元素以及版本这一可选元素。

综合国内外的引用指南,总的说来,数据引用至少要包括以下 5 个元数据:

(1) Author/Creator(创建者/责任者)

(2) Title(标题)

(3) Publication Year(发布年份)

(4) Publisher/Archive/Distributor(发布机构/存储机构/传播机构)

(5) URL/Electronicretrieval Location/External Links(URL/获取地址/外部链接)

这 5 个属性在所有引用规范、写作指南等文件中都被提及并被作为强制要求性元素。此外,Resource Type /Material Designator(资源类型/载体代号)、Version(版本)也是大多数规范所要求的。图 11-10 即公共数据仓储库 Dryad 中的一个数据引用样例。

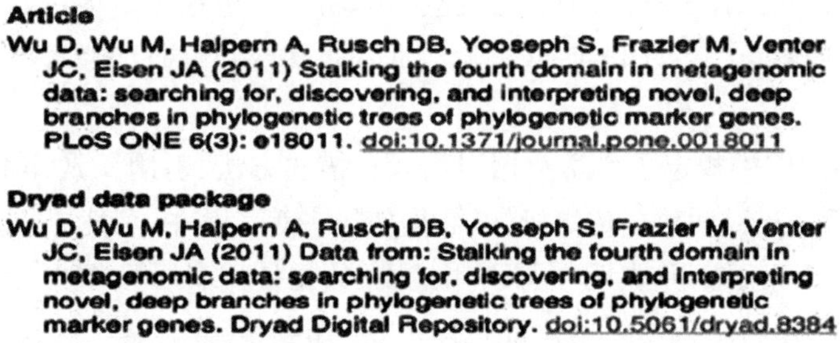

Article
Wu D, Wu M, Halpern A, Rusch DB, Yooseph S, Frazier M, Venter JC, Eisen JA (2011) Stalking the fourth domain in metagenomic data: searching for, discovering, and interpreting novel, deep branches in phylogenetic trees of phylogenetic marker genes. PLoS ONE 6(3): e18011. doi:10.1371/journal.pone.0018011

Dryad data package
Wu D, Wu M, Halpern A, Rusch DB, Yooseph S, Frazier M, Venter JC, Eisen JA (2011) Data from: Stalking the fourth domain in metagenomic data: searching for, discovering, and interpreting novel, deep branches in phylogenetic trees of phylogenetic marker genes. Dryad Digital Repository. doi:10.5061/dryad.8384

图 11-10 公共数据仓储库 Dryad 中的一个数据引用样例

1. 数据引用原则

目前,应用较为广泛的数据引用原则是 FORCE11(The future of research communications and e-scholarship)官网发布的"数据引用共同原则(Data Citation Synthesis Group)"[29],由超过 25 个组织机构合作制定,至 2021 年底共有 289 名科研人员以及 125 个数据仓储/数据中心、基金资助机构、出版商、教育机构、图书馆等组织机构(DataCite、CrossRef、DCC、ICPSR、Australian National Data Service、ORCID、Elsevier、剑桥大学开放获取项目委员会等)表示支持共同原则。

数据引用原则涵盖了引用的目的、功能和属性,网页发布的内容中还包括数据引用术语、实例和参考信息。引用原则认识到创建人类可理解和机器可操作的引用实践的双重必要性，但没有提出具体实践建议，鼓励社区组织开发体现这些原则的实践和工具。数据引用共同原则主要包括以下 8 点内容：

（1）重要性。数据应当被视为合法的、可以被引用的科研产品。在学术活动中，对数据引用的重视程度应当与学术出版的重视程度相同。

（2）归属性。数据引用应当促使研究人员分享和改进科学数据，单一机制的数据归属方式可能不适合所有的数据。科学数据应当归属于所有对数据作出贡献的人。

（3）论据性。学术文献中，数据可以作为强有力的论据。如果学术观点是依靠某个数据推演出来的，那么相关学术文章就必须标引对应的数据。

（4）唯一标识性。数据引用应该拥有一个机器可以识别的、全球唯一的、能够被广泛使用的可持续方法。

（5）访问性。借助数据引用，应当能够迅速访问到数据本身，以及相关元数据、文档和代码。

（6）持久性。描述数据的唯一标识的生命周期需要高于数据本身的寿命。

（7）可识别性和可验证性。数据引用应当支持识别和访问相关数据，并用来验证由数据所推演出的观点。

（8）互操作性和灵活性。数据引用的方法应当保持足够的灵活性以适应各种不同的情况，同时也应该保持一定的互操作性，不同的引用方法不能相差太多。

2. 数据引用的标准

2017 年 12 月，中国科学院计算机网络信息中心主持研制的《信息技术科学数据引用》国家标准（GB/T 35294—2017）[30]正式发布，自 2018 年 7 月 1 日起正式实施，标志着科学数据可以像学术论文一样被学术同行标准化引用，将在一定程度上促进数据拥有者开放共享其数据。自标准发布以后，国内一些科学数据发布平台和科研项目开始使用标准规定的元素和引用格式。

《科学数据引用》[31]规定了科学数据引用元素描述方法、引用元素详细说明、引用格式等方面的内容，适用于科学数据传播机构、数据使用者等。其中，科学数据传播机构可根据本标准设计数据引用系统，并声明数据引用规则；数据使用者可根据本标准著录科学数据引用信息。标准提出科学数据引用元素共有 9 个：作者、名称、创建机构、创建时间、传播机构、传播时间、唯一标识符、解析地址、版本。其中，创建机构定义为创建该科学数据的机构名称，传播机构定义为科学数据传播分发机构，考虑到两个字段都是单位名称，用户可能会混淆，特意在引用格式里增加了[传播机构]和[创建机构]作为限定词。

《科学数据引用》建议唯一标识符应能够满足以下通用要求：

（1）无歧义地标识一条数据。

（2）具有唯一性。

（3）分层的架构体系，标识机制灵活、可扩展。

（4）具备解析系统的支持，该系统通过解析唯一标识符定位到所标识的数据资源。

（5）应具备自主可控的解析技术，能够实现我国信息资源的自我管理。

（6）建议唯一标识符首先解析到数据的元数据，而不是直接解析到数据实体。元数据中包括该条数据的描述信息以及访问数据实体的链接地址,方便用户判断数据价值继而再进一步访问数据。

11.4 数据管理政策

11.4.1 政府部门制定的数据政策

1. 美国

长期以来,美国颁布了多项关于信息公开和数据开放的法律法规和行政命令,如 1966 年《信息自由法》、1974 年《隐私法》、1976 年《阳光下的政府法》、2002 年《电子政务法》等,2009 年开通政府数据网站 data.gov,保障了公民对政府信息和服务的获取与利用。

为进一步推动数据发展与共享,2012 年奥巴马政府发布了《大数据研究与发展计划(Big Data Research and Development Initiative)》[32],标志着美国率先将大数据上升为国家战略,该计划涉及美国国家科学基金(NSF)、美国国立卫生研究院(NIH)、能源部、国防部、国防部高级研究计划局、地质勘探局 6 个联邦政府部门,旨在提高收集、存储、管理、分析和共享大数据的核心技术水平,加速科学和工程学领域创新,以及培养和储备数据人才。

2016 年,作为对《大数据研究与发展计划》的延续和补充,美国发布了《联邦大数据研发战略计划》,提出了聚焦新兴技术、数据质量、基础设施、共享价值、隐私安全、人才培养和加强合作七大战略内容,拟建成有活力的国家大数据创新生态系统。[33]2019 年底又发布了《联邦数据战略和 2020 年行动计划》,描述了美国联邦政府未来十年的数据愿景,并逐年确定行动计划。该战略旨在指导联邦政府进行数据治理,通过政策设计和方法协调,在尊重隐私和机密性的前提下,使用数据来完成任务、服务公众、管理资源,为各相关机构管理和使用联邦数据提供指导;其突出特点在于,对数据的关注由技术转向资产,"将数据作为战略资产开发"成为核心目标。[34]

2. 英国

英国政府自 1997 年发布实施新的《信息自由法案》,于 2010 年开通政府数据网站 data.gov.uk,汇总发布政府各部门信息数据。2012 年,内阁办公室发布《开放数据白皮书:释放潜能(Open Data:unleashing the potential)》[35],要求政府部门以机器可读格式发布政府数据,对开放数据的版权许可、收费等进行了规定。

2013 年英国政府开放数据强势发展,发布了《抓住数据机遇:英国数据能力策略》,强调政府必须优化公民参与方式,改变服务政策和服务方式,改变责任的承担方式,从"技术""基础设施、软件和协作""安全与恰当地共享和链接数据"三个方面提高数据处理能力。同年,发布《2013 年至 2015 年英国开放政府伙伴关系行动计划》,从开放数据、诚信缺失、财政透明度、公民赋权、自然资源的透明度 5 个方面规划了行动计划。[36]

2020 年 9 月,英国数字、文化、媒体和体育部(Department for Digital,Culture,Media and Sport,DCMS)发布《国家数据战略(National Data Strategy)》[37],旨在进一步推动数据

在政府、企业、社会中的使用,并通过数据的使用推动创新,提高生产力,创造新的创业和就业机会,改善公共服务,帮助英国经济尽快从疫情中复苏。该战略确立了四项核心能力和五项优先任务:① 释放数据在经济领域的价值;② 确立一个促增长、可信赖的数据体制;③ 转变政府对数据的使用以提高效率并改善公共服务;④ 确保数据基础设施的安全性和弹性;⑤ 倡导数据的跨境流动。

3. 中国

为了应对信息技术时代在数据方面的发展和挑战,2015 年我国国务院印发《促进大数据发展行动纲要》[38](简称《纲要》),正式提出大数据国家战略,系统部署大数据发展工作。《纲要》提出三大主要任务:

(1) 加快政府数据开放共享,推动资源整合,提升治理能力。大力推动政府部门数据共享,稳步推动公共数据资源开放,统筹规划大数据基础设施建设,支持宏观调控科学化,推动政府治理精准化,推进商事服务便捷化,促进安全保障高效化,加快民生服务普惠化。

(2) 推动产业创新发展,培育新兴业态,助力经济转型。发展大数据在工业、新兴产业、农业农村等行业领域应用,推动大数据发展与科研创新有机结合,推进基础研究和核心技术攻关,形成大数据产品体系,完善大数据产业链。

(3) 强化安全保障,提高管理水平,促进健康发展。健全大数据安全保障体系,强化安全支撑。

2018 年,我国国务院办公厅正式发布了《科学数据管理办法》[39],明确了我国科学数据管理的总体原则、主要职责、数据采集汇交与保存、共享利用、保密与安全等方面内容,着重从 5 个方面提出了具体管理措施。一是明确各方职责分工,强化法人单位主体责任,明确主管部门职责,体现"谁拥有、谁负责""谁开放、谁受益"。二是按照"分级分类管理,确保安全可控"的原则,主管部门和法人单位依法确定科学数据的密级及开放条件,加强科学数据共享和利用的监管。三是加强知识产权保护,对科学数据使用者和生产者的行为进行规范,体现对科学数据知识产权的尊重。四是要求科技计划项目产生的科学数据进行强制性汇交,并通过科学数据中心进行规范管理和长期保存,加强数据积累和开放共享。五是提出法人单位要在岗位设置、绩效收入、职称评定等方面建立激励机制,加强科学数据管理能力建设。

11.4.2 科研资助机构制定的数据政策

1. 美国

美国的科研资助主要来自美国国家科学基金会(NSF)、卫生和公共服务部(Department of Health & Human Services,HHS)、国家航空航天局(National Aeronautics and Space Administration,NASA)、能源部(Department of Energy,DOE)、国防部(Department of Defense,DOD)和农业部(United States Department of Agriculture,USDA)。这些机构在联邦政府相关政策框架下制定了各自的科学数据管理政策,多数明确规定项目申请者要提交数据管理计划。其中[40]:

(1) 美国国家科学基金会(NSF)从 2011 年起要求所有资助的项目需符合 NSF 关于《传播与共享研究成果》政策,即必须包含数据管理计划(DMP),由于传播、出版和存档规范因数据类型和学科不同而有所不同,NSF 分别发布了生物科学、计算机、信息科学与工程、教育、地球科学等不同学科的数据管理计划编制指南。2015 年,NSF 发布《今天的数据,明天的发现——增加获得 NSF 资助的科研成果的机会》,要求 NSF 资助的研究项目,其成果(包括科学数据)需在首次发表后 12 个月内通过自存储方式保存并实现开放共享与利用。

(2) 美国卫生与公共服务部(HHS)下属的美国国立卫生研究院(NIH)于 2003 年制定了《NIH 数据共享政策》,规定接受 50 万美元及以上的调查人员需提交数据共享计划或说明数据不可共享的原因;2014 年出台《基因组数据共享政策》,规定研究人员需共享所有物种的大规模基因组数据;由于意识到科学技术的快速发展和科研人员在数据生成、存储、共享等方面能力的提高,2015 年 NIH 在其《促进从 NIH 资助的科学研究中获取科学出版物和数字科学数据计划》中启用了更全面的数据共享政策,同时努力实现数据共享基础设施的现代化,2016 年发布《关于传播 NIH 资助的临床试验信息的政策》,规定所有受 NIH 资助的临床实验均需通过 ClinicalTrials.gov 公开试验结果信息。此外,为了使政策制定能够满足科研社区对数据共享的多样性需求,2016 年起,NIH 就数据管理和共享政策公开征询公众意见,并于 2020 年 10 月发布《NIH 数据管理和共享最终政策》,确立了最大限度公开和共享由 NIH 资助或开展的科研项目所产生的科学数据。

2. 英国

英国科研资助主要来自 4 个公共基金:高等教育拨款委员会(Higher Education Funding Council for England,HEFCE)、英国研究理事会(Research Council UK,RCUK)、惠康基金(Wellcome Trust)和研究信息网络(The Research Information Network,RIN)。其中 RCUK 是由以下 7 个研究理事会组成的联合会:艺术与人文研究委员会(Arts and Humanities Research Council,AHRC)、生物技术与生物科学研究理事会(Biotechnology and Biological Sciences Research Council,BBSRC)、工程和自然科学研究理事会(Engineering and Physical Sciences Research Council,EPSRC)、经济与社会研究理事会(Economic and Social Research Council,ESRC)、医学研究理事会(Medical Research Committee,MRC)、自然环境研究理事会(Natural Environment Research Council,NERC)和科学与技术设施理事会(Science and Technology Facilities Council,STFC)。

2011 年,RCUK 发布了《数据政策通用原则》,为各理事会科学数据政策制定提供总体框架;2016 年 7 月,RCUK 与 HEFCE、惠康基金会等多家科研资助机构联合推出指导性文件《开放科学数据协议》(Concordat on Open Research Data),目的是建立尊重各方需求的合理原则,确保科学数据尽可能以符合相关法律、道德、监管框架以及学科规范的方式开放共享。该协议给出了科学数据的定义和类型,并提出了开放科学数据的 10 个核心原则[40]。这两份文件为英国各研究理事会、高等院校制定科学数据管理政策提供了基础框架。此外,RCUK 各研究理事会也都制定了相应的数据管理政策。

11.4.3 高校制定的数据政策

国外高校尤其是英国、美国较早开展科学数据管理,相关政策也比较全面。代表性高校科学数据管理政策主要内容如表 11-4 所示[41]:

表 11-4 英美高校科学数据管理政策一览

学校名称	数据管理及共享政策												
	一般政策				数据标准		数据共享与保存					数据安全与所有权	
	数据管理计划	资金支持	数据范围	数据管理指导与服务	数据标准	无数据标准	数据访问	数据保存	数据转让	数据审查	数据共享	数据所有权	数据安全
牛津大学	✓			✓	✓		✓	✓			✓		✓
爱丁堡大学	✓			✓	✓		✓	✓			✓		
伦敦国王学院	✓			✓			✓				✓		
谢菲尔德大学	✓	✓	✓	✓		✓					✓		✓
华威大学				✓	✓								
南安普顿大学	✓		✓			✓	✓			✓			
利兹大学	✓		✓		✓	✓							
伦敦大学玛丽女王学院	✓		✓				✓				✓		
埃克塞特大学	✓		✓	✓			✓				✓		
埃塞克斯大学	✓			✓									
杜克大学							✓			✓	✓		
弗吉尼亚联邦大学			✓		✓		✓	✓	✓	✓			
罗切斯特大学			✓				✓	✓				✓	
匹兹堡大学			✓				✓						
东卡罗来纳大学			✓				✓		✓	✓			
斯坦福大学			✓				✓			✓			
肯塔基大学	✓		✓				✓				✓		
新罕布什尔州大学		✓					✓						
约翰霍普金斯大学			✓				✓			✓			
凯斯西储大学			✓				✓	✓				✓	

为服务"国家大数据战略",近年来我国高校也开始关注数据管理,部分高校建立了科学数据中心,发布相关政策,如:由国家人口健康科学数据中心协助起草的《中国医学科学院北京协和医学院科学数据管理办法(试行)》于 2020 年正式发布。另外,部分高校的信息中心也制定了数据管理政策,如:南京大学信息化建设管理服务中心于 2020 年发布《南京大学数据管理办法(试行)》。

11.4.4 国际组织制定的数据政策

1. 国际数据委员会

国际科学理事会数据委员会(Committee on Data for Science and Technology,

CODATA)成立于1966年,是国际科学理事会(International Science Council,ISC)的数据委员会,其宗旨是通过促进国际合作来推进开放科学,提高科学研究中数据的可获得性和可用性。2019年9月,CODATA及其国际数据政策委员会在北京召开了开放科学数据政策与实践国际研讨会,讨论内容包括世界各地已发布的数据政策、实施进展和当前的数据政策问题。2019年11月,CODATA在其官网正式发布会议主要成果之一《科学数据北京宣言(The Beijing Declaration on Research Data)》[42],宣言共提出10条原则(原则3~7体现了开放数据的FAIR(可发现、可获取、可互操作、可重用)原则),其核心内容包括:

(1) 数据管理能力建设和数据政策体系建设是必要的;
(2) 科学数据具有全球公共产品的基本属性;
(3) 公共经费资助产出的科学数据应尽可能在全球范围内可发现;
(4) 公共经费资助产出的科学数据应尽可能在全球范围内共享重用;
(5) 公共经费资助产出的科学数据应符合互操作的原则;
(6) 科学数据应尽可能开放,除非有合理的数据限制访问和重用的理由;
(7) 数据版权及其他知识产权应支持公共数据重用,研究人员可主动选择限制最少的国际通用许可;
(8) 数据管理计划及政策制定是必要的;
(9) 使公共经费资助产出的科学数据尽可能开放,是缩小科学鸿沟的必要举措;
(10)《科学数据北京宣言》的实施需要清晰的政策和指导方针、专项经费支持以及明确的承诺。

2. 科学欧洲

科学欧洲(Science Europe,SE)[43]成立于2011年,由来自28个欧洲国家的38家科研机构和基金组织组成,旨在通过整合各科学机构的专业知识来提升科学研究对社会的影响。SE认为,对科学数据的有效管理有助于科研人员在整个科研过程中有效共享科学数据,但科研执行机构、科研资助机构和科学数据基础设施都有各自的科学数据管理政策,SE的目标就是在整个欧盟统一这些政策和要求,使科研人员更易合作,政策更易执行。SE同时也致力于确保科学数据的可持续性,包括长期保存和可访问性,认为科研机构和科学数据基础设施应建立必要的框架条件,包括组织政策、技术准备、资金解决方案和培训等。

SE先后发布了两部有关科学数据的指南[40]:

(1) 2019年1月发布的《科学数据管理国际协调实用指南(Practical Guide to the International Alignment of Research Data Management)》,用以指导科研执行机构和资助机构制定数据管理计划(DMP),以减少不同机构政策的不一致性。该指南发布后很快得到包括欧盟委员会在内的科研资助机构和执行机构的广泛采用。2021年1月,在广泛听取各机构意见的基础上发布了《科学数据管理国际协调实用指南》(扩展版),增加了评审专家使用指南,指导评审专家对照该指南对DMP进行标准化分析和评估。

(2) 2021年6月发布的《可持续科学数据实用指南(Practical Guide to Sustainable Research Data)》,用以指导科研执行机构、科研资助机构和科学数据基础设施制定科学数据议程,评估现有政策和做法,实现数据共享的可持续性和系统的互操作性。该指南提供了三个互补的合作关系成熟度矩阵,指导国家和国际层面、不同学科的科研机构间的组织协作,以调整方法并实现公平的竞争环境。

11.5 情境导入

11.5.1 数据浏览实例

以"人口健康科学数据仓储(PHDA)"(https://www.ncmi.cn/index.html)的数据获取为例。PHDA 拥有项目 262 个,数据集总数 2 488 个,数据总量 119.06 TB(截至 2021 年 12 月 8 日)。

所有数据可以分为项目来源数据和其他来源数据,可以按:项目类型、人体器官分布、地理范围、项目起止时间以及关键词五项信息进行浏览(如图 11-11 所示)。

11.5.2 数据检索实例

人口健康科学数据仓储(PHDA)有基本检索和高级检索功能,高级检索可以输入多个检索词,检索词之间可以使用逻辑算符与、或、非进行组配。

检索字段包括:项目名称、数据集名称、数据集描述、数据集关键词、数据表名称、数据资源创建者、数据资源注册机构、数据集英文名称、DOI、科技资源标识符、数据资源申请者、创建者 ORICD、项目编号、项目负责单位、数据记录内容、项目负责人、项目摘要。

检索结果按"项目信息"和"项目数据集"形式呈现,特别注意处于保护期的项目,不提供项目数据集的浏览。

项目信息列表中的检索结果可以:

(1) 按成果类型筛选,包括:论文和著作、考察报告、科学数据、新产品、科学规范、新方法、新模式、计算机软件、生物样本、人才培养、重要标准、专利、图集图件及其他。

(2) 按数据大小筛选。

(3) 按数据格式筛选,包括:表格、文档、图像、音、视频、数据库。

项目数据集中的检索结果可以按物种、是否涉及人类遗传资源、数据级别、共享方式、数据大小、数据格式、是否在保护期内进行筛选。

以检索"疫苗"相关数据集为例:检索步骤如图 11-12 所示:选择"数据集名称"字段,在检索框中输入"疫苗";检索结果如图 11-13 所示。

11.5.3 数据上传实例

越来越多的学术出版政策支持集成出版有影响的科学数据资源,包括基因芯片数据、蛋白质或 DNA 序列以及其他各类型科学数据。例如 Nature 出版集团 2014 年春季正式推出在线出版的开放获取杂志《科学数据》(*Scientific Data*),帮助科研人员发布、发现和重用研究数据。现行的数据出版主要有 3 种[44]:

(1) 将研究数据作为附录和论文一起出版,作者必须在其论文发表之后,保证其所有的

图 11-11　数据浏览

图 11-12　检索步骤

研究数据可以不受限制地被获取。

（2）将研究数据作为一个独立的信息对象，存储在某个研究数据知识库中，例如 Dryid。

（3）以数据论文的形式，将研究数据作为文本性文档（data paper）直接发表。如 Nature

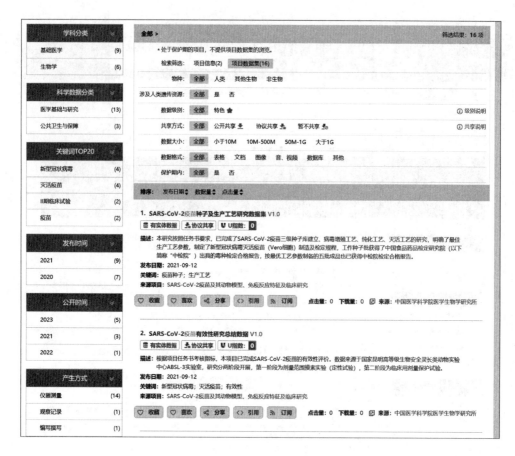

图 11-13 检索结果

出版集团的 *Scientific Data* 和 Copernicus Publications 旗下的 *Earth System Science Data*。

目前,生命科学领域测序类的论文,基本都需要将原始测序 reads 数据上传到某个公开的数据库,然后在文章末尾标明数据存储位置和登录号。[45]在医学领域,美国国立卫生研究院(NIH)创办的 NCBI 的 SRA(Sequence Read Archive)数据库[46]是最常用的存储测序数据的数据库。NCBI 给出了上传数据的详细说明[47],主要分为以下步骤:

(1) 注册登录 NCBI;

(2) 创建 BioProject 和 BioSample;

(3) BioProject 和 BioSample 创建完成后,再转到 SRA 的网页,创建 New Submission,并完成信息填写;

(4) 提交 SRA 元数据;

(5) 上传序列数据文件;

(6) 内容检查无误后提交。

现阶段几乎所有的 SCI 论文基本都会要求研究者提供原始数据、数据处理过程,甚至还要求提供所使用处理软件的序列号以证明研究结论的准确可靠。研究者的原始数据需要按期刊要求上传至相关公共数据库,上传成功后会获得 approve 和 accession number。下面的例子即为 *Nature Biotechnology* 期刊对于数据上传的要求,一般要求以 MIAME 的格式上传至 GEO(Gene Expression Omnibus)数据库,内容包括实验材料、数据、代码和相关的实验流程等。在上传过程中,GEO 的元数据表会就所需要上传的数据内容给出一一说明,每个选项后面都有详细的注解和说明。如图 11-14 和图 11-15 所示。

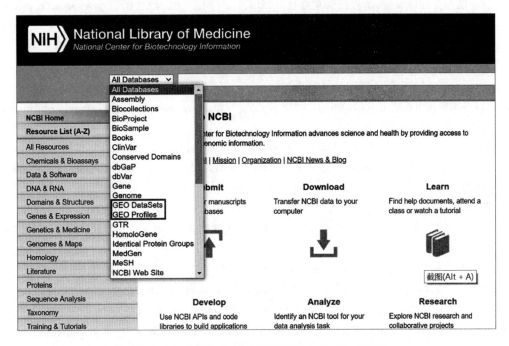

图 11-14 "GEO Datasets"或者"GEO Profiles"页面

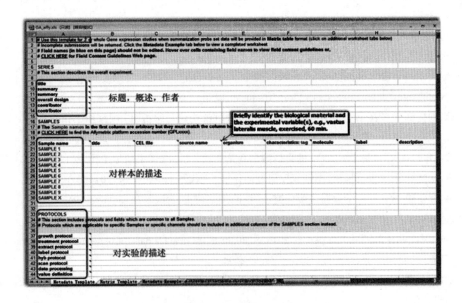

图 11-15 GEO 元数据表的注解和备注

参考文献

[1] OECD. Principles and guidelines for access to research data from public funding[EB/OL].[2021-10-4]. https://www.oecd.org/science/inno/38500813.pdf.

[2] 崔宇红,李伟绵.科学数据管理实践[M].北京：科学出版社,2021：3.

[3] 国务院办公厅印发《科学数据管理办法》[EB/OL].[2021-10-4]. http://www.gov.cn/zhengce/content/2018-04/02/content_5279272.htm.

[4] 刘桂锋.高校科研数据管理理论与实践[M].镇江：江苏大学出版社,2017：29,41-43.

[5] 刘霞.高校科学数据库管理与实践研究[M].武汉：武汉工业大学出版社,2014：5,9.

[6] Data policies[EB/OL].[2022-4-15]. http://www.nature.com/sdata/policies/data-policies.

[7] PLOS 编辑与出版规定.[EB/OL].[2022-4-15]. http://journals.plos.org/plosone/s/editorial-and-publishing-policies-chinese.

[8] Electronic medical records and genomics (eMERGE) network[EB/OL].[2022-4-15]. https://www.genome.gov/Funded-Programs-Projects/Electronic-Medical-Records-and-Genomics-Network-eMERGE.

[9] ENCODE 项目门户网站[EB/OL].[2022-4-15]. https://www.encodeproject.org/.

[10] 高雅,翁彦琴,董文杰.ENCODE 项目科学数据出版模式创新[J].中国科技期刊研究,2015,26(8)：808-812.

[11] Global alliance for genomics and health[EB/OL].[2022-4-15]. https://www.ga4gh.org/.

[12] What is ClinVar? [EB/OL].[2022-4-15]. https://www.ncbi.nlm.nih.gov/clinvar/intro/.

[13] Data life cycle[EB/OL].[2021-10-20]. https://old.dataone.org/data-life-cycle.

[14] Data management plans[EB/OL].[2021-10-20]. https://library.stanford.edu/research/data-management-services/data-management-plans.

[15] 李向阳,顾立平,王彦兵.国外科研资助机构数据管理计划政策的调研与分析[J].情报资料工作,2016(1)：62-67.

[16] Checklist for a data management plan[EB/OL].[2021-10-20]. https://www.dcc.ac.uk/DMPs/checklist.

[17] Framework for creating a data management plan[EB/OL].[2021-11-4]. https://www.icpsr.umich.edu/web/pages/datamanagement/dmp/framework.html.

[18] 刘琼,刘桂锋.高校图书馆科学数据管理计划服务框架构建与解析[J].国家图书馆学刊,2019,28(4)：21-31.

[19] 王辉,Michael Witt.基于 re3data 的科研数据仓储全景分析[J].图书情报工作,2017,61(22)：69-76.

[20] 刘峰,张晓林,孔丽华.科研数据知识库研究述评[J].现代图书情报技术,2014(2)：25-31.

[21] 何琳,常颖聪.国内外科学数据出版研究进展[J].图书情报工作,2014,58(5)：104-110.

[22] 刘兹恒,涂志芳.数据出版及其质量控制研究综述[J].图书馆论坛,2020,40(10)：99-107.

[23] Chavan V,Penev L.The data paper：A mechanism to incentivize data publishing in biodiversity science[J].BMC Bioinformatics,2011,12(6)：2399-2405.

[24] 关琳琳,金鑫,马瀚青,等.国际数据期刊出版质量控制机制研究[J].中国科技期刊研究,2021,32(10)：1269-1277.

[25] 刘灿,王玲,任胜利.数据期刊的发展现状及趋势分析[J].编辑学报,2018,30(4)：344-349.

[26] 关琳琳,马瀚青,王长林.创办国际数据期刊的实践与思考:以 Big Earth Data 为例[J].中国科技期刊研究,2020,31(1):56-62.

[27] 李丹丹,吴振新.研究数据引用研究[J].图书馆杂志,2013,32(5):65-71.

[28] Data Citation Index[EB/OL]. [2021-11-25]. https://clarivate.com/webofsciencegroup/solutions/webofscience-data-citation-index/.

[29] Data Citation Synthesis Group[EB/OL]. [2021-11-25]. https://www.force11.org/group/joint-declaration-data-citation-principles-final.

[30]《科学数据引用》国家标准正式发布[EB/OL]. [2021-11-25]. https://www.cas.cn/yx/201801/t20180103_4628725.shtml.

[31] 朱艳华,胡良霖,孔丽华,等.科学数据引用国家标准研制与推广[J].科研信息化技术与应用,2018,9(6):25-30.

[32] Big data research and development initiative[EB/OL]. [2021-11-25]. https://obamawhitehouse.archives.gov/sites/default/files/microsites/ostp/big_data_press_release_final_2.pdf.

[33] 贺晓丽.美国联邦大数据研发战略计划述评[J].行政管理改革,2019(2):85-92.

[34] 杨晶,康琪,李哲.美国《联邦数据战略与2020年行动计划》的分析及启示[J].情报杂志,2020,39(9):150-156.

[35] Open data:Unleashing the potential[EB/OL]. [2021-12-06]. https://www.gov.uk/government/publications/open-data-white-paper-unleashing-the-potential.

[36] 朱贝,盛小平.英国政府开放数据政策研究[J].图书馆论坛,2016,36(3):121-127.

[37] 英国发布国家数据战略[EB/OL]. [2021-12-06]. http://www.ecas.cas.cn/xxkw/kbcd/201115_128416/ml/xxhzlyzc/202010/t20201015_4558568.html.

[38] 国务院关于印发促进大数据发展行动纲要的通知[EB/OL]. [2021-12-06]. http://www.gov.cn/zhengce/content/2015-09/05/content_10137.htm.

[39] 国务院办公厅印发《科学数据管理办法》[EB/OL]. [2021-12-06]. http://www.gov.cn/xinwen/2018-04/02/content_5279295.htm.

[40] 马合,黄小平.欧美科学数据政策概览及启示[J].图书与情报,2021(4):84-91.

[41] 司莉,辛娟娟.英美高校科学数据管理与共享政策的调查分析[J].图书馆论坛,2014,34(09):80-85,65.

[42] The Beijing Declaration on Research Data[EB/OL]. [2021-12-06]. https://codata.org/the-beijing-declaration-on-research-data-2/.

[43] Research Data[EB/OL]. [2021-12-06]. https://www.scienceeurope.org/our-priorities/research-data/.

[44] 吴立宗,王亮绪,南卓铜,等.科学数据出版现状及其体系框架[J].遥感技术与应用,2013,28(3):383-390.

[45] 李雷廷科学网博客.上传测序数据到 NCBI SRA 数据库[EB/OL]. [2022-4-16]. http://blog.sciencenet.cn/blog-656335-908140.html.

[46] SRA[EB/OL]. [2022-4-16]. http://www.ncbi.nlm.nih.gov/sra/.

[47] Making submission in SRA submission portal[EB/OL]. [2022-4-16]. https://www.ncbi.nlm.nih.gov/sra/docs/submitportal/.

第 12 章 学术出版管理

学术论文要发表,学术成果要印刷成书籍期刊必然形成学术出版行业的各项服务。出版服务是指出版编辑发行活动前后的一系列为作者服务的行为总称,即选题策划,包装作者,实施出版,广告宣传,版权代理和推广,版税收集和维权,出版广告和会展,目录索引提要编辑制作,出版信息收集和发布,出版教育和培训等。[1]

12.1 学术出版

学术出版属于专业出版的领域,以推进科研、探究学问、弘扬学术、传播新知为根本宗旨,以学术著作、学术论文等为基本形式,以学术成果的发布、展示、传播以及交流为基本内容。学术出版是人类学术成果记录、传播与共享的重要渠道,是认可学术成果、展开学术争鸣、推动学术创新的重要平台,是学术与出版的有机结合、互补与共赢的纽带。[2-3]

12.1.1 著作权登记与著作权保护

著作权也称为版权(copyright),是指作者对其创作的文学、艺术和科学技术作品所享有的专有权利。世界各国关于著作权的取得与否因以登记为条件的立法各不相同,而中国《著作权法》采用自动保护主义,实行著作权自愿登记制度,即作品不论是否登记,作者或其他著作权人依法取得的著作权不受影响。著作权保护的是作者及其他权利人对文学、艺术和科学作品享有的人身权和财产权。与西方国家相比,我国著作权保护的显著特色是司法保护和行政执法双轨制,对于作者的人身权(又称精神权利)和财产权(又称经济权利)依法进行保护,并依法追究侵权者的民事责任、行政责任、刑事责任,保护期限为 50 年,具体是作者死亡或首次发表第 50 年的 12 月 31 日。但是作者的署名权、修改权、保护作品完整权的保护期不受限制。

学术作品需要通过出版社出版,而基于著作权的保护,出版社一般会和作者签署版权许可协议,又称著作权许可协议,该协议是指以转让版权或著作使用权为目的,而不是版权或著作权所有权本身。当作者的论文被接受出版时,出版商一般会在发表出版前,要求作者签署一份版权转让协议或者签署授予出版商唯一或"排他性许可"出版的协议。协议的内容一般要求作者将著作权中的汇编权、发行权、印刷版和电子版的复制权、翻译权、信息网络传播权全部转让给出版商。而对于选择开放出版(open access)的作者,作者可保留其作品版权,也允许他人合理地复制、传播和使用。[4]

在当今科学技术飞速发展的时代下,数字网络技术改变了作品使用和传播的方式,使复制拷贝变得便利快捷,这给网络浏览者带来了极大的便利。但对作者而言,大量受著作权保护的作品未经许可即可被轻易地获取、修改与传播,这种未经许可的复制与传播行为构成了著作权侵权。网络著作权的侵权范围难判定,侵权行为确定困难,且易构成共同侵权的事实。很多侵权行为涉及较多的技术因素,情况复杂,其侵权责任的承担通常不仅涉及信息接受者,也关涉网络内容提供商(Internet Content Provider, ICP)和网络服务提供商(Internet Service Provider, ISP)。这导致学术出版过程中的著作权保护面临新的危机和挑战。网络环境下著作权的保护需要多方协助,著作权人可通过法律诉讼或行政申诉保护自身合法权益,并采用一定的技术保护自身著作权,主要有如下几种技术保护措施:采用反复制设备;通过登记、加密、密码系统或顶置盒等数字化手段对作品进行加密,控制进入受保护作品;电子水印、数字签名或数字指纹技术;按地区划分的标准系统;电子版权管理系统等。[5]

数字图书馆作为用数字技术处理和存储各种图文并茂文献的图书馆,在将传统介质的文献数字化过程中,在将数字形式的作品传输到互联网上向公众传播的过程中,著作权人对其作品数字化享有专有权利,其他人在未经著作权人许可的情况下,不得对原作品实施数字化行为和在网络上传播他人作品,否则容易构成侵权行为。在数据库开发与利用过程中,除进入公有领域的作品或失去著作权保护期的作品外,在使用原文时必须获得著作权人的许可,同时对于数据库的链接使用,必须经过同数据库权利人签订合作协议,以免造成侵权。数字图书馆在面对用户利用资源时,其服务可以通过构建局域网来区分内部网和外部网。局域网内的用户可以浏览全文,并且限制同时浏览同一作品的用户数量和限制作品的下载、复制,而局域网外的用户只可以检索和浏览目录、作者、索引、摘要等非全文信息。[6]而对于商业用户和出于商业目的的行为,需采取法定许可原则适当收费,支付相应的版税,给著作权人以相应的补偿。总之数字图书馆应认真充当好作品权利人和用户的责任中介,认真对待版权,把合理使用延伸到数字环境中去。[7]

12.1.2　论文首发权与网络首发

首发权是指权利人(原创作者)对其公开发表的智力劳动创作成果(如论文、著作等)依法享有最先的专有权利,是知识产权的一种。1957 年,美国著名科学社会学家默顿提出了"科学发现优先权"理论,这一优先权是指科学家对某一科学发现的最先所有权。科学研究的"首发"往往影响着科学家的个人声誉,从而影响着科学的荣誉分配机制、资源分配机制和科学评价等。对于整个社会而言,首发权对于刺激知识生产者的积极性,促进科学的发展与知识的增长,扩大科学知识的普及与应用等方面具有重要的积极意义。但是,首发权的判定应避免导致背离科学终极目的的不正常竞争等消极因素的影响。[8]

诺贝尔奖授予全球最先取得相关成就的人,首发权判定的证据一般是个人发表的学术论文、专利等。屠呦呦于 1977 年以"青蒿素结构研究协作组"名义撰写的论文发表于《科学通报》,最终她因发现治疗疟疾的新药物疗法——青蒿素,荣获 2015 年诺贝尔医学奖。日本科学家田中耕一开发了快速、精确地测量蛋白质质量的方法,可他英文不好,1988年才终于在欧洲的学术期刊上发表关于这项成就的论文,但他于1985年向日本专利厅申请了与论文内容相同的专利,该专利被确认为全球首次公开,最终获得2002年诺贝尔化学奖。反例则是,中科院科学家将关于外尔费米子的研究成果投稿给美国科学促进会主办的《科学》杂志遭拒,而普林斯顿科学家的论文则获得了在《科学》上发表的机会,因而获得了外尔费米子发现的优先权。可见论文代表了国家的科技话语权,论文首发权的争夺从来就是一个没有硝烟的科技话语权战场。[9]

国外出版社很早就意识到论文首发权的重要性,1665年发行的《哲学学报》,这份期刊由英国皇家学会所创办并非偶然。这是由于皇家学会在成立这份期刊之前,已处理许多知识上的辩论,其中一项常见的争议就是解决谁先发现某项定律(或提出某种创见)的问题。皇家学会对此设计了稿件日期登记制,让该学会可以确定接获投稿的日期,如此确保了"发现的优先权"属于哪位科学家。当今时代为抢占"首发权",很多期刊在正式出版前(指有了具体刊期和页码),先在线出版。如Science出版社的First Release, Springer出版社的Online First, Wiley出版社的First Published, SAGE出版社的First Published, Elsevier出版社的Article in press, 牛津大学出版社的Advance articles, 剑桥大学出版社的First View articles等。[10-11]

近年来,国内两大数据库中国知网和万方数据库也开始尝试论文优先出版。中国知网于2010年启动了我国的学术期刊优先数字出版,主要出版方式为:① 网络出版,为优先数字出版期刊量身打造一个网络出版平台,各期刊数字出版内容专门在上面优先发布;② 电子出版,编入《中国学术期刊(光盘版)》等CNKI系列数据库光盘出版;③ 手机出版,通过手机优先发布相关期刊论文的题录摘要或全文。同时万方、维普等学术期刊网络平台也先后推出优先数字出版,模式分为单篇优先出版和整篇优先出版。优先出版使作者研究成果的"首发权"得到优先及时的确认,使其更具时效性与创新性;使读者及时地了解最新科研动态,利于抢占科研发现制高点和竞争主动权;使科技期刊在定量评价、吸引优质稿件方面更具优势,有利于提高期刊的影响力和核心竞争力。[12-13]

严格意义上说,优先数字出版只是纸本学术期刊的"预出版"版本。2017年中国知网推出"网络首发出版"这一模式。2015年,原国家新闻出版广电总局批准《中国学术期刊(网络版)》(CAJ-N)作为网络连续型出版物规范试点项目,以网络出版物号(CN11-6037/Z)正式出版。期刊与CNKI签订协议后,CAJ-N成为期刊网络版的原创文献首次发布平台。CAJ-N除了支持传统论文外,还支持增强论文、协创论文、数据论文等新型论文模式。"任何一篇投到与CNKI联署网络首发期刊的论文,一经编辑部录用和审定,无需确定其在纸质刊物出版的时间和页码,并通过电子杂志社审核,即可在CAJ-N中以网络首发方式正式出版"。网络首发的学术论文经编辑部录用、审定,然后再由编辑部上传到知网的首发系统,通过知网的加工和审核即可上网。网络首发的论文是正式发表,期刊编辑部与知网共同为网络首发的学术论文出具论文发表证书,以确保论文作者的首发权。网络版和纸版的效力等同,等纸质刊物排版出来后网络版就消失了。目前大多数杂志社都发布加入中国知网的网络首发出版平台,但据统计,许多期刊并未真正发表网络首发论文。[14]

12.1.3 数据所有权与数据论文出版

"大数据"引起了研究模式的革命性变化，促成了数据密集型科学的诞生。在这种研究模式下，科学研究不再单纯地依靠科学问题或假设驱动，而是转而探究科学数据本身。数据所有权是拥有对相关数据的支配、处置和获益等财产的权力。对于数据的所有权主体，一种主流看法是数据的所有权应分情况来看待，即数据是否经过去身份化之类的脱敏处理。为了更好地保护个人数据，应承认个人用户在一般情况下是数据的所有权主体，从而对企业、政府等主体的收集使用数据的获得进行适当的限制约束。而在得到个人用户的授权对数据进行收集处理之后，一般会对数据进行去身份化之类的脱敏处理，这样处理后的数据一般就不再包含明确的个体信息，也就不容易对个人用户的隐私造成危害，因此个人就不是这种处理过后数据的所有权主体，处理加工这种劳动的数据收集者才是。那么论文中的数据所有权归谁？基于这一观点，可以认为出版前的论文数据归数据收集者所有，出版后的论文数据根据版权协议判断归属。[15]

数据论文的概念应至少包含两个具体的信息对象：数据集（即数据论文的描述对象）和数据论文本身（即描述数据集的作品），其中数据论文（data paper）一词特指后者。数据论文与传统期刊论文一样，具有标识符，论文内容含有标题、作者、摘要、章节和参考文献。但数据论文不重点报道基于科学假设和科学问题的研究结果，而是重点描述科学数据，全面描述数据集，但不对数据做任何进一步的分析。具体内容是重点描述数据的可用性、覆盖范围、格式、许可、共享、项目来源、数据来源、数据质量、数据重用等要素。数据论文的描述应该足够详细，以便读者能够理解数据和了解收集方法，并可以重复使用数据。由于数据论文是同行评审的，因此只有那些质量够高的论文（例如实验设计科学合理，数据采集方法有效，数据集完整）才能发表。所有数据论文都是开放式访问，不应该对其他研究人员访问数据有任何限制。发布数据论文实质上是给这些数据一个永久的在线归属，邀请任何对数据感兴趣的研究人员使用它们进行自己的分析。数据论文有助于数据共享和重复利用，并给收集数据的研究人员的功劳以恰当的认可。[16]

数据出版是对"数据及其信息"进行"出版"，由"提交数据、质量评审、发表数据信息、存储数据，以及对数据引用和评价"等关键环节构成基本的数据出版体系。数据出版是使科学数据获得"可溯源""可引用""质量审查""承认作者贡献""长期保存"等特征的活动和过程。数据出版可总结为：

（1）独立数据出版，该模式将数据作为独立的信息对象提交到开放存取数据知识库；

（2）作为论文关联和辅助资料的数据出版，数据往往作为论文的附件、附录而出版或存储到期刊指定的数据仓储并建立论文和数据的关联；

（3）数据论文出版，将科学数据作为一种文本文献进行出版，包括发表在专门数据期刊的数据论文和综合性期刊的数据论文。数据论文出版流程遵循传统期刊出版流程和数据政策。

数据期刊的出版流程主要包括数据论文发布、同行评审（质量控制）、数据论文出版和永久存储、数据引用、数据评价等开放获取环节。几乎只专门发表数据论文的新型学术类型——数据期刊也随之出现了。近年来国内外数据期刊数量得到明显增长,国外的典型案例是自然出版集团(Nature Publishing Group)出版的《科学数据》和 Pensoft 出版社的《生物多样性数据期刊》,我国《中国科学数据》(2016)、《全球变化数据学报》(2017)也相继创刊。[17-18]

12.1.4 图书馆出版服务

大部分学术资源的出版都依赖于出版社。高校图书馆在此过程中只扮演了中介角色。但随着网络环境和学术交流模式的变化,越来越多的大学图书馆参与到管理学术资源出版的整个过程。据《图书馆出版名录》(Library Publishing Directory)第 7 版调查显示,国外开展出版服务的高校图书馆已经超过 150 家。学术出版与学术资源联盟(Scholarly Publishing and Academic Resources Coalition,SPARC)发布的研究报告也强调,出版服务已逐渐成为众多高校图书馆的基础服务内容。图书馆出版联盟(Library Publishing Coalition,LPC)明确提出:高校图书馆出版服务的内容具体包括对学术作品的审核、编辑、出版、发布、保存等等;美国大学与研究图书馆协会(Association of College & Research Libraries,ACRL)认为高校图书馆在出版服务中有 2 种不同的身份[19]:① 出版服务的执行者,负责对学术作品进行审核、编辑、出版;② 出版服务的参与者,为用户提供出版附加服务,如数字托管服务和版权咨询服务等。高校图书馆所提供的出版服务具体可包括数据分析、开放 URL、元数据加工、数字保存与托管服务和研究数据集管理等。如图 12-1 所示。

资源管理	编辑出版	咨询与培训	特色服务
数字保存与托管服务	数字化服务	版权咨询	数据分析
元数据加工	同行评审	人员培训	版权协议
DOI注册	编辑排版	外展服务	商业模式拓展
开放URL	编目与分类		

图 12-1 高校图书馆出版服务内容

(1)"资源管理":主要围绕内容存储和管理处理,具体说来是数字内容的托管和保存、元数据的服务加工、DOI 的注册、开放 URL 等。

(2)"编辑出版":主要提供专业化出版服务,同行评审与编目分类都是其中较为重要的出版环节。

(3)"培训和咨询":主要面向用户进行版权及相关出版咨询,提高其对出版服务的认知。

(4)"特色服务":针对不同专业不同领域进行定制出版服务项目。

总体而言,高校图书馆通常提供数字仓储、内容托管、科研数据管理等服务,对出版的学术作品进行管理与长期保存,以实现学术作品传播与再利用。另外,高校图书馆还能在元数据抽取研发、成果收录、内容搜索等具体方面为用户提供高质量出版服务,以保障科研成果能够受惠范围更广,形成更为普遍性的学术影响价值。

12.2 开放出版

2002年2月发布的《布达佩斯开放获取计划》(Budapest Open Access Initiative:BOAI),首先提出开放获取(Open Access,OA)的理念,即用户可以通过互联网免费阅读、复制、下载和传播作品。随着开放获取的发展,越来越多的学术研究机构、出版社、图书馆、商业出版机构、OA专业组织以及学者个人开始研究与探索OA出版模式。信息的获取途径不断便捷,随之而来的是开放出版服务。开放获取出版是指在出版商网站或出版平台上免费获取数据或全文的出版行为,并不要求严格的开放获取版权协议。开放出版是出版社对所出版的期刊、图书或其他出版物采取开放获取的出版模式,即一经出版,读者可通过互联网立即或在一定期限后免费下载、阅读全文。[20] 2014年5月中国科学院、国家自然科学基金委员会联合发布《关于实施开放获取政策的声明》,指出将中国科学院所各类公共资助科研项目所产生的论文、国家自然科学基金会全部或部分资助科研项目产生的论文,在论文发表后12个月内实施开放获取。这一声明的出台成为我国开放获取的标志性事件。2016年《开放获取2020倡议》(OA2020)呼吁参与学术出版的各方共同努力,将大部分传统订阅期刊转型为开放获取模式。2017年后中国各科研院所、大学图书馆也陆续签署了OA2020计划倡议书。截至2019年,瑞典隆德大学建立的开放存取期刊平台DOAJ(Directory of Open Access Journals,http://www.doaj.org/)已经收录超过14 000种OA期刊,覆盖了510种学科门类。2020年OA出版数量首次超过传统订阅出版。学术出版和科学传播进入"后期刊时代",ORCID、DOI和出版发布平台成为新学术出版范式的"三元素",拥有新一代学术出版和服务技术的数字平台取代传统期刊成为科学传播的主渠道。

12.2.1 开放期刊出版

OA期刊通过网络发布,当期刊论文在网络上公开发表时,即完成了学术成果"登记"的功能。读者通过网络可以直接阅读论文,因而具有天然的引用优势。OA期刊的评审可以通过在线评审系统完成"认证"功能,最终直接以网络为媒介实现"存储"。相比于传统期刊,OA期刊的评审周期更短,发表速度更快,读者通过网络阅读期刊内容更加容易,且通过电子媒介实现的内容存储相比纸质期刊而言,更节省空间,更易于维护。

DOAJ对开放期刊(Open Journal,OJ)定义为,开放期刊采用集资的模式,不向读者或所属机构收取使用费用。开放期刊始于1994年由作者付费、读者免费的美国佛罗里达 *Florida Entomologist*。专门从事开放获取的出版社BioMed Central在2000年创立。PLOS社创办了 *PLOS Biology*、*PLoS Medicine*、*PLoS Computational Biology* 等,其中2006年创办的 *PLOS ONE* 载文量最大。许多出版社也加入开放期刊创办行列,如

Nature 创办 *Scientific Reports*，Springer 创办 *SpringerPlus*。Elsevier、Bentham、Hindawi 也创办有多个开放获取期刊，以荷兰 Elsevier 出版集团为例，其一年创办开放期刊可达十几种。开放存取期刊发展比较好的多为发达国家，如日本、美国、英国、澳大利亚等国家；发展中国家如巴西、中国、印度的开放存取期刊发展情况较好。统计显示科研越活跃的领域，创办开放期刊的数量越多，且欧美大型出版社创办的较多。与传统期刊相比，目前开放期刊刊载论文总体质量较低。但随着其载文量越来越大，覆盖领域越来越广，影响因子也逐渐增加。[20]

OA 期刊的 Editorial Policies 是一个复杂的概念，包含了出版频率、文章处理费（Article Processing Charge, APC）、开放存取政策、同行评议、存档政策、许可条款等一系列重要的政策和措施。相对于传统学术期刊，OA 期刊的出版过程更为多样灵活，其出版政策也更为复杂多变，OA 期刊的出版政策和策略不仅反映出 OA 期刊开放水平和实际运作情况，而且也体现了互联网环境下学术研究和学术交流生态的深刻改变。

开放获取在欧美一直有"金色"和"绿色"两大路径。"金色"OA 指由出版商主导的学术内容免费开放的路径。Nature、Springer、Wiley、Elseiver 等传统学术出版巨头是"金色"OA 的主导力量之一。2014 年 Nature 将旗下的在线期刊平台 Nature Communications 转换为完全 OA，Palgrave 也上线了类似的 Palgrave Communications 平台。与出版商主导的"金色"OA 并存的，是由学术机构、图书馆以及学者主导的"绿色"OA，主要表现为机构知识库建设。[21] 目前开放获取类型主要分为金色开放获取（Gold OA）和绿色开放获取（Green OA）两个基本类型。其区别详见表 12-1。

表 12-1　开放期刊的两种开放获取模式比较

	开放获取的两种模式	
	金色 OA	绿色 OA
开放时间	一经出版即刻开放共享	通常在时滞期结束后开放
开放版本	文章是正式发表后的版本（VOR），经过所有文本编辑和排版	文章是经过同行评议的作者最终稿（AM），未经过文本编辑和排版
存储位置和可发现性	文章存储在出版机构平台上，可免费获取，易被发现，并与相关内容关联	文章存储在其他地方，例如知识库或作者的个人网页，并不存储在出版机构平台上，不容易被发现
科学记录的完整性	正式发表后版本（VOR）是最新版本，并与任何出版后更正相连，确保科学记录的清晰准确	不完整，而且有多个版本，不可引用或完全链接到其他论文，可能没有更新出版后更正，有破坏科学记录的风险
许可协议	开放协议（例如 CC BY）允许使用者能够再利用、修改与进一步共享	权利及再利用可能受限
通往开放科学的道路	与开放数据集和协议双向关联，纳入开放规范当中，并符合开放标准	由于存在多个版本，难以融入开放研究的生态系统
转为完全 OA 的可行性	通过文章处理费（APCs）/转换协议（transformative agreements, TAs）为出版的基础设施提供资金支持——可以转为完全 OA	依赖于既有的订阅模式来资助出版的基础设施——无法转为完全 OA 的系统

从总的趋势来看 OA 期刊的发展必然是多种模式融合,开放性越来越高。"金色"OA 在 APC 的收取上存在一定争议,而"绿色"OA 则在获取立即性上存在不足。随着开放获取运动的深入进行,"金色"OA 和"绿色"OA 已经不能够用以描述 OA 发展模式,在实践中看到了融合的模式、替代的模式,如 Gold&Green OA 和 Diamond/Platinum OA。

在开放获取背景下,知识共享许可协议已经成为解决著作权的有效法律工具。知识共享许可协议(Creative Commons license,CC 协议)具有授权方式模块化和灵活性的特点,它的贡献在于突破了传统著作权中的所有权利保留方式,而发展成为相对灵活的部分权利保留模式,使得知识创造成果能够得到公正地分享与演绎。创作者可以通过 CC 协议,用一个恰当的、合乎法律的主动声明去保护自己的创作内容。不同的 OA 期刊在出版中所采取的开放政策不一样,相应的期刊的开放程度就不一样。OA 期刊出版政策的基本组成包括:OA 模式选择、APC 收取和支持政策、版权和许可政策、自存储政策、数据政策等部分。目前,开放获取出版的基本运营模式是将原有由图书馆和终端用户支付的订阅费用变为由作者(或作者所属机构、资助机构)支付论文处理费,但也有少数开放获取期刊,特别是一些新创办的期刊,为争取优质稿源不收取任何费用,期刊的出版成本完全由期刊主办或资助机构来承担。在基本的运营模式基础上,商业出版机构为迎合开放获取出版,赢取更多利润,各大出版机构针对科研机构也推出了"一揽子"方案,最为普遍的一种方式是"预付费+会员折扣"。[22]

OA 出版需要成本,支付 APC 来开放传播学术论文符合网络时代的经济规律。一般 OA 期刊的 APC 都在 500 美元以上,巨头出版商的 OA 期刊更是高达上千美元。但由于 OA 出版机构的收入直接取决于 OA 论文的发表数量,因此,出现了一些为收取 APC 而有意降低同行评议质量的期刊,造成 OA 期刊不被信任。一些劣质出版商掠夺性的收费,更是让学者对于真正的开放获取期刊产生了误解。[23] 目前收录在开放获取期刊目录 DOAJ 中的开放期刊,总体上而言,其质量是有保证的。DOAJ 是由瑞典隆德大学(Lund University)图书馆创建和维护的开放获取期刊目录。该目录涵盖了免费的、可获取全文的、高质量的学术期刊,共收录期刊近万种,其中,近 5 000 种现期可以检索、浏览、下载全文,整库包含文章达 110 多万篇。学科范围包括:技术和工程、农业和食品科学、艺术和建筑学、生物和生命科学、商业和经济学、化学、数学和统计学、语言学和文学、法律和政治学、物理学和天文学、自然科学、地球和环境科学、社会科学、哲学和宗教、历史和考古学等。DOAJ 的优势在于对收录的期刊有着严格的质量控制,包括很多 SCI 收录的期刊。DOAJ 是会员制组织,其会员包括出版商,普通会员和赞助商会员三大类。DOAJ 会员共同遵守对质量、同行评审的开放获取的承诺。DOAJ 在网站中声明会依据活跃度、持续开放获取、期刊网站链接有效性等对期刊网站进行持续评估,并删除不符合规定的期刊。

12.2.2 开放图书出版

2012 年 4 月,欧洲开放获取出版网络(Open Access Publishing in European Networks,OAPEN)发布开放获取图书目录(Directory of Open Access Books,DOAB),以增加开放获取图书的可发现性,这标志着图书开放存取出版时代到来。开放获取学术出版联盟(Open Access Scholarly Publishers Association,OASPA)2010 年会议上,OAPEN 基金会与开放

存取书籍目录主任首次发表了题为"OA图书出版"及"OA图书出版分会"的演讲，2012年会议则第一次将OA图书作为独立的主题分会。2012年8月，在北京国际版权交易会上，Springer宣布将OA出版项目推广到图书。2016年3月，美国大学协会、美国大学出版商协会、科研图书馆协会邀请美国多家科研经费资助机构商议启动试点，只要出版社同意以开放存取方式出版人文社科学术图书的数字版本，则为出版社提供经费补贴。截至2018年，施普林格·自然出版集团已累计出版500本开放存取图书。学术图书OA出版，可以提高作者的全球曝光度、关注度和影响力，为研究人员提供全文检索和无限制访问，加快知识传播速度从而提高资助机构的研究投资回报率，满足图书馆用户的需求从而提高服务满意度，促进出版知识的有效传播。[24]

OA图书出版特点有以下几点：

（1）虽然OA图书出现较晚，但很多机构都已经加入OA图书的出版行列中。创建者类型多样，主要可以分为以下七类创建者：大学出版社（如Manchester University Press，MUP），研究机构和协会（如The National Academies Press，NAP），商业出版商（如Springer Open），图书馆下设出版社（如Newfound Press），OA专业组织（如Open Edition），OA出版商（如Open Book Publishers）。由于创建者类型多样，使得OA图书出版平台呈离散状态。

（2）OA图书数量逐年增加，学科分布广泛，但多数平台人文与社会科学（Humanities and Social Sciences，HSS）领域图书多于科学、技术和医学（Scientific，Technical and Medical，STM）领域。

（3）质量控制体系逐步完善，大部分出版项目都能坚持质量控制标准和同行评议，并采取传统的双盲评审方式。

（4）OA出版商与作者签订的使用权益多为知识共享协议（Creative Commons，CC协议）。

（5）OA图书出版商对于用户许可和服务呈现多样化。

重点提一下，传统的出版模式下，作者的版权通常归属于出版社，而在开放出版模式中，很多著名出版社OA图书均由作者保留版权，在知识共享协议（该协议共有四种核心权利，六种常见组合）的控制下可以授权给他人使用和再使用，既有利于知识传播又有利于保护著作权人的合法权益。协议提供了4个最常见的授权，分别是：

（1）署名（Attribution，BY）：你允许他人拷贝、分发、呈现和表演属于你版权的作品，或者基于该作品的派生作品，条件是他们必须提到原作者。

（2）非商业用途（Noncommercial，NC）：你允许别人拷贝、分发、呈现和表演属于你版权的作品，或者基于该作品的派生作品，但是条件是只能用于非商业目的。

（3）禁止演绎（No Derivative Works，ND）：你允许别人拷贝、分发、呈现和表演属于你版权的作品，但是只能原封不动，不能是派生改动过的作品。

（4）相同方式共享（Share Alike，SA）：你允许别人修改原作品，但是条件是必须提供和你的作品许可协议相同的许可协议。一个许可协议不能既是"禁止演绎"又是"相同方式共享"，"相同方式共享"条款只适用于允许派生作品的情形。简化后的六种组合方式包括：

BY;BY-SA;BY-ND;BY-NC;BY-NC-SA;BY-NC-ND。

通过对这四种授权进行选择的组合方式,如使用署名和非商业用途的授权组合,则表明他人在使用该资源时,需标注原始出处和作者信息,并且只能用于非商业目的。通过这些组合方式构成了从"松"到"紧"的授权限制,给作品的创造者更加灵活便利的选择。例如DOAB中大部分图书采用CC-BY协议,允许任何人进行再利用和重新编辑,给用户提供最大的自由,最能体现《柏林宣言》和《布达佩斯开放获取计划》。POLS也是完全OA出版商,采用最为宽松的CC-BY协议。Springer Open遵循CC-BY和CC-BY-NC协议。[25]

12.2.3 预印本出版平台

预印本(preprint)是指科研工作者的研究成果还未在正式出版物上发表,而出于和同行交流目的自愿先在学术会议上或通过互联网发布的科研论文、科技报告等文章。预印本可通过服务器直接向公众发布,并同时向期刊投稿,经评审合格后发表。预印本不在一稿多投或重复发表的范围。预印本是未经同行评议的文章,能够更快速、更开放地发布研究成果,是学术界对同行评议制度时效性缺点的一种积极反应。预印本的出现,缩短了研究成果公开发表周期,提前了确认科学发现优先权的时间;推动国际科研成果的交流与分享,其他科学家能够在文章正式发表前提供反馈意见,并可在此研究工作的基础上进行知识再生产,也减少不必要的重复性研究;公众可从最新最快的知识分享中受益。这种开放式群体评议模式使得参与评论的学者来源更加多元化,突破了某一种期刊编委、编辑和邀请的审稿人组成的群体。[26]

现行的预印本平台均为非营利性质,作者免费发布,读者免费下载。国外的预印本平台实施自动快捷的稿件提交机制,仅从检查作者资格、筛查文章格式和检查学术不端方面控制发布文章的质量。同时为了弥补缺乏同行评议的局限性,平台与期刊或第三方审稿平台等多方合作,在稿件向公众开放的同时进行同行评议。平台为作者提供平台,将学术交流的主动权交给作者,实施作者主导的出版模式,可以使审稿过程更加公平高效。部分平台开设了文章公开评论功能,读者可以就文章向作者提问,发表评论,作者可以回复读者提问并根据读者评论的意见进行修改,作者和读者之间的交流是完全公开的。[27]

国外预印本平台较多,ArXiv、SSRN、RePEc、BioRxiv、ChemRxiv、MedRxiv、CogPrint、ScienceOpen、PeerJ Preprint、MDPI Preprints、ASAPbio、JMIR、PRN等多家预印本平台提供各种出版服务,鼓励作者在正式投稿前发布预印本。这些专业性更强的新兴预印本平台于21世纪大量涌现,带来了预印本发展的大繁荣。1990年世界上第一个预印本平台arXiv(中国镜像:http://cn.arxiv.org/)是由物理学家金斯巴格创建,arXiv内几乎包括了所有的科技类学科文献,且arXiv是永久性的,不能随意撤销。社会科学研究网(Social Science Research Network,SSRN,http://www.ssrn.com/)是1994年由詹森(Michael Jensen)与人合作创建,主要涉及经济学、法律、公司治理等领域。生命科学预印本平台bioRxiv(http://biorxiv.org/)由美国冷泉港实验室在2013年建立,主要发布生物学领域预印本论文,为作者提供不同的开放协议。ChemRxiv预印本平台(https://chemrxiv.org/)是2017年由美国化学学会、英国皇家化学学会和德国化学学会与英国在线数据知识库Figshare合作创建。认知科学 Cog Prints(http://cogprints.org/)是 1997 年由英国南安普敦大学电子与计算机系开发的认知学科的开放存储库。非营利性机构开放科学中心(Centre for Open Science, COS)也在建设预印本服务系统。COS 开发了开放科学框架(Open Science Framework, OSF),OSF 以改变科研文化为目标改进服务平台,已经有多个预印本知识库与之连接合作,包括了各个学科领域——AgriXiv(农业 https://agrixiv.org/)、engrXiv(工程 https://engrxiv.org/)、SocArXiv(社会科学领域 https://socopen.org/)、LawArXiv(法律 https://osf.io/preprints/lawarxiv)、PsyArXiv(心理学领域 https://osf.io/preprints/psyarxiv/mky9j/)等。[28]

国内目前主要运行的预印本平台有 3 个,收录的学科侧重于自然科学领域。一是中国科技论文在线(China Science Paper Online, CSPO, http://www.paper.edu.cn),是目前国内已建成的最大的预印本平台,由教育部科技发展中心主办。作为国家资助的预印本平台,由政府基金资助的项目研究成果必须首发在 CSPO 服务器上。二是中国预印本服务系统,是 2004 年中国科学技术信息研究所与国家科技图书文献中心联合建设。这是一个以提供预印本文献资源服务为主要目的的实时学术交流系统,可以实现二次文献检索、浏览全文、发表评论等功能。2018 年中国预印本服务系统并入国家科技数字图书馆(National Science and Technology Library, NSTL, https://www.nstl.gov.cn)。三是中国科学院科技论文预发布平台(ChinaXiv, http://chinaxiv.org),是国内第一个按国际通行模式规范运营的预发布平台,由中国科学院文献情报中心 2016 年建成。该平台面向全国科研人员接收中英文科学论文的预印本存缴和已发表科学论文的开放存档,致力于构建一种新型的学界自治的科研成果交流和共享平台。[29]

12.2.4 机构知识库

美国大学与研究图书馆协会(ACRL)研究规划与审查委员会发布的《2010 年研究型图书馆十大趋势》提出,学术图书馆应更专注于本机构资源和特殊馆藏,即"图书馆独有馆藏资源"(unique library collections)[30]。机构知识库(Institutional Repositories, IR)正是图书馆利用网络及相关技术,依附于特定机构而建立的数字化学术数据库,它收集、整理并长期保存该机构及其社区成员产生的学术成果,并将这些数据进行规范化处理、分类,在遵守相应的开放标准和互操作协议下,允许机构以及其社区内外的成员通过互联网免费获取使用。对于成立机构来说,机构知识库不仅使成立机构对智力成果的管理能力增强,而且能够使学术成果得到展示和保存,提升机构的影响力和学术地位。对于整个社会而言,机构知识库会进一步促进开放获取,保障学术界对知识的长期获取。[31]例如美国的海量机构知识库 HathiTrust,即由美国机构合作委员会(Committee of Institutional Cooperation, CIC)的 12 所大学联盟及加利福尼亚大学系统(UC)所属的 11 所大学图书馆发起,这一项目将这些学术图书馆的自主学术资源加以数字化,并聚合保存美国顶级研究型学术图书馆的知识资源产出,形成一个共享的学术资源的数据仓库。[32]

开放获取平台排名网站主要有 3 个:①由英国南安普顿大学于 2003 年创办的全世界开放获取知识库登记网站(Registry of Open Access Repositories, ROAR, http://roar.

eprints.org/）；②由英国诺丁汉大学和瑞典隆德大学于2005年共同创办的"开放获取知识库名录"（Directory of Open Access Repositories，OpenDOAR，http://www.opendoar.org/）；③西班牙的赛博计量学实验室（Cybermetrics Lab）公布的全世界开放获取机构知识库排名（Ranking Web of World Repositories，http://repositories.webometrics.info/en/top_Inst）。开放获取知识库则是以面向社会公众服务为主，提供论文检索、全文获取路径指引乃至全文浏览与下载服务。在这类平台中，最为知名的是瑞典的隆德大学图书馆创建的开放获取期刊平台DOAJ，由开放社会协会、SPARC公司、Axiell公司、欧洲学术出版和学术资源联盟、BIBSAM机构共同资助。该系统收录的均为学术性、研究性期刊，这些期刊都是有同行评审或有编辑作质量控制的期刊。DOAJ按期刊的学科主题分为17类，所收录的论文用户都可以进行阅读、下载、打印、复制或全文检索。此外，在生物医学领域，生命科学期刊全文数据库PubMed Central（PMC）由美国国家生物技术信息中心（National Center for Biotechnology Information，NCBI）于2000年2月建立，在全球范围内免费提供使用，所有文献的浏览、检索、下载均无需注册。PLoS（科学公共图书馆）建立于2000年10月，主要是提供科学与医学方面的学术期刊免费在线获取并致力于使全球范围科技和医学领域文献成为可以免费获取的公共资源。这是一家由众多诺贝尔奖得主和慈善机构支持的非营利性学术组织，通过PubMed Central提供文献全文的免费访问。SciELO（科技在线图书馆）于1997年在巴西建立，由拉丁美洲及伊比利亚国家科技期刊共同计划建设，它是一种合作性的网上电子出版模式，通过它可以访问拉丁美洲、葡萄牙、西班牙、南非等多个国家在自然科学、社会科学、艺术和人文领域的前沿开放存取期刊中发表的权威学术文献。日本科学技术信息集成系统（Japan Science and Technology Information Aggregator，Electronic，J-STAGE）由日本科学技术振兴机构开发，收录了日本各科技学会出版的文献（以英文为主，少数为日文），收录文献以学术研究类为主，涉及科学技术的各个领域，致力于推动日本科技期刊的开放获取出版。国内开放存取期刊平台与发达国家相比，还相对薄弱和落后。中国科学院科技期刊开放存取平台（CSA-OAJ）是中国第一个专业部委组织的可以代表国家的开放存取期刊平台。中国教育图书进出口公司开发的Socolar，其收集和整理了世界上重要的OA期刊和OA仓储资源，旨在建设为用户提供重要的开放存取资源一站式服务平台。[33]

更多的机构知识库以机构内部使用为主，一般由大学、研究机构或政府部门等创建和维护，其中以大学对其成员的学术成果进行存储居多，如佛罗里达州立大学的D-Scholarship仓储、美国能源部的Information Bridge以及麻省理工学院的D-Space系统等。而机构知识库联盟可以避免技术以及相关设施的重复投入，也可以提高成员知识资源的利用率。目前，国外一些发达国家机构知识库联盟的实践较为成熟，成功案例的主要代表有：英国JISC Repository Net、荷兰DAREnet、澳大利亚ARROW、日本JAIRO。JISC Repository Net项目由英国联合信息系统委员会（Joint Information Systems Committee，JISC）资助，以帮助大学和学院建立和管理知识库。ARROW项目是澳大利亚面向世界的联合机构仓储，该项目作为澳大利亚高等教育科研信息的基础设施，由澳大利亚教育、科学与培训部资助，国家图书馆以及几个著名国内高校莫纳什大学、新南威尔士大学和斯威本国立科技大学共同构建。DARE 项目作为联盟型机构知识库的典范,由荷兰所有大学、科研机构、国家图书馆等于 2003 年一同发起。JAIRO(Japanese Institutional Reposi-tories Online)项目由日本国立情报研究所(NII)于 2009 年 4 月正式启动,它可以检索日本的众多高校及机构中的各类学术资源。

国内较重要的机构知识库联盟主要包括:中国科学院系统的中国科学院机构知识库网格(Chinese Academy of Sciences Institutional Repositories Grid,CAS IR GRID,http://www.irgrid.ac.cn/)。中科院建成国内最大机构知识库群,覆盖物理学、化学、心理学、天文学、光学等 40 多个学科类别,具体学科主题达到 9 520 种,涵盖中国科学院部署在全国各地的 115 家单位,并供全民免费阅读、下载和利用。以教育部中国高等教育文献保障系统(CALIS)牵头的高校系统 CALIS 高校机构知识库(http://ir.calis.edu.cn/)最初由北京大学图书馆、北京理工大学图书馆、重庆大学图书馆、清华大学图书馆和厦门大学图书馆 5 个示范馆联合建设,目前有 40 所高校图书馆参与。学生优秀学术论文机构库(OAPS)由清华大学、中国台湾逢甲大学以及中国香港城市大学图书馆联合发起,主要收集本科生的毕业论文以及研究生撰写的学术论文。中国香港机构知识库整合系统(HKIR)由中国香港科技大学图书馆开发维护,整合了 8 所中国香港政府资助的大学的学术资源,是一个元数据检索门户。中国台湾学术机构典藏(TAIR)是中国台湾教育部门委托中国台湾大学图书馆建设的中国台湾学术成果网站,也是中国台湾所有学术机构的共同成果。[34]

12.3 虚假出版陷阱

OA 期刊一方面给数字网络时代的研究者提供了更为广泛的发表研究成果的空间,大大加速和促进了学术的交流与传播;另一方面也面临质量不稳定,声誉欠佳,甚至有滑向掠夺性期刊(Predatory Journals)危险的质疑。虚假出版是作者方为发表作品、出版社方将作者作品公之于众所做的一系列造假行为,而出版作假终其原因都是利益,虚假出版不仅给作者带来损失,而且影响学术领域的健康发展。从个人角度出发,不仅要坚决抵制学术作假,还要有能力识别虚假出版的陷阱。

12.3.1 虚假评审

学术欺诈,是一种学术不端行为,是指某些人弄虚作假、学术科研行为不良或失范的现象。学术欺诈的表现方式包括:学术不规范不严谨、捏造数据、篡改数据、剽窃及抄袭、一稿多投、侵占学术成果、伪造学术履历等行为。与学术编辑和出版关系最为密切的学术欺诈行为是虚假评审。同行评议是学术刊物普遍采取的论文评审制度。一般由出版方邀请论文所涉领域的专家评价论文质量,提出评审修改、录用意见和对投稿论文的质量、原创性、学术价值与贡献提出审视与建言,它很大程度上决定了文章是否刊发。阿尔弗雷德·德格拉齐亚指出他们是"科学把关人"。虚假评审则是某些研究人员或网上论文代理公司杜撰虚假同行评审意见的行为。2015 年,英国大型学术医疗科学文献出版商现代生物出版公司(BioMed Central,BMC)撤销了 43 篇论文,其中 41 篇来自中国作者,涉及多家高校附属医院。在几乎每一篇被撤回的论文后面,BMC 的编辑人员均附上了一段解释:"我们很遗憾地撤回了这篇论文,因为同行评审过程受到不当影响和危害。因此,这篇论文的科学诚信无法保证。系统而详细的调查表明,存在一个第三方机构为大量论文提供潜在同行评审人的造假细节。"BMC 科研诚信部副主任帕特尔曾表示"这种造假行为的方式多样化,包括论文作者提前让朋友们提供正面评价,精心设计同行评审圈,圈子里的评审人相互评价各自的论文,以及模仿真实的评审人,甚至捏造完全不存在的评审人。从我们期刊上被发现的论文来看,造假的水平比想象的更复杂。作者之间没有明显的关联,但是推荐评审人很相似,这表明复杂的造假机制背后,可能存在一个第三方机构操纵一切。"同年,全球著名的学术期刊出版集团斯普林格(Springer)宣布撤回旗下 10 个学术期刊已经发表的 64 篇论文。2017 年,Springer 再次发布消息称其旗下的期刊《肿瘤生物学》(*Tumor Biology*)因作者编造审稿人和审稿意见而撤稿 107 篇论文,创撤稿数量最高纪录。[35]

12.3.2 掠夺性期刊

掠夺性期刊一词是 2010 年由美国科罗拉多大学丹佛分校的图书馆员 Jeffrey Beall 最先提出。他解释说明掠夺性期刊是指依托学术性的开放获取,利用学术出版的金色 OA 模式(作者付费),以快速轻松地获取利润为出版目的的期刊。掠夺一词是指运用伪造的期刊来骗取学界的稿源与出版费等资源。掠夺不仅仅是经济上的,也包括对科研成果的侵占。掠夺性期刊上发文的作者,从全球来看多是发展中国家的学术新人,如印度是掠夺性出版物的最大贡献者,一半以上文章的作者来自私立学院。从一个国家来看,掠夺性期刊更多地吸引资源较少且隶属于一般大学的学者来投稿,因为他们亟需积累自己的发文数量以作为任职或晋升的凭据。Beall 还在其 Scholarly Open Access 博客上列出了超过一千个"潜在、有可能或大概是掠夺性的学术开放获取出版商"(Beall 清单),不过他已于 2017 年悄然关闭了维护七年之久的"疑似掠夺性开放获取期刊名录/黑名单"。这类期刊几乎全部为纯网络期刊,鲜少发行纸本。Beall 的标准主要包括根据标准委员会发布的通用标准分析出版商的内容、出版行为和网站,对出版商的编委、出版商的管理、出版商的完整性等进行评估。[36]

Beall 清单列举多个掠夺性期刊特征以供识别:出版商隶属于非专业机构;期刊未被知名数据库收录;自称为业界领先期刊;多数人并不了解该期刊;文章质量低下;期刊网站非专业;未能提供编委会成员名单或详细信息;期刊网站未提供地理位置;提供虚假影响因子;期刊网站充斥非学术性广告;索取文章提交或处理费用;收取高额"版面费";许诺快速出版;无版权政策声明;无学术不端、利益冲突等的处理政策;未声明出版计划;期刊标题常带有"国际"等字眼;与知名期刊名称高度相仿;主编兼顾多种期刊;发表与其期刊主旨不相关的文章;以电子邮件等方式主动邀请作者投稿和专家担任编委;未经许可将专家列入编委会;巨大的、几乎没有约束的篇幅;每期发表大量论文;针对资源较为不足的学者及其隶属机构,制定低廉的出版费用;接受文章之后才告知版面费用;没有同行评审和质量控制;期刊范围宽泛,且尽可能涵盖多个研究主题与领域;缺乏退稿、稿件处理或数字保存信息等。当然,只具备其中 1~2 条特征的不一定是掠夺性期刊,符合越多特征的越可能是掠夺性期刊,应受到重点关注和实际考察。[37]

掠夺性期刊起源于开放获取运动,在采用作者付费,读者免费阅读模式后,很多国外 OA 期刊借助高额版面费掠夺国内科研成果和科研经费。许多发展中国家的 OA 期刊逐渐滑向了不顾论文质量、付费即可发表的深渊,逐渐演变为掠夺性期刊。值得警惕的是,每期发表大量文章的巨型期刊,因其质量把关不严,也极有可能与掠夺性期刊沦为一丘之貉。掠夺性期刊文章质量较低,造成科研资源浪费,严重影响科学研究发展。如《肿瘤生物学》一次性撤稿 107 篇事件,将中国作者的学术声誉当作牺牲品,来维持自己虚假的"学术声誉",充分证明了掠夺性期刊的危害。究其原因,浅层的可以归纳为一些学者对掠夺性期刊的认识不足,自身学术素养较低,科研能力不足,未获得指导,或者面临着"不发文即走人(publish or perish)"的生存压力下的无奈选择;而深层原因可能包括高额利润驱动下出版商的不端行径,西方发达国家的期刊编辑对发展中国家投稿者有偏见,各国文化语言的差异导致认知及管理制度不同,世界各国在共同治理掠夺性期刊这一问题上的合作困境或者无所作为等原因。

12.3.3　虚假期刊识别

学术期刊领域的欺诈性行为(predatory behavior)可归纳为 2 种:① 创建质量低劣的期刊,滥发文章,即掠夺性期刊现象;② 通过创建虚假网站,假冒正规期刊进行欺诈,即劫持性期刊(Hijacked Journals)现象。劫持性期刊(虚假期刊)通过假冒(完全不存在)、劫持(仿造正规期刊)、伪装学术期刊(影响因子、同行评议、编委会等)、诈骗(收钱但不发表论文)等方式欺骗作者。其产生原因大概有:巨大的经济利益驱动;期刊论文发表供需不平衡;网站搭建门槛降低;相关部门的监管缺失。Electronic Physician Journal 的主编 Mehrdad Jalalian 通过创建个人网页,对劫持性期刊进行跟踪报道揭示,并于 2014 年 6 月 12 日创建了首个劫持性期刊列表(http://mehrdadjalalian.com/1.pdf),2015 年 6 月 Jalalian 对该列表进行更新并完整阐述了劫持性期刊的发展过程。劫持性期刊的存在,会给正规期刊带来很多负面影响,甚至影响相关领域的科学研究。[38]

如何识别虚假期刊即劫持性期刊及其网站?

关于期刊:

(1) 国家新闻出版署查询。登入官网(http://www.nppa.gov.cn/)—办事服务—从业机构和产品查询—查询结果。

(2) 查询刊号。打开中国知网,点击出版物检索,输入期刊名字查询,打开详细页面,即可找到该刊物的 ISSN 和 CN 号。

(3) 辨别期刊注册地址。社址、编辑部地址、注册地址与办公地址分离肯定是虚假网站。

(4) 拨打期刊官方电话核实,知网、万方或者国家新闻出版署网站上都是权威真实的信息。

总之,如果你遇到收取高额的"版面费"或"论文处理费"给予快速发表的承诺的期刊,都要保持警惕,然后利用各种途径核实情况,避免上当受骗。[39]

关于网站:

(1) 不要轻易相信搜索引擎给出的推广链接网站。期刊编辑部很少申请该方面的应用。将鼠标放置到推广标识"V"上,便可以显示出实名制认证的单位信息,期刊编辑部才是正规网站。

(2) 根据网站域名辨识。网站的顶级或二级域名中通常包含"edu"、"ac"或"gov"等标志性字母。

(3) 根据网站功能辨识。虚假网站整体设计制作不如正规官网,基本不支持论文下载及在线浏览等功能,并且刊登新闻、广告之类消息。

(4) 核实网站备案信息。投稿人可登录工信部官网(http://www.miibeian.gov.cn/)中的公共查询栏,点击"备案查询信息",便可以通过输入"网站名称""网站域名""备案许可证号""主办单位名称"等信息对网站备案情况进行核实。

总之需要核实期刊网站的基本信息及透明度,留有准确的固定电话或地址才正规。对期刊网站的创建者和创建日期等信息进行查证,核查期刊网站上列出的联系信息和编委信息,仔细检查往期内容的获取、同行评议的流程、投稿指南、同一个网站中的其他期刊信息等。[40]

12.4 情境导入

本节选取近年来比较活跃的某异常期刊(M刊)作为案例,结合OA期刊涉及学术声誉风险评估的维度及其相应指标,展示识别异常OA期刊的模式以及方法。相应指标如图12-2所示。

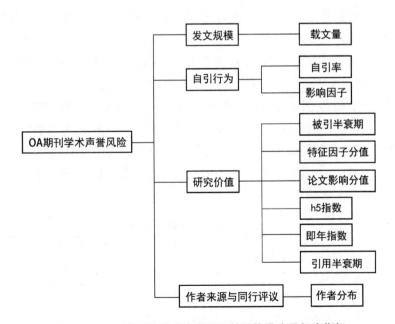

图 12-2 OA期刊的学术声誉风险的评估维度及相应指标

M 刊是于 2009 年创办的一本关于人类环境、文化、经济和社会可持续发展的国际性跨学科 OA 期刊，由欧洲某数字出版机构每月在线发布，该数字出版机构拥有上百种 OA 期刊，几乎涵盖所有学科领域。其出版模式为一般 OA 出版模式：读者免费，由作者或其他机构支付 APC。收录论文的出版费折合人民币 10 000 元以上。该刊出版快速，手稿经过同行评审，并在提交后约 20 天向作者提供第一份决定，接受发表的时间为 1 周左右，一旦编辑团队批准预先核对，论文将立即在线发布。该刊具有较高的可见度，目前已经被 SCI、SSCI 和其他著名数据库收录。对于同行评议，由作者自行选择或者提交至少 3 位评审候选人，统计评审候选人名单中有 100 名左右的中国评审，作者也可以根据遴选要求申请成为评审专家。

下面从 4 个相关评估维度揭示该刊在后期发展过程中的非正常行为：

（1）发文规模：期刊的载文量反映了期刊的规模体量、出版周期和发文速度，但是若 OA 期刊发稿体量过大，则该期刊有"重量轻质"之嫌。

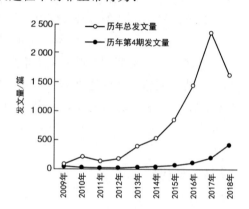

图 12-3　M 刊 2009—2018 年发文量及历年第 4 期发文量

从 Web of Science 获取 M 刊 2009 年至 2018 年 5 月的发文数量。自 2015 年起，该刊的年载文量就开始以近 2 倍的速度激增，到 2017 年到达顶峰 2 376 篇，而 2018 年前 5 个月的发文数量便已经达到 1 637 篇，可以预见 2018 年的载文量一定会超过 2017 年，并且有望翻倍。2009—2018 年，M 刊共发行 10 卷，每年 1 卷，每卷 12 期，抽取每卷第 4 期发文数量绘制折线图，如图 12-3 所示。其历年第 4 期的载文量也表现了激增的变化趋势，从 2009 年的 34 篇到 2018 年的 408 篇，该刊近 2 年的单期发文数量，或者说单月发文数量惊人，如此快速地发文令人怀疑是否严格遵从固定的同行评议以及审稿流程。

（2）自引行为：在识别异常期刊时，主要关注去除自引后期刊的影响因子。若去除自引后影响因子下降过多，则说明该期刊自引现象较为严重。

自引是期刊出版过程中的正常现象，一般而言，自引反映了研究的持续性或研究方向的稳定性，但是过高的自引率则绝大部分是人为因素所致。JCR 认为自引率高于 20% 即属于偏高。JCR 期刊被引数据展示了按频次高低排列的引用该刊的期刊列表，列表中其自身引用频次为 1 393 次，位列第一。由于此处涉及该期刊名称，图表不予列出。其他反映自引情况的指标如表 12-2 和图 12-4 所示。

表 12-2　M 刊 JCR 的评价指标

年份	总被引频次/次	期刊 IF	去除自引的期刊 IF	5 年期刊 IF
2016	4 488	1.789	1.161	1.850
2015	2 301	1.343	0.895	—
2014	1 163	0.942	0.644	—
2013	681	1.077	0.860	—

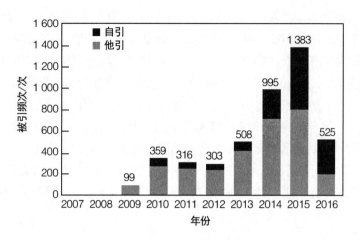

图 12-4 M 刊被引图表

表 12-2 显示 M 刊的官方影响因子为 1.789,5 年期刊影响因子为 1.850,属于较为一般的核心期刊,而单看所有指数最高的 2016 年,除去期刊自引,该影响因子仅为 1.161,说明期刊自引影响较大。图 12-4 是期刊被引图表,实心区域代表自引。2009—2013 年该刊的自引率虽然没有严格地控制在 20% 以下,但是大部分控制在 20% 左右,而自 2014 年起,该刊的自引有了大幅度的提高,粗略估计,2014 年自引率为 30% 左右,2015 年为 40%～50%,而 2016 年已经明显超过 50%,接近 60%。毫无疑问,这种人为的大批量自引有非常明显的意图:提高期刊影响因子。需要说明的是,这不是某一批作者的群体行为,而是期刊或者出版商在发现刊物无法从正常出版规则中获得短期声望,而采用的以快速提升期刊声誉为目的的阶段性策略。

(3) 研究价值:OA 期刊论文的研究价值反映了该刊的重要性及其热度,包括被引半衰期、特征因子分值、论文影响分值、h5 指数、即年指数、引用半衰期 6 个指标。

期刊所刊发的论文的研究价值及其重要性,通常可以从被引半衰期、特征因子分值、论文影响分值、h5 指数反映出来,期刊所发表论文的热度和前沿性通常可以由即年指数以及引用半衰期反映。利用 h5 指数还能够看出 M 刊在整体期刊群(谷歌学术收录的核心期刊与非核心期刊)中的影响力和受欢迎程度,h5 指数的设计适合发文数量大的期刊,见表 12-3。

表 12-3 M 刊 JCR 其他相关指标

年份	即年指数	被引半衰期/年	引用半衰期/年	特征因子分值	论文影响分值	h5 指数
2016	0.394	2.3	7.4	0.009 08	0.333	38
2015	0.361	2.5	7.6	0.006 59	—	
2014	0.260	3.1	7.7	0.004 33	—	
2013	0.204	2.9	7.4	0.002 92	—	

表 12-3 中,M 刊的被引半衰期稳定在 2～3 年的水平,说明该刊的被引半衰期基本不超过 3 年,期刊所发表论文的研究缺乏深度和持续性。特征因子的计算扣除了期刊的自引,4 年间,该刊特征因子从 0.002 92 上升到 0.009 08,说明排除自引,论文在发表后的 5 年曾被

高影响力的期刊所引用,尤其在 2016 年,该刊的引文质量有所提高。论文影响分值为 0.333,远低于 1,表明期刊中每篇论文的影响力远低于平均水平,篇均影响力不高。结合特征因子和论文影响分值分析,该刊发文中有一小部分质量较好的论文,但是若平均到每篇论文,研究质量则明显下降,说明大部分论文水平较低。期刊的即年指数为 0.2~0.4,引用半衰期维持在 7~8 年,表明刊载论文在发表年度内不易引起行业内学者的关注,并且论文一般引用平均发表了 7~8 年的文献,时效性不够强,受欢迎程度较弱。谷歌学术 h5 指数为 38,低于平均水平。由此可以推断,M 刊的知名度和热度、研究内容的价值和可持续性都存在不足。

(4) 作者来源与同行评议:发展中国家是 OA 期刊研究常常提到的受益者和受害者;OA 期刊同行评议具有不透明性,存在漏洞,作者可以利用自主选择权进行投机行为,致使同行评议流于形式。

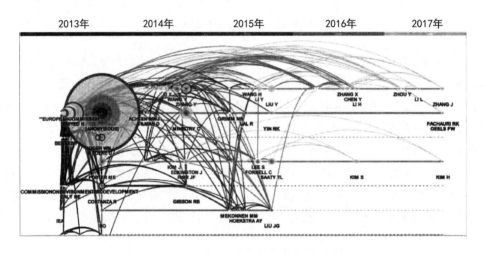

图 12-5　M 刊历年出版物作者共被引分析

为了更深刻地揭示 M 刊的异常性,利用 Citespace 软件对期刊历年的出版论文进行国别分析,发现中国作者在 M 刊中发表论文 1 648 篇,占 23%,位居第一。后续又对历年出版物的作者进行共被引分析,结果如图 12-5 所示。期刊参考文献的同被引作者中,有一些中国作者属于比较大的被引节点,粗略计算所有中国作者被引共 2 427 次,约占总被引频次的 30%。结合出版国家与共被引作者的分析结果,能够确定的是,我国学者在该期刊上发表的论文数量庞大,并且有互相引用的嫌疑。

综上所述,M 刊作为综合性的国际核心 OA 期刊,创刊初期具备先天优势。但是在其发展的后期历程中,载文量激增,自引率持续走高,论文研究价值不高并且缺乏持续性,期刊的影响力和前沿性均不高,并且作者分布不均。透过其投稿系统说明,发现该刊出版迅速、APC 高昂、同行评议不够严格,各项流程过快。整体而言,该期刊的异常行为较多,因此合理推断由人为因素所致。

参考文献

[1] 吴旭君.试论出版服务的形式和内容(上)[J].出版与印刷,2001(3):12-15.
[2] 刘永红.关于学术出版的几点思考[J].现代传播(中国传媒大学学报),2016,38(2):55-61.

［3］吴平.学术出版的价值与意义[J].出版科学,2019,27(6):5-8.

［4］刘云漫.大学图书馆作者版权信息服务策略研究[D].保定:河北大学,2021.

［5］刘传良.网络环境中的著作权保护问题研究[J].现代情报,2004(6):161-162.

［6］王知津,潘永超.数字图书馆合理使用问题研究[J].图书馆学研究,2009(1):21-24.

［7］刘培兰.试论网络环境下的著作权保护问题[J].现代情报,2004(8):78-80.

［8］韩天琪."首发权"折射"数文章"困境[N].中国科学报,2018-08-06(007).

［9］林磊,刘立,孙楠.充分利用国内期刊获取"首发权"[J].科技中国,2018(7):48-50.

［10］刘忠博,郭雨丽,刘慧."掠夺性期刊"在学术共同体中的形成与省思[J].新闻与传播研究,2020,27(10):95-109.

［11］苏州爱思译信息咨询有限公司.Discovery vs. Development:从诺奖看论文首发权的重要性[EB/OL].[2021-10-28].https://baijiahao.baidu.com/s?id=16806131088447577638&wfr=spider&for4=pc.

［12］杜新征,余茜,王芹.优先数字出版对科技期刊的作用[J].中国科学院自然科学期刊编辑研究会第22次学术研讨会,2012:1-3.

［13］邹波,杭丽芳.学术期刊优先出版的现状、问题与建议[J].出版发行研究,2015(8):63-65.

［14］高存玲,姜昕,庞峰伟,等.学术期刊网络出版进程与纸本期刊的未来[J].中国科技期刊研究,2020,31(3):253-258.

［15］吕凡.数据所有权问题研究[D].武汉:华中师范大学,2018.

［16］伏安娜,张计龙,殷沈琴.数据论文国内外发展研究综述[J].图书情报工作,2015,59(24):131-138.

［17］刘兹恒,涂志芳.数据出版及其质量控制研究综述[J].图书馆论坛,2020,40(10):99-107.

［18］刘凤红,崔金钟,韩芳桥,等.数据论文:大数据时代新兴学术论文出版类型探讨[J].中国科技期刊研究,2014,25(12):1451-1456.

［19］钱国富,林丽.开放期刊(Open Journals)及其影响研究[J].图书与情报,2005(1):38-41.

［20］国内外开放获取期刊发展概况[J].出版参考,2015(7):23-24.

［21］丁遒劲,张藤予.我国科技期刊开放获取出版路径探析[J].中国出版,2020(20):8-13.

［22］程维红,任胜利.国外学术期刊OA出版论文处理费(APC)调查[J].编辑学报,2017,29(2):192-195.

［23］魏蕊,初景利.学术图书开放获取与美国大学图书馆出版服务[J].大学图书馆学报,2014,32(3):17-22.

［24］石瑾,续玉红.开放获取图书的出版特点及其图书馆利用[J].农业网络信息,2015(10):42-46.

［25］宗倩倩.预印本大繁荣对科学发现优先权确认机制的挑战及其应对[J].编辑学报,2021,33(3):253-258.

［26］都平平,彭琳.利用平台创新期刊出版服务:预印本平台出版的启示[J].科技与出版,2021(4):11-16.

［27］陈红云.预印本发展现状及学术期刊的相应出版政策[J].科技期刊发展与导向,2018(00):3-11.

［28］唐桂芬.预印本发展和研究探析[J].出版与印刷,2020(2):61-69.

［29］谷秀洁.2010年学术图书馆十大趋势[J].图书与情报,2010(4):66-68.

［30］陈美华,刘文云,刘昊,等.国内外机构知识库建设研究[J].情报理论与实践,2015,38(9):55-59.

［31］苏海明.HathiTrust数字仓库项目概述[J].数字图书馆论坛,2009(7):60-65.

［32］吴帆,秦长江.国内外开放存取期刊平台对比分析[J].情报探索,2015(4):23-26.

［33］陈慧香,邵波,张译文.国内外机构知识库联盟的现状分析与策略研究[J].图书馆学研究,2016(16):11-16.

［34］邱晨辉.中国科协主席谈"64篇中国论文被撤事件":"给我国学术界带来严重负面影响"[NB/OL].中国青年报,2015-09-17[2021-10-28].http://www.xinhuanet.com/politics/2015-09/17/c_

128237750.htm.

[35] 陈雪飞.如何避开可疑性黑心OA出版商的"陷阱"?[NB/OL].MedSci,2017-02-10[2021-10-27]. https://www.medsci.cn/article/show_article.do?id=33ea88585ae.

[36] 袁子晗,张红伟.国内外掠夺性期刊研究现状与展望[J].中国科技期刊研究,2019,30(11):1135-1141.

[37] 郭进京,陈秀娟,陈雪飞,等.劫持性期刊现象研究[J].图书与情报,2015(5):16-24.

[38] 鉴别虚假期刊看这四点、投稿必须是正规刊物才有效![NB/OL].[2021-10-28]. https://baijiahao.baidu.com/s?id=16600423335755919652&wfr=spider&for=pc.

[39] 景勇,郭雨梅,丁岚.虚假科技期刊网站的防范与辨识[J].沈阳工程学院学报(社会科学版),2016,12(4):455-458.

[40] 戴琦,袁曦临.开放获取期刊的学术声誉风险及其预警研究[J].中国科技期刊研究,2018,29(11):1063-1071.

第 13 章 学术成果评价

2021年8月2日,国务院办公厅发布《关于完善科技成果评价机制的指导意见》(国办发〔2021〕26号),明确科技成果评价的四大要素:评什么、谁来评、怎么评、怎么用。学术成果属于科技成果的下位概念,是学术研究的最后产物,是有价值的创新研究结果。优秀毕业论文(优秀硕士论文、优秀博士论文等)评选,职称评审、课题申报中有关论文著作的具体要求都是学术成果评价在日常学习生活中的具体体现。本文从"评什么"的角度出发,遵循分类评价的原则,按文献成果的出版形式,将学术成果归纳为论文评价、著作评价、项目评价三方面内容,围绕"谁来评""怎么评""怎么用"展开。

13.1 学术成果评价概述

学术成果评价[1]是指为了达到一定的目的,评价主体根据一定的标准,采用一定的方法,对学术成果(论文、著作、项目等)展开的价值判断活动,即衡量学术成果的作用、影响和价值。其要素包括评价主体(谁来评)、评价客体(评什么)、评价方法(怎么评)以及评价的结果(怎么用),各要素之间相互联系共同发挥作用。

13.1.1 学术成果评价主体

评价主体[2]指评价的实施者,由谁来组织评价,是学术成果评价主中最基本的要素,不同的评价主体会有不同的目标,会代表不同的评价视角和利益群体。在现行的学术评价实践中,评价主体是多元的,可以是学者、专家、学术机构、科研管理部门等,它们按照一定的标准对评价对象发表自己的看法,发挥不同的评价作用。一般来说起主要作用的评价主体多是各级政府部门、学术管理部门或第三方的评价机构。

(1) 行政主体。行政主体性评价是由行政管理部门所进行的评估活动,多由政府或学术管理部门采用行政方式实现。行政主体评价通过建立评价系统来对学者的论文价值进行合理判断,多服务于管理工作,例如学校的科研管理部门,将经费投入与支出、学术研究产出、研究人员的科研业绩都纳入控制和管理,用于项目申报、绩效考核、头衔授予、职称评审等,作为一种必要的管理手段。同时,可作为一种激励制度,通过成果评奖、业绩评估等形式,鼓励研究人员多出高水平成果。政府设立的国家级的奖励系统,通过评估进行奖励,通过奖励实现激励的目的。

（2）评价机构主体。当前评价机构主体性评价在学术成果评价中占有相当重要的位置，对于人文社会科学来说，国内的三大核心是北京大学图书馆等单位制作的《中文核心期刊要目总览》、中国社会科学评价研究院《中国人文社会科学期刊评价报告》以及南京大学社科评价中心制作的"中文社会科学引文索引（CSSCI）来源期刊目录"。这三家评价机构对当前各级行政权力主导的学术资源分配和科研管理发挥了决定性的作用。由中国科学院情况中心编制的《中国科学引文索引》则主要用于国内自然科学领域的评价。

13.1.2　学术成果评价客体

评价客体具体而明确，就是学术成果。学术成果顾名思义是学术研究的产物，是有价值的创新性的学术研究结果，学术论文、学术著作、研究报告、专利、软件、数据集等都属于学术成果的范畴。通过对学术成果的评价，可以对学术人员的能力做出认定，提示学术成果所包含的经济效益或社会效益，可以对学术研究的可持续发展提供参考。《岳阳宣言：遵守学术规范、推动学术发展》指出："学术成果不仅可以而且能够得到科学客观的评价。近十年来，我国逐步建立了符合国际规范的社会科学期刊检索系统和引文分析客观评价系统，并开始创立了具有中国特色的社会科学评价指标，大大增强了学术评价的合理性和科学性。"

学术成果包含的内容很多，遵循分类评价的原则，按文献成果的出版形式，具体分析论文、著作、项目三种评价客体常用的评价指标。

13.1.3　学术成果评价方法

目前通用的评价方法可以简单归纳为两大类[3]：一类是定量评价方法，另一类是定性评价方法。定量评价与定性评价分别从不同视角揭示评价对象的量的规定性与质的规定性。对于量的方面，选定一个指标或标识，进行计量分析即可；对于质的方面，绝对等同于质的量是不存在的，只能通过人的主观认识对质的规定进行定性分析，并在两者之间找到某种转换。另外还有最近提及较多的代表作制等。

（1）定性评价方法。一般是指由权威同行专家进行的同行评议，主要是指小同行评议。目前同行评议基本有两种方式：一是通信评审法，通过专家数据库系统随机选出一批同行专家，将参评成果寄送给同行专家进行评审，或者通过网络系统请专家在网上对评审成果进行打分，然后回收汇总专家评审意见，作为会议综合评审的依据，这种评价一般采取匿名评审方式；二是现场评审或会议评审法，主要做法是召集权威同行专家开会，对参评成果进行讨论和评议，然后采用无户名投票方式形成评价决议。定性评价主要关注学术成果本身的水平，如研究的创新性、规范性、科学性、难度系数、学术意义、社会价值等，有一定弹性和主观性。

同行评议的优点在于由同行专家直接评价，可以直接依据成果本身的内容判断其质量、水平等，可以不受成果形式等外在因素的影响。但同行专家的公正性一直是议论的热点，因此，如何找到合格的同行专家，如何从评审程序上建立对专家的约束机制避免人情关系等不健康因素的影响，都是同行评议方法需要研究的重要内容。

(2) 定量评价方法。定量评价是借助各种指标体系和打分来说明研究质量和研究绩效的方法,指标的建立是定量化的主要标志,打分过程完全程式化、客观化、定量化和无弹性化。实际中运用的定量评价方法主要包括引文计量法和指标打分法。评价指标体系设计与指标数据获取,是定量评价方法的两个关键环节,选择哪些指标及其数值对评价对象进行监测,以及如何设置各指标的权重大小,都是定量评价指标体系的重点和难点。一般来说,评价指标的设计、指标数据的获取及统计方法都需要在评价报告中详细说明。

定量评价的优点在于具有客观性,无需同行专家参与,尽量排除人为主观因素影响;形式上的定量性也即精确性,便于各种不同层次的对象之间相互比较。

(3) 代表作制。在"破五唯"的大背景下,代表作制被重新提起。2006 年,北京大学中文系在探讨学术评价体系改革时,提出了代表作制。[4] 所谓代表作评价制度,是不以学术成果的形式、级别和数量作为评价标准,而是以被评价者最具代表性的科研成果按一定的程序、方法进行评审,得出关于被评价者学术水平的结论的学术评价制度。学位论文答辩可以被认为是典型的"代表作评价制度"下的评价,学位论文应该说是学位申请者至少经过三年苦读而拿出的最具代表性的成果,答辩委员的选择也有严格的专业资格和标准设定。

代表作制目前尚处于试验阶段,只是部分高校在职称评审中尝试实行,或者作为量化标准的补充,无论教育部还是各高校都还较少有详备的可行性方案或规则,中央的一些文件也只是规定了基本原则,而这些原则如何落到实处并大面积推广,还有待探讨。

13.2 学术成果评价指标

13.2.1 学术论文评价指标

学术论文评价是学术成果评价中最重要的内容,因为学术机构、学术人员等的一些评价最后都要集中到以学术论文为主的学术成果评价上来。学术论文的主要发表形式,可分为公开发表、内部发表和内部交流等。公开发表就是在公开发行的期刊上发表。内部发表是发表在内部期刊上,内部期刊是指持有国家内部期刊登记证的刊物,可以内部发行。内部交流是指在国际、国内或其他部门召开的学术会议上宣讲交流。本节讨论的学术论文评价指的是对公开发表在学术期刊上的论文进行的评价。参考叶继元全评价理论[5]的观点,将学术论文的评价指标分为内容指标、形式指标、效用指标三方面的内容。

1. 内容指标。内容指标指论文本身内含知识的特征指标,是作者研究思路和研究方法的表达,它揭示论文的文本内容和语法结构,可用于评价该成果的创新性、规范性,多由同行专家通过直接观察、阅读、讨论来进行。

1) 创新性。主要是看从论文的观点、见解、论证、角度、方法等方面,是否或多或少的有所发现、有所发明、有所创造。

2) 规范性。指论文写作形式上应该遵循的基本学术规范,即论文的写作形式、文章结构、对他人研究成果的引用、参考文献的著录、图表的表达都应符合基本的格式要求,做到规范有序。目前,学位论文写作方面应遵循的国家标准是 GB/T 7713.1—2006《学位论文编写规则》。参考文献引用、著录方面应该遵循的国家标准是 GB/T 7714—2015《信息与文献 参考文献著录规则》。

2. 形式指标。所谓形式指标是指对论文的外部特征进行评价，其最终的评价多可用数字、数据反映，例如论文的发表收录情况、基金资助情况、与他人合作情况等。

1) 论文的发表情况。论文的发表情况指发表论文刊物的级别，一般来说，国家级期刊杂志社对论文的评估标准要高于地方杂志社对论文的评估标准，其内在逻辑是只有有质量、有价值的论文才能发表，只有高质量的、有重要价值的论文才能在权威期刊上发表。编辑审定论文的过程也是一种评价的过程，只有达到发表水平的论文才可以发表，这样论文能否发表、在什么层次的期刊上发表本身就是一种门槛，一种内在的评价过程。因此，与期刊评价相关的若干指标，也从侧面反映了论文的质量，如期刊影响因子、期刊分区情况等。

期刊的影响因子及分区情况。可从 Journal Citation Reports（期刊引证报告，简称 JCR）中查找。影响因子的计算基于期刊三年的引用次数和发文数，期刊在前两年发表的所有论文在第三年的总引用次数除以这两年的总发文数就得到了期刊的影响因子。比如，期刊 2021 年影响因子的计算方法是：用该刊 2019 和 2020 年发表的全部论文在 2021 年被引用的总次数除以 2019 和 2020 年的总论文数。期刊分区情况即通过期刊引证报告 JCR，将所收录期刊分为若干不同学科类别，每个学科分类按照期刊的影响因子高低，平均分为 Q1、Q2、Q3 和 Q4 四个区：

(1) 各学科分类中影响因子前 25%（含 25%）期刊划分为 Q1 区；
(2) 前 25%~50%（含 50%）为 Q2 区；
(3) 前 50%~75%（含 75%）为 Q3 区；
(4) 75% 之后的为 Q4 区。

参照 JCR 分区情况，中国科学院国家科学图书馆也制定了一种期刊的分区（简称中科院分区）规则。2021 年中科院期刊分区表收录期刊为自然科学期刊（SCIE）、社会科学期刊（SSCI）和 ESCI 收录的中国期刊（自科+社科），通过期刊引用关系生成学科结构，参考了国务院学位委员会、教育部印发《学位授予和人才培养学科目录（2011）》的学科内涵和外延，设置 18 个大类：数学、物理与天体物理、化学、材料科学、地球科学、环境科学与生态学、农林科学、生物学、医学、心理学、计算机科学、工程技术、管理学、经济学、法学、教育学、人文科学和综合性期刊。按照各类期刊影响因子划分：

(1) 前 5% 为该类 1 区；
(2) 6%~20% 为 2 区；
(3) 21%~50% 为 3 区；
(4) 其余的为 4 区。

显然在中科院的分区中，1 区和 2 区杂志很少，杂志质量相对也高，基本都是本领域的顶级期刊。中科院分区中四个区的期刊数量是从 1 区到 4 区呈金字塔状分布。

2) 论文的收录情况。论文收录是指论文发表后，被某数据库收录，这个前提是论文所投稿的期刊被数据库收录，如 CSSSI 收录、CSCD 收录、中文核心期刊要目总览、SCIE 收录、SSCI 收录、A&HCI 收录、CPCI-S 收录、CPCI-SSH、EI 收录等。一般来说，论文被检索需要一定时间,一般是文章见刊后的 1~2 个月,不同刊物需要的时间不同。目前,甚至有一些数据库如 Web of Science、中国知网等会提前收录,即在论文纸刊正式排版印刷前已经可以在相关数据库检索。除了这些常见的数据库系统收录外,近几年,国内又出现"T"刊收录这一说法,T 刊即与国外期刊对等的国内期刊,是一种科技期刊分级方式,遵照同行评议、价值导向、等效应用原则,国内各大学会、协会、组织机构通过科技工作者推荐、专家评议、结果公示等规定程序,形成了本领域科技期刊分级目录的初步成果:每个学科领域的期刊分为 T1 级、T2 级和 T3 级三个级别,T1 级表示已经接近或具备国际一流期刊,T2 级是指国际知名期刊,T3 级指业内认可的较高水平期刊。每一级别里中外文期刊均有,具体期刊数量由各有关全国学会根据本领域学科特点和期刊实际情况确定。被 T 刊收录,也从侧面反映了论文的质量。

3) 基金资助情况。论文是否得到国家和省内有关基金资助,一般来说受资助的论文对国家的科技、社会、经济等影响较大,但这并不是绝对的,有些没有被资助的论文成果,也非常优秀。基金项目还是很多的,不同专业往往有较多的行业内基金项目,但总的来说基金项目大致可分为三个级别,一是国家级基金项目,二是省部级基金项目,三是院级基金项目。研究生参与较多的国家级基金项目一般多为国家自然科学基金、国家社会科学基金。省部级基金项目仅次于国家级,如江苏省自然科学基金项目、江苏省教育厅哲学社会科学研究等。院校级项目是各高校依据本校特点设立的资助项目。

4) 与他人合作情况。指学术论文是独立完成还是与人合作,是否有跨学科、跨领域的合作,合作情况在一定程度上反映了研究的深度和广度。

3. 效用指标。效用指标经过实践、时间、历史对学术论文实际作用、价值的验证或最终评价。它既强调用一段时间、有限的实践、已有的历史事实来评价,同时也注重长时间、更多实践和事实的评价。相关指标包括论文的下载引用情况、转载情况、获奖情况以及替代计量学指标等。

1) 下载引用情况。指论文公开发表后,被读者不断查询浏览和解读学习并被吸收为其他研究成果的参考文献。论文的下载情况反映了其传播和使用情况,并通过引用反映科学研究的发展轨迹。一般来说被下载引用的次数越多,说明论文传播得越广,特别是具有里程碑意义综述型文献,往往会获得较多的下载和引用。目前,中文社会科学引文索引(Chinese Social Sciences Citation Index,CSSCI)、中国知网、万方数据、Web of Science、Scopus 等数据库都提供了论文被下载和引用情况的数据。基于引用数据,科睿唯安公司又提供了一些其他指标,如热点论文、高被引论文、学科规范化的引文影响力、期刊规范化的引文影响力、平均百分位等。

(1) 基本科学指标(Essential Science Indicators,ESI)将全部期刊分为 22 个学科大类,其热点论文(Hot Paper)指近 2 年内发表的论文且在近 2 个月内被引次数排在相应学科领域全球前 1‰以内的论文。高被引论文(Highly Cited Paper)指近 10 年内发表的 SCI 论文且被引次数排在相应学科领域全球前 1%以内的论文。显然,热点论文要比高被引论文难度大得多。高被引论文、热点论文、既是高被引又是热点的论文,都称之为高水平论文(Top Paper)。

(2) 学科规范化的引文影响力(Category Normalized Citation Impact，CNCI)可通过其实际被引次数除以同文献类型、同出版年、同学科领域文献的期望被引次数获得。它是一个消除了出版年、学科领域与文献类型差异的无偏影响力指标，因此用它可以进行不同规模、不同学科混合的论文集的比较。与 CNCI 类似，Scopus 数据库提出领域权重引用影响力指数(Field-Weighted Citation Impact，FWCI)，它是显示一篇文献与类似文献相比之下的引用频率，考虑的因素为出版年份、文件类型及与出处相关的学科，其中世界平均值为 1，高于 1 则表示文献表现优于世界水准，反之亦然。

(3) 期刊规范化的引文影响力(Journal Normalized Citation Impact，JNCI)为该出版物实际被引频次与该发表期刊同出版年、同文献类型论文的平均被引频次的比值。它与学科规范化的引文影响力类似，其区别在于 JNCI 没有对研究领域进行规范化，却对文献发表在特定期刊上的被引次数进行了规范化。这个指标能够回答诸如"我的论文在发表期刊上表现如何"之类的问题。在 Scopus 数据中则以引用分(CiteScore)这一期刊影响力指标帮助使用者了解并评估期刊的影响力。它是以三年区间为基准来计算每本期刊的平均被引用次数，并提供期刊领域排名、期刊分区的相关信息，让人一目了然期刊在其领域的重要性和趋势分析。

(4) 平均百分位(Average Percentile)。一篇出版物的百分位是通过建立同出版年、同学科领域、同文献类型的所有出版物的被引频次分布(将论文按照被引用频次降序排列)，并确定低于该论文被引次数的论文的百分比获得的。如果一篇论文的百分位值为 1，则该学科领域、同出版年、同文献类型中 99% 的论文的引文数都低于该论文。该指标体现了其在同学科、同出版年、同文献类型的论文集中的相对被引表现，因此百分位是一个规范化的指标。

2) 转载情况。指论文被哪些刊物转载，这些刊物或目录的质量如何，例如中国人民大学复印报刊资料全文转载或部分转载，新华文摘转载等，这从一个侧面反映了论文的质量。

3) 获奖情况。考虑论文是否在某些范围内被奖励以及其得奖的层次和级别。例如高等学校科学研究优秀成果奖、江苏省高等学校哲学社会科学研究成果奖，还有一些行业领域奖项，如 IEEE 年度学术会议系列的国际计算机视觉与模式识别会议(CVPR)等，有些还会特别设立学生论文奖。同时，论文还可以作为系列科研成果的部分内容，参评国家自然科学奖、国家技术发明奖、国家科学技术进步奖、教育部自然科学奖、教育部技术发明奖、教育部科技进步奖、教育部青年科学奖等。另外，对于学位论文来说，如江苏省每年都会评选优秀硕博士论文。

4) 替代计量指标。在学术信息交流体系开始走向开放获取、开放知识和开放共享的时代，学术文献在各种学术型网站、社交媒体等网络平台上传播的数据越来越受到关注，替代计量就是针对这一类新型评价数据展开的计量，它是对传统的、基于引文指标的学术评价机制进行补充拓展的指标，是一种定性评价方法。替代计量的统计数据可以包括(但不限于)对 Faculty of 1000 的同行评议、在维基百科和公共政策文件中的引用、在学术博客上的讨论、主流媒体的报道、维基百科的提及率、Mendeley 等在线文献管理工具的书签，以及在 Twitter、Facebook 帖子等社交网络上的点赞、推荐或收藏等等。对于如何组织、下载使用这些关于学术成果的半结构化和非结构化数据(如日志数据、讨论数据),可以重点关注替代计量学数据服务提供商,如 Altmetric explorer、PlumX Analytics、ImpactStory、Bookmetrics、Kudos 等。

围绕不同的评价目标和评价方法,评价指标的选择也是多种多样的。在实际操作中,会根据具体情况具体实施。

13.2.2　学术著作评价指标

广义的学术著作泛指各种学术图书,即以图书形式出版传播的所有学术成果,包括学术专著、教科书、参考工具书、论文集、资料汇编、译著等,其"著作方式"多数是"著""撰",少数是"编著",工具书、大学教科书则多数是"编"。学术专著价值最高,主要衡量其创新性、系统性。教科书和参考工具书等主要衡量其资料性、完整性、权威性等。不同类型的学术著作在具体评价时应充分考虑其本身的特点,坚持分类原则、定性与定量相结合的原则,使用的指标应各有侧重,但总体来说可以参考以下评价指标。另,由于学术论文与学术著作的评价或多或少有相同或相似之处,前文提及的内容在本节不再赘述。

1. 内容指标。学术著作内容指标可以考虑著作的创新性、规范性。

1) 创新性。创新性是指判断著作的选题是否为国际、国内前沿课题,是否具有开创性,内容方面是否具有重大发现和理论创新,方法上是否运用新方法、新资料进行探索,是否取得重大突破。

2) 规范性。规范性是指著作内容结构的合理性,研究方法的规范性,写作上的学术规范性。价值性是指其学术价值,是否创立了新理论或新体系,是否填补学科理论空白或开创新的内容,对学科建设的意义是否重大。

另外,书评作为一种专门以书为对象,评论并介绍书籍的文章,可用于探索书籍的思想性、学术性、知识性,在著作的内容评价方面发挥着重大作用,通过对期刊杂志、报纸上这类专业书评以及豆瓣图书等网络书评的收集[6],可用于著作的内容评价。总体来讲,学术著作的内容指标判断较为困难,一般来说最好由同行评议的专家进行判断。

2. 形式指标。学术著作形式指标包括出版情况、资助情况等。

1) 出版情况。可以考虑出版社的学术影响力,是属于核心出版社还是一般出版社,一般来说学术声望较高、对出版流程有更科学和严格管理规范的出版社对著作的学术质量在选材时就进行了较严格的筛选;考虑著作字数,便于与同类作品比较著作容量。

2) 资助情况。资助情况是指著作的出版是否受课题、基金资助,是由出版社免费出版,还是自费出版。

3. 效用指标。学术著作的效用指标可考虑著作销售情况、利用情况、引用率、被评论评议或获奖情况及被改写翻译海外传播情况。

1) 著作销售情况。销售情况指图书的销售册数,即卖出去多少本书,目前国内有多家专业的数据公司(如开卷数据)提供图书销量数据的采集和分析服务。

2) 著作利用情况。著作利用情况一是可以考虑图书馆馆藏覆盖率、复本量、借阅率、流通率等直观统计数据,二是对于有电子图书的情况可以考虑电子版的点击量、下载量、浏览量等数据指标。

3）著作引用情况。指著作在期刊论文、学位论文、图书、报告等各种学术文献中被引用的情况，中国知网、万方数据、Web of Science 等都提供了图书被引用数据的查询功能。

4）著作被评议、评价或获奖情况。评论包括传统书评以及网上书店的商品评价（如评价星级）。获奖情况是指专业机构对学术图书的专业性评价，可参考获奖的级别，如国家级、部委级、省市级、地市级、厅局级等。

5）著作再版及海外传播情况。再版指著作的版本和印次，学术著作作为不同于论文的学术成果，随着后续研究的开展和科研技术的进步，研究成果也在发生变化，补充新的内容，剔除过时的内容，就会有著作的再版。海外传播是指著作被译成他国文字在海外传播的情况。

学术著作评价是一项复杂的工程，特别是著作的内容评议方面，实际工作中要根据具体情况具体实施。

13.2.3 科技项目评价指标

科技项目指科学研究、科技攻关、科技开发和科技工程建设等与科学技术相关的项目，以及具有探索性强、投资强度高、涉及面广、技术难度大、不可预见因素多等科技项目特点的其他项目。[7]科技项目评价是指按照一定的程序和一定的标准对科技项目进行的专业化咨询和评价活动。[8]国外在科技项目评价的理论、方法及应用方面取得了很大的成效，有的已形成了较为完善的评价程序及评价方法，并用法规形式确定了评价在决策过程中的地位和作用。我国的科技评价起步于20世纪90年代初，1998年以后，以科技部科技评估中心引领，全国各地相继成立了科技评价机构并开展了科技评估工作。之后几年，又相继出台了一系列科技项目评价的主文件和配套文件，进一步推动了我国科技项目评价工作的规范化。[9]2009年，由中国标准化研究院牵头，联合中国电子科技集团公司和北京加值巨龙管理咨询有限公司共同起草发布了国家标准《科学技术研究项目评价通则》(GB/T 22900—2009)，用于自然科学领域科学技术研究项目的评价，包括基础研究、应用研究和开发研究项目。

1. 科技项目分类

从高校角度看，科技项目主要指各类科研项目，包括国家各级政府成立基金支撑的纵向科研项目、来自企事业单位的横向科研合作开发项目和学校学院自筹科研项目。从经费来源角度来看，科研项目可分为校外科研项目（项目研究经费来自校外）和校内科研项目（项目研究经费来自校内）两大类。校外科研项目又可分为纵向科研项目和横向科研项目两种。

纵向科研项目的经费来源于上级机关、项目主管部门拨款。纵向科研项目是指由各级政府及其职能部门、各基金委、各类学术团体公开发布项目通知，并由院科研处统一组织教学科研人员申报得以立项的，有一定资金资助的科学研究项目。纵向科研项目分为国家级项目、省部级项目、市级（不含县级市）项目共三类，其中，常见的国家级项目包括国家科技攻关计划项目、国家自然科学基金项目、国家社会科学基金项目、国家星火计划项目、国家火炬计划项目、国家软科学研究计划项目、国家艺术基金等等。省、部级项目是指国务院各部委办局项目，省科协、社科联、科技厅、教育厅项目等。市级（不含县级市）项目是指市科协、社科联、科技局和教育局项目等。

2. 科技项目评价指标

科技项目评价指标体系是对科技项目进行评价的重要基础和依据,通过一系列科学、完整、系统的数据指标反映科技项目各要素的现状及发展趋势,对评价结果的可靠性、有效性影响极大,是整个科技项目评价工作的核心。

国内外关于科技项目评价的指标体系众多,不同的指标体系在内涵上存在一定的差异,但总体上可归纳为六大类指标,包括政策性指标、技术性指标、经济性指标、社会性指标、资源性指标、时间性指标。政策性指标主要包括政府的方针、政策、法令以及法律约束和发展规划、条令、条例等方面的要求;技术性指标主要包括科技项目的技术性能、寿命、先进性、可靠性、安全性等;经济性指标主要包括项目的成本、效益、周期、回收期等;社会性指标主要包括社会福利、社会节约、综合发展、环境污染、生态保护等;资源性指标主要包括消耗性资源指标、使用性资源指标等;时间性指标主要包括与起始时间、完成时间、关键节点时间及"里程碑"等相关的时间性指标。每个大类指标可包含多个小类指标,每个小类指标也可由几个指标综合反映,形成指标树,最后由指标树构成系统评价的指标体系。

13.3 科技项目查新

13.3.1 科技查新概述

科技查新,简称查新,是指查新机构根据查新委托人提供的需要查证其新颖性的科学技术内容,按照《科技查新技术规范》(GB/T 32003—2015)操作,以计算机检索为主要手段,以获取密切相关文献为检索目标,经过文献检索与对比分析,对查新项目的新颖性做出结论的情报咨询服务。因此,对"查新"的基本要求是查证委托项目的"新颖性",对是否已有"同样的成果"做出客观的鉴证性结论。查新报告不应该对委托项目的"创造性"进行评价,也无权对委托项目的"先进性"或"水平"做出结论。科技查新是科学研究、产品开发和科技管理等活动中的一项重要基础工作。

科技查新的概念经历了一个不断发展,逐步完善的过程。1992 年 8 月《科技查新咨询工作管理办法》(征求意见稿)规定:"科技情报查新工作是指通过检索手段,运用综合分析和对比方法,为科研立项、成果、专利、发明等评价提供科学依据的一种情报咨询服务形式。"1993 年 3 月《科技查新咨询工作管理办法》(试行稿)规定:"查新工作是指通过手工检索和计算机检索等手段,运用综合分析和对比方法,为科研立项、成果、专利、发明等的新颖性、先进性和实用性提供文献依据的一种情报咨询服务方式。"2000 年 12 月科技部发布的《科技查新规范》对"查新"定义做了原则性的规定:"查新是科技查新的简称,是指查新机构根据查新委托人提供的需要查证其新颖性的科学技术内容,按照本规范操作,并做出结论。"该定义突出了查新双方即查新机构与查新委托人,突出了人在查新工作中的主要地位。2003 年《科技查新规范》修订稿中的定义如下:"查新,就是科技查新的简称,是指查新机构根据查新委托人的要求,按照本规范,围绕项目科学技术要点,针对查新点查新其新颖性的信息咨询服务工作。"

科技查新机构是指经相关国家主管部门批准并具有科技查新业务资质，根据委托人所提供的需要查证其科学技术内容的新颖性，按照科技查新规范操作，有偿提供科技查新服务的信息咨询机构。

根据科学技术部于 2000 年 12 月发布的《科技查新机构管理办法》规定，申请科技查新业务资质的信息咨询机构应当具备下列条件：① 具有企业法人或事业法人资格；② 具有 15 年以上与查新专业范围相关的国内外文献资源和数据库；③ 具备国际联机检索系统；④ 有 3 名以上（含 3 名）取得科技查新资格的专职人员，其中具有高级专业技术职称的不少于 1 名；⑤ 有健全的内部规章制度；⑥ 认定机关规定的其他条件。本条④款所称科技查新资格由科学技术部组织认定。申请科技查新业务资质的信息咨询机构，应当提交下列材料：① 法定代表人签署的申请书；② 法人资格证明；③ 该机构的查新业务规章；④ 在申请查新专业范围内，能够证明具有从事查新业务能力的相关材料；⑤ 认定机关要求提供的其他材料。认定机关按照一定程序对申请科技查新业务资质的信息咨询机构进行认定。获得科技查新业务资质的信息咨询机构，由认定机关颁发科技查新业务资质证书、批准刻制科技查新专用章，在全国性报刊上公告。科技查新业务资质证书由科学技术部统一制定。

科技部（原国家科委）于 1990、1994 和 1997 年在全国范围内共授权了 38 家一级查新单位（也称国家级查新单位），中国医学科学院医学信息研究所和各省科技情报所都是一级查新单位。

卫生部于 1993 年、1998 年和 1999 年分别确认中国医学科学院医学信息研究所、四川省医学情报研究所、湖南医科大学图书馆（现中南大学医学图书馆）等 26 个单位为卫生部医药卫生科技项目查新咨询单位。

教育部于 2003 年、2004 年、2007 年、2009 年、2011 年、2013 年、2014 年在全国设立教育部部级科技查新工作站共 102 所，细分综合类、理工类、农学类和医学类工作站（教育部科技查新工作站列表详见 https://www.njpi.edu.cn/kjc/32/80/c3851a78464/page.htm）。

13.3.2 科技查新委托

查新委托人在申请科技查新前，可根据科研主管部门的要求判断是否需要查新，再选择相应资质的查新机构，并可在网络查找、下载科技部科技查新合同样本，仔细阅读《科技查新规范》的第 3、4、5、10 部分内容，做好科技查新前的准备。

1. 查新委托人应当据实、完整、准确地向查新机构提供如下查新所必需的资料：

1) 查新项目的科学技术资料及其技术性能指标数据（附有关部门出具的相应的检测报告）。科研立项查新须提交立项申请书、立项研究报告、项目申报表、可行性研究报告等。成果鉴定查新须提交项目研制报告、技术报告、总结报告、实验报告、测试报告、产品样本、用户报告等。申报奖励查新须提交奖项申报书及有关报奖材料等。

2) 课题组成员发表的论文或（和）申请的专利。

3) 参考检索词，包括中英文对照的查新关键词（含规范词、同义词、缩写词、相关词）、分类号、分子式、化学物质登记号。

4) 与查新项目密切相关的国内外参考文献（应当尽可能列出文献的著者、题目、刊名、年、卷、期、页），这些文献仅供查新机构在处理查新事务中参考。

2.填写查新合同时，查新委托人应该特别注意以下三点：

1）查新目的。通常分为立项查新、成果查新等。立项查新包括申报各级、各类科技计划，科研课题开始前的资料收集等。成果查新包括为开展成果鉴定、申报奖励等进行的查新。

2）查新点与查新要求。查新点是指需要查证的内容要点，即查新委托人自我判断的新颖点。查新要求是指查新委托人对查新提出的具体愿望。一般分为以下四种情况：① 希望查新机构通过查新，证明在所查范围内有无相同或类似研究；② 希望查新机构对查新项目分别或综合进行对比分析，明确指出项目的创新之处；③ 希望查新机构对查新项目的新颖性做出判断；④ 查新委托人提出的其他愿望（其他查新要求）。

3）查新项目的科学技术要点。着重说明查新项目的主要科学技术特征、技术参数或指标、应用范围等。

13.3.3 科技查新流程

科技查新工作的基本流程是接待查新委托人→查新受理→根据查新课题的专业特点安排查新员→查新员检索文献→撰写查新报告→审核员审核查新报告→出具正式查新报告。

1.查新委托与受理。查新机构根据查新委托的内容确定接受查新委托后，与查新委托人订立科技查新合同，即完成了查新受理。科技查新机构在接受查新委托时，应注意如下几点：

1）判断待查项目是否属于本机构承担查新业务的受理范围。如地市级科技查新机构不可以受理申请省级以上科技立项或成果鉴定用查新项目的委托（已获得上一级查新机构受理代理许可的情况除外），行业查新机构不可以受理本行业以外的科技查新委托。

2）初步审查查新委托人提交的资料是否存在缺陷，是否符合查新要求。判断查新委托人提交的资料内容是否真实、准确。

3）与查新委托人进行充分的沟通与交流后，初步判别查新项目的新颖性表达的准确性。

4）判断查新委托人提出的查新要求能否实现，确认能否满足查新委托人的时间要求。

5）指导查新委托人正确填写科技查新合同，对委托人不是很明白的合同条款逐一解释。

2.查新员文献检索。在进行文献检索之前，查新人员认真阅读和把握查新合同中的查新点、查新项目的科学技术要点，如果有疑问要及时与委托人沟通，在对课题查新点准确理解的前提下，确定检索词、检索年限、检索方法和途径。

1）确定检索年限：科技查新年限限定一般在10～15年。医药文献的"半衰期"较其他自然科学文献更短，因此，医学专业科技查新检索的最低回溯可以为10年。但因为医学各科发展速度不同，文献失效期相差很大，因而在具体查新工作中，可以针对不同学科、不同课题和委托课题的特殊需求等，在最低10年的检索回溯年限基础上做相应调整。

2）确定检索范围：查新员因根据委托课题性质，选择具有针对性、质量高、覆盖面大、有权威性的检索刊物、数据库以及互联网上的相关站点作为检索范围。重要专业数据库不能有遗漏。

3）制定检索策略：在选定好相应的检索工具后，需要进一步考虑检索途径、检索词以及检索策略。检索策略是在检索过程中所采用的措施和方法，包括分析检索课题需求、选择合适的数据库、确定检索途径和检索标识、建立检索提问表达式并准备多种检索方案和步骤等。检索策略是为了实现检索目标而制定的全盘计划和方案,直接关系到查新课题相关文献的查全率和查准率,因此最终影响对查新课题做出新颖性的评价。因此,必须制定周密的、科学的、有良好操作性的检索策略。

3. 文献对比分析。对检索到的相关文献进行浏览,对照查新要点,进行文献内容范围、分布状况和相关程度分析,初步确定密切相关文献。查阅初步确定的密切相关文献的全文,最后确定密切相关文献,然后将密切相关文献与查新要点进行对比分析。

4. 撰写科技查新报告。查新员在全面掌握第一手资料文献资料的基础上对检索出的文献进行分析对比,得出查新结论。查新结论一定要详细具体,实事求是,不能有任何的个人观点和意见。每一个观点都需要有相关文献为依据。查新结论须做如下具体说明:委托人认为自己课题的创新点描述;描述检索出的相关文献的情况;叙述相关文献与查新项目技术内容、技术路线、技术水平以及其他技术指标的对比分析;对查新项目的新颖性做出评价,包括查新要点中哪些国内外已有或正在进行相同或类似研究、研究的深度和广度如何,哪些尚无研究,或虽有类似研究但委托课题有独特之处。科技查新报告须如实反映检索结果,以文献为依据,做到客观、公正、全面。

5. 查新审核。查新审核是保证查新质量必不可少的环节。完成查新工作以后,必须将全部资料交给审核员做最终审核。审核员必须是高级技术职称人员。应对查新报告所有的内容进行审核,最重要的是对查新结论进行审核。

6. 查新资料归档。查新资料包括所有的原始资料、委托人提供的课题或成果申报书与相应技术资料、委托书、合同书及其他相关资料、提交用户的查新咨询报告副本或复印件、反馈意见等,均须按要求建立查新报告数据库。

13.4 情境导入

13.4.1 学术论文评价案例

张同学在东南大学信息科学与工程学院攻读博士研究生,近期已完成博士论文撰写并顺利通过答辩。参照《关于印发〈东南大学博士研究生申请博士学位的成果考核标准(2018版)〉的通知》(以下简称《通知》),张同学对自己博士期间发表的论文成果进行梳理,准备申请博士学位。

博士期间,张同学共发表论文6篇,具体信息如下:

1. 张同学,＊＊,＊＊.论文标题 A.期刊名称 A.作者署名单位:张同学,东南大学;＊＊,单位 A;＊＊,东南大学。

2. 张同学,＊＊,＊＊.论文标题 B.期刊名称 B.作者署名单位:张同学,东南大学;＊＊,东南大学;＊＊,单位 B。

3. 张同学,＊＊,＊＊.论文标题 C.期刊名称 C.作者署名单位:张同学,单位 C;＊＊,东南大学;＊＊,单位 C。

4. ＊＊,张同学.论文标题 D.期刊名称 D.作者署名单位：＊＊,东南大学;张同学,东南大学。

5. 张同学,＊＊.论文标题 E.期刊名称 E.作者署名单位：张同学,东南大学;＊＊,东南大学；

6. 张同学,＊＊.论文标题 F.期刊名称 F.作者署名单位：张同学,东南大学;＊＊,东南大学。

根据《通知》要求,逐条审核张同学的论文成果,查看是否符合申请学位要求。

《通知》第一部分基本要求第一条如图 13-1 所示。

> **一、成果界定**
>
> 　　博士学位申请者的成果是指博士研究生入学后发表的学术论文、获得的科研奖励、获授权的发明专利,以及校学位评定委员会认定的其他成果。用于申请博士学位的成果应与其博士学位论文研究内容相关。

图 13-1　成果界定

张同学的 5 篇论文均为博士期间的成果,符合要求。

《通知》第一部分基本要求第二条见图 13-2。

> **二、期刊认定标准**
>
> 　　1、博士学位申请者的学术论文应发表在 SCIE、SSCI、A&HCI、EI、MI、CSSCI（核心版）、CSCD（核心版）、《中文核心期刊要目总览》（北大图书馆编著,以论文发表当年的版本为准）的"来源期刊"（后称"源刊"）上,但不包括这些学术期刊的增刊、专刊等非正常出版的刊物。
>
> 　　2、在东南大学主办的学术期刊上发表的论文只计一篇。
>
> 　　3、本标准中的"源刊"是指 SCIE、SSCI、A&HCI、EI、MI、CSSCI（核心版）、CSCD（核心版）、《中文核心期刊要目总览》（北大图书馆编著）等中外检索系统的"来源期刊"（在相关中外文数据库中可检索到）。对源刊以论文发表年为准,对期刊所属 JCR 分区和影响因子的认定原则上以发表年为准（若截至学位申请日尚无检索系统发布当年的分区和影响因子数据,则以当时最新的数据为准）。

图 13-2　期刊认定标准

第二条规定主要是对论文发表期刊的收录范围进行限定。分别用论文发表期刊的名称到各数据库中检索,结果如下：

期刊 A,SCIE 来源刊;
期刊 B,SCIE 来源刊;
期刊 C,SCIE 来源刊;
期刊 D,SCIE 来源刊;
期刊 E,EI 来源刊;
期刊 F,CSCD 扩展版;

根据《通知》要求,论文 F 发表期刊 F 是 CSCD 扩展版,非核心版,不符合要求,论文 A、B、C、D、E 符合要求。

第三条规定主要是对论文作者署名单位进行限定,如图 13-3 所示。

> **三、科研成果署名**
>
> 1、博士学位申请者的学术论文必须以东南大学为第一署名单位,即论文第一作者和第一通讯作者的第一署名单位必须均为"东南大学"或"东南大学某机构"。除特别注明外,学位申请者必须是学术论文的第一作者。
>
> 2、博士学位申请者提交的科研奖励证书必须以东南大学为第一署名单位,申请者为主要完成人且有个人获奖证书。
>
> 3、博士学位申请者提交的发明专利证书必须以东南大学为第一专利权人,且申请者为第一发明人或导师为第一发明人、申请者为第二发明人。

图 13-3　科研成果署名情况

根据《通知》要求,论文 C 为张同学到国外高校作交换生期间的成果,第一署名单位非东南大学,不符合要求;论文 D 的第一作者为张同学导师,非张同学第一作者论文不符合要求。论文 A、B、F 符合要求。

《通知》第二部分考核方案对不同学科的具体考核标准进行了规定,张同学就读的专业属于工学,参照理学、工学学科规定执行(图 13-4)。

> **三、理学、工学类学科**(建筑学、城乡规划学、风景园林学、生物学除外)的博士研究生申请博士学位时,须满足下列条件之一:
>
> 1、在 SCIE/SSCI 源刊上发表学术论文二篇,其中在 JCR 分区表中指定相应学科领域 Q1、Q2 区期刊学术论文至少一篇。
>
> 2、在 SCIE/SSCI 源刊或 EI/CSCD(核心版)源刊上发表学术论文三篇,其中被 SCIE/SSCI 收录学术论文至少二篇。
>
> 3、在 SCIE/SSCI 源刊上发表被 SCIE/SSCI 收录学术论文二篇,且获授权国家发明专利一件。

图 13-4　考核方案分学科要求

比对《通知》要求,张同学现有 A、B 两篇 SCIE 论文,一篇 EI 论文,达到要求,可以申请学位。

进一步,通过 JCR 查看张同学 A、B 两篇 SCIE 论文的期刊影响因子及分区情况(图 13-5)。

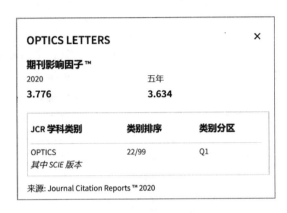

图 13-5　影响因子及分区

同时,可查看基金资助情况(图 13-6)。

图 13-6　基金资助情况

13.4.2　博士论文开题查新报告

研究生开题前一般应填写查新报告。查新报告是理、工、医、管等学科博士生培养过程中的必要环节。博士生查新工作可委托图书馆负责,也可在完成网络文献检索类研究生课程的学习或参加学校组织的网络文献检索培训后,自行查新检索。自行查新需要附上详细的文献查新述评。自行查新报告须经导师审查后由开题报告审核专家审核签字(或盖章)。硕士生及文科博士生开题查新参考上述办法,一般不做硬性要求。博士开题查新报告撰写可参考科技查新报告的格式撰写,也可以参考学校研究生院提供的"研究生开题查新报告"模板:

研究生开题查新报告　编号:

查新课题名　称			
研究生姓名		学科(专业)	
院(系、所)		导师姓名	

(续表)

1. 课题内容要点（可另加页）：

2. 选用数据库：

（1）基本数据库：　　　　　　　　　　　　　（2）专用数据库：
中文科技期刊数据库（VIP）　　　　　　　　Science Online
中国学术期刊网　　　　　　　　　　　　　Elsevier Science
万方数据资源系统　　　　　　　　　　　　IEEE
中国专利信息检索系统　　　　　　　　　　……（根据专业不同自行添加）
中国科技论文在线
EI
Web of Science
PQDT

3. 检索策略：

4. 查新结论（可另附页）：
查新人（签名）： 年　月　日

图书馆负责查新	研究生自行查新
图书馆有关部门盖章：	开设网络检索课程（或讲座）的教师签字： 年　月　日 开题报告审议小组成员签名（3～5人）： 年　月　日

注：① 检索策略分为关键词检索、题目检索、全文检索及综合检索，可列出详细的检索式等。② 自行查新需要提交文献查新述评作为附件。

1. 博士论文开题查新报告格式

博士论文开题查新报告的格式一般包括查新课题基本信息（课题名称、研究生姓名、学科专业、院系、导师姓名等)、课题内容要点(最好提炼出查新点)、选用数据库、检索策略、查新结论等,另外需附上课题相关的文献述评。

2. 博士论文开题查新报告撰写注意事项

研究生在撰写开题查新报告前需要进行文献调研。通过国内外详尽的文献调研,可以明确课题的研究背景与研究意义,了解课题国内外的研究状况,发现现有研究存在的不足。在前人研究的基础上提出创新,可以提高研究起点、提供研究思路、节约研究时间,也是遵循学术规范最基本的要求。而在详尽的文献调研的基础上撰写高质量的博士开题查新报告也是研究生需要具备的基本素养能力。

开题查新报告撰写应注意如下几点:

(1) 开题查新工作不是一项孤立的工作,需建立在全面文献调研的基础上,并贯穿整个选题的全过程。

(2) 开题查新报告的课题内容要点一栏中,需要写出课题的主要研究内容,尤其需要提取出主要创新之处(即创新点)。

在课题内容要点(图 13-7)这一栏中需着重写出查新项目的主要科学技术特征、技术参数或指标、结构、生产工艺、配方成分、应用范围及查新委托人自我判断的新颖性等,注意与项目申报书中的立项依据的撰写区别。

案例一:"抗菌抗病毒除臭易清洁垃圾桶的生产关键技术及新产品开发"

一、项目的背景和目前国内外的研究概况

随着我国城市人口的不断增加,生活垃圾问题将导致生态系统恶化,直接影响人们的生活质量。在日常生活中,垃圾桶是最常见的垃圾收集装置,主要以塑料或者金属材料制得。塑料垃圾桶具有良好的机械性能和耐腐蚀、质轻、制作成本低等优点,在生活中得到了广泛的应用。食物残渣、厨余垃圾以及生活废弃物等被倒入垃圾桶,如不及时清理,将会滋生细菌和真菌。有些垃圾包含传染性病毒,如不慎将会吸入呼吸道或经皮肤传染,导致病毒扩散。垃圾桶内的有机物质在细菌、真菌等微生物的作用下,会被分解产生难闻的氨气、硫化氢等有害气体,影响生活环境和人们的身体健康。塑料垃圾桶也会受到强酸或强碱性物质的腐蚀,导致塑料变性,使得对垃圾桶内的清洁保养工作困难增加,也会缩短垃圾桶的使用寿命。在现有技术水平下,普通垃圾桶功能单一,并不同时具备抗菌、抗病毒、防臭和易清洁等功能,不能满足人们对健康生活和品质的追求。而新出现的抗菌除味垃圾桶虽能达到除味和抗菌的目的,但是垃圾桶的结构复杂,价格昂贵,很难得到推广和实际应用。

本项目所述塑料垃圾桶主要由桶体和桶盖组成。将抗菌防霉抗病毒母粒混掺入聚乙烯(PE)/聚丙烯(PP)回料中制成抗菌混合料,熔融注塑成型,制成垃圾桶桶体和桶盖。在桶体内表面设置除臭层和不沾层,桶盖内设置除臭装置。对合格的垃圾桶零件进行组装,研发出新型的抗菌抗病毒防臭易清洁垃圾桶。

在组成成分上,与传统的塑料垃圾桶相比,由于抗菌防霉抗病毒母粒的直接引入,使得垃圾桶具有广谱、长效杀菌性能,对有机垃圾滋生的各种细菌、霉菌、病毒等均具有超强的杀灭和抑制效果。除臭装置中含有的植物型提取物除臭剂,具有绿色环保、清洗空气的作用;含有的纳米光触媒材料可提供有效的抗菌、抗病毒和除臭的能力;含有的活性炭吸附材料可有效吸附物质腐败所产生的难闻的气味,达到除臭的效果。另外,垃圾桶内涂敷的特氟龙材料,可耐酸、耐碱、耐腐蚀,使垃圾桶内部保持光滑的表面,减少垃圾残留,易于清洁。

在生产工艺上,抗菌抗病毒防臭易清洁垃圾桶的制备工艺主要包括桶体和桶盖的热熔注塑成型、桶内除臭层和不沾层的逐层设置以及桶盖内除臭装置的设置。公司为提高抗菌剂在塑料垃圾桶中的分散效果,开发了无机银抗菌塑料母粒,可以直接添加到垃圾桶塑料中使用。选用聚乙烯/聚丙烯回料混掺抗菌防霉抗病毒母粒、分散剂、抗氧化剂等置于注塑机中高温加热,转移至挤出机螺杆中,将混合料喷射至垃圾桶注塑模具中快速成型,制成垃圾桶桶体和桶盖。桶体内首先喷涂一层除臭层,然后再喷涂一层特氟龙不沾层。这种涂敷工艺简单、省

图 13-7 课题内容要点局部

该报告的课题内容要点从项目的背景和目前国内外的研究概况、研究项目的主要性能指标、研究技术路线、关键技术及解决方案、使用效果评价、技术成熟度、存在问题及项目未来的研究和发展方向等 8 个方面展开阐述,共计 6 715 字。作为博士开题查新报告的一个部分,课题内容要点应简明扼要地反映出查新委托项目主要做什么研究内容及创新的关键技术要点。该报告的课题内容要点可修改如下:

本项目所述塑料垃圾桶主要由桶体和桶盖组成。将抗菌防霉抗病毒母粒混掺入聚乙烯(PE)/聚丙烯(PP)回料中制成抗菌混合料,熔融注塑成型,制成垃圾桶桶体和桶盖。在桶体内表面设置除臭层和不沾层,桶盖内设置除臭装置。对合格的垃圾桶零件进行组装,研发出新型的抗菌抗病毒防臭易清洁垃圾桶。

关键技术及解决方案包括:
» 抗菌抗病毒防臭易清洁垃圾桶的安全性、功能性、成分兼容性以及解决方案(具体方案描述省略)。
» 抗菌防霉抗病毒母粒的制备及添加工艺的解决方案(具体方案描述省略)。
» 抗菌防霉抗病毒母粒的添加量以及解决方案(具体方案描述省略)。
» 抗菌抗病毒防臭易清洁垃圾桶除臭装置设置及易清洁性能解决方案(具体方案描述省略)。

(3) 进入多数据库平台中检索时,应将有关的所有数据库都勾选,只要是查新报告中列出的数据库都必须进库检索。除了综合性数据库,注意要根据不同专业添加专业数据库,例如医学相关专业的博士开题查新报告需要增加中国生物医学文献数据库、Medline/PubMed、BIOSIS Previews、Embase 等相关数据库的检索,而土木工程相关专业的博士开题查新报告需要增加 ASCE(美国土木工程师学会)、ASTM 工程标准与电子图书馆、ICE(英国土木工程师协会)、Civil Engineering Abstracts、Mechanical & Transportation Engineering Abstracts、Transport Research International Documentation、ICONDA — International Construction Database 等相关数据库的检索。

(4) 利用已有的专业知识和已有的文献,优先选用规范化主题词和专业术语,兼顾自由词;考虑近义词、同义词及缩写和全称,同时注意外来词的译写变化,必要时应向上位类或下位类词扩检,避免选用对课题检索意义不大的检索词。

案例二:"改扩建工程沥青路面旧料多元再生关键技术与应用研究"

对于"沥青路面旧料"这一概念,可以采用的检索策略为:[沥青路面 and(旧料 or 废旧 or 回收)]or 旧沥青路面 or 沥青路面材料 or 旧沥青混合料 or 废旧沥青混合料 or RAP 料。

(5) 开题查新报告中的相关文献,必须是使用所选检索词和检索策略、在所选数据库中检索得到的并与课题创新点具有可比性的文献。

(6) 开题查新报告中的结论部分,必须使用客观性的表述,不要对相关文献中的研究做主观评价。针对课题创新点,直接用已见哪些报道、未见哪些报道进行描述即可。

案例三:"IL-21 基因修饰的脐血造血干/祖细胞抗卵巢癌机制的研究"

课题内容要点:卵巢上皮癌是妇科常见的原发性恶性肿瘤,乃临床治疗的难题。基因治疗与细胞免疫治疗是当今肿瘤治疗的重要研究方向。该项目研究旨在：体外分离培养脐血造血干/祖细胞(UHSCs)；将具有抗肿瘤效应及促进脐血中 NK 细胞分化的 IL-21 细胞因子基因构建成重组体 pIRES2-IL-21-EGFP，然后将其转染到 UHSCs，再将转染 pIRES2-IL-21-EGFP 的 UHSCs 移植到卵巢上皮癌荷瘤裸鼠；通过荷瘤裸鼠的体内外实验研究，观察 IL-21 基因修饰的 UHSCs 抗卵巢上皮癌的作用并对其抗肿瘤机制进行深入探讨，为临床抗肿瘤治疗提供坚实的实验和理论基础。

查新结论需与课题内容要点中的创新点相对应（注：该案例的参考文献省略）：

通过对国内外相关数据库及网络信息的检索，在检索范围内，得出如下结论：

» 国内可见 IL-21 对人上皮性卵巢癌 SKOV3 细胞增殖及 VEGF 表达的影响研究的公开中文文献报道；可见 IL-21 抗肿瘤活性研究及 IL-18、IL-12、IL-8、IL-7 抗卵巢癌活性研究的公开中文文献报道；

» 国外可见 IL-21 治疗恶性黑色素瘤的临床 II 期研究及 IL-21 治疗肾细胞癌的临床 I 期研究的公开文献报道；可见 IL-21 抗骨髓癌、抗黑色素瘤、抗肾细胞癌、抗膀胱癌、抗结肠癌、抗头颈细胞肿瘤活性实验研究的公开文献报道；可见 IL-2、IL-6、IL-8、IL-12、IL-13、IL-15、IL-24 抗卵巢癌活性研究的公开文献报道；

» 关于 IL-21 基因修饰的脐血造血干/祖细胞抗卵巢上皮癌的作用及其抗肿瘤机制的研究，国内、国外尚未见公开文献报道。

(7) 博士开题查新需要提交文献查新述评作为附件，不再赘述。

参考文献

[1] 叶继元.人文社会科学评价体系探讨[J].南京大学学报(哲学·人文科学·社会科学版),2010,47(1):97-110.

[2] 叶继元. 图书馆学情报学学术规范与方法论研究[M].南京：南京大学出版社：学术规范与学科方法论研究和教育丛书,2018:319.

[3] 任全娥.论信息哲学对科研成果评价的方法论意义[J].重庆大学学报(社会科学版),2009,15(1):60-63.

[4] 曹建文. 北大中文系论文代表作制度探路学术评价体系改革[N]. 光明日报, 2006-01-04.

[5] 叶继元.人文社会科学评价体系探讨[J].南京大学学报(哲学.人文科学.社会科学版),2010,47(1):97-110.

[6] 郭琪琴. 中文人文社科学术著作评价指标体系构建及实证研究[D]. 大连：大连理工大学, 2021.

[7] 王凭慧.科技项目评价方法[M].北京：科学出版社,2003.

[8] 周强.浅谈科技成果转化与科技项目评价体系的建立[J].中小企业管理与科技(下旬刊),2018(10):78-79.

[9] 李来儿.我国科技项目评价体系创新探讨[J].科学与管理,2017,37(3):1-6.

第14章 科技成果转化

科技成果转化可以包括论文、专利、版权、集成电路布图、科技报告、标准以及实物的样品等等,其概念可分为广义和狭义两种。广义的科技成果转化应当包括各类成果的应用,劳动者素质的提高,技能的加强,效率的增加,等等。因为科学技术是第一生产力,而生产力包括人、生产工具和劳动对象。因此科学技术这种潜在的生产力要转化为直接的生产力,最终是通过提高人的素质、改善生产工具和劳动对象来实现的。从这种意义上讲,广义的科技成果转化是指将科技成果从创造地转移到使用地,使使用地劳动者的素质、技能或知识得到增加,劳动工具得到改善,劳动效率得到提高,经济得到发展。狭义的科技成果转化实际上仅指技术成果的转化,即将具有创新性的技术成果从科研单位转移到生产部门,使新产品增加,工艺改进,效益提高,最终经济得到进步。本章节主要探讨的是狭义的科技成果转化。

14.1 知识产权的概念与成果保护

狭义的科技成果转化一般是指具有实用价值的科技成果,主要是技术成果转移到生产企业中,在科技成果转移转化的过程中难免会涉及知识产权的转移和转化。本节主要探讨知识产权的概念与成果保护。

14.1.1 知识产权的概念

1. 知识产权的基本概念

知识产权是人们基于自己的智力活动创造的成果和经营管理活动中的标记、信誉而依法享有的权利。知识产权有广义和狭义之分。

广义的知识产权包括著作权、邻接权、商标权、商号权、商业秘密权、产地标记权、专利权、集成电路布图设计权等各种权利;狭义的知识产权,即传统意义上的知识产权,包括著作权(含邻接权)、专利权、商标权三个主要组成部分。一般来说,狭义的知识产权可以分为两个类别:一类是文学产权,包括著作权及与著作权有关的邻接权。另一类是工业产权,主要是专利权和商标权。文学产权是文学、艺术、科学作品和传播者所有的权利,它将具有原创性的作品及传播这种作品的媒介纳入其保护范围,从而在创造者"思想表达形式"的领域内构建知识产权保护的独特领域。工业产权则是指工业、商业、农业、林业和其他产业中具有实用经济意义的一种无形财产权,作为专利、商标等各种专有权的统称。

无形财产权(或无体财产权)是知识产权的另一称谓。法律制度意义上的无形财产权包括以下三类:一是创造性成果权,包括著作权、专利权、商业秘密权、集成电路布图设计权、植物新品种权等。该类权利保护的对象都是人们智力活动创造的成果,一般产生于科学技术、文化等知识领域,客体具有一定程度的创造性是其取得法律保护的必要条件。二是经营性标记权,包括商标权、商号权、产地标记权、其他与制止不正当竞争有关的识别性标记权等。该类权利保护的对象为标示产品来源和厂家特定人格的区别标记,主要作用于工商经营活动之中。三是经营性资信权,包括特许专营权、特许交易资格、商誉权等。其权利保护的对象为工商企业所获得的优势及信誉。该类权利客体所涉及的资格或信誉包括明显的财产利益因素,也有精神利益的内容。

2. 知识产权的特征

知识产权作为无形财产权的本质属性,决定了它具有以下基本特征:

(1) 专有性。知识产权是一种专有性的民事权利,与所有权一样,具有排他性和绝对性的特点。不过,由于知识产品是精神领域的成果,知识产权的效力内容不同于所有权的效力内容。知识产权的专有性主要表现在两个方面:第一,知识产权为权利人所独占,权利人垄断这种专有权并受到严格保护,没有法律规定或未经权利人许可,任何人不得使用权利人的知识产品;第二,对同一项知识产品,不允许有两个或两个以上同一属性的知识产权并存。

知识产权与所有权一样具有独占或排他的效力,著作权法保护作者对文学艺术和科学作品的专有权,专利法保护发明人或设计人对发明创造的专利权,商标法保护注册人对注册商标的专有权。专有性是知识产权的法律特征。著作权的专有性表现在权利人对其作品的专有使用权;专利权是权利人对"利"的独占权,即发明创造的专有实施权;商标权,也称商标专用权,其权利人的独占使用权和排除他人使用的禁止权则构成该类专有权的完整内容。

(2) 地域性。知识产权作为一种专有权在空间上的效力并不是无限的,而是要受到地域的限制,即具有严格的领土性,其效力只限于本国境内。一般来说,按照一国法律获得承认和保护的知识产权,只能在该国发生法律效力。其他国家对这种权利没有保护的义务。知识产权的客体是无形的智力成果,而智力成果的使用和知识产权的使用权在同一时间内是多元的。尽管知识产权保护的国际标准越来越趋同,但是各国间知识产权保护的差异比物权保护的差异复杂,所以知识产权的地域性更为突出。

知识产权地域性突出的一个重要原因是依法申请获取的知识产权种类,例如专利权、注册商标权的获得必须履行和完成相应知识产权法律规定的程序与手续。要在某一国家取得受该国法律保护的专利权,必须办理该国的专利申请手续并且获得批准(包括 PCT 申请)。现有的知识产权国际公约和双边条约明确遵循各国知识产权独立原则,充分尊重各缔约国的国内法规定,知识产权地域性原则没有因此改变。

(3) 时间性。知识产权不是没有时间限制的永恒权利,时间性的特点表明:知识产权仅在法律规定的期限内受保护,一旦超过法律规定的有效期限,这一权利就自行消灭,相关知识产品即成为整个社会的共同财富,为全人类所共同使用。这一特点是知识产权与有形财产的主要区别之一。知识产权在时间上的有限性,是世界各国为了促进科学文化发展、鼓励智力成果公开所普遍采用的原则。

建立知识产权制度的目的在于采取特别的法律手段调整因知识产品创造或使用而产生的社会关系,这一制度既要促进文化知识的广泛传播,又要注重保护知识产品创造者的合法利益,协调知识产权专有性与知识产品社会性之间的矛盾。知识产权时间限制的规定,反映了建立知识产权法律制度的社会需要。知识产权的期限性不是由智力成果的生命周期来决定的,而是以知识产权法律规范平衡知识产权权利人、使用者和社会公众之间的利益所做出的制度设计。

14.1.2 知识产权的成果保护

1. 知识产权的保护范围

对于一般财产所有权来说,其客体为有形的动产或不动产,该类客体本身即可设定权利的保护范围。法律保护所有权人对其有形财产进行占有、使用、收益和处分的权能。不论客体物的内容、性能、用途、价值、表现形式如何,所有权对各个客体物所拥有的基本权能是一样的,所有权制度一般没有所谓限定保护范围的特别条款。

作为知识产权客体的精神产品是一种无形财产,它的保护范围无法依其本身来确定,而要求法律给予特别的规定。在限定的保护范围内,权利人对自己的知识产品可以行使各种专有权利,超出这个范围,权利人的权利就会失去效力,即不得排斥第三人对知识产品的合法使用。例如,专利权人的专有实施权的范围以专利申请中权利要求的内容为准,即根据专利权所覆盖的发明创造的技术特征和技术幅度来确定。商标法规定,商标权人的专用权范围则以核准注册的商标和核定使用的商品为限,其效力不及于近似的文字、图形和类似的商品,这表明知识产权专有性只在法定范围内有效。

2. 国际知识产权保护

国际知识产权保护的范围主要通过WTO的Trips和WIPO的《建立世界知识产权组织公约》确定。特定国家或者地区内的知识产权保护范围则根据该法域的相关知识产权法律确定。

(1) WTO列举的知识产权范围

1994年1月1日,WTO各国签署了《与贸易有关的知识产权协议》(简称《Trips协议》),旨在减少在国际贸易中的阻碍因素,对知识产权实施有效保护;协议为世界贸易中涉及的知识产权贸易和知识产权进入世界贸易市场提供了保障和运行规范,尤其为现代信息技术产品进入贸易市场提供了法律支持。

《Trips协议》对WTO和WIPO的关系做了特别明确的规定,其中第68条指出:与贸易有关的知识产权"理事会通过与世界知识产权组织的协商,应在第一次会议后一年内,寻求建立与该组织的机构合作的适当安排"。

《Trips协议》规定的保护范围仅涉及知识产权的财产权,不涉及发现权、发明权之类知识产权人身权。《Trips协议》第二部分"有关知识产权的效力、范围及利用的标准"中明确知识产权财产权的范围包括：版权与邻接权；商标权；地理标志权；工业品外观设计权；专利权；集成电路布图设计权；未披露过的信息专有权。

上述知识产权的组成中并不包括例如发现权、发明权以及著作权中的发表权、署名权、修改权、保持作品完整权等知识产权的人身权利。世界各国知识产权法律保护的范围，虽然因各国的具体情况和综合因素不同而各有取舍，但是，各国现行法律规定的知识产权保护范围一般都已经遵循《Trips 协议》而达到其基本要求。《Trips 协议》的知识产权保护基本要求已经成为当今世界知识产权保护国际最低水平的基准线。

（2）WIPO 列举的知识产权范围

《建立世界知识产权组织公约》第 2 条全面规定了知识产权保护范围："知识产权包括：关于文学、艺术和科学作品的权利；关于表演艺术家的演出、录音和广播的权利；关于人们努力在一切领域的发明的权利；关于科学发现的权利；关于工业品外观设计的权利；关于商标、服务商标、厂商名称和标记权利；关于制止不正当竞争的权利；以及在工业、科学、文学或艺术领域里一切其他来自知识活动的权利。"其最后一项"以及在工业、科学、文学或艺术领域里一切其他来自知识活动的权利"作为"兜底条款"，覆盖了因科学技术智力成果、文化艺术智力成果而产生的所有知识产权保护范围。

WIPO 对《建立世界知识产权组织公约》第 2 条列举的各种知识产权进行了进一步的细化解释：

① 关于文学、艺术和科学作品的权利属于知识产权的版权（即著作权）分支。

② 关于表演艺术家的演出、录音和广播的权利通常称为"邻接权"，也就是与版权邻接的权利。

③ 关于人们努力在一切领域的发明的权利，关于商标、服务商标、厂商名称与标记权利，关于工业品外观设计的权利，关于制止不正当竞争的权利共同构成知识产权的工业产权分支。

④ 关于科学发现的权利。科学发现是"对尚未被认识和未能证实的物质世界的现象、特性或规律的认识"。科学发现与发明不同。发明是对特定技术问题的新颖解决方案。这种解决方案必然依赖于科学发现，即依赖于对物质世界的特性或规律的认识。

14.2 知识产权服务类型

高校知识产权信息服务中心、世界知识产权组织技术与创新支持中心（TISC）、知识产权代理公司等机构都可以为用户提供不同类型的知识产权服务。

高校知识产权信息服务中心是由国家知识产权局与教育部联合发起成立的机构，2019—2021 年共确定了三批 80 家高校知识产权信息服务中心，旨在增强高校在知识产权创造、保护、运用、管理和服务全链条的信息公共服务能力，促进高校协同创新和科技成果转移转化，支撑国家创新驱动发展战略和知识产权强国战略。以东南大学为例，用户可以向东南大学高校国家知识产权信息服务中心（http://lib.seu.edu.cn/seuipc/）获取需要的知识产权信息服务内容。

技术与创新支持中心（Technology and Innovation Support Center，TISC）是世界知识产权组织（WIPO）发展议程框架下的项目，在华 TISC 由 WIPO 和国家知识产权局共同推广，截至 2021 年 12 月底，全国已有 101 家 TISC 机构，旨在帮助用户提升技术信息检索能力，更快地掌握行业动态和新技术信息，促进其增强创新能力。

知识产权代理公司是知识产权服务机构，主要提供专利代理、商标代理、版权登记代理、集成电路布图设计登记代理等一系列知识产权法律服务。专利代理的业务范围主要包括专利申请、专利无效、专利诉讼、专利战略布局、专利咨询等服务。商标代理的业务范围主要包括商标申请、商标注册、商标争议与异议、商标维权等服务。

知识产权服务类型主要包括知识产权咨询服务、知识产权信息服务和知识产权培训服务等三个方面。

14.2.1 知识产权咨询服务

知识产权咨询服务，是一项基础性的知识产权服务类型，包括知识产权基础咨询、研究方法咨询、业务咨询等一系列咨询服务。

1. 基础咨询

基础咨询包括专利法、著作权法、商标法等相关知识，专利申请流程、申请文件撰写和相关法律问题的一般性咨询，针对委托人提供的专利授权、专利失效、专利权转移、专利诉讼等法律信息的咨询。

2. 研究方法咨询

研究方法咨询包括技术领域现状分析方法、知识产权侵权行为判定方法、专利三性判断原则与方法、前沿与核心专利挖掘方法的咨询等。

3. 业务咨询

专利检索或分析等业务咨询，提供专利相关资源的查找途径、专利分析工具等咨询，以及关于专利数据库检索技巧和操作方法等方面的咨询。

14.2.2 知识产权信息服务

知识产权信息服务是指专利检索、专利信息分析、专利查新以及知识产权分析评议等多种面向知识产权相关的信息服务集合。

1. 专利检索

根据委托人的要求进行专利申请前检索、专利法律状态检索、同族专利信息检索、专利时效性检索等服务，使申请人在专利申请文件撰写前充分了解已有公开文献情况，从而提前发现先公开文献，规避已有专利的保护范围，减少盲目申请。

2. 专利信息分析

专利信息分析是通过对专利信息进行加工整理，分析形成专利竞争情报，并针对其中的著录项、技术信息和权利信息进行组合统计分析，整理出直观易懂的结果，并以图表的形式展现出来。通过专利信息分析可以对行业领域内的各种发展趋势、竞争态势有一个综合了解，为战略决策的制定提供依据。

3. 专利查新

专利查新是在专利申请过程中,为审查所述发明创造是否达到专利法所规定的新颖性、创造性和实用性要求,也就是判断发明创造是否符合专利申请条件而进行的信息查询行为。通过检索相关主题的专利和非专利文献,与查新主题进行对比分析。为科研项目立项、评估、验收、奖励、专利申请、技术交易与入股等提供客观评价依据。

4. 知识产权分析评议

基于知识产权情报的分析挖掘和调查研究。综合运用情报分析手段,对经济科技活动所涉及的知识产权,尤其是与技术相关的专利等知识产权的竞争态势进行综合分析,根据问题提出对策建议,为政府和企事业单位开展经济科技活动提供咨询参考。

14.2.3　知识产权培训服务

知识产权培训服务,是指通过开设网站专栏、系列课程及培训讲座等方式进行知识产权基础知识普及教育,包括知识产权基础培训、专利检索与分析技巧培训、专项实务培训等。

1. 知识产权基础培训

知识产权基础培训重点关注专利、商标权、著作权的基本知识。例如,从专利的种类、专利的特性、专利文件的撰写、专利申请的审查程序等方面进行介绍,旨在普及专利意识,方便科研人员进行专利申请。

2. 专利检索与分析技巧培训

向用户介绍常用的专利检索与分析技巧,提供专利文献查找及专利数据库利用等培训,挖掘专利中蕴含的有效信息,为科研项目提供参考。

3. 专项实务培训

由知识产权学科馆员、知识产权专家及知识产权服务代理机构合作提供,针对不同用户的特定案例展开全面分析,定制个性化专项培训内容。

14.3　专利申请

14.3.1　专利申请的重要概念

1. 专利和专利权

《专利法》中所说的专利是指专利权。所谓专利权就是发明创造人或其他权利受让人对特定的发明创造在一定期限内依法享有的独占实施权,是一种重要的知识产权。

一项发明创造完成后,往往会产生各种复杂的社会关系,其中最主要的就是发明创造应当归谁所有、权利的范围以及如何利用的问题。如果发明创造没有受到专利保护,则难以解决这些问题,其内容披露以后任何人都可以利用这项发明创造。

专利权并不是伴随发明创造的完成而自动产生的,需要申请人按照《专利法》规定的程序和手续向国家知识产权局提出申请,经审查符合专利法规定的申请才能被授予专利权。如果申请人不向国家知识产权局提出申请,无论发明创造多么重要,都不能享有专利权。

发明创造被授予专利权以后,专利法保护专利权不受侵犯。任何人要实施专利,除法律另有规定的以外,必须得到专利权所有人的许可,并按双方协议支付使用费,否则就是侵权。专利权所有人有权要求侵权者停止侵权行为,因专利权受到侵犯而在经济上受到损失的,还可以要求侵权者赔偿;如果对方拒绝这些要求,专利权所有人有权请求管理专利工作的行政部门处理或向人民法院起诉。[1]

专利权的特征主要体现在三个方面:时间性、地域性和独占性。

1) 时间性

时间性是指法律对专利权所有人的保护只在法定期限内有效,期限届满后专利权就不再存在,此发明创造随即成为人类的共同财富,任何人都可以自由利用。

2) 地域性

地域性是指任何一项专利权只在授权的国家范围内有效,对其他国家没有任何法律约束力。每个国家所授予的专利权,其效力是互相独立的。

3) 独占性

独占性是专利权所有人对其拥有的专利权享有独占或排他的权利,未经其许可或者未出现法律规定的特殊情况,任何人不得使用,否则即构成侵权。[1]

2. 发明创造

专利权的保护客体是发明创造。《专利法》所称的发明创造是指发明、实用新型、外观设计。

1) 发明

发明是指对产品、方法或者其改进所提出的新的技术方案。发明专利保护的客体是产品、方法、改进产品或者方法的技术方案。产品是指生产制造出来的物品,方法是指产品制造方法和操作方法,技术方案由技术特征组成。技术方案是对要解决的技术问题所采取的利用了自然规律的技术手段的集合。技术手段通常是由技术特征来实现的。

2) 实用新型

实用新型是指对产品的形状、构造或者其结合所提出的适于实用的新的技术方案。实用新型与发明的相同之处是两者都必须是一种技术方案。实用新型专利权的保护客体只能是产品。产品的形状以及表面的图案、色彩或者其结合的新方案,没有解决技术问题的,不属于实用新型专利保护的客体。

3) 外观设计

外观设计是指对产品的形状、图案或者其结合以及色彩与形状、图案的结合所做出的富有美感并适用于工业应用的新设计。外观设计必须以产品为载体。不能重复生产的手工艺品、农产品、畜产品、自然物不能作为外观设计的载体。适于工业应用,是指外观设计能应用于产业上并形成批量生产。[2]

3. 授予专利权的基本条件

我国专利法规定,授予专利权的发明和实用新型,应当具备新颖性、创造性和实用性。

1）新颖性

新颖性是指该发明或者实用新型不属于现有技术，也没有任何单位或者个人就同样的发明或者实用新型在申请日以前向国务院专利行政部门提出过申请，并记载在申请日以后公布的专利申请文件或者公告的专利文件中。

申请专利的发明或者实用新型满足新颖性的标准，必须不同于现有技术，同时还不得出现抵触申请。

现有技术是在申请日以前已经公开的技术。技术公开的方式有三种：一是出版物公开，即通过出版物在国内外公开披露技术信息；二是使用公开，即在国内外通过使用或实施方式公开技术内容；三是其他方式的公开，即以出版物和使用以外的方式公开，如通过口头交谈、讲课、做报告、讨论发言、在广播电台或电视台播放等方式，使公众了解有关技术内容。

抵触申请是指一项申请专利的发明或者实用新型在申请日以前，已有同样的发明或者实用新型由他人向专利局提出过申请，并且记载在该发明或实用新型申请日以后公布的专利申请文件中。先申请被称为后申请的抵触申请。抵触申请会破坏新颖性，防止专利重复授权。

2）创造性

创造性是指同申请日以前现有技术相比，该发明有突出的实质性特点和显著的进步，该实用新型有实质性特点和进步。对任何发明或实用新型申请，必须与申请日前已有的技术相比，在技术方案的构成上有实质性的差别，必须是通过创造性思维活动的结果，不能是现有技术通过简单的分析、归纳、推理就能够自然获得的结果。发明的创造性比实用新型的创造性要求更高。创造性的判断以所属领域普通技术人员的知识和判断能力为准。

一项发明创造具备了新颖性，不一定就有创造性。因为创造性侧重判断的是技术水平的问题，而且判断创造性所确定的已有技术的范围要比判断新颖性所确定的已有技术范围窄一些。

3）实用性

实用性是指该发明或者实用新型能够制造或者使用，并且能够产生积极效果。它有两层含义：第一，该技术能够在产业中制造或使用。产业包括工业、农业、林业、水产业、畜牧业、交通运输业以及服务业等行业。产业中的制造和利用是指具有可实施性及再现性。第二，必须能够产生积极的效果，即同现有的技术相比，申请专利的发明或实用新型能够产生更好的经济效益或社会效益，如能提高产品数量、改善产品质量、增加产品功能、节约能源或资源、防治环境污染等。[1]

14.3.2　专利申请文件的撰写

一项发明创造完成后，并不能自然地获得专利权的保护。申请人必须以书面形式或电子文件形式向国家知识产权局提出申请。这些为取得专利权而以书面形式或电子申请方式提交的文件称作专利申请文件。

专利法规定：申请发明专利的应当提交发明专利请求书、说明书（必要时应当有附图）、说明书摘要（必要时应当有附图）和权利要求书等文件；申请实用新型专利的应当提交实用新型专利请求书、说明书、说明书附图、说明书摘要、摘要附图和权利要求书等文件；申请外观设计专利的应当提交外观设计专利请求书、外观设计的图片或者照片以及对该外观设计的简要说明等文件。[1]

1. 专利申请文件撰写前的准备

在撰写专利申请文件前，进行查新检索并尽可能做到准确和充分，对于提高申请文件的撰写质量具有直接的益处和重大意义。

首先，通过查新检索可以评价专利申请获得授权的可能性。根据国外专利机构调查，有66%以上的发明专利最后不能获得授权，其中绝大多数都是因为存在先公开的文献，缺乏新颖性而致，查新检索的必要性由此可见一斑。

其次，良好的查新检索工作有助于更好地撰写专利文件。通过申请前的初步专利检索，可以获得理解现有技术所需的必要信息，这样可以比较现有技术，描述本申请所具有的有益效果和创造性，以及与现有技术的本质区别。获得一些相关的对比文件，其中很有可能包含可以借鉴之处，有助于申请人完善技术方案，以更好地提出技术方案，获得最佳的保护效果。

再次，查新检索有助于节省申请人的时间和金钱。通常，从发明专利申请到专利授权或不予授权需要很长时间。如果申请人不在申请专利前进行初步的专利检索，一旦专利没有获得授权或保护范围减少，则会损失宝贵的时间和精力。世界知识产权组织（WIPO）有关统计表明：若能在研究开发的各个环节中充分运用专利文献，则能节约40%的科研开发经费，同时少花60%的研究开发时间。[2]

2. 专利申请文件的撰写要求

请求书是申请人向专利局表达请求授予专利权愿望的一种专利申请文件。说明书和权利要求书是由申请人填写的在专利局印制的统一表格。申请人在提出专利申请时，应当向专利局提交请求书，以表明请求授予专利权的愿望。

1）请求书

请求书应当写明申请的专利名称、发明人或设计人的姓名、申请人姓名或者名称、申请人地址以及其他事项。请求书可分为3种：发明专利请求书、实用新型专利请求书以及外观设计专利请求书。在填写这3种专利请求书时，应当按照专利法及其实施细则的规定，使用国家知识产权局统一制定的表格。申请人在申请时，应当明确是申请发明专利、实用新型专利还是外观设计专利，然后选择相应类型的专利请求书进行填写。[1]

2）说明书及附图

说明书是申请人向专利局提交的公开其发明创造技术内容的法律文件。根据专利制度的"契约"理论，申请人为了获取发明或者实用新型专利权，应当向专利局继而向社会公众提供为理解和实施其发明创造所必需的技术信息，披露这些技术信息的载体即是说明书。

说明书应当对发明或者实用新型做出清楚、完整的说明，以所属技术领域的技术人员能够实现为准;说明书中要保持用词一致性;说明书应当使用国家法定计量单位,包括国际单位制计量单位和国家选定的其他计量单位;说明书中可以有化学式、数学式,但不能有插图,说明书的附图应当附在说明书后面;在说明书的题目和正文中,不能使用商业性宣传用语,不能使用不确切的语言,不允许使用以地点、人名等命名的名称,商标、产品广告和服务标志等也不允许在说明书中出现;说明书中不允许存在对他人或他人的发明创造加以诽谤或有意贬低的内容;涉及外文技术文献或无统一译名的技术名词时要在译名后注明原文。

3) 说明书摘要及附图

说明书摘要是发明专利或实用新型专利说明书内容的简要概括。编写和公布摘要的主要目的是方便公众对专利文献进行检索,方便专业人员及时了解本行业的技术概况。摘要的内容不属于发明或者实用新型原始记载的内容,不能作为以后修改说明书或者权利要求书的根据,也不能用来解释专利权的保护范围。摘要仅是一种技术信息,不具有法律效力。说明书摘要附图应当是说明书附图中最能说明发明或者实用新型技术方案的一幅附图。

说明书摘要应当写明发明或者实用新型的名称和所属技术领域,并清楚地反映所要解决的技术问题、解决该问题的技术方案的要点以及主要用途,其中以技术方案为主。摘要可以包括最能说明发明的化学式。摘要文字部分(包括标点符号)不得超过300个字,其中出现的附图标记应当加括号,且不得使用商业性宣传用语。[3]

4) 权利要求书

权利要求书是确定发明或者实用性专利保护范围的法律文件。发明或者实用新型专利权的保护范围以其权利要求的内容为准。一件发明或者实用新型专利申请包含一份权利要求书,一份权利要求书由若干权利要求组成。

权利要求是在说明书的基础上,用体现发明或者实用新型内容的技术特征构成的技术方案。一项权利要求可以包括一个技术方案,也可以包括并列的多个技术方案。技术方案的表达是通过记载构成技术方案的技术特征来实现的。因此,权利要求中不应当记载发明或者实用新型的背景技术、所要解决的技术问题及有益效果,这些内容只需在说明书中记载。技术特征可以是构成发明或者实用新型技术方案的组成要素,也可以是要素之间的相互关系。

权利要求书的文字书写、纸张要求与说明书相同,也应当使用国家知识产权局制定的统一表格。权利要求书是一个独立文件,应与说明书分开书写,单独编页。权利要求书中使用的技术术语应与说明书中的一致。权利要求书中可以有化学式、数学式,但不能有插图。权利要求书应当以说明书为依据,其权利要求应当得到说明书的支持,以技术特征来清楚、简要地限定请求保护的范围,其限定的保护范围应当与说明书中公开的内容相适应。

权利要求分两种:独自记载或反映发明或实用新型的基本技术方案,记载实现发明目的必不可少的技术特征的权利要求称为独立权利要求;引用独立权利要求或者别的权利要求,并用附加的技术特征对它们做进一步限定的权利要求称为从属权利要求。

独立权利要求按前序部分和特征部分撰写。独立权利要求的前序部门和特征部分应当包含发明或者实用新型的全部必要技术特征,共同构成一个完整的技术解决方案,同时限定发明或实用新型的保护范围。

从属权利要求按引用部分和限定部分撰写。从属权利要求的引用部分,只能引用排练在前的权利要求。同时引用两项权利要求时,只能以择一方式引用在前的权利要求,这样的权利要求称为多项从属权利要求。一项多项从属权利要求不能作为另一项从属权利要求的引用基础。

同一构思的多项发明或实用新型可以合案申请。合案申请可能存在多项独立权利要求。这时应当确定一项为主要的,作为第一独立权利要求,其他独立权利要求排在后面作为并列独立权利要求。一项产品发明和制造该产品的方法发明可以合案申请,一般常常把产品作为权利要求1,其后跟随若干个产品的从属权利要求,例如,权利要求2、权利要求3等,然后再依次排列方法的独立权利要求和方法的从属权利要求。[2]

5) 外观设计图片或照片

外观设计专利权的保护范围以表示在图片或者照片中的该产品的外观设计为准,简要说明可以用于解释图片或者照片所表示的产品的外观设计。图片或者照片应当清楚地显示要求保护的产品的外观设计。申请人请求保护色彩的,应当提交彩色图片或者照片。色彩包括黑白灰系列和彩色系列。对于简要说明中声明请求保护色彩的外观设计专利申请,图片的颜色应当着色牢固、不易褪色。

就立体产品的外观设计而言,产品设计要点涉及六个面的,应当提交六面正投影图;产品设计要点仅涉及一个或几个面的,应当至少提交所涉及面的正投影视图和立体图,并应当在简要说明中写明省略视图的原因。

就平面产品的外观设计而言,产品设计要点涉及一个面的,可以仅提交该面正投影图;产品设计要点涉及两个面的,应当提交两面正投影视图。

必要时,申请人还应当提交该外观设计产品的展开图、剖视图、剖面图、放大图以及变化状态图。此外,申请人可以提交参考图,参考图通常用于表明使用外观设计的产品的用途、使用方法或者使用场所等。[3]

6) 外观设计简要说明

外观设计专利权的保护范围以表示在图片或者照片中的该产品的外观设计为准,简要说明可以用于解释图片或者照片所表示的产品的外观设计。外观设计的简要说明可以用于解释图片或者照片所表示的产品的外观设计。外观设计的简要说明应当写明外观设计产品的名称、用途、设计要点,并指定一幅最能表明设计要点的图片或者照片。简要说明是提交外观设计专利申请时必要的文件,如果未提交简要说明,专利局将不予受理。

简要说明不得有商业性宣传用语,也不能用来说明产品的性能和内部结构。简要说明应当包括下列内容:外观设计产品的名称。简要说明中的产品应当与请求书中的产品名称一致。外观设计产品的用途。写明有助于确定产品类别的用途,对于具有多种用途的产品,应当写明所述产品的多种用途。外观设计的设计要点。设计要点是指与现有设计相区别的产品的形状、图案及其结合,或者色彩与形状、图案的结合,或者部位。对设计要点的描述应当简明扼要。指定一幅最能表明设计要点的图片或者照片。指定的图片或者照片用于出版专利公报。[3]

14.3.3 专利申请的提交和受理

1. 专利申请的提交

申请人提出专利申请,须向专利局提交《专利法》规定的请求书、说明书、权利要求书、说明书附图和摘要(发明或实用新型专利申请文件)或者《专利法》规定的请求书、图片或者照片、简要说明(外观设计专利申请文件)等文件。

在提出专利申请之后,申请人(或专利权人)、其他相关当事人在办理与该专利申请(或专利)有关的各种手续时,须提交除专利申请文件以外的各种请求、申报、意见陈述、补正以及各种证明、证据材料等其他文件。

申请人申请专利或办理其他手续的,可以将申请文件或其他文件当面交给国家知识产权局的受理窗口或专利局下辖的各地方代办处,也可以邮寄给国家知识产权局受理处或专利局下辖的各地方代办处。

申请人以纸件形式提出专利申请并被受理的,在审批程序中应当以纸件形式提交相关文件。除另有规定外,申请人以电子文件形式提交的相关文件视为未提交。以口头、电话、实物等非书面形式办理各种手续的,或者以电报、传真、电子邮件等通信手段办理各种手续的,均视为未提出,不产生法律效力;申请人以电子文件形式提出专利申请并被受理的,在审批程序中应当通过电子专利申请系统以电子文件形式提交相关文件,另有规定的除外。不符合规定的,该文件视为未提交。[2]

2. 专利申请的受理

专利申请提交到国家知识产权局受理处或各地方代办处,首先应进行是否符合受理条件的审查。对符合受理条件的申请,国家知识产权局将确定申请日,给予申请号,并在核实文件清单后,发出"专利申请受理通知书"、"缴纳申请费通知书"或"费用减缴审批通知书",通知申请人。申请人在收到通知书后,应当确认通知书中的文件清单是否有误,并按通知书中的规定缴纳费用。不符合受理条件的,将发出文件不受理通知书。

专利申请受理通知书的内容包括申请号、申请日、申请人姓名或者名称、经国家知识产权局专利局核实的申请文件清单,加盖专利局受理处或者代办处印章,并有审查员的署名和发文日期等信息。向专利局受理处寄交申请文件,一般在 1 个月左右可以收到专利局的受理通知书,超过 1 个月尚未收到专利局通知的,申请人应当及时向专利局受理处查询。

专利申请日确定了提交申请时间的先后。按照先申请原则,如果两个以上的申请人分别就同样的发明创造申请专利,则专利权授予最先申请的人。

向专利局受理处或者代办处窗口直接递交的专利申请,以"收到日"为申请日;通过邮局邮寄递交到专利局受理处或者代办处的专利申请,以信封上的"寄出邮戳日"为申请日;寄出的邮戳日不清晰无法辨认的,以专利局受理处或者代办处"收到日"为申请日,并将信封存档;通过快递公司递交到专利局受理处或者代办处的专利申请,以"收到日"为申请日;分案申请以"原申请的申请日"为申请日,并在请求书上记载分案申请递交日;电子文件形式向专利局提交的专利申请及各种文件,以专利局专利电子系统收到电子文件之日为递交日。

申请人收到专利申请受理通知书后认为该通知书上记载的申请日与邮寄该申请文件日期不一致的,可以请求专利局更正申请日。准予更正申请日的,专利局应当做出重新确定申请日通知书,送交申请人,并修改有关数据;不予更正申请日的,应当对此更正申请日的请求发出视为未提出通知书,并说明理由。

专利申请号是给予每一件被受理的专利申请的代码,与专利申请一一对应。申请号是申请人在提出申请之后向专利局办理各种手续时,指明该申请的最有效手段。

专利局将确定的申请日,给予的申请号记录在受理通知书上,通知申请人。[1]

14.3.4 国际申请(PCT 申请)流程

1. 国际申请的基本概念

PCT(Patent Cooperation Treaty)是《专利合作条约》的简称,其目的是简化国际申请专利的手续,使申请人和各成员国专利局从中获益。按照该条约提出的申请称为国际申请,又称 PCT 申请。

我国于 1994 年 1 月 1 日正式成为 PCT 缔约国,同时被指定为受理局、国家检索单位、国际初步审查单位。

专利权有地域性,申请能否被授予专利权仍然由各个国家根据本国《专利法》的规定进行审批。PCT 只适用于发明和实用新型专利申请,不适用于外观设计专利申请[2]。

根据 PCT 的规定,一件国际申请只要被受理并获得国际申请日,从国际申请日起就等同于申请人在所有成员国提出了专利申请。一般情况下,国际申请日被视为在各个成员国(包括地区专利组织)的申请日。因此,我国申请人通过提交国际申请并指定有关国家就可以达到在这些国家申请专利的目的,不需要再在优先权期限内逐一向这些国家提交专利申请。

中国国家知识产权局是中国内地的单位或者个人提交国际申请的受理局,也是香港和澳门特别行政区的法人和居民提交国际申请的受理局。根据 1993 年中国专利局发布的《关于受理台胞国际申请的通知》的规定,中国国家知识产权局作为国际申请的受理局,受理台胞(包括台湾地区的公司、企业和其他经济组织)提出的国际申请。[1]

2. 国际申请的申请文件和申请手续

国际申请的申请文件包括:请求书、说明书、权利要求书、附图(必要时)和摘要。请求书要求使用世界知识产权组织国际局(World Intellectual Property Organization,WIPO)统一制定的请求书(PCT 国际申请请求书 PCT/RO/101)。国际申请的说明书和权利要求书的撰写要求与在我国申请的申请书和权利要求书的撰写基本相同。国际申请的说明书分为 6 个部分:技术领域、背景技术、发明内容、附图概述、实施方式、工业实用性。如果国际申请包含核苷酸或者氨基酸序列,说明书应当包括序列表。如有必要,应当提交附图。[2]

国际申请的申请手续,申请人可以直接提出国际申请,或者向中国国家知识产权局提出国际申请。

一般来说,只有 PCT 各成员国的国民或者居民可以提出国际申请。通常情况下,至少有一名申请人的国籍或居所所在国是 PCT 成员国,申请人才有资格提出国际申请。

中国单位或个人提出国际申请的,可以通过下面两种方式提出申请:

① 先向中国国家知识产权局提出国家专利申请,然后在 12 个月的优先权期限内再提出国际申请;

② 直接向中国国家知识产权局提出国际申请。

申请人向中国国家知识产权局提交国际申请有以下几种方式:

① 受理大厅 PCT 窗口面交;

② 通过邮局邮寄至国家知识产权局专利局受理处 PCT 组;

③ 传真方式,申请人应在发出传真文件日起 14 天内,将传真原件交到受理处 PCT 组,否则传真视为未收到;

④ 使用 CE-PCT 网站在线提交申请;

⑤ 使用 PCT-SAFE 软件提交电子形式的申请文件。

3. 国际申请的审查程序

国际申请的审查程序分为国际阶段和国家阶段。国际申请先要进行国际阶段程序的审查,然后再进入国家阶段程序审查。申请的提出、国际检索和国际公布在国际阶段完成。如果申请人要求,国际阶段还包括国际初步审查程序。是否授予专利权的审批工作在国家阶段由各个指定/选定的各个国家局完成。

国际申请在国际阶段程序中分为两个阶段。第一阶段:受理局的处理、形式审查、国际检索、修改、国际公布;第二阶段:国际初步审查(可选择的程序)、国际初步审查报告(专利性国际初步报告)。

第一阶段:

(1) 受理局的处理

受理局的处理包括接收国际专利申请文件、审查受理条件、确定国际申请日、对专利申请文件和其他文件进行形式审查、向国际局和国际检索单位传送文件等。

(2) 形式审查

国际申请的形式审查同国家申请的形式审查在内容和要求上大体相同。

(3) 国际检索

申请人按规定缴纳了检索费,启动国际检索。申请人将得到"国际检索报告和书面意见"。国际检索的目的是努力发现相关的现有技术,提供关于新颖性、创造性及工业实用性的初步、无约束力的意见。

(4) 根据 PCT 第 19 条的修改

申请人收到国际检索报告和书面意见后,国际公布前,依据《专利合作条约》第 19 条,有 1 次对权利要求修改的机会。修改期限为自国际检索单位向申请人和国际局传送国际检索报告之日起 2 个月内,或自优先权日起 16 个月内,以后到期为准。

(5) 国际公布

国际申请自优先权日起 18 个月届满后,由国际局(WIPO 局)负责完成国际公布,并将该申请的文本和检索报告传送给所有指定国的专利局。国际公布文本是指由国际局公布的国际申请文本,包括:扉页、说明书、权利要求书、附图、按照 PCT 第 19 条做出的修改和国际检索报告、为满足国家要求的声明,以及其他相关文件或信息等。

第二阶段：

（1）国际初步审查（可选择）

申请人在期限内提交国际初步审查要求书,在期限内缴纳初步审查费和手续费。在国际初步审查阶段,申请人有权依规定的方式并在规定的期限内修改权利要求书、说明书和附图,这种修改不应超出国际申请提出时对发明公开的范围。

（2）国际初步审查报告（专利性国际初步报告）

中国国家知识产权局将做出国际初步审查报告。完成国际初步审查报告的期限是自优先权日起 28 个月或自启动审查之日起 6 个月内,以后届满的期限为准。国际初步审查报告的内容主要包括：报告的基础文件对每一个权利要求的专利性的评述,关于发明单一性的说明,对国际申请的某些意见等。

国际申请自优先权日 30 个月届满前向希望获得专利保护的国家办理进入国家阶段手续,从而启动国家阶段程序。

办理进入国家阶段的手续如下：

① 提交国际申请的译文,缴纳该国家规定的申请费并指明要求获得的保护类型。

② 逾期未办理上述手续的,国际申请将失去国家申请的效力。申请人应当自优先权日起 30 个月内,向中国国家知识产权局办理进入国家阶段的手续；申请人未在该期限内办理该手续的,在缴纳宽限费后,可以在自优先权日起 32 个月内办理进入中国国家阶段的手续。宽限期为 2 个月。[2]

14.4　科技成果管理与转化

本节主要包括科技成果管理、科技成果评估和科技成果转化三个方面。

14.4.1　科技成果管理

1. 科技成果的定义与特点

科技成果可以简要地定义为：对某一科学技术问题,通过调查、考察、试验、研制、实验观测或辩证思维活动,所取得的具有一定学术意义或实用价值的成功结果。《中华人民共和国促进科技成果转化法（2015 年修订）》第二条明确规定："科技成果,是指通过科学研究与技术开发所产生的具有实用价值的成果。职务科技成果,是指执行研究开发机构、高等院校和企业等单位的工作任务,或者主要是利用上述单位的物质技术条件所完成的科技成果。"在个别情况下,对某一已成为定论的概念、定律等,做出科学的、否定的实验或论证,也有重要的意义和作用,这属于有用（有效）的结果,同样可以算为成果。科技成果是个综合性的概念,它是主要通过脑力劳动,结合体力劳动,创造出来的知识产品（包括概念、规律和技术等）。它的范畴本应包含自然科学和社会科学,但本书阐述的成果管理只限于自然科学技术方面的内容。

科技成果的一般表现形式主要有两类,一类是为阐明自然现象、特性,探索自然界物质运动、变化规律的新发现、新论述,另一类是为社会需要而试验、研制出来的新材料、新元

(器)件、新工艺、新设计、新技术及新产品等新发明。前者体现为论文或专著,后者提供的是技术文件、样品、样机等实物。随着现代科学的发展,特别是电子计算机的广泛应用,软科学(包括程序、规程、管理方法等)已被很多人认为应当列入科技成果的范围。科技成果的形态可以有所扩展,包括发现、发明、专利、验收、评审、技术标准、行业认可、软件等。

从严格意义上讲,真正的科技成果必须具备三个特点:创造性(新颖性)、先进性、应用(实用)性,而且这三个条件是密切相关的。创造性,或称新颖性,要求成果必须有创见,有独到之处,是前所未有的,不是现有的技术,或在原有知识的基础上增添新内容。这还不够,在发达的现代社会里,如果没有先进性,也不能被认为是科技成果。它的主要性能、特征,必须是比已有的技术超前一步,而且,和现有技术的差别是显而易见的,是代表当代进步因素的。假如,时至今日,还有人研制出一种不同于现有结构和材料的汽车,甚至使用了不同的原理,要用它作为行走的工具,一天跑不了几里路,尽管它新颖,有若干的"创造"性,前人也没见过、用过,那也不可能作为科技成果的。应用性,或实用性,是从广义的角度理解的,指的是科技成果要具有一定的经济效益或社会效益,或一定的学术价值。

2. 科技成果管理的内涵

现阶段我国科技管理是由国家和各省市自治区科技行政管理部门负责,以国家为主,实行统一领导、分级管理的原则。由此,科技成果管理的内涵有广义和狭义之分。广义的科技成果管理是指政府职能部门对全国科技成果管理进行总的组织、管理、指导、调控和监督,包括政策制定、标准形成、程序规范、监督协调等工作。狭义的科技成果管理是指政府职能部门对科学技术研究工作从完成到应用过程各个环节的管理:①成果确认,包括成果审查(或鉴定)、登记、所有权的保护。②成果保密,包括国家秘密的审查,保密项目密集的确定、调整、解除。③成果转化,包括成果交流、应用与推广,技术出口工作和军工技术转民用开发工作。④成果奖励,包括科技奖励的设置、评审、颁布。⑤ 成果归档,包括成果档案资料的收集、整理和开发利用。⑥ 成果统计分析。[4]

3. 科技成果转化政策

为促进科技成果转化为现实生产力,规范科技成果转化活动,加速科学技术进步,推动经济建设和社会发展,我国于 1996 年即颁布实施《中华人民共和国促进科技成果转化法》,并于 2015 年进行了修订和完善。新修订的《中华人民共和国促进科技成果转化法》在总则中对科技成果转化法制定的目标、科技成果转化的界定、意义、具体要求和措施等都进行了明确规定。其中,第十八条为"国家设立的研究开发机构、高等院校对其持有的科技成果,可以自主决定转让、许可或者作价投资",该规定首次将科技成果的使用权、处置权和收益权下放给高等院校和科研院所。

我国大学知识产权所有权归属模式先后经历了"国家所有权""大学持有、国家所有权""大学所有权"三种产权归属模式的演变。但从根本上说,发明人无法真正从专利所有权中获得利益,也无法真正拥有专利所有权,这一点在国内历次的科技创新法的修订和完善中都没有得以实现。目前的法律只能保障发明人可以从发明创造中获得某种奖励。2019 年 1 月科技部、财政部印发了《关于调整国家科学技术奖奖金标准的通知》,是国家最高科学技术奖设立近 20 年以来奖金额度及结构首次调整。通知明确国家最高科学技术奖的奖金标准由 500 万元/人调整为 800 万元/人,全部属获奖人个人所得。

2017 年 9 月国务院印发的《国家技术转移体系建设方案》(国发〔2017〕44 号)第十四条提出,要探索赋予科研人员横向委托项目科技成果所有权或长期使用权,在法律授权前提下开展高校、科研院所等单位与完成人或团队共同拥有职务发明科技成果产权的改革试点。2020 年 8 月 30 日,深圳市为鼓励创新,人大常委会才正式发布表决通过《深圳经济特区科技创新条例》(简称《条例》)。《条例》将对科技人员的激励由目前的"先转化后奖励"调整为"先赋权后转化",变通了《专利法》关于职务科技成果权属的相关规定,在国内首次以立法形式规定"全部或者主要利用财政性资金取得职务科技成果的,高等院校、科研机构应当赋予科技成果完成人或者团队科技成果所有权或者长期使用权";按份共有的,科技成果完成人或者团队持有的份额不低于 70%;结合科技成果转化周期特点,将所赋予的长期使用权期限设定为不少于 10 年。

14.4.2　科技成果评估

1. 科技成果评估的概念

科技成果评估是对科学技术研究成果满足学科、社会、人类需求的程度的评估,是综合了科技成果鉴定和无形资产评估两种评价方式的特点,由中立的第三方专门机构对科技成果的技术水平和经济价值进行评价的一种形式。

2. 科技成果评估的适用范围

科技成果评估的适用范围主要包括如下几个方面:一是企事业单位及个人自行开发的应用技术成果,要求进行评估;二是产权利益主体发生变动(包括技术转让、拍卖、技术出口作价、以科技成果与国内外企业合作、合资等),需要进行评估;三是科技成果转化立项、贷款、投资过程中需要进行评估;四是企业和事业单位作为法人在变更或终止前需对科技成果资产作价;五是列入国家各级政府科技计划内应用技术成果,各级主管部门认为需要进行评估;六是各级行政、司法机关委托进行评估;七是法律、法规允许进行其他技术评估。

3. 科技成果评估的功能

(1) 评价功能。首先是对科技成果的技术水平进行评价,科技成果的技术水平是决定科技成果价值的主要因素。在科技成果评估中,对科技成果进行评价是评估的起点和关键环节之一。对于技术水平评价,一般是通过科技成果行政管理部门组织的鉴定或者评审程序。按照科技成果鉴定管理办法,科技成果的技术水平一般分为国际领先、国际先进、国内领先、国内先进和省内领先等几个层次。

(2) 评值功能。主要是对被评估的科技成果的现实价值进行评定和估算,为涉及科技成果的资产业务提供基础依据。与一般有形资产相比较,科技成果具有特有的一些特点。它的现时价值不但处于不断变化中,而且其开发潜力也难以估算,故按照账面价值计算,难以反映科技成果的真实价值,只有通过有别于一般资产评估的科技成果评估才能够反映科技成果的真实价值。

(3) 咨询功能。科技成果评估的根本目的之一是为投资者的决策提供依据,因此需要对科技成果投入市场时的各个影响因素进行分析和评估。这其中包括技术成熟度的评价、产品技术标准的评价、奉献因素的分析、市场调查与评价等。

4. 科技成果评估的原则

科技成果评估应遵循公平性、客观性、合理性、独立性等资产评估的一般原则,此外,由于科技成果评估的特殊性,还应遵循以下四个原则[5]:

(1) 科学性原则。是指评估工作一方面要反映资产活动的规律,另一方面也要反映有关科技成果本身的规律,力求符合客观事实。科技成果的评估要符合有关科技的学科发展规律。

(2) 先进性和适用性原则。被评估的科技成果应具有先进性和适用性。评估时应通过评估对象的技术经济指标来考察其先进性,综合具体条件如自然资源条件、技术条件、经济条件等考虑它的适用性。

(3) 安全保密性原则。是指科技成果属于无形资产,由于它没有物质实体,其形态是无形的,可以在同一时间内为多个主体同时占有、使用、受益;并且由于科技成果涉及技术秘密,扩散性较强,而一经扩散,其生命力就会受到损害。因此,在遵循科学性、先进性、适用性的前提下,必须严格遵循安全、保密的规定。

(4) 经济效益可靠的原则。科技成果价值的基础是在继续使用情况下长期产生的经济效益。因此对评估的科技成果必须以财务分析和经济分析的方式来判断其经济效果,尤其要考虑其经济效果的真实性。

5. 科技成果评估服务体系

科技成果评估体系是由相互关联、相互影响的五个子系统构成的,五个子系统分别是管理机构(管理体系)、评估制度(制度体系)、评估主体(评估组织体系)、评估课题(对象体系)和评估支持系统(支持体系)等。其基本结构及相互关系如图14-1所示[5]:

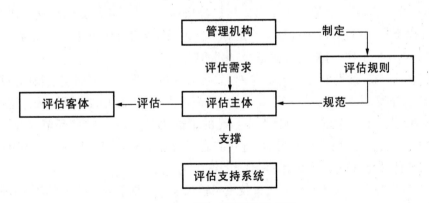

图 14-1 科技成果评估体系图

这五个子系统是一个相互联系、相互制约的有机整体。管理机构通过制定评估制度对评估主体——科技成果评估机构定出规范,同时,管理机构也作为科技成果评估需求者之一向评估机构提出评估需求。评估机构在制度规范和评估支持系统的支持下,对评估客体做出客观、公正、科学的评估。评估支持系统主要由评估资料库、咨询专家群体和科技成果评估信息系统组成。评估资料库为科技成果评估提供所需要的资料来源,咨询专家群体则对专业领域复杂问题提供咨询意见。科技成果评估信息系统是计算机管理信息系统,完成对科技成果评估信息实行的计算机化管理。

14.4.3 科技成果孵化转化

1. 科技成果转化的内涵

《中华人民共和国促进科技成果转化法(2015年修订)》第二条明确规定:"科技成果转化,是指为提高生产力水平而对科技成果所进行的后续试验、开发、应用、推广直至形成新技术、新工艺、新材料、新产品,发展新产业等活动。"第三条明确规定:"科技成果转化活动应当有利于加快实施创新驱动发展战略,促进科技与经济的结合,有利于提高经济效益、社会效益和保护环境、合理利用资源,有利于促进经济建设、社会发展和维护国家安全。科技成果转化活动应当尊重市场规律,发挥企业的主体作用,遵循自愿、互利、公平、诚实信用的原则,依照法律法规规定和合同约定,享有权益,承担风险。科技成果转化活动中的知识产权受法律保护。科技成果转化活动应当遵守法律法规,维护国家利益,不得损害社会公共利益和他人合法权益。"

2. 科技成果转化的特点

(1) 实用性与商业性的统一。科技成果转化的实用性目标十分明确,就是为了将具有实用价值的成果转化为产品,并实现商品化、产业化,提高社会生产力,创造更大更好的经济与社会效益。也可以说,科技成果转化本质上是一种商业行为,其直接目的就是在为社会提供一种新的消费产品或服务的同时获取商业利润。

(2) 承接性与创新性的统一。任何科学研究都需要借鉴前人的成果和经验,包括使用他们提供的技术手段,是继承与创新的辩证统一。科技成果转化也不例外。但是与一般科学研究的继承性不同,它必须首先全盘承接已经取得的成果,并紧紧围绕这一成果的商品化、产业化做文章。当然,这个过程又不是对已有成果原封不动地照抄照搬,而是需要做一系列改造与创新的工作,否则就失去了"转化"的意义。

(3) 阶段性与连续性的统一。完成一项科技成果的转化是一个周期很长的过程。中间要经历研究、开发、中试和投产等各个环节,完成商品化、产业化的全部过程。这些阶段和环节是必须经历、不可逾越的,而且有它自己的逻辑秩序。但是,这些环节、阶段又并不足以相互分割,各自独立,而是相互融合、连续贯通的完整过程,中间任何一个环节的阻塞和缺失,都必然使转化过程中断而无法实现转化的目标。

(4) 复杂性与高投入性的统一。科技成果转化是一个复杂的系统工程,中间环节多、影响因素广、工作量大。一个项目从立项研究到出成果,再由成果到产品,前者只有20%的工作量,其余80%的工作量在后者。且成果转化每一阶段都需要有足够的资金和人力、物力投入,这种资金和人力、物力需求量还会随着"转化"的进行而逐步增加。据推算,从科技开发到产品中试再到产品投产所需资金的比例为1∶10∶100,可以说高投入是科技成果向商品转化的"桥梁"和重要保障。

(5) 不确定性与高风险性的统一。科技成果转化的不确定性是指科技成果转化的目标能否实现,有包括成功与失败在内的多种可能性。这种不确定性和高风险性,一是来自成果自身的技术风险,包括自身技术的不完善,导致转化、试制、投产的失败,或者面对更先进技术的挑战,使技术或产品的生命周期大大缩短,无法推广应用,等等;二是来自市场风险,包括对市场和产品的预测与评估是否准确,消费者的消费心理、消费习惯等对新产品的认同程度,以及盗版和仿冒等侵权行为对新产品的销售构成的威胁,等等;三是来自环境条件风险,包括要求配套的人力资源、原材料供给以及资金保障,等等;四是来自人为的道德风险,由于参与成果转化的各方在权益关系上处理不当,或产生纠纷,任何一方都有可能做出有碍于成果转化的不道德行为,从而导致成果转化的中断或失败[5]。

3. 科技成果转化的方式

根据科技成果转化过程中的主体组成(包括成果持有者、开发设计、工艺加工、中试主持者,工业化生产企业等)和相互合作的方式可以看出,大体可分为以下三种方式:

(1) 成果转让。成果转让是指把科研成果一次性地以部分或全部专利或特许权等形式转卖给生产企业。采用这种转化形式,科技成果的成熟度一般都比较高。转化的新产品技术路线明晰、完整,初步完成了开发设计过程,明确了工艺加工流程,甚至通过了产品的中试。生产企业只是对前述几个环节做进一步完善,然后进行工业化生产。

成果转让一般是通过成果拥有者与企业签署技术转让协议具体实施的。协议已将转让成果的内容、范围界定清楚,双方的权益阐述明确,通过公证,取得法律的确认和保护。成交价评估的基础是双方对成果科技含量高低、未来市场预测、经济效益前景、收益周期长短、投资风险大小等的分析趋于一致或相近。

(2) 合作转化。合作转化是指技术成果的拥有者与合作的企业以合股或利润分成(或产权部分转让,部分合股等)方式,签订较为长期的协议。一般可由企业一方提供中试和投产的设备,最终完成产业化目标。在多数情况下,合作转化需要对技术成果做进一步开发完善(称为二次开发)。二次开发是签约双方优势互补的合作过程。成果拥有方一般不具有二次开发的条件,如产品加工工艺、中试设备、产业化所需要的人力、物力、场地,以及中间所需要的投资。合作转化中的核心问题是双方(或几方)在合作过程中,甚至在各个具体环节上明确承担的义务和权利。其中风险分摊和利益分成是双方最关切的问题,能否妥善地处理好这一问题,是双方能否顺利合作完成成果转化的关键。

由于这种转化形式是双方一种较长期的合作,中间出现和需要解决的问题比较多,每一步都可能涉及未来双方的权益,所以比成果直接转让更为复杂。但由于这种方式能够优势互补,风险共担,实现单独一方难以完成的目标,所以,目前在我国科技转化资金短缺、环境不完善的情况下,采用这种方式的居多。

(3) 创业转化。创业转化是指为获得经济回报,技术成果拥有者自行创办企业,实现科技成果的产业化。创业转化是创业支持环境较为完善时宜采用的一种方式,在发达国家,早已成为成果转化的主要形式。

所谓创业支持环境较为完善,主要指风险投资体系完备,企业登记"门槛"(指企业"登记"条件)低,市场化的体制、运行机制、经济法规等较为完善等。例如,在美国,经常有许多各类科技人员携带科技成果到高技术企业集聚地,创办高技术企业。创业转化的一种重要形式是成立衍生公司,即为了转化高技术成果从高等院校、科研机构和大公司分离出来的任务型公司。它有明确的技术和商业取向,与市场有效衔接,转化的成果可获得独占性创新利润。这类衍生企业具有高速成长、高存活串和高频率地实现科技成果商品化的特征。

我国借鉴国外经验:一方面改善科技成果转化的软环境,在经济、金融、投资、知识产权保护、成果转化奖励等方面制定了一系列优惠政策和适于市场经济需要的法规制度;另一方面支持创建了技术市场、高新技术产业开发区、民营科技企业、工程研究中心、大学科技园等。这些都为科技成果转化提供了越来越好的条件和环境,是科技成果转化的有效途径。[5]

4. 科技成果转化服务机构

本小节着重介绍生产力促进中心、孵化器、高新技术创业服务中心和大学科技园四个科技成果转化服务机构。

(1) 生产力促进中心。是由政府推动而产生的。20世纪90年代初,原国家科委(现国家科学技术部)借鉴了国外的一些有效做法,其中最重要的一项就是要求全国各省市地区根据自身特点,创建生产力促进中心,以加速科技成果的转化和产业化,促进产业机构的调整,提高企业自身创新能力和企业的核心竞争力。生产力促进中心主要致力于为政府、企事业单位和个人提供科技中介服务,构架政府与科研院所、企业之间的桥梁,是从事科技、经济、信息与咨询服务的专业机构。

(2) 孵化器。即企业孵化器,于20世纪50年代从美国兴起,伴随新技术产业革命而发展起来的一种新型的社会经济组织。它通过提供研究、生产、经营的场地、通信、网络与办公等方面的共享设施,系统的培训和咨询,政策、融资、法律和市场推广等方面的支持,降低创业企业的风险和成本以及创业门槛,提高企业成活率和成功率,加快企业创业速度,活跃行业内的创新氛围。

(3) 高新技术创业服务中心。类似企业孵化器,主要是由各地方科技部门于20世纪90年代建立起来的,属"官办"型孵化器,一般简称创业服务中心。创业服务中心为创业者提供良好的环境和条件,帮助创业者把发明和成果尽快形成商品进入市场,提供综合服务,帮助新兴的小企业成熟长大形成规模,为社会培养成功的企业和企业家。以江苏省为例,江苏省高新技术创业服务中心(https://www.jscypt.com/)为江苏省科技厅直属事业单位,成立于1996年,1999年获批国家级高新技术创业服务中心,是公益性、社会化、综合型省级科技创业服务机构。近年来围绕高新技术企业培育及科技成果转化主要提供双创载体建设服务、科技企业综合服务、科技创业大赛服务、科技金融对接服务、科技成果转化服务、科技企业孵化服务等。

(4) 大学科技园。1999年,国家科技部与教育部借鉴国外的先进做法,认为在技术创新型的大学周边建设大学科技园能有效促进高校科研成果的转化和产业化,同时能促进科技型中小企业与高校之间的科技合作,促进中小企业的技术创新,为地方经济培育新的经济增长点。根据各地具体情况的不同,大学科技园有一校一园制、多校一园制及一校多园制,其功能主要定位为高校科技成果转化和产业化中心、科技中小企业的孵化中心、高校科研人员的创新中心、企业的管理及业务培训中心。

14.5 情境导入

14.5.1 职务发明的边界界定

某高校教授课题组奉命去某企业参加了一个科研合作项目,该教授在项目中深入研究,日夜攻克难题,改进了该企业某生产线的循环系统,使其工作效率提高、能源消耗大为降低,企业非常满意。回到学校后,该教授就此发明创造提交了一件发明专利申请。该企业得知此事后立即进行交涉,认为教授个人无权提交这件专利申请。该教授疑惑,明明是他辛辛苦苦做的一项发明,凭什么就无权申请和获得专利权呢?便向知识产权顾问提出咨询,顾问回答:"是你的发明创造,你不一定就有权申请和获得专利权,还需要看发明创造是职务发明创造还是非职务发明创造"。

我国《专利法》第六条规定:执行本单位的任务或者主要是利用本单位的物质技术条件所完成的发明创造为职务发明创造。职务发明创造申请专利的权利属于该单位,申请被批准后,该单位为专利权人。该单位可以依法处置其职务发明创造申请专利的权利和专利权,促进相关发明创造的实施和运用。

非职务发明创造,申请专利的权利属于发明人或者设计人;申请被批准后,该发明人或者设计人为专利权人。

利用本单位的物质技术条件所完成的发明创造,单位与发明人或者设计人订有合同,对申请专利的权利和专利权的归属作出约定的,从其约定。

那么如何具体界定职务发明创造呢?

我国《专利法实施细则》第十二条规定:专利法第六条所称执行本单位的任务所完成的职务发明创造,是指:(一)在本职工作中作出的发明创造;(二)履行本单位交付的本职工作之外的任务所作出的发明创造;(三)退休、调离原单位后或者劳动、人事关系终止后1年内作出的,与其在原单位承担的本职工作或者原单位分配的任务有关的发明创造。专利法第六条所称本单位,包括临时工作单位;专利法第六条所称本单位的物质技术条件,是指本单位的资金、设备、零部件、原材料或者不对外公开的技术资料等。

根据法律规定,王教授的发明创造是属于职务发明,如果合同中没有明确规定专利申请权的归属,依法应当属于完成本项发明的单位,在本案例中就属于高校。

那么,王教授作为职务发明创造的发明人或设计人,他该享有什么权利呢?《专利法》规定:

第十五条 被授予专利权的单位应当对职务发明创造的发明人或者设计人给予奖励;发明创造专利实施后,根据其推广应用的范围和取得的经济效益,对发明人或者设计人给予合理的报酬。

国家鼓励被授予专利权的单位实行产权激励,采取股权、期权、分红等方式,使发明人或者设计人合理分享创新收益。

第十六条 发明人或者设计人有权在专利文件中写明自己是发明人或者设计人。

专利权人有权在其专利产品或者该产品的包装上标明专利标识。

在《专利法实施细则》上更有具体规定：

第七十六条　被授予专利权的单位可以与发明人、设计人约定或者在其依法制定的规章制度中规定专利法第十六条规定的奖励、报酬的方式和数额。

企业、事业单位给予发明人或者设计人的奖励、报酬，按照国家有关财务、会计制度的规定进行处理。

第七十七条　被授予专利权的单位未与发明人、设计人约定也未在其依法制定的规章制度中规定专利法第十六条规定的奖励的方式和数额的，应当自专利权公告之日起3个月内发给发明人或者设计人奖金。一项发明专利的奖金最低不少于3 000元；一项实用新型专利或者外观设计专利的奖金最低不少于1 000元。

由于发明人或者设计人的建议被其所属单位采纳而完成的发明创造，被授予专利权的单位应当从优发给奖金。

第七十八条　被授予专利权的单位未与发明人、设计人约定也未在其依法制定的规章制度中规定专利法第十六条规定的报酬的方式和数额的，在专利权有效期限内，实施发明创造专利后，每年应当从实施该项发明或者实用新型专利的营业利润中提取不低于2%或者从实施该项外观设计专利的营业利润中提取不低于0.2%，作为报酬给予发明人或者设计人，或者参照上述比例，给予发明人或者设计人一次性报酬；被授予专利权的单位许可其他单位或者个人实施其专利的，应当从收取的使用费中提取不低于10%，作为报酬给予发明人或者设计人。

14.5.2　高校知识产权中心服务流程

2020年获批的东南大学"高校国家知识产权信息服务中心"（以下简称"中心"），挂靠东南大学图书馆，其中也包括了东南大学科研院、东南大学法学院的老师。提供的服务有：开展知识产权知识和人才培训、知识产权分析评议、中高端情报服务、高端智库研究等，为知识产权创造、应用、保护、管理和服务提供全流程信息服务。

本节以东南大学知识产权信息服务项目为例，展示东南大学高校国家知识产权信息服务中心接受委托后所提供的，从技术研发阶段到专利申请阶段再到专利转化阶段的一体化全流程服务内容。

1. 需求的确定

2021年上半年，东南大学交通学院向中心提交了一份关于"面向自动驾驶安全的道路设施性能感知技术"专利导航分析报告的委托，以这个为案例来揭示知识产权信息服务全流程服务的内容。中心在接受委托后，跟提出委托的老师确定需求，明确专利导航分析报告需要有的内容、完成的时间、需要参与的人员等内容。

2. 信息采集与处理

构建并确定"面向自动驾驶安全的道路设施性能感知技术"技术分解表，根据分解表构建检索策略和检索式，分别对WOS、中国知网、国家知识产权局数据库、Incopat、Innography等数据库采集非专利和专利信息，以确保信息采集质量。对检索出的数据进行去重去噪,去除原始数据的噪声数据和重复数据,对数据项格式和内容进行规范化加工处理,并进行数据标引,增加技术分支、技术功效等标词。

3. 专利导航分析

通过开展文献调研来梳理面向自动驾驶安全的道路设施性能感知技术研究进展,明确该领域中存在的技术,以及阐述相关技术的概念。同时,对领域中相关产业进行文献调研,了解国内外产业发展的现状,对国内重点企业进行实地调研,以确定技术和市场发展阶段与趋势。

对宏观专利进行分析,分别从专利申请趋势、专利技术分支构成、专利国家/区域分布、主要申请人情况和法律状态等五大维度来分析全球专利和国内专利,并进行对比总结。通过对宏观专利文献的统计分析,根据专利风险来确定技术研发的创新点。

在明确专利价值的判断和重点专利的筛选标准的基础上,来分析重点专利申请趋势、重点专利技术的流向、专利竞争格局、专利权人全球分布概况、专利法律状态、全球重点专利权人申请趋势、中国重点专利权人申请趋势、国内研发主体,以明确技术创新方向和专利布局方向。

4. 撰写专利导航报告

完成项目需求分析、明确信息采集范围及策略、确定数据处理过程与方法、阐述专利导航分析模型和分析过程,最后根据数据结果给予结论与建议,并根据结果及时调整研发策略、优化研发路线,调整专利布局方案,形成分析报告,见图 14-1 至图 14-5。

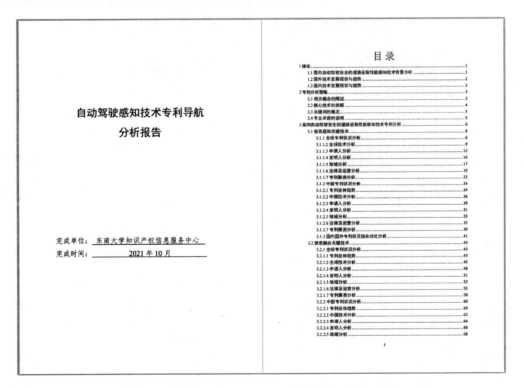

图 14-2 《自动驾驶感知技术专利导航分析报告》封面及目录页 1

3

图目录

4

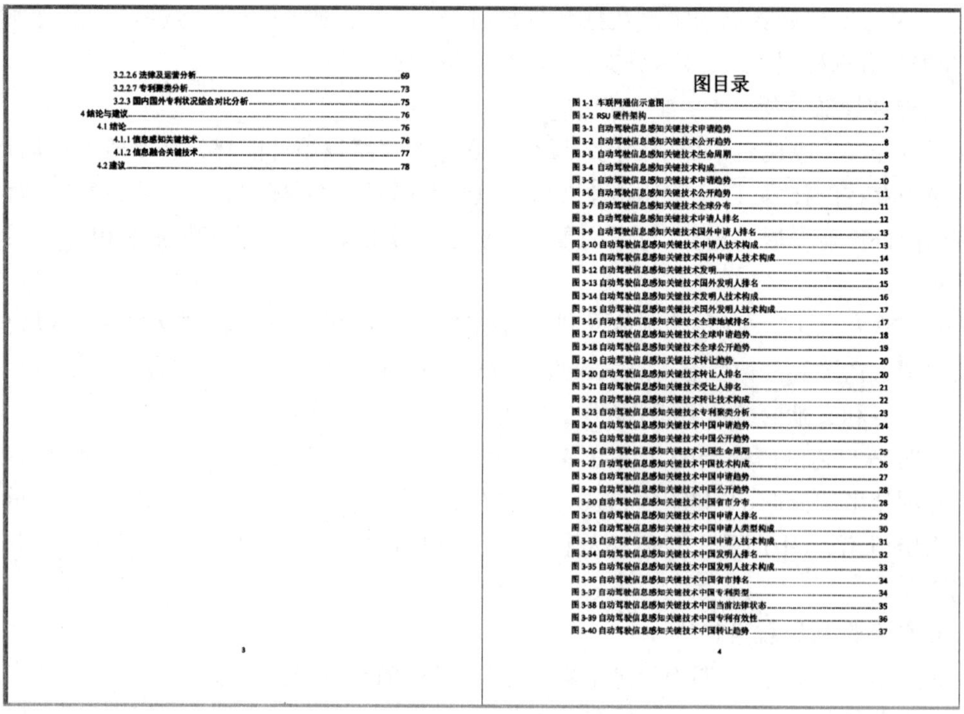

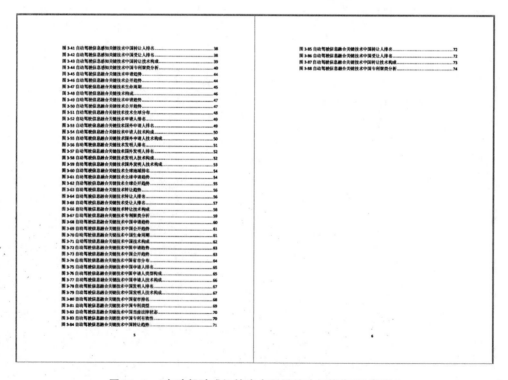

图 14-3 《自动驾驶感知技术专利导航分析报告》目录页 2

5

6

图 14-4 《自动驾驶感知技术专利导航分析报告》目录页 3

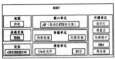

图 14-5 《自动驾驶感知技术专利导航分析报告》正文

参考文献

[1] 周考文,谷春秀.专利申请自己来[M].2 版.北京:化学工业出版社,2020:5-20,41,118.

[2] 郭金,隋欣.轻轻松松申请专利[M].北京:化学工业出版社,2018:46-49,68-69,127-132.

[3] 梁萍.专利申请实务[M].北京:知识产权出版社,2019:58-60.

[4] 尹邦奇.科技成果与奖励管理[M].上海:华东理工大学出版社,2014:3-24.

[5] 彭文晋.科技成果转化概论[M].广州:羊城晚报出版社,2008:97-120.

本书参考书目

外文参考书目：

[1] American Library Association Presidential Committee on Information Literacy. 1989 Final Report[R]. Chicago：The Association，1989.

[2] Bogdan，RC,Biklen SK. Qualitative Research for Education：An Introduction to Theory and Methods [M]. Boston：Allyn and Bacon, 1982.

[3] Information literacy Competency Standards for Higher Education[R]. Association of College and Research Libraries,2000.

[4] LeeRainie and Barry Wellman.Networked：The New Social Operating System[M].London：The MIT Press,2012.

[5] Schneider R. Research Data Literacy[C].//Worldwide Commonalities and Challenges in Information Literacy Research and Practice. Switzerland：Springer,2013.

[6] Smith A D. The Ethnic Origin of Nation [M]. New York：Basil Blackwell, 1989

[7] VanMaanen J，et al. Varieties of Qualitative Research [M]. Beverly Hills：Sage, 1982.

[8] Vapnik V. Statistical Learning Theory [M]. DBLP, 1998.

[9] Wallance W. The Logic of Science in Sociology [M]. Chicago：Aldine Publishing Company，1971.

[10] Zurkowski P G. The Information Service Environment Relationships and Priorities. Related Paper No. 5[R]. Washington，DC：National Commission on Libraries and Information Science,1974.

中文参考书目：

A

[1] 艾尔·巴比. 社会研究方法[M].邱泽奇,译.北京：华夏出版社,2018.

[2] 艾米娅·利布里奇,里弗卡·图沃－玛沙奇,塔玛·奇尔波. 叙事研究：阅读、分析和诠释[M].王红艳,译. 重庆：重庆大学出版社,2008.

C

[3] 蔡莉静. 图书馆参考咨询工作基础[M]. 北京：海洋出版社，2013.

[4] 朝乐门.数据科学导论：基于 Python 语言[M].北京：人民邮电出版社,2021.

[5] 陈涛. 高校科技成果转化的系统分析[D].沈阳：东北大学,2009.

[6] 陈向明.质性研究：反思与评论[M].重庆：重庆大学出版社,2008.

[7] 陈向明.质的研究方法与社会科学研究[M].北京：教育科学出版社,2000.

[8] 陈英,章童. 科技信息检索：7 版[M].北京：科学出版社,2019.

[9] 崔宇红,李伟绵.科学数据管理实践[M].北京:科学出版社,2021.

D

[10] 大卫·M.费特曼.民族志:步步深入[M].龚建华,译.重庆:重庆大学出版社,2007.
[11] 丹尼斯·豪伊特,等.心理学质性研究方法导论[M].北京:北京师范大学出版社,2021.
[12] 单晓红.媒介素养引论[M].杭州:浙江大学出版社,2008.
[13] 邓乃扬,田英杰.支持向量机:理论、算法与拓展[M].北京:科学出版社,2009.
[14] 蒂尔曼·M.戴维斯.R语言之书:编程与统计[M].李毅,译.北京:人民邮电出版社,2020.
[15] 董付国.Python数据分析、挖掘与可视化[M].北京:人民邮电出版社,2020.

F

[16] 范明林,吴军,马丹丹.质性研究方法[M].上海:上海人民出版社,2018.

G

[17] 高志宏.知识产权理论、法条、案例[M].南京:东南大学出版社,2016.
[18] 郭金,隋欣.轻轻松松申请专利[M].北京:化学工业出版社,2018.
[19] 郭琪琴.中文人文社科学术著作评价指标体系构建及实证研究[D].大连:大连理工大学,2021.
[20] 郭依群.应用图书馆学教程[M].北京:清华大学出版社,2012.

H

[21] 郝春宇.第四范式对社会科学研究的方法论意义[D].哈尔滨:哈尔滨工业大学,2015.
[22] 胡幼慧.质性研究:理论、方法及本土女性研究实例[M].台北:巨流图书公司,2005.
[23] 花芳.文献检索与利用[M].北京:清华大学出版社,2009.
[24] 黄洁,葛艳聪,白云峰.图书馆用户服务[M].北京:国家图书馆出版社,2014.
[25] 黄如花.信息检索[M].武汉:武汉大学出版社,2018.
[26] 黄天元.R语言数据高效处理指南[M].北京:北京大学出版社,2019.

J

[27] 贾里德·P.兰德.R语言:实用数据分析和可视化技术[M].蒋家坤,译.北京:机械工业出版社,2020.
[28] 蒋永福.图书馆学基础简明教程[M].北京:知识产权出版社,2012.

K

[29] 凯西·卡麦兹.建构扎根理论:质性研究指南[M].边国英,译.重庆:重庆大学出版社,2009.
[30] 匡松.大学 MS Office 高级应用教程[M].成都:西南财经大学出版社,2014.

L

[31] 劳伦斯·马奇,布伦达·麦克伊沃.怎样做文献综述——六步走向成功:2版[M].高惠蓉,等,译.上海:上海教育出版社,2020.
[32] 李长海.科学研究方法学习指导[M].天津:天津大学出版社,2012.
[33] 李逢庆.信息时代大学教学支持服务体系发展研究[D].南京:南京大学,2013.
[34] 李慧.留学归国学者学术经历的质性研究[D].厦门:厦门大学,2017.

[35] 李静,乔菊英,江秋菊.现代图书馆管理体系与服务研究[M].长春:吉林人民出版社,2019.
[36] 李莉.信息分析方法[M].北京:科学出版社,2017
[37] 李宁.Python爬虫技术深入理解原理、技术与开发[M].北京:清华大学出版社,2020.
[38] 李晓凤,佘双好.质性研究方法[M].武汉:武汉大学出版社,2006.
[39] 李绪鄂.科技成果转化的问题与对策[M].北京:中国经济出版社,1994
[40] 梁孟华.图书馆知识信息服务综合评估研究[D].武汉:武汉大学,2010.
[41] 梁萍.专利申请实务[M].北京:知识产权出版社,2019.
[42] 林聚任.社会科学研究方法:3版[M].济南:山东人民出版社,2017.
[43] 刘二稳等.信息检索与创新专利:2版[M].北京:科学出版社,2017.
[44] 刘桂锋.高校科研数据管理理论与实践[M].镇江:江苏大学出版社,2017.
[45] 刘洪涛,董金友.自主创新与科技成果转化[M].河南:河南人民出版社,2008.
[46] 刘胜骥.科学方法论:方法之建立[M].武汉:武汉大学出版社,2014.
[47] 刘淑娥,景娜.图书馆应用实践教程[M].北京:清华大学出版社,2012.
[48] 刘霞.高校科学数据管理与实证研究[M].武汉:武汉理工大学版社,2014.
[49] 刘云漫.大学图书馆作者版权信息服务策略研究[D].保定:河北大学,2021.
[50] 吕凡.数据所有权问题研究[D].武汉:华中师范大学,2018.
[51] 鲁黎明.图书馆服务理论与实践[M].北京:北京图书馆出版社,2005.
[52] 鹿娜.科技政策与科技成果产出的关联研究[D].太原:太原理工大学,2018.
[53] 卢小宾.信息分析概论[M].北京:电子工业出版社,2014.
[54] 卢小宾.信息分析[M].北京:科学技术文献出版社,2008.
[55] 罗爱静.医学文献信息检索:2版[M].北京:人民卫生出版社,2010.
[56] 罗爱静,于双城.医学文献信息检索[M].北京:人民卫生出版社,2015.

M

[57] 马锋.中国科学院科技成果转化中国有资产管理问题研究[D].合肥:中国科学技术大学,2019.
[58] 马家伟,杨晓莉,姜洋.图书馆与图书馆学概论[M].长春:吉林科学技术出版社,2016.
[59] 马张华,侯汉清.文献分类法主体法导论[M].北京:北京图书馆出版社,1999.
[60] 迈尔-舍恩伯格,库克耶.大数据时代[M].盛杨燕,周涛,译.杭州:浙江人民出版社,2013.
[61] 梅拉尼·莫特纳,玛克辛·伯奇,朱莉·杰索普等.质性研究的伦理[M].丁三东,王岫庐,译.重庆:重庆大学出版社,2008.
[62] 莫妮卡·亨宁克,英格·哈特,阿杰·贝利.质性研究方法[M].王丽娟,徐梦洁,胡豹,译.杭州:浙江大学出版社,2015.

N

[63] 倪波,张志强.文献学导论[M].贵阳:贵州科技出版社,2000.
[64] 尼古拉斯·克里斯塔基斯,詹姆斯·富勒.大连接[M].简学,译.北京:中国人民大学出版社,2013.
[65] 诺曼 K.邓津,伊冯娜 S.林肯.质性研究手册.研究策略与艺术[M].朱志勇,王照,杜亮,译.重庆:重庆大学出版社,2018.

P

[66] 彭文晋.科技成果转化概论[M].广州:羊城晚报出版社,2008.

Q

[67] 祁春节.研究方法与论文设计[M].北京:科学出版社,2015.

[68] 齐敬思. 科技成果评估[M].北京:石油工业出版社,1999.

[69] 卿淳俊.Python 爬虫开发实战教程[M].北京:人民邮电出版社,2020.

R

[70] 阮莉萍. 阅读推广理论与实践[M]. 武汉：武汉大学出版社,2018.

S

[71] 沙勇忠,牛春华. 信息分析[M]. 北京:科学出版社,2009.

[72] 上海科技成果转化促进会.科技成果转化的探索和实践[M].上海:文汇出版社,2007.

[73] 史帝夫·华乐丝. 参加国际学术会议必须要做的那些事:给华人作者的特别忠告[M]. 上海:上海交通大学出版社,2020.

[74] 斯蒂芬 L. 申苏尔,琼·J. 申苏尔,玛格丽·D. 勒孔特.民族志方法要义:观察、访谈与调查问卷[M]. 康敏,李荣荣,译. 重庆:重庆大学出版社,2012.

[75] 孙晶. 库恩范式理论探析[D].长春:吉林大学, 2011.

[76] 孙彦明. 中国科技成果产业化要素耦合作用机理及对策研究[D].长春:吉林大学,2019.

T

[77] 唐五湘,黄伟. 科技成果转化的理论与实践[M].北京:方志出版社,2006.

[78] 托马斯·库恩.科学革命的结构:2 版[M]. 金吾伦，胡新和 译. 北京:北京大学出版社,2012.

W

[79] 王臣业. 我国高校科技成果运营的模式及绩效评价研究[D].哈尔滨:哈尔滨工程大学,2012.

[80] 王定祥.研究方法与论文设计[M].北京:高等教育出版社,2013.

[81] 王红兵,胡琳. 信息检索与利用:3 版[M]. 北京:科学出版社,2019.

[82] 王凭慧.科技项目评价方法[M].北京:科学出版社,2003.

[83] 王庆浩. 基于云计算的馆际互助与文献传递系统[D]. 上海:复旦大学, 2012.

[84] 王伟军,蔡国沛. 信息分析方法与应用[M]. 北京:清华大学出版社,2010.

[85] 王细荣,郭培铭,张佳. 文献信息检索与论文写作:7 版[M]. 上海:上海交通大学出版社,2020.

[86] 王乙. 野生动物保护价值评价研究[D].哈尔滨:东北林业大学,2018.

[87] 王知津,崔永斌. 科技信息检索[M].天津:南开大学出版社,2003.

[88] 王子舟. 图书馆学是什么[M]. 北京：北京大学出版社, 2019.

[89] 伍威·弗里克.质性研究引导[M].孙进,译. 重庆:重庆大学出版社,2011.

[90] 维克托·迈尔·舍恩伯格,肯尼思·库克耶. 大数据时代:生活、工作与思维的大变革[M].盛杨燕, 周涛,译. 杭州:浙江人民出版社, 2013.

[91] 文军,蒋逸民.质性研究概论[M].北京:北京大学出版社,2010.

[92] 文庭孝. 信息分析[M]. 北京:机械工业出版社, 2017.

[93] 吴慰慈,董焱. 图书馆学概论:2 版[M]. 北京: 国家图书馆出版社, 2019.

[94] 吴晞. 图书馆史话[M]. 北京：社会科学文献出版社，2015.

[95] 吴兆文,朱林. 数字环境下的图书馆文化[M]. 北京：人民邮电出版社,2014.

[96] 吴智慧.科学研究方法[M].北京:中国林业出版社,2012.
[97] 魏蔚,张亚君.图书馆学基础[M].成都:电子科技大学出版社,2013.

X

[98] 谢乾坤. Python 爬虫开发从入门到实践[M].北京:人民邮电出版社,2018.
[99] 徐静. 探究"方法"的意义:笛卡尔《谈谈方法》研究[D].成都:四川师范大学 2014.
[100] 徐子沛.大数据:正在到来的数据革命[M].桂林:广西师范大学出版社,2015.
[101] 薛薇.基于 SPSS 的数据分析[M].北京:中国人民大学出版社,2011.
[102] 薛薇.统计分析与 SPSS 的应用[M].北京:中国人民大学出版社,2014.

Y

[103] 杨良斌. 信息分析方法与实践[M]. 长春:东北师范大学出版社,2016.
[104] 姚立根,王学文. 工程导论: Introduction to engineering[M].北京:电子工业出版社,2012.
[105] 姚新茹,刘迅芳. 现代图书馆读者服务[M]. 北京:海洋出版社,2006.
[106] 叶继元.学术规范通论:2 版[M].上海:华东师范大学出版社,2017:8-9.
[107] 叶继元. 信息检索导论:2 版[M].北京:电子工业出版社,2009.
[108] 叶继元. 信息资源建设[M]. 北京:科学出版社,2021.
[109] 叶继元. 图书馆学情报学学术规范与方法论研究[M]. 南京:南京大学出版社,2018.
[110] 尹邦奇. 科技成果与奖励管理[M].上海:华东理工大学出版社,2014.
[111] 殷杰.当代社会科学哲学:理论构建与多元维度[M].北京:北京师范大学出版社,2017.
[112] 原玉全,霍振水,李世林,等.科技成果转化实践及其机理[M].北京:国防工业出版社,1998.
[113] 袁曦临. 信息检索:从学习到研究[M]. 南京:东南大学出版社,2011.

Z

[114] 张春红. 新技术、图书馆空间与服务[M].北京:海洋出版社,2014.
[115] 张厚生. 信息检索[M]. 南京:东南大学出版社,2006.
[116] 张厚生,袁曦临. 信息素养[M]. 南京:东南大学出版社,2007.
[117] 张莉. 库恩范式理论的方法论意义[D].西安:西北大学,2008.
[118] 中国大百科全书总编辑委员会《新闻出版》编辑委员.中国大百科全书·新闻出版[M].北京:中国大百科全书出版社,1992.
[119] 中国科学院.科技成果管理[M]. 北京:地震出版社,1987.
[120] 周建芳. 信息素养与信息检索[M]. 北京:科学出版社,2021.
[121] 周考文,谷春秀.专利申请自己来:2 版[M].北京:化学工业出版社,2020.
[122] 周新年.科学方法与学术论文写作:理论·技巧·案例[M].北京:科学出版社,2012.
[123] 周新年.科学研究方法与学术论文写作:2 版[M].北京:科学出版社,2019.
[124] 周志华. 机器学习[M]. 北京:清华大学出版社,2016.
[125] 邹广严,王红兵. 信息检索与利用:2 版[M]. 北京:科学出版社,2016.
[126] 朱雪忠.知识产权管理[M].北京:高等教育出版社,2010.